# BA KOMPAKT

*Reihenherausgeber:*

Martin Kornmeier, Berufsakademie Mannheim
Willy Schneider, Berufsakademie Mannheim

# BA KOMPAKT

*Bisher erschienen:*

Martin Kornmeier
**Wissenschaftstheorie und wissenschaftliches Arbeiten**
2007. ISBN 978-3-7908-1918-2

Willy Schneider
**Marketing**
2007. ISBN 978-3-7908-1941-0

Thomas Holey, Armin Wiedemann
**Mathematik für Wirtschaftswissenschaftler**
2007. ISBN 978-3-7908-1973-1

Doris Lindner-Lohmann, Florian Lohmann, Uwe Schirmer
**Personalmanagement**
2008. ISBN 978-3-7908-2013-3

Irene Rößler, Albrecht Ungerer
**Statistik für Wirtschaftswissenschaftler**
2008. ISBN 978-3-7908-1979-3

Klaus Sakowski
**Grundlagen des Bürgerlichen Rechts**
2008. ISBN 978-3-7908-1983-0

Rainer Bergmann, Martin Garrecht
**Organisation und Projektmanagement**
2008. ISBN 978-3-7908-2017-1

Alexander Neumann
**Integrative Managementsysteme**
2008. ISBN 978-3-7908-2011-9

Dirk Piekenbrock
**Einführung in die Volkswirtschaftslehre
und Mikroökonomie**
2008. ISBN 978-3-7908-1985-4

Ruth Melzer-Ridinger, Alexander Neumann
**Dienstleistung und Produktion**
2009. ISBN 978-3-7908-1987-8

Werner Rothengatter · Axel Schaffer
Joachim Sprink

# Makroökonomik, Geld und Währung

Physica-Verlag
Ein Unternehmen
von Springer

Prof. Dr. Werner Rothengatter
PD Dr. Axel Schaffer
Universität Karlsruhe (TH)
Institut für Wirtschaftspolitik
und Wirtschaftsforschung
Kollegium am Schloss, Gebäude 20.14
76131 Karlsruhe
rothengatter@iww.uni-karlsruhe.de
schaffer@iww.uni-karlsruhe.de

Prof. Dr. Joachim Sprink
BA Ravensburg
University of Cooperative Education
Marktstraße 28
88212 Ravensburg
sprink@ba-ravensburg.de

ISBN 978-3-7908-2096-6

BA KOMPAKT ISSN 1864-0354

Bibliografische Information der Deutschen Nationalbibliothek
Die Deutsche Nationalbibliothek verzeichnet diese Publikation in der Deutschen Nationalbibliografie; detaillierte bibliografische Daten sind im Internet über http://dnb.d-nb.de abrufbar.

© 2009 Physica-Verlag Heidelberg

*Herstellung:* le-tex publishing services oHG, Leipzig
*Umschlaggestaltung:* WMX Design GmbH, Heidelberg

Gedruckt auf säurefreiem Papier

9 8 7 6 5 4 3 2 1

springer.de

# Vorwort

Das vorliegende Lehrbuch beschreibt die Grundzüge der Makroökonomik sowie des Bereiches Geld und Währung in kompakter Form und richtet sich daher insbesondere an Studierende in Bachelor-Studiengängen, die in beiden Fächern eine einsemestrige Lehrveranstaltung belegen.

Der erste Teil orientiert sich sehr stark an dem Lehrbuch *Makro Kompakt*, und liefert einen Einblick in die wesentlichen Bereiche der Makroökonomik, darunter Volkswirtschaftliche Gesamtrechnung, Input-Output-Analyse, Entwicklungen auf Geld-, Güter- und Arbeitsmärkten sowie wirtschaftliches Wachstum.

Der zweite Teil widmet sich dem Fach Geld und Währung und geht dabei ausführlich auf die monetären Grundbegriffe, das Geldangebot, Inflationstheorien sowie geldpolitische Strategien in unterschiedlichen Währungssystemen ein.

Die inhaltliche Struktur orientiert sich stark an den Modulplänen der Lehrveranstaltungen Makroökonomik sowie Geld- und Währung, so dass sich das Buch als vorlesungsbegleitendes Lehrbuch eignet. Allerdings geht es an vielen Stellen über den eigentlichen Lehrstoff hinaus und ermöglicht so den interessierten Studenten etwas tiefer in einzelne Themen einzutauchen.

Am Ende der jeweiligen Kapitel bieten Aufgaben die Möglichkeit den Stoff in Übungen oder zur Klausurvorbereitung zu vertiefen. Für die Dozenten stehen die Lösungen zu den Aufgaben sowie weitere Lehrmaterialien auf der buchbegleitenden Website des Verlages unter www.springer.com/978-3-7908-2096-6 bereit.

Werner Rothengatter, Axel Schaffer, Joachim Sprink

# Inhaltsverzeichnis

# Abkürzungsverzeichnis

| | |
|---|---|
| BIP | Bruttoinlandsprodukt |
| BNE | Bruttonationaleinkommen (früher Bruttosozialprodukt) |
| BPW | Bruttoproduktionswert |
| BSP | Bruttosozialprodukt (ehemalige Bezeichnung des Bruttonationaleinkommens) |
| BWS | Bruttowertschöpfung |
| c. p. | ceteris paribus (übriges bleibt gleich) |
| COMECON | Council for Mutual Economic Assistance (Wirtschaftsgemeinschaft kommunistischer Staaten, 1949-1991) |
| DD | Devisenbilanzdefizit |
| DÜ | Devisenbilanzüberschuss |
| EF | Einlagefazilität |
| EPH | Entscheidungsproblem des Haushalts |
| EPU | Entscheidungsproblem des Unternehmens |
| ESZB | Europäisches System der Zentralbanken |
| EU | Europäische Union |
| EU (25) | 25 aktuelle Mitgliedstaaten der EU |
| EUR | Euro |
| EWU | Europäische Währungsunion |
| EZB | Europäische Zentralbank |
| F&E | Forschung und Entwicklung |
| GATT | General Agreement on Tariffs and Trade |
| GDP | Gross Domestic Product (entspricht BIP) |
| GHG | Greenhouse Gas (Treibhausgas) |
| IPCC | Intergovernmental Panel of Climate Change |
| IWF | Internationaler Währungsfonds |
| KP China | Kommunistische Partei China |
| KWG | Kreditwesengesetz |
| MG | Mengengleichgewicht |
| Mill. | Million(en) |
| Mrd. | Milliarde(n) |
| NK | Nettokapitalimport |
| NWS | Nettowertschöpfung |
| OECD | Organisation für wirtschaftliche Zusammenarbeit und Entwicklung |
| OM | Offenmarktgeschäft |

# 1    Volkswirtschaftliches Denken

Die Lektüre von Kapitel 1 dient zunächst der Schärfung wichtiger Begriffe in der VWL, wie z.B. Wettbewerb, Kooperation oder Opportunitätskosten sowie der Verdeutlichung der dahinter stehenden Prinzipien.

Da diese Prinzipien in Abhängigkeit des herrschenden Ordnungsmodells unterschiedlich stark ausgeprägt sein können, gibt der zweite Abschnitt einen ersten Einblick in die reinen Formen von Markt- bzw. Planwirtschaft und zeigt Mischformen auf, wie sie in der Realität zu beobachten sind.

Bei der Umsetzung der Prinzipien kommt es unabhängig vom jeweils herrschenden Ordnungsmodell zu unerwünschten Nebenwirkungen. Abschließend möchte Kapitel 1 daher auf die aus globaler Sicht auffälligsten negativen Begleiterscheinungen, darunter globale Armut und globaler Klimawandel, aufmerksam machen.

## 1.1    Prinzipien und Akteure in der VWL

### 1.1.1    Wirtschaft und Wirtschaften

Im Schlaraffenland ist es nicht erforderlich, sich über Herstellung, Verteilung und sinnvollen Gebrauch von Gütern besondere Gedanken zu machen. Die gebratenen Tauben fliegen den Konsumenten in den Mund, ohne dass es außergewöhnlicher Anstrengungen bedürfte. Niemand muss mit seinen Mitteln haushalten, keiner braucht ein Giro- bzw. Sparkonto, geschweige denn ein Portemonnaie, das ihm beständig die Endlichkeit seiner Wünsche signalisiert.

Die Welt, in der wir leben, sieht anders aus. Ihr beherrschendes Merkmal ist die Knappheit. Niemand bekommt überall und zu jeder Zeit die Wünsche erfüllt, die ihm gerade einfallen, bis auf einige Jet Set-VIPs, die bei der Auswahl ihrer Erblasser ein Glückslos gezogen haben. Der Normalverbraucher muss für die Erfüllung seiner Konsumwünsche hart arbeiten. Einem Unternehmer fallen die Millionen nicht in den Schoß, sondern er wird nur dann Markterfolg haben, wenn seine Produkte qualitativ besser oder preiswerter sind als die der Konkurrenz.

*Fazit 1.1:*     *Wirtschaften bedeutet sparsames Umgehen mit knappen Ressourcen.*

Das ökonomische Prinzip besagt, dass entweder mit einem gegebenen Ressourcenbestand ein Maximum an Ertrag oder ein vorgegebener Ertrag mit minimalem Ressourceneinsatz zu erzeugen ist. Formallogisch bedeutet dies, Maximierung oder Minimierung einer Zielgröße unter einer Restriktion. Wünsche sind bei den meisten Menschen grenzenlos. Nur eine kleine Minderheit der Menschheit (Mönche, Gurus, kleine Naturvölker) sieht in der Genügsamkeit und Zügelung des Bedarfs ein hohes Lebensideal. Die überwältigende Mehrheit hat offenbar keine natürliche Bedarfsbremse und kennt keine Grenzen in den Wünschen nach besserer Wohnausstattung, mehr Fernsehern, mehr Autos, mehr Reisen oder mehr Kommunikation. Die einzig wirksame Bremse für den unersättlichen Bedarf der meisten Menschen an Verbesserungen ihrer persönlichen Ausstattung ist die begrenzte Verfügbarkeit von Ressourcen. Dies betrifft sowohl die materiellen Ressourcen, die für die Produktion von Gütern benötigt werden, wie auch die erforderliche qualifizierte Arbeitskraft. Der Einsatz dieser Faktoren für die Produktion von Gütern muss entlohnt werden. Der Verbraucher muss die Produktionskosten zuzüglich eines Gewinnaufschlages und häufig einer Handelsspanne bezahlen, um in den Besitz eines gewünschten Gutes zu gelangen.

Durch die Tatsache, dass Einkommen und Vermögen des Verbrauchers begrenzt sind, wird er gezwungen, zu wählen und zu verzichten. Wenn er die für ihn besonders wichtigen Artikel kauft, muss er die restlichen Wünsche zurückzustellen. „Es gibt nichts umsonst", diese fast trivial anmutende Aussage des Nobelpreisträgers für Wirtschaftswissenschaften von 1976, Milton Friedman, fasst die Notwendigkeit für wirtschaftliches Handeln in kürzester Form zusammen.

Der zweite Grund für die Notwendigkeit des sparsamen Umgangs mit Ressourcen liegt in der begrenzten Fähigkeit der Natur, Abfallprodukte menschlicher Produktion bzw. des Konsums aufzunehmen und zu recyceln. Gerade die modernen Industriegesellschaften sind heute an einem Punkt angelangt, bei dem nicht die materielle Verfügbarkeit einer natürlichen Ressource, sondern die negativen Umweltfolgen der Produktion und des Verbrauchs den entscheidenden Anstoß zu einem sparsameren Umgang geben. Ein Beispiel ist der Umgang mit der fossilen Energie, bei der auch steigende Weltmarktpreise noch immer keine bedrohliche Knappheit signalisieren, aber aus Umweltgründen (Waldsterben, Klimakatastrophe) eine Verringerung des Verbrauchs an fossilen Brennstoffen geboten ist.

Die Notwendigkeit zu wirtschaften, also mit knappen Ressourcen sparsam umzugehen, führt zu folgenden Begleiterscheinungen:

(1)     Wahlentscheidungen

(2)     Opportunitätskosten

(3)     Wettbewerb

(4)     Kooperation

## (1) Wahlentscheidungen

Menschen, die nicht in beliebigem Überfluss leben, müssen wählen, das heißt Entscheidungen über Alternativen treffen. Sie müssen den Nutzen, den sie durch den Erwerb von Gütern erzielen können, gegen die Kosten, die dafür zu bezahlen sind, abwägen. Je besser diese Entscheidungen im Sinne des ökonomischen Prinzips ausfallen, umso günstiger wird die wirtschaftliche Position, also die Ausstattung eines Haushaltes mit Konsumgütern oder die Ertragssituation eines Unternehmens.

## (2) Opportunitätskosten

Wählen und Entscheiden bedeutet gleichzeitig Verzicht auf andere Alternativen. Den Nutzen der nächstbesten Alternative nach der ausgewählten bezeichnet man als Opportunitätskosten. Hat z. B. ein Student 8 Euro pro Tag für Nahrungs- und Genussmittel zur Verfügung und entscheidet er sich, zwei Packungen Zigaretten am Tag zu rauchen, so entstehen ihm Opportunitätskosten in Höhe des Nutzens für das ausgefallene Mensaessen. Oder entscheidet sich ein Automobilhersteller, seine Entwicklungskapazität für die nächste Modellgeneration in ein Luxusklassenfahrzeug zu investieren, so entstehen Opportunitätskosten in Höhe des Zusatzertrages, den eine neue Fahrzeuggeneration in der Mittelklasse erbracht hätte.

## (3) Wettbewerb

Wenn die Wünsche die verfügbaren Ressourcen übersteigen, müssen sie um die verfügbaren Vorräte konkurrieren. Diese Konkurrenz tritt in vielfacher Weise im realen Wirtschaftsleben auf: als Konkurrenz der Konsumwünsche um knappe Konsumgüter, als Konkurrenz der Unternehmen um knappe Produktionsfaktoren (z. B. Fachkräfte), als Konkurrenz der öffentlichen Programme um Budgetmittel oder als Konkurrenz der Unternehmen um die Kaufkraft auf einem Markt. Es ist die Aufgabe einer Wettbewerbsordnung, diese Konkurrenzmechanismen zu organisieren und sie mit den sozialen Ansprüchen der Gesellschaft in Einklang zu bringen.

## (4) Kooperation

Häufig ist es vorteilhaft Partnerschaften zu bilden, um gemeinsame Ziele besser zu erreichen. Anspruchsvolle Industrieprojekte, wie etwa der Bau eines Kraftwerks, können auf Grund von Spezialisierungen oft nur von mehreren Partnern effizient geplant und durchgeführt werden. Je technisch anspruchsvoller die Produkte werden, umso wahrscheinlicher ist es, dass die Komplexitätsprobleme nur durch die Bildung von Partnerschaften gelöst werden können. Hierzu gibt es Beispiele aus der Industrie (gemeinsam produzierte Module, Allianzen in der Luftfahrt), der Netzwirtschaft (gemeinsam genutzte Energie- oder Verkehrsnetze) sowie aus dem Sektor der sozialen und medizinischen Dienstleistungen (Zahnarzt und Dentallabor, Facharzt für Orthopädie und Praxis für Krankengymnastik, Gemeinschaftspraxen).

*Definition:*        *Als Wirtschaft bezeichnen wir die Gesamtheit von Akteuren, Institutionen und Regelungen, die dem Umgang mit knappen Ressourcen dienen.*

### 1.1.2    Funktionen und Akteure der Wirtschaft

In der Wirtschaft werden knappe Ressourcen konkurrierenden Zwecken zugeordnet. Dadurch werden die folgenden Probleme gelöst:

- Welche Güter und Dienste werden in welchen Mengen produziert?
- Mit welchen Verfahren werden die verschiedenen Güter und Dienstleistungen hergestellt?
- An wen werden die verschiedenen Güter und Dienste verteilt?
- Wie wird die Produktion und Verteilung von Gütern und Diensten entlohnt?

Die von der Privatwirtschaft erzeugten Lösungen stimmen nicht notwendig mit den sozialen Anforderungen der Gesellschaft überein. Daher tritt die Staatswirtschaft hinzu, die sich den folgenden Bereichen widmet:

- Sicherung der Wirtschaftsverfassung und des Wettbewerbs.
- Erzeugung von öffentlichen und meritorischen Gütern.
- Korrektur der Märkte bei Marktversagen.
- Sekundärverteilung von Einkommen und soziale Sicherung.
- Stabilisierung der Wirtschaft.

Um die Beziehungen und Interaktionen in einer Volkswirtschaft zu verstehen, ist es nützlich, die vielen handelnden Personen und Institutionen in überschaubare Gruppen einzuteilen. Wir unterscheiden dazu die folgenden vier Gruppen von Akteuren:

(1)     Haushalte
(2)     Unternehmen
(3)     Staat
(4)     Ausland

(1)     Haushalte
Als (private) Haushalte gelten Einzelpersonen und Gruppen von Einzelpersonen als Konsumenten sowie rechtlich selbständige Organisationen ohne Erwerbszweck (Kirchen und Vereine).

Das wirtschaftliche Verhalten des Haushalts ist dadurch geprägt, dass die in ihm lebenden Personen ihre Planungen abstimmen und viele Dinge gemeinsam entscheiden. Haushalte treten als Verbraucher, also als Nachfrager nach Konsumgütern auf den Gütermärkten und als Anbieter von Arbeitskraft auf den Faktormärkten auf.

(2)    Unternehmen

Zu den Unternehmen zählen neben den Personengesellschaften (OHG und KG) die nichtfinanziellen (AG und GmbH) und finanziellen Kapitalgesellschaften (Banken und Versicherungen). Außerdem fallen rechtlich unselbständige Eigenbetriebe des Staates ohne Erwerbszweck (Krankenhäuser) und Einzelpersonen als Produzenten (Land- und Gastwirte, Freiberufler) in die Gruppe der Unternehmen.

Früher verbanden sich mit dem Begriff „Unternehmen" rauchende Schlote und physisch greifbare Produkte. Heute werden in Deutschland weniger als 40 % des Sozialproduktes aus Produktionsergebnissen der Landwirtschaft, der Industrie und der Energieerzeugung, dagegen bereits über 60 % durch Dienstleistungen erzeugt. Unternehmensbezogene Dienstleistungen sowie Leistungen der Banken, Versicherungen, des Handels- und im Verkehr sind in der postindustriellen Gesellschaft stark expandierend und werden auch in der Zukunft weiter zunehmen.

Zu den Hauptaufgaben der Unternehmen zählen zunächst die Beschaffung und der Einsatz von Produktionsfaktoren zur Erstellung von Gütern. Eine ebenso wichtige Aufgabe besteht zudem in der Entlohnung der Produktionsfaktoren.

(3)    Staat

Zum Sektor Staat gehören alle Gebietskörperschaften (in Deutschland: Bund, Länder und Gemeinden) und die Sozialversicherungsanstalten. Seine Aufgaben sind auch in einer Marktwirtschaft umfangreich: der Staat bestimmt die Spielregeln für den wirtschaftlichen Wettbewerb und überwacht deren Einhaltung. Wichtige Ziele sind dabei die Bereinigung von Marktunvollkommenheiten (Kontrolle von Monopolen) und die Schonung von Umweltressourcen. In einigen Fällen ist zudem die Unterstützung vorübergehend schwacher, aber gesamtwirtschaftlich erhaltenswerter Wirtschaftszweige durch Subventionen sinnvoll.

Der Staat produziert Güter, die nicht durch individuelle Initiativen erzeugt werden. Öffentliche Güter sind dadurch gekennzeichnet, dass von ihrem Konsum oder ihrer Nutzung kein Individuum ausgeschlossen werden kann und es keine Rivalität um diese Güter gibt (z. B. Verteidigung, innere Sicherheit, Vertretung nach außen).

Weitere Aufgaben liegen in der Herstellung einer gerechten Einkommensverteilung, der Vorsorge für die wirtschaftlich Schwachen und der Sicherung
von Grundbedürfnissen zur Erhaltung des sozialen Friedens in der Gesellschaft. Die Finanzierung des dazu erforderlichen Verwaltungsapparates erfolgt durch Zwangsabgaben in Form von Steuern und Gebühren oder durch
Aufnahme von Krediten auf dem Geldmarkt. Letztlich wird häufig vom Staat
verlangt, stabilisierend in die Wirtschaft einzugreifen, um Wachstums- und
Beschäftigungsziele zu fördern.

(4)     Ausland
Die Gesamtheit der Wirtschaftsakteure mit ständigem Sitz außerhalb des inländischen Wirtschaftsraumes wird als „Ausland" definiert.

Moderne Volkswirtschaften kapseln sich nicht nach außen ab, sondern
versuchen, Außenhandel zu betreiben und die Vorteile der Arbeitsteilung
grenzüberschreitend zu nutzen. In Deutschland ist über ein Drittel der gesamtwirtschaftlichen Produktion für den Export bestimmt. Dies zeigt die
enorme Bedeutung der Außenwirtschaft für Beschäftigung und Wohlstand im
Inland.

### 1.1.3     Makro- und Mikrobetrachtung

Die Wirtschaftswissenschaften sind die Zweige der Wissenschaft, die sich mit
dem Umgang der Akteure mit knappen Ressourcen beschäftigen. Sie gehören
zu den Sozialwissenschaften, die sich im Gegensatz zu den Idealwissenschaf-
ten mit realen Vorgängen des menschlichen Lebens auseinandersetzen. Dies
macht die Arbeit der Wirtschaftswissenschaftler nicht eben leichter, denn sie
haben - den Grundsätzen des großen Wirtschaftsphilosophen Karl R. Popper
folgend - das Falsifizierungskriterium zu beachten: damit Aussagen der Wirtschaftswissenschaften empirischen Gehalt haben, müssen sie prinzipiell falsi-
fizierbar sein. Das heißt, es muss Bedingungen geben, unter denen die Aussagen    nicht    gültig    sind.    Zum    zweiten    gelten    Aussagen    der
Wirtschaftswissenschaften nur so lange als richtig, wie sie nicht falsifiziert
worden sind. Dies bedeutet, dass es in den Wirtschaftswissenschaften keine
„ewigen Wahrheiten" gibt. Immer und überall gibt es die Möglichkeit, Theorien durch den Nachweis der empirischen Unschlüssigkeit ihrer Annahmen
zu widerlegen. Im Gegensatz zu den Naturwissenschaften gibt es auch keine
breite Basis an allgemein akzeptierten Grundaussagen. Die Auseinanderset-
zung um die richtige Erkenntnis beginnt bereits bei den Grundlagen. Dies ist
im Übrigen auch der Grund für die im Vergleich zu anderen Wissenschafts-
gebieten enorme Vielfalt an unterschiedlich aufgebauten Einführungswerken.

Die beiden großen Bereiche der Wirtschaftswissenschaften sind Empirie
und Theorie. Die Empirie befasst sich mit der Wirtschaftsbeobachtung, der

beschreibenden Statistik, der Wirtschaftsgeographie und der Wirtschaftskunde in Form einer Institutionenlehre. Sie versucht, die Datenbestände der Wirtschaftswelt zu erfassen und möglichst unverfälscht darzustellen, ohne den Versuch, Erklärungen zu finden oder Schlüsse für die Zukunft abzuleiten. Letzteres gehört zum Aufgabenbereich der Theorie, deren Zweck in der Erklärung beobachteter Datenbestände und in der Prognose künftiger Zustände oder Ereignisse liegt. Die Theorie gliedert sich wiederum in die folgenden zwei Bereiche:

- positive Theorie und
- normative Theorie.

Um den Unterschied zwischen den beiden Theorierichtungen zu erläutern, betrachten wir zwei Beispiele:

(1) Erklärung individuellen Konsumverhaltens
(2) Erklärung staatlichen Verhaltens

(1) Erklärung individuellen Konsumverhaltens

Beginnen wir mit den Konsumenten: der „ideale Konsument" geht nur mit einem sorgfältig ausgearbeiteten Einkaufsplan in den Supermarkt, nachdem er alle Konsumwünsche geprüft und die Angebote des Marktes sondiert hat. Er verwendet sein Budget so, dass er mit dem verfügbaren Betrag die Güter aus den Regalen in seinen Einkaufswagen lädt, die ihm den höchsten Nutzen stiften. Hinter einer solchen Verhaltenserklärung steckt offenbar eine Norm: der Konsument möchte sich im Sinne definierter Nutzenvorstellungen optimal verhalten. Konsequenterweise versucht die normative Theorie die Normvorstellungen zu präzisieren. Zum Beispiel kann man eine Nutzenfunktion konstruieren, um das normgerechte, optimale Konsumentenverhalten unter bestimmten Randbedingungen (Konsumbudget) ableiten zu können.

Die positive Theorie abstrahiert dagegen völlig von Verhaltensnormen. Sie interessiert sich nur für das, was der Konsument tatsächlich macht. Es kann z. B. vorkommen, dass eine Hausfrau im Supermarkt vor der Kasse noch rasch Schokolade und Kaugummi einkauft, weil das Kind, das sie zum Einkauf mitgenommen hat, sie auf diese spontane Idee gebracht hat. So gibt es in der Konsum- und Absatzforschung umfangreiche Abhandlungen darüber, wie man das Layout der Waren in einem Supermarkt so gestaltet, dass die Konsumenten auf möglichst viele spontane Kaufeinfälle kommen. In einem normativen Ansatz wären diese Handlungsweisen irrelevant. Wir wissen aber aus der Verhaltensbeobachtung, dass nicht geplante, situationsbedingte Verhaltensweisen im Konsumverhalten sehr häufig auftreten und können daraus schließen, dass die positive Theorie eine große Lücke schließt, welche die normative Theorie offen lässt.

(2)    Erklärung staatlichen Verhaltens

Kommen wir zum zweiten Beispiel, dem Staatsverhalten: der „ideale Staatsmann" denkt nur an das Gemeinwohl und versucht dieses durch Regierungsprogramme zu maximieren. Gleichgültig, ob es sich um die Verteidigungs-, Innen-, Umwelt- oder Infrastrukturpolitik handelt, der Staatsmann hat eine Vorstellung von dem Wohlfahrtsbeitrag, den sein Programm für die Bürger stiftet. Auch hier entdecken wir in der idealisierten Vorstellung wieder eine Norm, nämlich die der Maximierung des Gemeinwohls oder der allgemeinen Wohlfahrt. Der reale Politiker ist jedoch auch ein Mensch, der, wie andere Menschen auch, Karriereziele hat, bestimmten Erwartungen aus seinem Wahlkreis oder seiner Partei ausgesetzt ist und regelmäßig von der Lobby hofiert und beeinflusst wird. Entscheidungen, die der Realpolitiker trifft, werden zwar in der Regel mit dem Etikett des Gemeinwohls geschmückt, sind aber häufig durch Reaktion auf die ausgeübten Reize der politischen Klientel oder Interessengruppen zu Stande gekommen. Die Erforschung des Letzteren ist Gegenstand der positiven Theorie, die auch im gesamtwirtschaftlichen Bereich von Normen abstrahiert und die Antriebsmechanismen in den großen gesellschaftlichen Gruppen so darzustellen versucht, wie man sie wirklich beobachten kann. Auch auf der gesamtwirtschaftlichen Ebene füllt die positive Theorie somit einen großen Bereich von Wirtschaftsphänomenen aus, den die normative Theorie nicht erklären kann. Tabelle 1.1 stellt die Abgrenzungen zwischen den Gebieten der Wirtschaftswissenschaften zusammenfassend dar, hier zusätzlich nach Mikro- und Makroebene unterteilt.

**Tabelle 1.1: Bereich der Wirtschaftswissenschaftlichen Forschung**

|  |  | Mikro | Makro | Ziel |
|---|---|---|---|---|
| Empirie |  | Deskriptive Konsum- und Unternehmensforschung | Wirtschaftsstatistik Wirtschaftsgeographie Wirtschaftskunde | Beschreibung |
| Theorie | Positive | Verhaltensforschung Institutionenlehre | Verbändetheorie Staatstheorie | Erklärung |
|  | Normative | Nutzenmaximierung Gewinnmaximierung Marktgleichgewicht | Wohlfahrtsmaximierung Stabilisierung Verteilungstheorie Umwelttheorie | Prognose |

Wenn ein Naturwissenschaftler zu neuen Erkenntnissen gelangen will, so bietet sich ihm die Möglichkeit der Laboruntersuchung. Hier kann er kontrollierte Experimente durchführen, in denen er Randbedingungen definiert (z. B. luftleerer Raum) und das zu untersuchende Phänomen in dieser kontrollierten Umgebung erzeugt (z. B. freier Fall von Kugel und Feder im luftleeren Raum). Leider haben Ökonomen in der Regel nur begrenzte Möglichkeiten, kontrollierte Experimente aufzubauen. Aus diesem Grund arbeiten die Ökonomen seit langem mit Modellen in Form von Gedankenexperimenten.

*Fazit 1.2:*      *Ein ökonomisches Modell ist eine Menge von Annahmen, mit denen man die Randbedingungen für ein Gedankenexperiment festlegt. Mit ihrer Hilfe erzeugt man ein vereinfachtes Abbild der Wirklichkeit, die mit ihren vielen Akteuren und Beziehungszusammenhängen in der Regel zu komplex ist, um als komplettes System analysiert werden zu können.*

Es gibt eine Reihe unterschiedlicher Möglichkeiten für die Modellbildung: verbale Beschreibungen, graphische Darstellung, ikonische Modelle („Modelleisenbahn"), mechanische Modelle. Zum Beispiel hat W. Krelle in den sechziger Jahren den „St. Gallener Kreislaufsimulator" aufgebaut, ein Konstrukt, bestehend aus Pumpen, Reservoirs und Verbindungsrohren, in dem der Wirtschaftskreislauf mit hydraulischer Technik simuliert wurde. Im Laufe der Zeit wurden zunehmend mathematische Modelle gebräuchlich. Mit ihrer Hilfe gelingt es, die Forschungsansätze der Wirtschaftswissenschaftler methodisch konsistent aufzubauen und die gewonnenen Erkenntnisse (Aussagen) logisch nachprüfbar zu machen (Anforderung der intersubjektiven Nachvollziehbarkeit). Die moderne Rechnertechnik ermöglicht eine bildhafte Darstellung mathematischer Modelle, indem sie die Modelle mit ihrem empirischen Hintergrund verknüpft. Gerade auf Grund der Komplexität kommt der Verständlichkeit von Ergebnissen eine große Bedeutung zu. Als Beispiel zeigt Abbildung 1.1 die graphische Umsetzung von Modellberechnungen zur Lärmbetroffenheit durch Verkehr.

**Abbildung 1.1: Visualisierung von Ergebnissen komplexer Modelle**

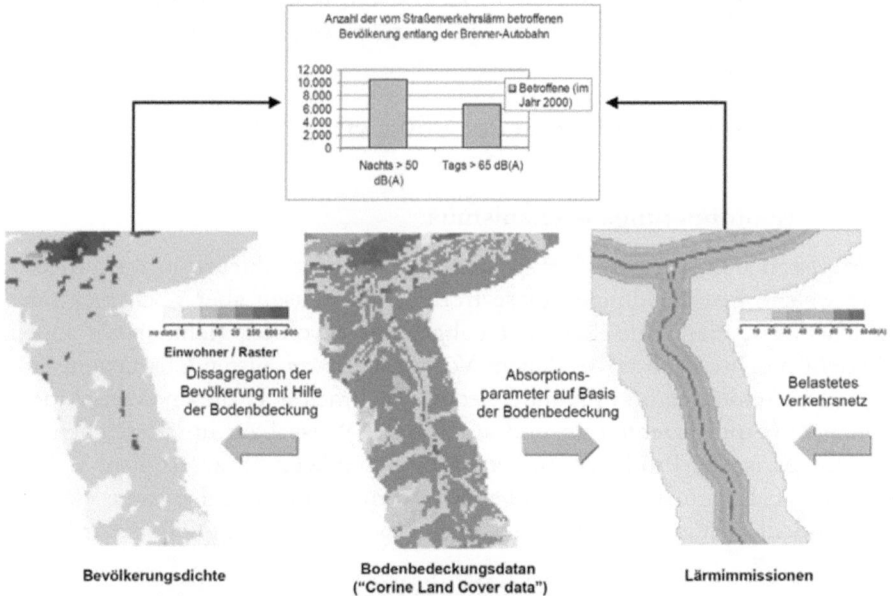

Ziel des Modells war die Identifizierung der Lärmbetroffenheit für die Bevölkerung entlang des Brenner-Autobahnkorridors. Das linke Bild zeigt die Bevölkerungsverteilung. Im mittleren Bild erkennt man die Darstellung der Bodenbedeckung, die für die Ausbreitung von Lärm eine große Rolle spielt. Das rechte Bild beschreibt letztlich die Stärke der Verkehrsaktivitäten entlang des Korridors, die für die Lärmerzeugung verantwortlich ist. Alle Modellkomponenten sind geeignet zusammenzufügen, um zu quantifizieren, in welchem Maße die Menschen betroffen sind und welcher ökonomische Wert dieser Beeinflussung zuzuordnen ist.

Wirtschaftliche Phänomene können auf der Mikro- oder der Makroebene dargestellt und untersucht werden. Die Mikroökonomik ist die Lehre von den einzelwirtschaftlichen Verhaltensweisen und deren Konsequenzen für das Geschehen auf den Märkten. Dadurch hat die Mikroökonomik enge Verknüpfungspunkte mit der Betriebswirtschaftslehre, die auch die Untersuchung des individuellen unternehmerischen Verhaltens zum Gegenstand hat. Anwendungsgebiete in der Mikroökonomik befinden sich so in der betrieblichen Unternehmensplanung, in der Produktions- und Kostentheorie, dem Marketing und auch in der Portfoliotheorie, die das Verhalten von Kapitalanlegern erklären will.

In der Makroökonomik werden die wirtschaftlichen Vorgänge aus der Satellitenperspektive betrachtet. Es werden große Gruppen der wirtschaftlichen Akteure gebildet und die ökonomischen Beziehungen zwischen diesen Makrogruppen untersucht. Die Makroökonomik beschränkt sich dabei nicht auf die Definition und Messung aggregierter Kennzahlen. Vielmehr geht es auch darum, gesamtwirtschaftliche Erscheinungsbilder wie Unterbeschäftigung, Inflation, Konjunktur und Wachstum zu erklären und den Pfad der ökonomischen Entwicklung für einen gewissen Zeitraum zu prognostizieren.

## 1.2    Ordnungsmodelle in der Volkswirtschaft

### 1.2.1    Koordinierungsmechanismus

Wir wissen nun, was die Wirtschaft leistet, welche Akteure in ihr auftreten und welche Entscheidungen diese treffen. Wir wissen aber noch nicht, auf welche Weise diese Entscheidungen abgestimmt werden. Nehmen wir an, ein Student möchte nach bestandenem Vorexamen zwei Kisten Champagner mit seinen Freundinnen und Freunden leeren. Wie meldet er diesen Wunsch beim Champagnerproduzenten an und auf welche Weise bzw. unter welchen Bedingungen ist der Produzent in der Lage, diesen Wunsch zu erfüllen? Im einfachsten Fall kann man sich folgenden Koordinationsmechanismus denken: der Student meldet seinen Wunsch an eine Bestellzentrale. Diese Zentrale gibt den Wunsch an die Unterabteilung für Champagner weiter. Diese prüft, ob in den zentralen Lagerbeständen noch genügend Vorräte vorhanden sind, um die Bestellung ausführen zu können. Im positiven Falle meldet sie der Bestellzentrale das O.K., woraufhin diese prüft, ob das Bankkonto des Bestellers belastbar ist. Ist dies der Fall wird die Bestellung beim Auftraggeber und bei der Champagnerabteilung bestätigt, die Kosten der Herstellung werden in Rechnung gestellt. Neben der Durchführung der Lieferung gibt die Lieferzentrale die Veränderung des Lagerbestandes an die Produktionsabteilung weiter, wo die Produktion angefahren wird, um das Verteillager wieder aufzufüllen.

Es ist unschwer zu erkennen, dass es sich bei dem dargestellten Koordinationsmechanismus um ein zentralwirtschaftliches Schema handelt. Daneben gibt es eine alternative Vorgehensweise, die zu dem gleichen Ergebnis führt: der Student geht in den nächsten Supermarkt und kauft dort den Champagner, den er sich vom elterlichen Geld leisten kann. Der Filialleiter des Supermarktes macht einmal in der Woche Bestandsaufnahme und bestellt die Waren nach, die verkauft wurden. Auf diese Weise erhält der Lieferant für den Supermarkt eine Bestellung und bestellt dann seinerseits bei einem bestimmten Lagerbestand bei der Deutschland-Vertretung des Champagnerherstellers eine entsprechende Menge nach. Die Deutschland-Vertretung meldet dies wiederum der Kellerei in der Champagne, woraufhin diese darüber entscheidet, ihre Produktion an die gestiegene Nachfrage anzupassen oder die Preise zu erhöhen, bzw. eine Kombination aus beiden Maßnahmen zu treffen.

Der zweite Koordinationsmechanismus sieht komplizierter aus als der erste. Denn hier gibt es keine Zentrale, die Wünsche und Produktionsmöglichkeiten zum Ausgleich bringt. Jeder Beteiligte hat nur eine beschränkte Information, denn sein Computer hat nicht die Informationen über sämtliche Kaufwünsche und Produktionsmöglichkeiten gespeichert. Jeder versucht unter dieser beschränkten Information das für sich Beste zu machen, wobei er nicht weiß, wie seine Verhaltensweise das gesamte System beeinflusst. Käufer und Verkäufer haben vollkommen unterschiedliche Interessen, die zuerst unvereinbar scheinen: der Käufer möchte einen möglichst niedrigen Preis bezahlen, um sich mit seinem Budget möglichst viele Güter kaufen zu können und der Verkäufer möchte einen möglichst hohen Preis erzielen, um aus der Produktion der Güter einen maximalen Gewinn zu schöpfen. Der dezentrale Mechanismus erscheint somit schwerfällig und kompliziert. Daher ist es auf den ersten Blick erstaunlich, dass das dezentrale marktwirtschaftliche System sich in der Vergangenheit weltweit als das leistungsfähigere System herausgestellt hat. Dies ist Grund genug, später nochmals auf zentrale und dezentrale Koordinationsmechanismen im Detail zurückzukommen und die Gründe für die Überlegenheit dezentraler Koordinierungen herauszuarbeiten.

Im Mittelpunkt der dezentralen Koordinierung stehen nicht Zentralen oder Abteilungen, sondern Märkte. In der Umgangssprache bezeichnet das Wort „Markt" einen Ort, an dem Menschen Güter wie Fisch, Fleisch, Obst oder Gemüse kaufen und verkaufen. In den Wirtschaftswissenschaften hat das Wort „Markt" eine allgemeinere Bedeutung:

*Fazit 1.3:*          *Ein Markt ist ein Arrangement bestehend aus Institutionen, Akteuren und Regeln, welches das Handeln (Kaufen und Verkaufen) mit Gütern oder Produktionsfaktoren ermöglicht.*

So besteht z. B. der Ölmarkt: aus einer Menge unterschiedlicher Institutionen, Akteure und Regelungen, die das Handeln mit Öl ermöglichen. Der Markt ist ein Koordinationsmechanismus, der die verschiedenen Pläne der Käufer und Verkäufer zusammenfasst, die Information darüber zwischen den Akteuren vermittelt und den Austausch auf freiwilliger Basis ermöglicht. So ist das Rohöl, das sich in einem Tanker auf dem Weg nach Rotterdam befindet, noch vor Ankunft im Hafen in der Regel bereits „vermarktet", die Käufer können mit der Weiterverarbeitung und der Folgevermarktung der Endprodukte und die Verkäufer mit der Beschaffung weiterer Waren disponieren. Der ausgehandelte Marktpreis gibt beiden Parteien eine Orientierung über den wirtschaftlichen Erfolg dieser Transaktion und über den erwarteten Erfolg zukünftiger Transaktionen, so dass sie eine Basis für weitere Planungen haben.

## 1.2.2   Ordnungsmodelle in der Theorie

Grundsätzlich können in der Wirtschaft Pläne dezentral von den Individuen, also von einzelnen Haushalten oder Unternehmen oder von zentralen Einrichtungen, erstellt und umgesetzt werden. Im Falle einer dezentralen Planung stellt sich erst nach Realisierung der Pläne heraus, welche gesamtwirtschaftlichen Konsequenzen entstehen und ob diese Konsequenzen im Sinne einer übergeordneten Zielvorstellung günstig sind. Zentrale Planungen sind dagegen an der Optimierung des Gesamtergebnisses ausgerichtet. Daher könnte man vermuten, dass die Gesamtwirtschaft bei einer zentralen Planung ein höheres Leistungsniveau erreicht als bei dezentraler Planung. Denn die Widersprüche zwischen den vielen individuellen Plänen könnten Reibungsverluste verursachen, die zu einem suboptimalen Gesamtergebnis führen.

Es ist das historische Verdienst des Nestors der modernen Nationalökonomie, Adam Smith, gezeigt zu haben, dass eine zentrale Planung dem Ordnungsprinzip der Natur widerspricht und folglich zu schlechteren Ergebnissen für die Gesamtgesellschaft führt. Smith hat in seinem 1776 veröffentlichten Werk „An Inquiry into the Nature and Causes of the Wealth of Nations" philosophische Überzeugungen mit einer Fülle von Einzelbeobachtungen verknüpft und ist zu dem Ergebnis gekommen, dass dezentral organisierte Volkswirtschaften (freie Marktwirtschaft) den Gesetzen der Natur folgen und damit leistungsfähiger sind als Zentralwirtschaften.

Im Folgenden werden wir zunächst zwei idealtypische Ordnungsmodelle der Volkswirtschaft, Marktwirtschaft und Zentralverwaltungswirtschaft, besprechen und im Anschluss daran die Leitbilder der sozialen Marktwirtschaft in Deutschland und der marktbasierten Planwirtschaft in China beschreiben.

### 1.2.2.1 Modell der Marktwirtschaft

Sowohl das Modell der Marktwirtschaft als auch der Zentralverwaltungswirtschaft wird nun anhand der folgenden Kriterien diskutiert:

(1)     Planungsgrundlagen

(2)     Koordinierung

(3)     Sanktionen

(4)     Voraussetzungen

(1)     Planungsgrundlagen

In einer Marktwirtschaft bildet jeder Haushalt und jede Unternehmung für sich eine Vorstellung vom richtigen wirtschaftlichen Verhalten. Auf eine abstraktere Ebene übersetzt, gilt für die Haushalte, dass sie mit Hilfe ihrer Planungen einen möglichst hohen Nutzen realisieren wollen. Auch die Unternehmen planen individuell und werden versuchen, ihren Gewinn zu maximieren, um eine gute Verzinsung des eingesetzten Kapitals zu erreichen.

Obwohl alle Pläne unabhängig voneinander aufgestellt werden, gibt es Querverbindungen zwischen den Planungen von Unternehmen und Haushalten. So werden die Haushalte berücksichtigen, dass sie zur Realisierung ihrer Konsumpläne Einkommen erwerben müssen, das sie durch Veräußerung ihrer Arbeitskraft an Unternehmen erzielen. Umgekehrt werden die Unternehmen aus eigenem Antrieb bemüht sein, die Produktion auf die Kaufinteressen der Nachfrager abzustimmen, damit sie ihre Produkte verkaufen können und dadurch Gewinne realisieren.

(2)     Koordinierung

In einer Marktwirtschaft werden die Pläne über den Markt koordiniert. Hier treffen Angebot und Nachfrage aufeinander und werden durch den Marktpreis abgestimmt. Der Markt stellt in dieser Wirtschaftsordnung das Lenkungsinstrument dar, das mit Hilfe freier Preisbildung den Ausgleich der Angebots- und Nachfragepläne bewirkt.

(3)     Sanktionen

Über den Markt erhalten die Individuen auch gleichzeitig ein Signal, ob ihre Planungen nach wirtschaftlichen Maßstäben gemessen richtig oder falsch waren. Produzenten werden im Falle des Markterfolgs Gewinne realisieren können und im Falle des Misserfolgs Verluste zu erleiden haben. Dies hat wiederum Einfluss auf ihre künftigen Verhaltensweisen. Ein Unternehmen, das durch Verluste sein Kapital aufzehrt, muss seine Pläne gründlich umstrukturieren oder vom Markt verschwinden. Haushalte bemerken ihre Fehlplanungen dadurch, dass sie im Vergleich zu besser planenden Einheiten einen geringeren Lebensstandard realisieren können. Dies kann daran liegen, dass sie ihre Arbeitskraft nicht optimal verkaufen oder mit dem erworbenen Einkommen nicht ökonomisch umgehen. Grundsätzlich gilt, dass die Individuen für ihre Entscheidungen das volle Risiko zu tragen haben.

(4)    Voraussetzungen

Die Voraussetzungen für eine Marktwirtschaft müssen in Form von rechtlichen Rahmenbedingungen geschaffen werden. Dazu zählen:

- Vertragsfreiheit
- offene Märkte
- Privateigentum
- Staat als Ordnungsinstanz.

### 1.2.2.2  Modell der Zentralverwaltungswirtschaft

(1)    Planungsgrundlagen

Im Extremfall gibt es in einer zentral geplanten Wirtschaft nur einen Akteur, der Wirtschaftspläne aufstellt, nämlich den Staat. Er ist die alleinige Instanz, die sowohl die globalen, also kollektiv gültigen Entscheidungen trifft, als auch den Individuen die Aufstellung von Produktions- und Konsumplänen abnimmt. Der Staat entscheidet also auch über die Erfüllung von Einzelbedürfnissen (z.B. Wohnungs- oder Kleiderwünsche) sowie über Produktionsverfahren (z. B. Produktionskombinate).

(2)    Koordinierung

Das Koordinierungsinstrument ist der Plan, der von staatlichen Planbehörden aufgestellt, den Individuen als Sollvorgabe vorgelegt und durch Kontrollorgane überwacht wird. Preise können im System der Produktions- und Konsumlenkung unterstützend einbezogen werden. Entscheidend ist, dass sich hier Preise nicht am Markt durch das Zusammentreffen von Angebot und Nachfrage bilden, sondern durch zentrale Entscheidung der Planungsinstanz.

(3)    Sanktionen

Der Lohn für Wohlverhalten kann in einer Planwirtschaft nicht durch den Gewinn realisiert werden. Vielmehr gibt es vielfältige Formen der öffentlichen Belobigung oder der Gewährung von Sondervergünstigungen, die im

Falle der Erreichung oder der Überschreitung des Plansolls ausgeschüttet werden. Das wirtschaftliche Risiko für die Konsequenzen ökonomischen Fehlverhaltens liegt allein beim Staat. Sanktionen gegenüber Individuen können in Form von öffentlicher Kritik, Degradierung oder Bestrafung erfolgen.

(4)     Voraussetzungen

Die Voraussetzungen für eine handlungsfähige Zentralwirtschaft sind:

- Lenkungsfunktion des Staates
- verwaltungswirtschaftliche Unterordnung
- Kollektiveigentum
- hoher Stand von Information, Kommunikation und Kontrolle.

### 1.2.3  Ordnungsmodelle in der Realität

Bis Ende 1989 war die Wirtschaftswelt zweigeteilt: auf der einen Seite standen die Staaten der westlichen Welt mit ihren marktwirtschaftlich geprägten Wirtschaftsordnungen und auf der anderen Seite die marxistisch geprägten Planwirtschaften in den COMECON-Ländern, China, Kuba und einigen Entwicklungsländern. Nach dem Zusammenbruch dieser Wirtschaftssysteme in der ehemaligen DDR sowie der ehemaligen Sowjetunion und den nachfolgenden politischen Umstrukturierungen in den COMECON-Ländern gibt es das planwirtschaftliche System marxistischer Prägung heute praktisch nur noch in China und in Kuba. China hat sich dabei seit etwa zwei Jahrzehnten von der dogmatischen Planwirtschaft gelöst und dem Mischsystem einer gesteuerten Marktwirtschaft zugewandt. Die Frage, ob die Markt- oder die Planwirtschaft das leistungsfähigere System ist, hat somit eine eindeutige empirische Antwort gefunden. Die Ursachen hierfür sollen anhand von vier Leitvokabeln erläutert werden:

- Komplexität
- Information
- Motivation
- sozialer Ausgleich.

Die Voraussetzungen für eine gute Wirtschaftsplanung erscheinen auf den ersten Blick in einer Zentralverwaltungswirtschaft günstiger. Hier können die besten Instrumente und Methoden angewandt werden und eine geeignete Organisation der Planungsstellen und Planungsaufgaben kann dazu beitragen, Widersprüche zu beseitigen und Doppelarbeit zu vermeiden. Dagegen steht aber das Problem, dass mit wachsendem Planungsumfang die Aufgaben immer größer und unübersichtlicher werden. Trotz guter Instrumente und Methoden wird es immer schwieriger, Komplexitätsverluste zu vermeiden und die Planungen schnell und flexibel an veränderte Rahmendaten anzupassen. Ferner steigt mit wachsendem Planungsumfang das aus Fehlplanungen resultierende Verlustrisiko. Die Vorzüge einer dezentralen Planung liegen dagegen in einer höheren Flexibilität, in geringeren Komplexitätsverlusten und geringeren Risiken der Fehlplanung. Während in einer Zentralverwaltungswirtschaft die Fehleinschätzungen der Zentrale zu teilweise katastrophalen Konsequenzen für die Volkswirtschaft führen, sind die Risiken aus einer Fehleinschätzung kleiner Wirtschaftseinheiten dagegen eher gering. Verschätzt sich ein Unternehmen bei der Beurteilung der Nachfrage, so erleidet es Verluste und scheidet im Extremfall ganz aus dem Markt aus. Dies schafft Anreize für andere Unternehmen, sich anders zu verhalten und beobachtete Fehler zu vermeiden. Die Marktwirtschaft ist also versicherungstechnisch gesehen eine Großeinrichtung zur Risiko-Diversifizierung.

In einer Zentralverwaltungswirtschaft kann nur dann richtig geplant werden, wenn auch die richtigen Informationen vorliegen. Dies bedeutet aber, dass ein enormes Informations- und Kontrollsystem aufzubauen ist, um Einzelwünsche zu erfassen, Produktionspläne aufzubauen, Verteilungssysteme zu organisieren und alle Bereiche aufeinander abzustimmen. Wir wissen anhand des Beispiels der Staatssicherheit in der ehemaligen DDR, welch ungeheurer Apparat in der Volkswirtschaft erforderlich war, um das „Controlling" für ein zentral gelenktes Wirtschaftssystem zu leisten. In einer Marktwirtschaft ist es dagegen jeder wirtschaftenden Einheit überlassen, sich Informationen zu beschaffen und die Wirtschaftspläne darauf abzustellen. Dabei ist es nicht erforderlich, dass ein Individuum - im Gegensatz zur Zentrale einer Verwaltungswirtschaft - über alle Informationen des Wirtschaftsgeschehens verfügt. Es ist nur nötig, diejenigen Informationen zu besitzen, die für das Aufstellen eines individuellen Wirtschaftsplanes grundlegend sind. Dies ist bei sich schnell ändernden Daten in einer sich dynamisch entwickelnden Volkswirtschaft ein enormer Vorteil, der den Nachteil unvollkommener Informations- und Planungsinstrumente auf der individuellen Ebene übersteigt. Durch den geringeren Informationsanspruch der Einzelentscheidung reagieren die Wirtschaftseinheiten schneller und passen sich auf diese Weise flexibler den sich ändernden Ausgangsbedingungen an.

Mit wachsender Entscheidungsfreiheit und Verantwortung für die Konsequenzen der Entscheidung wächst auch die Motivation, also das Interesse, Entscheidungen richtig zu fällen. Gemeinsam mit dem Sanktionssystem der Marktwirtschaft (Gewinn/Verlust) bewirkt eine dezentrale Marktorganisation wesentlich stärkere Anreize, die persönlichen Fähigkeiten zur Problemlösung einzusetzen, als ein Verwaltungssystem. Verwaltungssysteme kranken dagegen, wie jeder Behördenapparat, daran, dass sie am Prinzip der Dienstpflichterfüllung orientiert sind und nicht an ökonomischen Leistungsprinzipien.

In einer Zentralverwaltungswirtschaft scheint es zunächst wesentlich leichter, einen sozialen Ausgleich herbeizuführen, als in einer Marktwirtschaft. Wenn aber unter dem sozialen Ausgleich die Gleichheit aller verstanden wird, so entspricht dies nicht notwendig den Vorstellungen der Menschen und ist somit a priori auch kein Leistungsmerkmal für die Volkswirtschaft. Das Prinzip, die Güter in der Volkswirtschaft auf alle Konsumenten gleich zu verteilen, ist daher nicht automatisch mit sozialer Gerechtigkeit gleichzusetzen, insbesondere wenn sehr unterschiedliche Beiträge zum Gesamtprodukt geleistet worden sind. Beispielsweise werden es viele Menschen als gerecht empfinden, wenn derjenige, der 10 Stunden tägliche Arbeit in dieses Produkt investiert hat, mehr erhält, als ein anderer, der nur 5 Stunden gearbeitet und sich für den Rest des Tages vergnügt hat. Wenn die Leistung einen wichtigen Maßstab der sozialen Gerechtigkeit darstellt, dann kann ein um soziale Komponenten ergänztes marktwirtschaftliches System dem Sozialanspruch gerecht werden.

*Fazit 1.4:*    *Betrachtet man die realen Ergebnisse der Marktwirtschaft und der Zentralverwaltungswirtschaft, so erscheint die Marktwirtschaft als das leistungsfähigere System.*

### 1.2.3.1 Soziale Marktwirtschaft in Deutschland

Die soziale Marktwirtschaft versucht mit den Worten eines ihrer geistigen Väter Alfred Müller-Armack „... das Prinzip der Freiheit auf dem Markte mit dem des sozialen Ausgleich zu verbinden. Ihr primäres Koordinationsprinzip soll der Wettbewerb sein". Neben dem Wettbewerbsprinzip steht die staatliche Aufgabe, Unvollkommenheiten des Wettbewerbs und soziale Ungerechtigkeiten zu beseitigen.

Die Konzeption der sozialen Marktwirtschaft wurde nach dem Zweiten Weltkrieg in der Bundesrepublik von der neoliberalen Schule der nationalen Ökonomie, deren Hauptvertreter Walter Eucken und Wilhelm Röpke waren, entwickelt. Der Entwurf dieser Wirtschaftsordnung beruht auf der Einsicht, dass der Markt ein brauchbares Instrument der Lenkung ist, dass der Staat aber zunächst die grundlegenden Bedingungen für den Wettbewerb schaffen und darüber hinaus die Gerechtigkeit der Verteilung sichern muss. Insbesondere Eucken stellt heraus, dass es einer klaren Rahmenbedingung bedarf, die den Grundsatz des Wettbewerbs als unerlässliches Organisationsmittel von Massengesellschaften funktionsfähig macht. Eucken entwickelte daher konstituierende Prinzipien, die der Herstellung eines funktionsfähigen Wettbewerbs dienen sollen. Hierzu gehören, unter anderem, die Forderungen nach einem funktionsfähigen Preissystem, Privateigentum, Vertragsfreiheit, offenen Märkten und dem Grundsatz der Haftung der Unternehmen für ihre wirtschaftlichen Entscheidungen. Eine Rahmenordnung für den Wettbewerb zu schaffen, ist Aufgabe staatlicher Gesetzgebung. Neben den der Herstellung des Wettbewerbs dienenden Prinzipien sind nach Eucken weiterhin so genannte regulierende Prinzipien notwendig, die den Wettbewerb funktionsfähig halten sollen. Denn die strenge Befolgung der konstituierenden Prinzipien kann nicht verhindern, dass in der konkreten Wirtschaftsordnung, d. h. in der wirtschaftlichen Realität, sich immer wieder wettbewerbshemmende Einflüsse durchsetzen wollen. Auch falls eine vollständige Konkurrenz verwirklicht ist, enthält sie Mängel und Schwächen, Neigungen sich ständig aufzuheben, so dass eine fortwährende Korrektur notwendig ist (Eucken, 1952).

Um den Wettbewerb zu sichern, muss der Staat deshalb eine aktive Wirtschaftsordnungspolitik betreiben. Sie kann aber nur dann wirksam sein, wenn sie auf einem ordnungspolitischen Gesamtkonzept basiert. Wirtschaftspolitik darf daher nicht punktuell betrieben werden, weil dann einander widersprechende Maßnahmen möglich werden. Spezialgesetze gegen Monopole z. B. können versagen, da ihnen im Patentwesen, Markenwesen, im Bereich der Haftung und Vertragsfreiheit entgegengesetzt wirkende Tatbestände gegenüber stehen. Wirtschaftspolitische Entscheidungen des Staates müssen immer unter einmal fixierten ordnungspolitischen Gesamtentscheidungen, die mit den konstituierenden Prinzipien Euckens gegeben sind, getroffen werden. Das heißt nichts anderes, als dass sich Rechtsprechung und Verwaltung in Übereinstimmung mit der von der Gesetzgebung grundlegend getroffenen wirtschaftsverfassungsrechtlichen Gesamtentscheidung befinden müssen.

In der sozialen Marktwirtschaft geht es aber nicht nur darum, den Wettbewerb abzusichern, sondern eine wirksame Sozialpolitik als Ergänzung und Korrektur der Wettbewerbsordnung zu installieren. Der Wettbewerb soll das tragfähige Fundament für eine staatliche Umverteilung der Einkommen bilden, die in Form von Subventionen, Transfers und Einrichtungen für die soziale Sicherung stattfinden kann, um die marktliche Einkommensverteilung in Richtung auf die soziale Gerechtigkeit zu korrigieren. Der folgenden Tabelle ist zu entnehmen, welchen Umfang die Sozialleistungen in der Bundesrepublik angenommen haben. Sie umfassen derzeit etwa ein Drittel des Bruttoinlandproduktes. Der größte Teil der Sozialaufwendungen besteht aus Transferzahlungen (z.B. Renten) für das Alter und die Hinterbliebenen. Hier spiegelt sich neben den steigenden Rentenversicherungsleistungen auch die Bevölkerungsentwicklung wider, die durch weniger Kinder und eine zunehmende Zahl älterer Menschen geprägt ist. Daneben fällt aber auch die hohe Quote der Gesundheitskosten ins Auge. Die Gesundheitskosten sind in den letzten Jahren explosionsartig angestiegen und zählen heute zu den umstrittensten Sozialkosten. In regelmäßigen Abständen wird mit Hilfe von Gesundheitsreformen versucht, den Anstieg dieses Sozialkostenblocks einzudämmen. Tabelle 1.2 liefert einen Überblick über die wichtigsten Sozialausgaben und unterscheidet dabei nach Institutionen und Funktionen.

**Tabelle 1.2: Sozialbudget, Leistungen nach Institutionen und Funktionen**

| Gegenstand der Nachweisung | Einheit | 2004 | 2006 |
|---|---|---|---|
| **Deutschland** | | | |
| *Sozialbudget[1]* | | | |
| Sozialleistungen insgesamt[1] | Mill. EUR | 697.390 | 700.160 |
| pro Kopf | EUR | 8.453 | 8.500 |
| Sozialleistungsquote[2] | % | 31,6 | 30,4 |
| *Leistungen nach Institutionen* | | | |
| Rentenversicherung | Mill. EUR | 239.584 | 239.964 |
| Krankenversicherung | Mill. EUR | 138.110 | 146.829 |
| Pflegeversicherung | Mill. EUR | 17.534 | 18.040 |
| Unfallversicherung | Mill. EUR | 11.299 | 11.180 |
| Arbeitsförderung | Mill. EUR | 73.557 | 83.242 |
| Sondersysteme[3] | Mill. EUR | 6.086 | 6.746 |
| Leistungssysteme des öffentlichen Dienstes[4] | Mill. EUR | 52.695 | 49.829 |
| Leistungssysteme der Arbeitgeber[5] | Mill. EUR | 56.626 | 56.509 |
| Entschädigungssysteme | Mill. EUR | 5.147 | 4.266 |
| Sozialhilfe | Mill. EUR | 29.731 | 21.921 |
| Kinder- und Jugendhilfe | Mill. EUR | 18.738 | 19.001 |
| Kindergeld und Familienleistungsausgleich | Mill. EUR | 36.411 | 36.943 |
| Erziehungsgeld | Mill. EUR | 3.354 | 3.055 |
| Ausbildungsförderung | Mill. EUR | 1.743 | 1.842 |
| Wohngeld | Mill. EUR | 5.632 | 1.168 |
| Steuerliche Maßnahmen | Mill. EUR | 39.036 | 36.404 |
| Leistungen nach Funktionen | | | |
| Ehe und Familie | Mill. EUR | 102.696 | 100.049 |
| Gesundheit | Mill. EUR | 232.546 | 242.504 |
| Beschäftigung | Mill. EUR | 66.930 | 52.535 |
| Alter und Hinterbliebene | Mill. EUR | 271.115 | 275.408 |
| Übrige Funktionen | Mill. EUR | 24.102 | 29.664 |

[1] Quelle: Bundesministerium für Arbeit und Soziales, Bonn. Datenstand Mai 2007.
[2] Sozialleistungen im Verhältnis zum Bruttoinlandsprodukt.
[3] Altersversicherung der Landwirte und Versorgungswerke.
[4] Pensionen, Familienzuschläge und Beihilfen
[5] Entgeltfortzahlung, Betriebliche Alterversorgung, Zusatzversorgung der öffentlichen Dienstes und
 Sonstige

### 1.2.3.2  Sozialistische Marktwirtschaft in China

Chinas Wirtschaft war 500 Jahre lang bis zum Ende der siebziger Jahre nach innen gerichtet, d. h. der Außenhandel spielte eine geringe Rolle. Die kommunistische Herrschaft unter Mao Zedong war strikt planwirtschaftlich ausgerichtet und unterstellte die Wirtschaft den Parteizielen. Politische Umbrüche (Großer Sprung, Kulturrevolution) wurden zentral initiiert und führten zu wirtschaftlichen Erschütterungen, die teilweise mit Hungersnöten verbunden waren. Nach dem Tode von Mao Zedong im Jahre 1976 setzte sich der Wirtschaftspragmatiker Deng Yiaoping gegen eine Gruppe orthodoxer Mao-Nachfolger („Viererbande") durch und übernahm 1978 die Führung der Kommunistischen Partei (KP).

Dengs wirtschaftlicher Pragmatismus ist durch den berühmten Satz beschrieben: „Egal ob eine Katze weiß oder schwarz ist, Hauptsache sie fängt Mäuse". Insofern ist für ihn die Marktwirtschaft Mittel zum Zweck, nämlich zur Erhöhung der Produktion und Verbesserung der Lebensbedingungen der Menschen.

Die erste Phase der Deng-Ära war durch die vorrangige Förderung der Landwirtschaft und die wirtschaftliche Öffnung nach außen gekennzeichnet. Der mit Einführung dieses neuen Wirtschaftssystems einsetzende Aufschwung wurde 1989 unterbrochen, als die Partei die Wünsche nach einer politischen Liberalisierung gewaltsam am Tian'anmen-Platz unterdrückte. Nach vorübergehender Isolation Chinas begann dann ein stürmischer Wirtschaftsaufschwung nach 1992.

Dieser Wirtschaftsaufschwung wurde zunächst durch die Investitionen von Auslandschinesen getragen, vor allem aus Hongkong und Taiwan wurden produktionsintensive Bereiche auf das chinesische Festland verlagert, um massiv Lohnkosten einzusparen. In der Folge kam es zu einer Welle kräftiger Auslandsinvestitionen durch multinationale Konzerne und zu einem Rekordwachstum im vergangenen Jahrzehnt. Die Industrie wird aus zwei Gründen angezogen: Einerseits sind die Lohnkosten nach wie vor im Vergleich zu anderen Standorten günstig und China gilt als politisch „sicheres" Land für Investoren. Zum Zweiten ist ein Markt mit 1,3 Mrd. Konsumenten hochinteressant, zumal immer mehr Haushalte in den großen Städten in konsumstarke Einkommensregionen hineinwachsen. Zwischen 1992 und 2004 hat sich das BIP fast verdreifacht. Das Wirtschaftswachstum in den letzten beiden Jahren lag bei über 10% (Steigerung des realen BIP). Mittlerweile sind Anzeichen einer konjunkturellen Überhitzung erkennbar, so ein Druck auf die Güterpreise und eine starke Steigerung der Preise für Immobilien.

Die Überhitzungserscheinungen sind vor allem in dem weit entwickelten Gürtel entlang der Ostküste zu beobachten. Daher sieht die staatliche Planung nunmehr vor, das Wachstum mehr zum mittleren und westlichen Bereich Chinas zu verlagern und insgesamt etwas herunterzufahren. So strebt man langfristig „nur" 6 % reales Wirtschaftswachstum an.

Das schnelle Wachstum ist nicht ohne Risiken. Im Zuge des raschen Aufschwunges ist die Nachfrage nach Energie stark gestiegen und kann aus eigenem Reservoir nicht gedeckt werden. Die vier großen Staatsbanken haben in großem Umfang faule Kredite angehäuft, über deren Größenordnung allerdings keine verlässliche Information herrscht. Der Wohlstand hat im chinesischen Frühkapitalismus zu einer einseitigen Verteilung der Einkommen geführt. Auf dem Land gibt es nach wie vor Armut und auch große Gebiete (Mandschurei, der Westen Richtung Tibet) haben vom Aufschwung wenig profitiert. Hierdurch entsteht ein starker Druck auf eine aktivere Umverteilungspolitik des Staates. Der Staat selbst wird zunehmend als vom Kapital korrumpiert wahrgenommen. Die Luxuslimousinen hochrangiger Beamter weisen auf ein Problem hin, das in der Anfangszeit unter Deng noch rigoros bekämpft wurde, aber nunmehr zum akuten Problem geworden ist. Im globalen Bestechungsindex des Jahres 2005 wird China auf Rang 82 der Welt geführt.

Bislang ist es nicht gelungen, ein Sozialsystem aufzubauen, das die Probleme der Altersversorgung, der Gesundheitskosten und des Sozialausgleichs analog zur sozialen Marktwirtschaft löst. Es scheint, dass die neue chinesische Führung hier Schwerpunkte ihrer Planung setzen möchte und auch die Problemfelder Energie und Umwelt mit größerer Entschlossenheit angehen wird als ihre Vorgänger. Dazu wird China weiter ein außergewöhnlich hohes Wirtschaftswachstum brauchen. Ob dies in den nächsten Jahren stabil erreichbar sein wird, oder ob auf Grund der sich abzeichnenden Risiken erste Konjunkturdellen auftreten werden, kann aus heutiger Sicht nicht prognostiziert werden.

Zusammenfassend lässt sich die Sozialistische Marktwirtschaft Chinas durch die folgenden Punkte charakterisieren:

• Wirtschaftliche Freiheiten für Produzenten und Händler
• Öffnung für Auslandsinvestitionen und für den Außenhandel
• Kernindustrien unter staatlicher Kontrolle
• Uneingeschränkte Führerschaft der Partei, verbunden mit Planvorgaben.

**Tabelle 1.3: Wirtschaftliche Entwicklung Chinas**

| Volkswirtschaftliche Indikatoren | Einheit | 2004 | 2005 | 2006 | 2007 | 2008* |
|---|---|---|---|---|---|---|
| Bruttoinlandsprodukt BIP (real) | Mrd. US-$ | 1441,5 | 1591,4 | 1768,1 | 1967,9 | 2180,4 |
| BIP pro Kopf (real) | US-$ | 1094 | 1201,2 | 1327,3 | 1469,4 | 1619,2 |
| BIP Wachstum (real) | % | 10,1 | 10,4 | 11,1 | 11,3 | 10,8 |
| darunter | | | | | | |
| Investitionen | % | 13,4 | 11,6 | 13,2 | 14,3 | 12,6 |
| Importe | % | 22,7 | 13,4 | 18,6 | 18,2 | 17,4 |
| Exporte | % | 28,4 | 23,6 | 23,6 | 22,8 | 18,4 |
| Preissteigerungen | % | 3,9 | 1,8 | 1,5 | 4,6 | 3,8 |
| Devisenreserven | Mrd. US-$ | 610,0 | 819,0 | 1066,0 | 1428,0 | 1826,0 |

* erwartete Werte

Quelle: Worldbank Office Beijing, China Quarterly Update, September 2007

Tabelle 1.3 zeigt die rasante wirtschaftliche Entwicklung Chinas anhand ausgewählter Indikatoren. Hongkong und Taiwan blieben hierbei unberücksichtigt.

## 1.3 Licht und Schatten der Globalisierung

### 1.3.1 Globales Wachstum

#### 1.3.1.1 Weltproduktion und Welthandel

Die Weltwirtschaft trotzte in den letzten Jahren Kriegen, Börsenbaisse sowie Finanz- und Ölkrisen und setzte ihre Expansionsphase auch im Jahr 2007 mit einer realen Zuwachsrate des Bruttoinlandsproduktes (BIP) in Höhe von 3,7 % fort. Damit schwächte sich das weltweite Wachstum gegenüber den Vorjahren nur leicht ab.[1]

Von der insgesamt positiven Entwicklung profitierten auch die aktuellen Mitgliedsstaaten des Euro-Raumes mit einem BIP-Wachstum von durchschnittlich 2,6 %. Insgesamt trug der Euro-Raum dadurch etwas mehr als ein Fünftel (22,4 %) zur weltweiten Produktion bei und konnte somit seine Stellung gegenüber dem Vorjahr (22,1 %) gut behaupten. Dagegen musste sowohl die amerikanische als auch die japanische Volkswirtschaft Einbußen hinnehmen. Die Anteile an der globalen Produktion sanken demzufolge für die USA von 27,3 % auf 25,8 % und für Japan von rund 9,0 % auf 8,1 %. Während sich die verlangsamte Entwicklung in den USA auf eine für amerikanische Verhältnisse bescheidene Konsumausweitung zurückführen lässt - nicht zuletzt bedingt durch die zunehmende Unsicherheit aufgrund der Hypothekenkrise - verlor die japanische Wirtschaft insbesondere durch abnehmende Investitionstätigkeiten an Schwung.

Im Gegensatz dazu ist die Wachstumsdynamik Chinas weiter ungebrochen. Mittlerweile beträgt Chinas Anteil an der weltweiten Produktion 6,1 %, womit der Anteil des bevölkerungsstärksten Landes der Erde nun gleichauf mit dem Anteil Deutschlands liegt.

Auch in Indien und Russland sowie in den meisten Schwellenländern Lateinamerikas und Südostasiens setzte sich der Aufschwung fort. Zwar wurden die Aktienmärkte auch in diesen Ländern durch die Finanzkrise und den Ölpreis belastet, der guten konjunkturellen Entwicklung tat dies aber keinen Abbruch (Sachverständigenrat 2007).

---

[1]    Eine Definition des Bruttoinlandproduktes und anderer Indikatoren der Volkswirtschaftlichen Gesamtrechnung liefert Kapitel 2.

Eine treibende Kraft für das weltweit anhaltende Wachstum stellt die zunehmende Spezialisierung und die daraus resultierende internationale Arbeitsteilung dar. Dies gilt auch für die Mitgliedsländer des Euro-Raumes, deren Ex- und Importe in bzw. aus Ländern außerhalb des Euro-Raumes im Jahr 2007 deutlich zulegen konnten. Trotz des hohen Außenwertes des Euros - zum Jahresende lag der Wert mitunter über der magischen Grenze von $ 1,50 je Euro - der sich tendenziell preissteigernd auf die Exporte und preisdämpfend auf die Importe auswirkt, stiegen die Exporte mit 6,2 % etwas stärker an als die Importe mit 5,2 %.

Abbildung 1.2 zeigt die Entwicklung der weltweiten Produktion (gemessen als aufsummiertes BIP) und des Welthandels.

**Abbildung 1.2: Entwicklung des globalen BIP und des Welthandes**

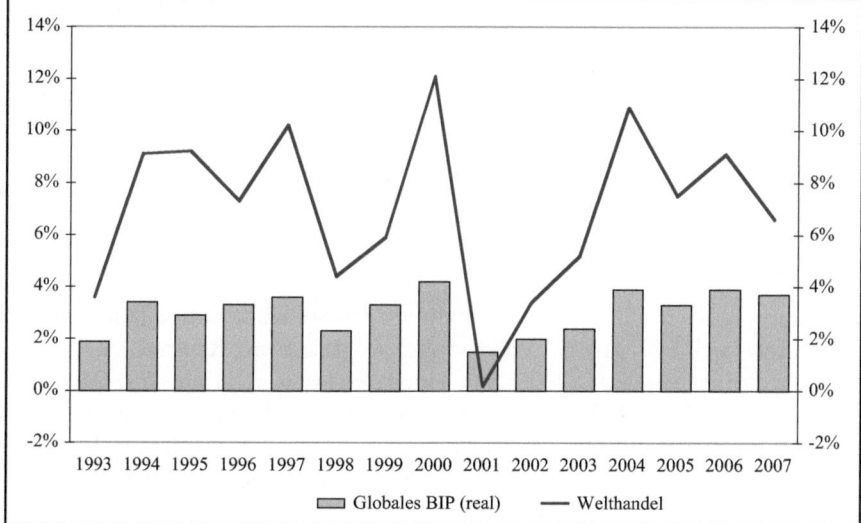

Quelle: Sachverständigengutachten 2007

### 1.3.1.2  Internationale Finanzmärkte

Obwohl das Wachstum des Welthandels die Steigerungsraten des weltweiten BIP deutlich übersteigt, kann nicht von einer völligen Loslösung beider Entwicklungen gesprochen werden. Vielmehr bestimmen realwirtschaftliche Produktionsprozesse sowohl die Entwicklung des BIP als auch des Handels. Umgekehrt verhält es sich jedoch bei der Entwicklung der Finanzströme.

In den letzten Jahren beliefen sich die börsentäglichen Umsätze auf mehr als eine Billion US Dollar. Ein jährliches Welthandelsvolumen von ca. 7 Billionen US-Dollar hätte demnach in weniger als einer Woche finanziert werden können. Bei 200 Börsentagen pro Jahr macht der Finanzbedarf realwirtschaftlicher Prozesse gerade 2,5 % der gesamten Finanzflüsse aus. Selbst wenn weitere Transaktionen, die in Verbindung mit realwirtschaftlichen Vorgängen stehen, wie ausländische Direktinvestitionen oder die Absicherung von Handelsgeschäften vor Wechselkursschwankungen (Hedging) berücksichtigt werden, bleibt eine hohe, zumeist spekulationsbedingte, Überliquidität bestehen. So werden beispielsweise mehr als 80 % der gesamten Umsätze für kurzfristige Devisengeschäfte (z. B. Arbitragegeschäfte) genutzt. Auf Grund der hohen Einsätze generieren dabei selbst kurzfristige Kursdifferenzen im Bereich von zehntausendstel bis tausendstel Prozent beträchtliche Gewinne.[2]

Auch wenn ein Großteil der Finanzströme nicht mehr auf realwirtschaftlichen Entwicklungen basiert, kann es umgekehrt bei Krisen des Finanzmarktes zu erheblichen Störungen für die gesamte Wirtschaft kommen. Finanzkrisen wie die Südostasienkrise von 1997 oder die US Hypothekenkrise von 2007 belegen dies eindrucksvoll (siehe dazu Kapitel 14). Neben einer allgemeinen Unsicherheit, die durch solche Krisen in den Markt gebracht wird, engen die häufig notwendigen Interventionen der Zentralbanken den geldpolitischen Spielraum deutlich ein. Dies kann sich insbesondere auf die Inflation oder die Investitionspläne auswirken.

### 1.3.1.3 Made in Germany

Nachdem die wirtschaftliche Entwicklung Deutschlands einige Jahre stagnierte, meldete sich die größte Volkswirtschaft des Euro-Raumes im Jahr der Fußballweltmeisterschaft (2006) mit einem Anstieg in Höhe von 2,9 % eindrucksvoll zurück. Abbildung 1.3 verdeutlicht, dass Deutschland damit schneller wuchs als Frankreich und Italien und von den größeren Mitgliedern des Euro-Raumes nur Spanien eine bessere Performance aufweisen konnte.

Aufgrund der Umsatzsteuererhöhung von 16 % auf 19% zum Jahreswechsel 2006/07 wurde für das Jahr 2007 mit einem konjunkturellen Dämpfer gerechnet. Zwar lag die Zuwachsrate mit 2,6 % tatsächlich unter der Entwicklung des Vorjahres, die prinzipielle Wachstumsdynamik blieb aber ungebrochen. Maßgeblich dafür war einerseits die ungebremste Beliebtheit von

---

[2]   In diesem Zusammenhang wird immer wieder die Einführung der so genannten Tobin-Steuer auf internationale Kapitalbewegungen diskutiert. Befürworter argumentieren, dass diese geringfügige Steuer die Überliquidität reduzieren und somit die Stabilität erhöhen könnte. Zudem wäre es möglich die Einnahmen für internationale Belange einzusetzen. Gegner der Steuer halten dagegen, dass die Steuer nur in Ausnahmefällen Finanzkrisen in den letzten Jahrzehnten hätte verhindern können. Außerdem stehen sie der Vermischung von Fiskal- und Geldpolitik kritisch gegenüber.

Exportgütern Made in Germany[3]. Andererseits wurde die Konjunktur aber auch vom inländischen Konsum der privaten Haushalte sowie von expandierenden Ausrüstungsinvestitionen seitens der Unternehmen gestützt.

**Abbildung 1.3: Wirtschaftswachstum in den großen Volkswirtschaften des Euro-Raumes (2000-2006)**

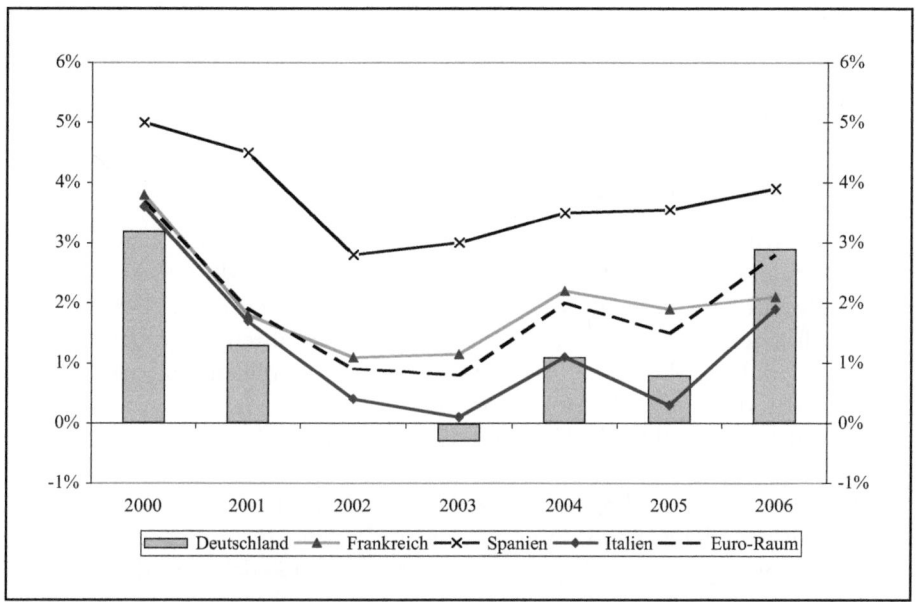

Quelle: Deutsche Bank Research, Eurostat

Zusammen mit den Reformen auf dem Arbeitsmarkt bewirkte der Aufschwung der letzten beiden Jahre auch eine spürbare Entlastung auf dem Arbeitsmarkt. Die Zahl der registrierten Arbeitslosen sank zum Ende des Jahres 2007 auf unter 3,5 Millionen, was einer Arbeitslosenquote von 8,7 % entsprach. Allerdings ist noch immer eine starke Diskrepanz zwischen dem Westen Deutschlands mit ca. 7 % und dem Osten mit ca. 15 % zu beobachten.

Natürlich weckt die positive Entwicklung Begehrlichkeiten bei den Arbeitnehmern, die sich lange Zeit mit moderaten Lohnabschlüssen zufrieden gaben und nun am Aufschwung partizipieren wollen. Tatsächlich ging die Schere zwischen den Einkommen aus unselbständiger Arbeit einerseits, und

---

3   Das Qualitätssiegel *Made in Germany* wurde schon vor dem 1. Weltkrieg auf vielen Waren aus deutscher Produktion angebracht. Interessanterweise ist das Label aber keine Idee deutscher Hersteller, sondern geht auf ein englisches Handelsmarkengesetz aus dem Jahre 1887 zurück. Ursprüngliches Ziel war es, die englischen Verbraucher durch die Kennzeichnung vor minderwertiger Importware aus Deutschland zu schützen.

Vermögenseinkommen sowie Unternehmensgewinnen andererseits in den letzten Jahren deutlich auseinander, so dass teilweise deutliche Anstiege der Löhne und Gehälter als Folge höherer Tariflohnabschlüsse gerechtfertigt sind. Gleichzeitig besteht die Gefahr einer Lohn-Preis Spirale, die zu einer überdurchschnittlich hohen Inflation führen könnte. Dies gilt insbesondere mit Blick auf den durch die Finanzkrise eingeschränkten Handlungsspielraum der EZB.

### 1.3.2    Globale Armut

#### *1.3.2.1 Arm ist nicht gleich arm*

Dem 2. Armuts- und Reichtumsbericht der Bundesregierung folgend, leben derzeit rund 14 % der Menschen in Deutschland unterhalb der Armutsgrenze. Während das Armutsrisiko bei den älteren Menschen leicht rückgängig ist - aktuell leben rund 11 % der Menschen über 65 Jahren unter der Armutsgrenze - zählen Arbeitslose, Alleinerziehende und Familien mit mehr als drei Kindern zu den am stärksten betroffenen Gruppen. So lebt aktuell etwa jedes 10. Kind in Deutschland, d.h. rund 1,4 Millionen Mädchen und Jungen, in Armut.

Doch trotz der erschreckenden Zahlen ist Deutschland im internationalen Vergleich ein reiches Land. Innerhalb der EU gehört Deutschland zusammen mit Luxemburg, Dänemark und Schweden zu den Ländern mit dem geringsten Armutsrisiko.

Armut in Deutschland und der EU heißt, dass die Betroffenen inklusive aller Transferleistungen des Staates über weniger als 60 % des mittleren nationalen Pro-Kopf-Einkommens verfügen. Damit unterscheidet sich Armut in Deutschland beträchtlich von der globalen Armut in Ländern außerhalb Europas.

Unterteilt man globale Armut in extreme bzw. schwerwiegende Armut, so zieht die Weltbank die Grenzen bei einem verfügbaren Einkommen das dem Gegenwert von einem bzw. zwei Dollar pro Tag in heutigen Preisen entspricht. Diese Grenzen wurden von der Weltbank bewusst so gering gesetzt, so dass sie von allen als ethisch unakzeptable Armut anerkannt werden.

Heute verfügen gemäß Weltbank rund 1,1 Milliarden Menschen über weniger als einen Dollar pro Tag und leben somit in extremer Armut. Über mehr als einen aber weniger als zwei Dollar verfügen nochmals 1,6 Milliarden Menschen. Von mindestens schwerwiegender Armut sind somit ca. 2,7 Milliarden Menschen - mehr als die Hälfte der Weltbevölkerung - betroffen. Abbildung 1.4 zeigt die entsprechenden Anteile für ausgewählte Länder.

Zu den ärmsten Ländern unter den Armen zählen die westafrikanischen Staaten Mali und Nigeria. In beiden Ländern lebt mehr als 90 % der Bevölkerung in schwerwiegender und noch immer mehr als 70 % in extremer Armut. Allein in Nigeria, das über reiche Erdölvorkommen verfügt, sind somit annähernd 100 Millionen Menschen von extremer Armut betroffen.

Auch in den aufstrebenden Nationen Indien und China leben noch immer große Teile der Bevölkerung in zumindest schwerwiegender Armut. Allerdings konnte in den letzten Jahren der Anteil der Menschen in extremer Armut deutlich reduziert werden.

Natürlich sind in Abbildung 1.4 längst nicht alle armen Länder aufgelistet. Laut Weltbank sind mehr als 100 Nationen von schwerwiegender Armut betroffen. Darunter auch mehr als 100 Millionen Menschen in Bangladesh und mehr als 50 Millionen in Äthiopien.

**Abbildung 1.4: Extreme und schwerwiegende Armut in ausgewählten Ländern**

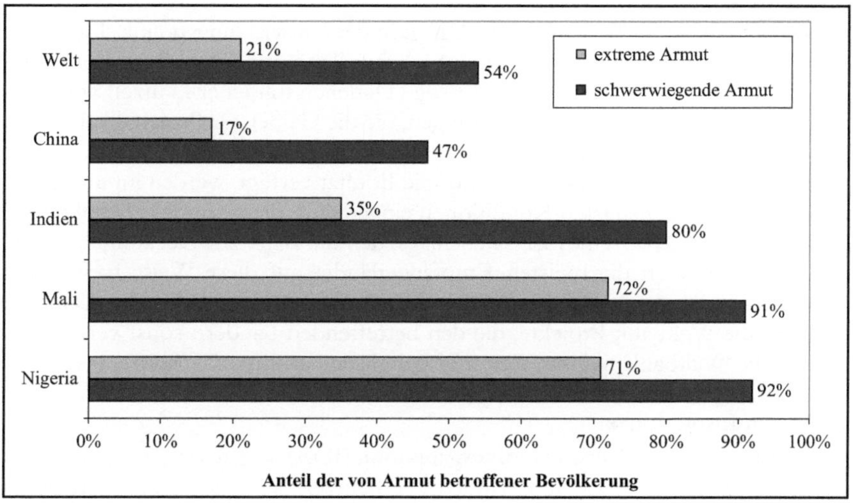

Quelle: Weltbank, 2007 World Development Report

Während sich die meisten Organisationen darin einig sind, dass die Bekämpfung globaler Armut zu den wichtigsten Aufgaben des 21. Jahrhunderts zählt, gehen die Meinungen über das geeignete Vorgehen auseinander. Im Wesentlichen können zwei unterschiedliche Ansätze beobachtet werden.

Zum einen bekämpfen international operierende Institutionen Armut durch groß angelegte Projekte in den Bereichen Verkehr, Bildung und Gesundheit. Stellvertretend dafür wird in Kapitel 1.3.2.2 die Millenniumserklärung der Vereinten Nationen vorgestellt. Diese sogenannte Big Money - Big Plans Strategie der Entwicklungshilfe wird z.B. von dem renommierten Ökonomen Jeffrey Sachs vertreten.

Zum anderen entwickelte der Ökonom Muhammad Yunus einen anderen Weg aus der Armut. Er gründete 1976 in Bangladesch die Grameen Bank, die

sich in der Folge auf die Vergabe von Minikrediten spezialisiert hat. Auf die
Idee der Mikrokredite, für die Yunus und die Grameen Bank im Jahr 2006
mit dem Friedensnobelpreis ausgezeichnet wurden, gehen wir näher in Kapitel 1.3.2.3 ein.

| Hintergrund | **Die Weltbank** |

Die Weltbank (die offizielle Bezeichnung ist International Bank for Reconstruction
and Development) und der IWF mit Sitz in Washington D. C. (USA) gehören zu
den einflussreichsten Akteuren der Weltwirtschaft. Ihre Gründung wurde noch
während des Zweiten Weltkriegs 1944 von der Internationalen Währungs- und Finanzkonferenz der Vereinten Nationen in Bretton Woods (New Hampshire, USA)
beschlossen.

Die zentrale Aufgabe der Weltbank liegt in der Entwicklungspolitik. Ihre „Kunden" sind ausschließlich Entwicklungs-, Schwellen- und Transformationsländer.
Die Weltbank vergibt vor allem langfristige Darlehen mit einer Laufzeit von 15 bis
20 Jahren. Kreditnehmer sind Regierungen, die die Gelder für Projekte zur Verbesserung der wirtschaftlichen Entwicklung ihres Landes verwenden müssen.

Da die Weltbank über eine einwandfreie Bonität verfügt, werden ihr an den Kapitalmärkten die günstigsten Konditionen eingeräumt, die sie an ihre Schuldnerländer weiterreicht. Trotz eines Zinsaufschlags, den die Bank zur Deckung ihrer Kosten erhebt, erhalten die meisten Empfängerländer auf diese Weise weit bessere
Kreditbedingungen als dies bei eigener Mittelaufnahme der Fall wäre. Damit ermöglicht die Weltbank Projekte, die den betreffenden Ländern sonst verschlossen
bliebe. Die Weltbank hat zur Zeit 184 Mitglieder und ist das Spitzeninstitut der
Weltbankgruppe. Zu dieser Gruppe gehören die weiteren, ebenfalls in Washington
ansässigen Institutionen:

- Die Internationale Entwicklungsorganisation (IDA), gegründet 1960, unterstützt
  besonders arme Entwicklungsländer. Die Laufzeit der zinslosen Kredite beträgt
  bis zu 50 Jahre.
- Die 1956 gegründete Internationale Finanz-Corporation (IFC) unterstützt private Unternehmen in den Entwicklungsländern durch Kreditvergabe und Beteiligungsübernahme.
- Die Multilaterale Investitionsgarantieagentur (MIGA) wurde 1988 gegründet,
  um ausländische Direktinvestitionen in Entwicklungsländern zu fördern.
- Das Internationale Zentrum zur Beilegung von Investitionsstreitigkeiten
  (ICSIB) existiert seit 1966.

### 1.3.2.2 *Die Millenniumserklärung der Vereinten Nationen*

Mit der Resolution 55/2 der Vereinten Nationen vom 8. September 2000 bekennen sich mehr als 150 Regierungschefs zum Vorschlag des damaligen Generalsekretärs Kofi Annan, den Anteil der weltweit in extremer Armut lebender Menschen bis zum Jahr 2015 im Vergleich zu 1990 von 30 % auf 15 % zu halbieren. Es wird lebhaft darüber diskutiert, ob dieses Ziel zu ambitioniert oder zu bescheiden ist. Einerseits würden bei Zielerfüllung mehr als eine Milliarde Menschen aus extremer Armut befreit. Andererseits wären dann aber noch immer mehr als eine Milliarde Menschen extrem arm. Ob ambitioniert oder nicht, der Erfolg bei der Verwirklichung dieses Zieles ist nicht selbstverständlich und hängt von der Erfüllung mehrerer Unterziele ab.

Zunächst ist ein institutioneller Rahmen für eine sozial, ökonomisch und ökologisch nachhaltige Entwicklung zu schaffen. Neben der politischen Stabilität sowie der Gleichberechtigung von Männern und Frauen gehört dazu auch die eindeutige Definition von Eigentumsrechten.

Nicht weniger Gewicht hat das Ziel, bis zum Jahr 2015 auf der ganzen Welt Bildungseinrichtungen zu schaffen, die es jungen Menschen ermöglichen, einen Schulabschluss zu machen. Dabei dürfen weder Geschlecht noch soziale Herkunft oder religiöse Überzeugung den Zugang erschweren oder gar verhindern.

Drittens erhalten präventive Maßnahmen im Bereich der Körperhygiene und der Gesundheit ein noch stärkeres Gewicht in der Entwicklungshilfe als bisher. Neben einer verbesserten Aufklärung über die Übertragungswege von AIDS und Malaria, die mit relativ einfachen Mitteln bekämpft werden können, betrifft dies insbesondere die Versorgung mit Trinkwasser. Auch in diesem Fall soll der Anteil der Menschen, die bislang keinen Zugang zu hygienischem Trinkwasser haben, bis zum Jahr 2015 im Vergleich zu 1990 halbiert werden.

Weiterhin sollen Investitionen in die Infrastruktur die Maßnahmen im Bildungs- und Gesundheitsbereich begleiten. Dabei geht es nicht nur um den Bau von Straßen, Schienen, Häfen oder Flughäfen, sondern auch um einen sicheren Zugang zum Stromnetz. Im Fall von Infrastrukturprojekten bedarf es allerdings einer Abstimmung mit regionalen Akteuren. Nur falls die gebaute Infrastruktur Entwicklungsengpässe beseitigt und nicht nur der Bau, sondern auch der langfristige Erhalt finanziell gesichert ist, sollte ein Projekt auch in die Tat umgesetzt werden.

Schließlich fordert die Millenniumserklärung die Industrieländer auf, eine Politik des zollfreien Zugangs für alle Exportgüter aus den ärmsten Ländern zu gewährleisten und alle bilateralen öffentlichen Schulden dieser Länder zu streichen, falls sich diese im Gegenzug auf eine überprüfbare Armutsminderung verpflichten. Die bisherige Bilanz fällt gemischt aus. Einerseits ist es tatsächlich gelungen, die Anzahl der extrem armen Menschen bis zum Jahr 2007 auf 21 % zu senken (vgl. Abbildung 1.4). Andererseits ist zu beachten, dass ein großer Teil dieser Menschen noch immer in schwerwiegender Armut lebt und sich die Lebensverhältnisse nur sehr langsam verbessern. Zudem sind die Erfolge insbesondere auf die Entwicklung in China und kleineren Ländern

Südostasiens zurückzuführen. Eine grundlegende Verbesserung der Situation in Afrika ist kaum erkennbar.

### 1.3.2.3 Das Prinzip der Mikrokredite

Die Idee der Mikrokredite geht zurück auf den Ökonomen Mohammed Yunus, der Anfang der 70er Jahre aus dem Ausland in das gerade unabhängig gewordene Bangladesch zurückkehrte. Nach der Trennung von Pakistan, die Hunderttausende Tote forderte und eine gewaltige Flüchtlingswelle auslöste, lebte der Großteil der Bevölkerung in extremer Armut. Dies war um so erstaunlicher, da viele Menschen hart arbeiteten und dennoch kaum sich selbst, geschweige denn eine Familie ernähren konnten. Der Hauptgrund der Armut lag nach Yunus´ Überzeugung daher nicht in fehlender Infrastruktur oder mangelnder Bildung, sondern darin, dass die meisten Menschen zur Gründung einer Existenz auf betrügerische Geldverleiher angewiesen waren, und die Zinszahlungen ihre Gewinne weit übertrafen.

Nach einigen Experimenten gründete Yunus 1976 die Grameen Bank, die sich ganz auf die Vergabe von Mikrokrediten spezialisierte. Dabei sind die Vergabeprinzipien immer die Gleichen. Das Kreditvolumen liegt umgerechnet immer zwischen 15 und 1000 Euro. Dieser relativ geringe Kreditbetrag ermöglicht kurze Laufzeiten zwischen 6 und 36 Monaten. Um die Anzahl der Kreditausfälle zu reduzieren, ist die Vergabe eines Kredites an eine Geschäftsidee gekoppelt. Wird ein erster Kredit nicht beglichen, so gibt es keine weiteren mehr.

---

| Praxis | **Mikrokredite als Ausweg aus der Armut** |

Überrascht davon, wie wenig Geld die meisten Menschen in den Dörfern brauchten, um Material oder Rohstoffe für ihr Handwerk zu erwerben oder um ein kleines Geschäft zu eröffnen, wagte Yunus ein Experiment. Nach einer Umfrage gewährte er 42 Frauen in einem Dorf nahe seiner Heimatstadt Chittagong Kleinstkredite in Höhe von insgesamt 27 US-Dollar. Ohne jede Sicherheit, doch mit dem Glauben an Erfolg. Das war 1976. Und niemand ahnte, dass es der Beginn eines der weltweit erfolgreichsten entwicklungs-politischen Projekte sein sollte. Bis heute hat die 1983 in Bangladesch offiziell anerkannte Grameen Bank (Dorf Bank) insgesamt 6,6 Millionen Kredite in Höhe von fast fünf Milliarden Euro vergeben. 97 Prozent der Begünstigten sind Frauen, die sich mit der Hilfe der Darlehen eine Existenz aufbauen konnten - etwa durch den Kauf eines Mobiltelefons, das allen Dorfbewohnern gegen eine geringe Gebühr als öffentlicher Fernsprechapparat zu Gute kommt und den Besitzerinnen ein regelmäßiges Einkommen sichert. Trotz fehlender materieller Sicherheiten hat Yunus gute Erfahrungen mit der Rückzahlung der Kredite gemacht. Die Quote liegt bei fast 99 Prozent Ein Grund dafür ist, dass die Garmeen Bank ihre Darlehen nicht an Einzelpersonen, sondern an Gruppen vergibt, was den Druck erhöht, die Raten zu zahlen. Alle Transaktionen erfolgen in öffentlichen Versammlungen, um Missbrauch zu verhindern.

Dennoch sieht sich Yunus nicht als Wohltäter, sondern als Geschäftsmann. Seine Philosophie ist die Hilfe zur Selbsthilfe. Daher hält er auch eisern an seinem Prinzip fest, niemals einem Bettler Geld zu geben. „Manchmal fühle ich mich schlecht, doch ich würde eher versuchen, das Problem dieser Menschen nachhaltig zu lösen, als ihm nur einen Tag Linderung zu verschaffen", bekennt Yunus und ergänzt: „Wenn man den Leuten die Chance gibt, sind sie sehr wohl in der Lage, ihre Probleme selbst zu lösen."

Quelle: Heise Zeitschriften Verlag, 16.10.2006, Stefan Mentschel.

Mittlerweile wurde das Konzept der Mikrokredite in über 60 Entwicklungsländern kopiert. So haben in den vergangenen 30 Jahren ca. 500 Millionen Menschen Mikrokredite in Anspruch genommen. Nach Schätzungen internationaler Organisationen resultieren 80 % aller Unternehmensgründungen in den Entwicklungsländern direkt aus der Vergabe eines Mikrokredites. Diese Daten verdeutlichen auch, dass die Vergabe der Mikrokredite keinesfalls als Wohltaten reicher Banken verstanden werden sollten. Im Gegenteil, bei mitunter recht hohen Zinsen von bis zu 20 % pro Jahr und einer Rückzahlungsdisziplin von 98 % sind die Mikrokredite ein lukratives Geschäft, das mittlerweile auch große Finanzinstitute für sich entdeckt haben, zumal die Renditen weitgehend unabhängig von exogenen Schocks erwirtschaftet werden. Von Kurseinbrüchen an den Börsen lassen sich die meisten Kleinstunternehmer kaum beeindrucken.

Mitunter beanspruchen Verfechter der Mikrokredite wie auch Vertreter der Big Money - Big Plans Strategie, über das effizientere Instrument zur Armutsbekämpfung zu verfügen. Mehr und mehr setzt sich aber die Meinung durch, dass es sich dabei nicht um konkurrierende, sondern komplementäre Instrumente handelt. So rief Kofi Annan, damaliger Uno-Generalsekretär und Hauptinitiator der Millenniumserklärung, im Namen der Vereinten Nationen das Jahr 2005 zum Jahr der Mikrokredite aus.

### 1.3.3 Globaler Klimawandel

Neben der Bekämpfung der Armut stellt der Globale Klimawandel eine weitere große Herausforderung des 21. und vermutlich 22. Jahrhunderts dar. Während unter den meisten Wissenschaftlern Einigkeit darüber besteht, dass es in den nächsten Jahrzehnten zu einem weiteren globalen Temperaturanstieg kommt, gehen die Meinungen über das Ausmaß der Schäden und über eine geeignete Strategie zur Vermeidung bzw. Minimierung dieser Schäden auseinander. Vielfach wird ein von William Nordhaus stammender Stufen-Ansatz als optimale Strategie propagiert. Demnach sollten die Investitionen

Jahr für Jahr ansteigen, wodurch neues Wissen und zukünftige Technologien ein relativ großes Gewicht erhalten. In der Politik wurde dieser Ansatz oftmals als Alibi für unterlassene Investitionen verwendet. Nordhaus hat davor jedoch ausdrücklich gewarnt und immer wieder darauf verwiesen, dass der Stufenansatz zwar zum optimalen Ergebnis führt, aber die heutigen Investitionen bereits deutlich unter den (im optimalen Fall) notwendigen Investitionen liegen.

Einen anderen Ansatz schlägt Nicholas Stern, der ehemalige Chefökonom der Weltbank, vor. In dem nach ihm benannten Bericht der Britischen Regierung, kommt er zusammen mit über 20 Co-Autoren zu der eindeutigen Schlussfolgerung, dass nur ein schnelles und starkes Eingreifen die durch den Klimawandel verursachten Schäden in einem vertretbaren Maß halten kann. Lord Stern kann sich dabei der prominenten Unterstützung des Intergovernmental Panel of Climate Change (IPCC) und Al Gores sicher sein, die zusammen für ihre Bemühungen zum Klimaschutz im Jahr 2007 mit dem Friedensnobelpreis ausgezeichnet wurden.

| Food for thought | **Stern Review on the Economics of Climate Change** |

***Veröffentlichung durch die Britische Regierung im Oktober 2006***
***Zusammenfassung/Executive Summary***

Die wissenschaftlichen Beweise sind jetzt überwältigend: der Klimawandel ist eine ernsthafte globale Bedrohung und verlangt eine dringende globale Antwort.

Das vorliegende unabhängige Review wurde vom Chancellor of the Exchequer (Finanzminister) für den Chancellor selbst und für den Premierminister als ein Beitrag zur Beurteilung der Beweise und zum Vermitteln eines Verständnisses der wirtschaftlichen Aspekte des Klimawandels in Auftrag gegeben.

Das Review untersucht zunächst die Beweise über die wirtschaftlichen Aspekte des Klimawandels an sich und beleuchtet dann die wirtschaftlichen Aspekte der Stabilisierung von Treibhausgasen in der Atmosphäre. Die zweite Hälfte des Review betrachtet die komplexen politischen Aufgaben in Verbindung damit, den Übergang in eine kohlenstoffarme Wirtschaft zu verwalten und zu gewährleisten, dass Gesellschaften sich an die Folgen des Klimawandels anpassen können, die nicht mehr vermieden werden können.

Das Review hat eine internationale Perspektive. Ursachen und Folgen des Klimawandels sind global und ein internationales kollektives Handeln ist zur Erzielung einer wirksamen, effizienten und tragbaren Antwort in dem benötigten Maßstab wesentlich. Diese Antwort erfordert eine tiefere internationale

Zusammenarbeit in vielen Bereichen - insbesondere bei der Schaffung von Preissignalen und Märkten für Kohlenstoff, dem Stimulieren technologischer Forschungen, Entwicklungen und Anwendungen und dem Erleichtern der Anpassung, insbesondere für Entwicklungsländer.

Der Klimawandel bedeutet eine einzigartige Herausforderung für Volkswirtschaften: er ist das größte und weittragendste Versagen des Marktes, das es je gegeben hat. Die wirtschaftliche Analyse muss daher global sein, sich mit Langzeithorizonten befassen, sich auf die wirtschaftlichen Risiko- und Unsicherheitsaspekte konzentrieren und die Möglichkeit bedeutender, nichtmarginaler Änderungen untersuchen. Um diesen Herausforderungen gerecht zu werden, baut das Review auf Ideen und Techniken von den meisten der wichtigen Wirtschaftsbereiche auf, einschließlich vieler kürzlicher Fortschritte.

***Die Vorteile eines entschiedenen und frühen Handelns gegen den Klimawandel überwiegen die Kosten***

Die Auswirkungen unseres Handelns jetzt in Bezug auf zukünftige Änderungen des Klimas haben lange Vorlaufzeiten. Was wir heute tun, kann nur einen begrenzten Einfluss auf das Klima in den nächsten 40 oder 50 Jahren haben.

**Aufgaben zu Kapitel 1**

1.1    Erläutern Sie die Bedeutung von Opportunitätskosten. Inwiefern sind Opportunitätskosten wirkliche Kosten? Geben Sie Beispiele an.

1.2    Erörtern Sie die wichtigsten Merkmale einer sozialen Marktwirtschaft. Gehen Sie dabei auch (aber nicht nur) auf die wichtigsten staatlichen Sozialleistungen ein.

1.3    Worin sehen Sie für deutsche Unternehmen und Haushalte die Chancen bzw. Probleme der Globalisierung?

1.4    Welches sind Ihrer Meinung nach die wichtigsten Herausforderungen Ihrer Generation?

# 2 Kreislaufanalyse und Volkswirtschaftliche Gesamtrechnung

Kapitel 2 zeigt mit der Einführung in die Volkswirtschaftliche Gesamtrechnung die Möglichkeiten auf, die aktuelle Leistungsfähigkeit einer Ökonomie zu messen und somit vergleichbar zu machen.

Im Mittelpunkt steht dabei die Darstellung der Volkswirtschaft in Kreislauf-, Konten- oder Matrixform, und die damit verbundene Einsicht, dass sich am Ende einer Berichtsperiode Outputs und Inputs gerade entsprechen müssen. Unter Verwendung der Input-Output Analyse können darüber hinaus die industriellen Verflechtungen einer Volkswirtschaft aufgezeigt und Auswirkungen einer sich verändernden Konsumstruktur abgeschätzt werden.

Um die Vergleichbarkeit über mehrere Perioden zu gewährleisten, gilt es die ermittelten nominalen Werte in reale Größen zu transferieren. Dieser Übergang wird in der Regel unter Verwendung der am Ende des Kapitels aufgezeigten Preisindices vollzogen.

## 2.1 Einfaches Kreislaufmodell der VGR

Als Geburtsstunde der Makroökonomie gilt heute François Quesnays Veröffentlichung des „Tableau Economique" aus dem Jahre 1759. Der damals revolutionäre Gedanke, die wirtschaftlichen Zusammenhänge in Form eines Kreislaufmodells zu beschreiben, ist bis heute die Grundlage der gesamtwirtschaftlichen Kreislauftheorie.

| History | **François Quesnay und das Physiokratentum** |
|---|---|

François Quesnay (1694 - 1774) war gesellschaftlich bekannt als Leibarzt des französischen Königs Louis XV. und dessen Maitresse, der Marquise de Pompadour. Allerdings hat er sich als Universaltalent auch mit ökonomischen Fragen auseinander gesetzt und in diesem Zusammenhang die Lehre des Physiokratentums maßgeblich beeinflusst.

Die Lehre der Physiokraten besagt im Kern, dass *allein die Natur* imstande ist, produktiv zu sein und neue Werte zu schaffen. Dies bedeutet für die Anhänger dieser Lehre, dass allein die Landwirtschaft ein Produktionszweig ist, bei dem sich der geschaffene Wert nicht allein aus der Addition der Kosten ergibt, sondern noch einen Mehrwert („produit net") abfällt.

Der Preis landwirtschaftlicher Produkte ergibt sich konsequenterweise als Summe aus Kosten und Mehrwert („bon prix"). Der landwirtschaftlich erzeugte Mehrwert ist die Quelle des Reichtums der Volkswirtschaft und kann durch Reinvestitionen kumulativ vermehrt werden.

Entsprechend dieser Grundvorstellung entwickelt Quesnay ein *Modell des wirtschaftlichen Kreislaufs*, das er als Analogon zum menschlichen Blutkreislauf auffasst. Das Modell besteht aus drei wirtschaftlichen Sektoren: der Klasse der Grundbesitzer („classe des propriétaires"), die Grund und Boden weiterverpachten, der Klasse der Landwirte („classe productive"), die den Boden bearbeitet und die Produktivkräfte der Natur nutzt, und schließlich gibt es die Klasse der Handwerker und Kaufleute („classe stérile"), die zwar Stoffe verarbeitet und mit Waren handelt, aber nach Ansicht der Physiokraten keine zusätzlichen Werte durch ihre Tätigkeit schafft. Diese Gesellschaftsgliederung wurde von den Physiokraten als „l`ordre naturel" angesehen, die gottgewollt ist und bei ungestörter Entfaltung in einer biotopähnlichen „natürlichen Harmonie" mündet. Die freie Betätigungsmöglichkeit des Individuums im Rahmen dieser gesellschaftlichen Ordnung ist ein Schlüssel auf dem Weg zur natürlichen Harmonie *„laissez faire, laissez passer, le monde va de lui-même"*. Dies bedeutet Abbau von Handelsbarrieren, Recht auf Eigentum, Konsum- und Gewerbefreiheit auf Grundlage von Egoismus, so wie es die Natur durch die Evolution der Tier- und Pflanzenwelt vorexerziert. Damit standen die Physiokraten im vollkommenen Gegensatz zur herrschenden merkantilistischen Lehre.

Kern des Kreislaufgedankens ist die Theorie, dass sich die Ökonomie als geschlossenes System darstellen lässt. Obwohl dieser Gedanke vor dem Hintergrund der extensiven Nutzung natürlicher Ressourcen immer wieder kritisiert wurde, eignen sich die Kreislaufmodelle sehr gut, um die grundlegenden Beziehungen einer Ökonomie abzubilden. Abbildung 2.1 zeigt in vereinfachter Form die Verbindungen zwischen Unternehmen und Haushalten auf den Güter- sowie den Faktormärkten.

**Abbildung 2.1: Vereinfachtes Kreislaufmodell**

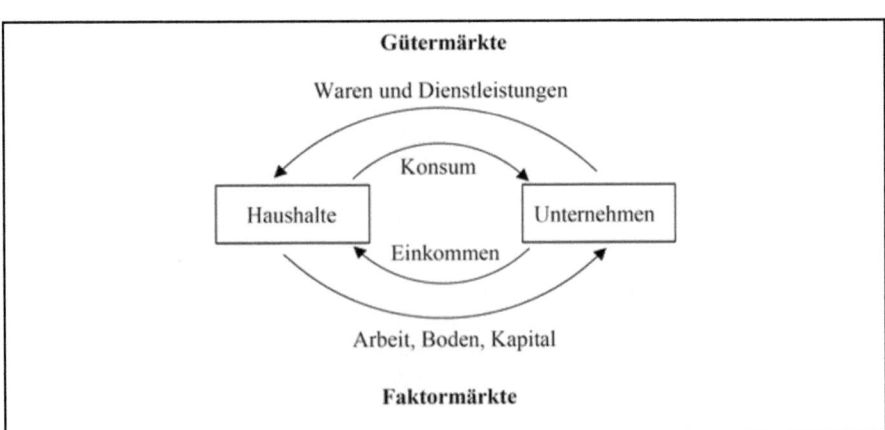

Auf den Gütermärkten fungieren die Haushalte als Nachfrager und die Unternehmen als Anbieter von Gütern. Umgekehrt bieten die Haushalte auf den Faktormärkten die Produktionsfaktoren Arbeit, Boden und Kapital an. Löhne und Gehälter (L) stellen Einkünfte aus unselbständiger Arbeit dar. Mieten, Pachten, Zinsen und Gewinne (Q) resultieren aus der Nutzung von Boden und Kapital sowie aus unternehmerischer Tätigkeit. Die Höhe der Entlohnung Faktoren richtet sich nach ihrem Beitrag zur Produktion.

Fragen wir uns nun wozu das im Zuge der Produktion erzeugte Einkommen (Y) verwendet wird. Einen Teil des Volkseinkommens behalten die Unternehmen, um das Eigenkapital aufzustocken. Diese einbehaltenen Gewinne, die als Ersparnis der Unternehmen gelten, sind in der Folge mit $S_U$ gekennzeichnet. Der Rest geht an die privaten Haushalte. Diese verwenden den größten Teil ihrer Einkommen zu Konsumzwecken (C). Der nicht ausgegebene Betrag ist die Ersparnis der Haushalte ($S_H$). Da alle Einkommen aus der unternehmerischen Produktion resultieren, aber nicht alle Einkommen von den Haushalten ausgegeben werden, trägt ein Teil der Produktion zum Aufbau des volkswirtschaftlichen Reinvermögens bei. Dieser Teil, der ein zukünftiges Produktions- und Einkommenswachstum ermöglicht, entspricht den Nettoinvestitionen (I)[4] Die Nettoinvestitionen werden durch Ersparnisse finanziert und stellen im Kreislaufmodell Vermögensänderungen dar.

**Abbildung 2.2: Zahlungsströme in einer Volkswirtschaft ohne Staat und Außenhandel**

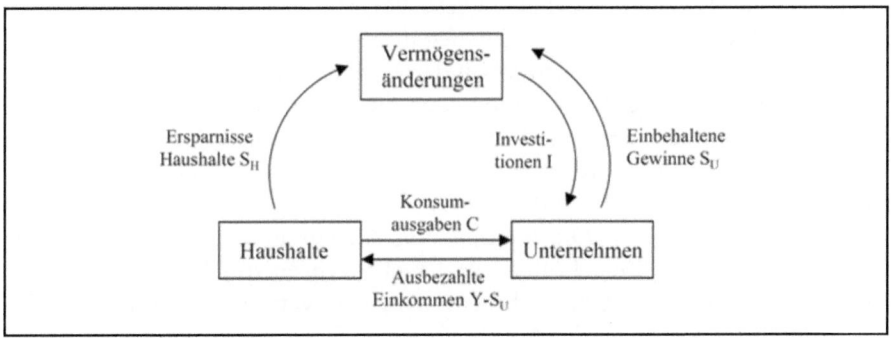

Die Verwendung eines einfachen Kreislaufmodells bietet sich an, um grundlegende Zusammenhänge einer Ökonomie näher zu beleuchten. Es fehlen aber mit Staat und Ausland zwei Sektoren, die eine Ökonomie maßgeblich

---

[4] Hier sollen zunächst nur die Nettoinvestitionen betrachtet werden. Der Zusammenhang zwischen Abschreibungen, Brutto- und Nettoinvestitionen wird in Kapitel 2.2 näher beleuchtet. Die privaten Haushalte können in ihrer Rolle als Konsumenten per Definition nicht investieren. Beim Bau eines Eigenheims zählt der Bauherr zum Sektor Unternehmen.

mitbestimmen. Es wird schnell klar, dass bei ihrer Einbeziehung das Beziehungsgeflecht deutlich komplexer wird. So müssen Unternehmen wie Haushalte Steuern an den Staat bezahlen. Im Gegenzug erhalten die Unternehmen staatliche Subventionen (z. B. in der Landwirtschaft oder im Bergbau) und die Haushalte Transfers im Rahmen von Kindergeld oder staatlicher Rente. Eine Verbindung zum Ausland bilden die inländischen Unternehmen. Diese erhalten Zahlungen vom Ausland falls sie Güter exportieren und sie leisten Zahlungen beim Import. Übersteigen die Exporte die Importe so wird ein Überschuss erwirtschaftet und es entstehen Forderungen gegenüber dem Ausland. Aber auch Staat und Haushalte sind mit dem Ausland verknüpft. Hier kommt den Transfers (z. B. Zahlungen an die EU sowie monetäre Übertragungen von Gastarbeitern an ihre Familien) eine nicht unerhebliche Rolle zu.

Die Darstellung als erweiterter Kreislauf eignet sich nur noch bedingt, um die Zahlungsströme nachzuvollziehen. Die VGR kennt aber noch eine zweite Methode zur Beschreibung der wirtschaftlichen Lage. Ähnlich dem betrieblichen Rechnungswesen führt sie für die oben eingeführten Sektoren jeweils eigene Konten mit Zahlungsein- und -ausgängen. Ein vereinfachtes Kontenschema soll im Folgenden dargestellt werden.

## 2.2    Das Kontensystem der VGR

Wie schon im vorigen Kapitel gehen wir zunächst von einer Volkswirtschaft ohne Staat und Außenhandel aus. Diese Vorgabe, die schon bald aufgegeben wird, erleichtert zum einen den Einstieg in das Kontensystem und ermöglicht zudem einen Vergleich mit dem oben dargestellten Kreislaufdiagramm.

Das Herzstück jeder Ökonomie bilden die Unternehmen. Sie erzielen Umsätze und entlohnen damit die Produktionsfaktoren. Die Grundlage des Kontensystems bildet daher das Betriebsergebniskonto eines Unternehmens. Dieses zeigt auf der linken Seite die Kosten der Inputs und auf der rechten Seite den Wert der Outputs. Die Summe von Abschreibungen, Betriebsgewinn, Zinsen, Mieten, Pachten, Löhnen und Gehältern entspricht der Bruttowertschöpfung (BWS) des Unternehmens. Um die Nettowertschöpfung (NWS) zu ermitteln, ist der Wert der Abschreibungen abzuziehen.

| Inputs | Betriebsergebniskonto | Outputs |
|---|---|---|
| Verbrauch an Vorleistungen | Umsatzerlöse | |
| Abschreibungen | Mehrbestand an fertigen und | |
| Löhne und Gehälter | unfertigen Erzeugnissen | |
| Zinsen, Mieten, Pachten | Selbsterstellte Anlagen | |
| Betriebsgewinn (Saldo) | | |

BWS [  NWS [  Abschreibungen, Löhne und Gehälter, Zinsen, Mieten, Pachten, Betriebsgewinn (Saldo) ]]

Im volkswirtschaftlichen Rechnungswesen wird das Betriebsergebniskonto um die Bestandszunahmen an Vorleistungen erweitert. Auf der linken Seite stehen dann die Einkäufe an Vorleistungen von anderen Unternehmen: Bei der Zusammenfassung der Betriebsergebniskonten aller Unternehmen einer Volkswirtschaft ohne Staat und Außenhandel heben sich Einkäufe und Verkäufe an Vorleistungen auf.

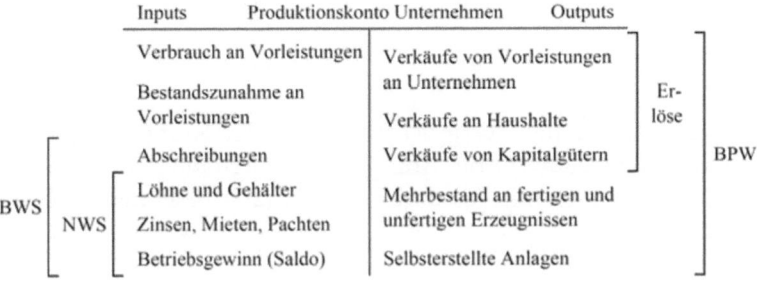

Aus dieser Darstellung ergeben sich folgende Zusammenhänge:

- Die Summe aller volkswirtschaftlichen Leistungen entspricht dem Bruttoproduktionswert (BPW).
- Die durch die betriebliche Produktion erzeugten gesamten Einkommen entsprechen der Bruttowertschöpfung (BWS).
- Die durch die betriebliche Produktion erzeugten personalen Einkommen entsprechen der Nettowertschöpfung (NWS).

Das Nationale Produktionskonto wird nun durch Aggregation der Produktionskonten aller Unternehmen gebildet. Unter der Annahme, dass weder der Staat noch das Ausland ökonomisch aktiv sind, ergibt sich das folgende nationale Produktionskonto:

| Inputs | | Nationales Produktionskonto (ohne Staat und Ausland) | Outputs | |
|---|---|---|---|---|
| Abschreibungen | D | Verkäufe an Haushalte | C | |
| Löhne und Gehälter | L | Verkäufe von Investitionsgütern, selbsterstellte Anlagen, Mehrbestand an fertigen und unfertigen Erzeugnissen | $I^{br}$ | |
| Zinsen, Mieten, Pachten, Gewinne | Q | | | |
| Bruttonational-einkommen (BNE) | $Y^{br}$ | Bruttonational-einkommen (BNE) | $Y^{br}$ | |

Das Bruttonationaleinkommen (BNE) stellt einen der wichtigsten Indikatoren der VGR dar. Es entspricht dem ehemaligen Bruttosozialprodukt (BSP).

*Definition:*        *Das Bruttonationaleinkommen $Y^{br}$ einer Volkswirtschaft ohne Staat*
                     *und Außenhandel entspricht der Summe aller im Zeitraum eines Jahres*
                     *produzierten und mit ihren Preisen bewerteten Endprodukte.*

Über die Verwendungsseite lässt es sich durch Formel (2.1) ausdrücken:

(2.1)   $Y^{br} = C + I^{br}$

Ein Teil der geschaffenen Werte ist notwendig zur Kompensation des Ver-
schleißes von Kapitalgütern. Bei Abzug dieser durch die Abschreibungen gegebenen Werte erhalten wir das durch Formel (2.2) beschriebene Primäreinkommen.

*Definition:*        *Das Primäreinkommen Y oder auch Nettonationaleinkommen ergibt*
                     *sich aus der Differenz zwischen Bruttonationaleinkommen und Ab-*
                     *schreibungen.*

(2.2)   $Y = Y^{br} - D = C + I$

Bei der Betrachtung ohne Staat und Außenhandel entspricht das Primäreinkommen Y gerade dem Volkseinkommen (Formel 2.3).

*Definition:*        *Das Volkseinkommen ergibt sich aus der Summe der Nettowertschöp-*
                     *fungen. Es entspricht ohne Staat und Außenhandel dem Primärein-*
                     *kommen Y.*

(2.3)   $Y = L + Q$

Das Nationaleinkommen charakterisiert demnach die Output- oder Verwendungsseite des Produktionskontos und das Volkseinkommen die Input- oder
Entstehungsseite.

Fragen wir uns nun, wozu das im Zuge der Produktion erzeugte Einkommen verwendet wird. Ein Teil wird offensichtlich in den Unternehmen belas-
sen, um das Eigenkapital aufzustocken (gilt für Kapitalgesellschaften). Wir
nennen diesen Teil einbehaltene Gewinne ($S_U$). Der andere Teil, $Y-S_U$, wird in
der untersuchten Ökonomie an die Haushalte ausgeschüttet. Die Haushalte
geben einen Teil ihrer Einkünfte für den Einkauf von Konsumgütern aus.
Der nicht ausgegebene Betrag des Haushaltseinkommens ist die Ersparnis der
privaten Haushalte ($S_H$). Dieser Zusammenhang lässt sich ebenso als nationales Einkommensverwendungskonto darstellen:

|  | | Nationales | |
| Verwendung | | Einkommensverwendungskonto | Entstehung |
|  | | (ohne Staat und Außenhandel) | |
| --- | --- | --- | --- |
| Privater Konsum | $C_{pr}$ | Löhne und Gehälter | L |
| Ersparnis Haushalte | $S_H$ | Zinsen, Mieten, | |
| Einbehaltene Gewinne | $S_U$ | Pachten, Gewinne | Q |

Daraus ergeben sich folgende Gleichungen:

(2.4)  $Y = C + S_H + S_U$; und mit

(2.5)  $S = S_H + S_U$ folgt

(2.6)  $Y = C + S$

Nachdem wir mit Hilfe von Produktions- und Einkommensverwendungskonto die Entstehung bzw. Verwendung des volkswirtschaftlichen Einkommensstromes dargestellt haben, soll nun die Vermögenssituation näher beleuchtet werden.

Volkswirtschaftlich wie betriebswirtschaftlich dient die Bilanz zur Darlegung der Vermögenslage. Dabei unterscheidet man die Bestandsbilanz von der Bewegungsbilanz. In eine Bestandsbilanz werden die Vermögensbestände (stocks) mit ihren zum Stichtag berechneten Werten eingetragen:

| Aktiva | Bestandsbilanz eines Sektors | Passiva |
| --- | --- | --- |
| Realvermögen | Verbindlichkeiten an andere Sektoren | |
| Forderungen an andere Sektoren | | |
| | Reinvermögen (Saldo) | |
| Summe Aktiva | = | Summe Passiva |

In eine Bewegungsbilanz werden dagegen die jährlichen Veränderungen der Vermögensbestände (flows) eingetragen:

| Δ Aktiva | Bewegungsbilanz eines Sektors | Δ Passiva |
| --- | --- | --- |
| Zunahme von Realvermögen ./. Abnahme von Realvermögen | Zunahme von Verbindlichkeiten an andere Sektoren | |
| Zunahme von Forderungen an andere Sektoren ./. Abnahme von Forderungen an andere Sektoren | ./. Abnahme von Verbindlichkeiten an andere Sektoren Zunahme des Reinvermögens ./. Abnahme des Reinvermögens | |
| Summe Δ Aktiva | = | Summe Δ Passiva |

In einer Volkswirtschaft ohne Staat und Außenhandel gleichen die Bestände bzw. Veränderungen an Forderungen und Verbindlichkeiten einander aus.

Das volkswirtschaftliche Reinvermögen entspricht dann dem Nettorealvermögen, bzw. die volkswirtschaftliche Reinvermögensveränderung gleicht der Veränderung des Nettorealvermögens (= Nettoinvestitionen).

Gemäß unserer Sektorenabgrenzung und Vermögensdefinition entspricht die Reinvermögensveränderung in einer Volkswirtschaft ohne Staat und Außenhandel den Nettoinvestitionen, wenn der Bestand an natürlichen Reserven konstant bleibt.

Die Fähigkeit zur Bildung von Reinvermögen, d. h. zur Durchführung von Nettoinvestitionen, hat eine solche Ökonomie nur dann, wenn nicht das gesamte Volkseinkommen durch den Konsum aufgezehrt wird, sondern ein Teil der Einkommen zu Sparzwecken verwendet wird.

Um die volkswirtschaftlichen Vermögensbewegungen zu erfassen, führen wir daher ein Nationales Vermögensänderungskonto ein. Auf der rechten Seite erscheinen die gesamten Ersparnisse der Haushalte ($S_H$) und Unternehmen ($S_U$).

Die Summe dieser Beträge entspricht den Nettoinvestitionen (Reinvermögensänderung). Kommen noch die Abschreibungen hinzu, so ergeben sich in der Summe die Bruttoinvestitionen (Bruttovermögensänderung).

| | | Nationales Vermögensänderungskonto (ohne Staat und Ausland) | | |
|---|---|---|---|---|
| Δ Realvermögen | | | Δ Finanzvermögen | |
| Bruttoinvestitionen | $I^{br}$ | Abschreibungen | D | |
| | | Ersparnis der Haushalte | $S_H$ | |
| | | Einbehaltene Gewinne | $S_U$ | |
| Summe Δ Realvermögen (brutto) | | Summe Δ Finanzvermögen | | |

Aus dem Vermögensänderungskonto lassen sich folgende Zusammenhänge ableiten:

(2.7)   $I^{br} = D + S_H + S_U$

(2.7a)  $I = S_H + S_U$

(2.8)   $I = S$

Betrachten wir die drei Nationalen Konten im Zusammenhang, so erkennen wir, dass jede Buchung auf der linken Seite eines Kontos einer Gegenbuchung auf der rechten Seite eines anderen Kontos entspricht. Die Buchungen wurden also nach dem Prinzip der doppelten Buchführung vorgenommen. Aus den Konten und noch besser aus den auf Grundlage der Konten herausgeschriebenen Gleichungen ist zu entnehmen, dass ein geschlossenes System von volkswirtschaftlichen Strömen aufgestellt wurde. Dies sei durch das Aufschreiben der drei Grundgleichungen des Systems ohne Staat und Außenhandel zusammengefasst:

(2.2)  $Y = C + I$

(2.6)  $Y = C + S$

(2.8)  $I = S$

*Fazit 2.1:*    *Aus Gleichung (2.8) folgt, dass in einer Volkswirtschaft ohne Staat und Außenhandel die gesamten Nettoinvestitionen am Ende einer Wirtschaftsperiode immer der gesamten Ersparnis entsprechen („Ex post-Identität").*

Diese Identität, die sich auch aus Abbildung 2.2 ableiten lässt, ist für eine geschlossene Ökonomie von großer Bedeutung. Sie zeigt, dass zur Schaffung von Realkapital Ersparnis notwendig ist.

Während bei den Kreislaufmodellen aus Gründen der Übersichtlichkeit auf eine Einbeziehung des Staates und des Auslandes verzichtet wurde, lässt sich das Kontensystem relativ leicht um beide Sektoren erweitern. Dazu werden zunächst die staatlichen Aktivitäten näher beleuchtet.

Die ökonomische Tätigkeit der Gebietskörperschaften, der Sozialversicherungshaushalte und der wirtschaftspolitischen Instanzen lässt sich grob in die folgenden drei Kategorien einordnen:

(1)    Wirtschaftspolitische Funktion

(2)    Konsum- und Investitionsfunktion

(3)    Umverteilungsfunktion

(1)    Wirtschaftspolitische Funktion

Der Staat setzt oder ändert Daten im Rahmen seiner Wirtschaftspolitik, z. B. Steuer-, Zoll- und Mindestreservesätze, den Währungskurs oder das Ausmaß seiner Transferzahlungen. Zweck ist, Wirtschaftssubjekte zu einem bestimmten Verhalten oder zu Änderungen ihres Verhaltens zu veranlassen, um so wirtschaftspolitische Ziele zu erreichen.

(2)    Konsum- und Investitionsfunktion

Der Staat tritt in erheblichem Umfang als Käufer von Sachgütern und Diensten bei Unternehmen auf; er beschäftigt Arbeiter, Angestellte und Beamte und schafft dadurch Einkommen; und er produziert Dienstleistungen, die meist unentgeltlich zur Verfügung gestellt werden.

Ferner tätigt der Staat Investitionen, zum Beispiel für die Verkehrsinfrastruktur. Zur Finanzierung erhebt er (in der Bundesrepublik rund 50 verschiedene) Steuern und nimmt Kredite auf.

## (3)    Umverteilungsfunktion

Der Staat erhebt einerseits Zwangsbeiträge zu den Sozialversicherungen, andererseits leistet er Transferzahlungen unterschiedlicher Art an private Haushalte und an Unternehmen. Er nimmt also in großem Umfang eine Umverteilung (oder Redistribution) von Einkommen vor.

Die Beteiligung des Staates am Wirtschaftsprozess ist anhand des Staatlichen Produktionskontos nachvollziehbar. Die Input-Seite des Produktionskontos unterscheidet sich nicht von der des unternehmerischen Produktionskontos. Denn der Staat verbraucht Güter und Dienste von Unternehmen (Beispiel: militärische Ausrüstung, Reinigungsleistungen), die als Inputs eingehen. Weiter werden auch die staatlichen Anlagen abgeschrieben und letztlich zahlt der Staat Faktoreinkommen, die als Wertschöpfung verbucht werden.

Problematisch ist jedoch die Output-Seite: Öffentliche Dienstleistungen, die im Interesse der privaten Haushalte und der Unternehmen produziert werden, müssten bei diesen als unbezahlter privater Konsum oder als unentgeltliche Vorleistungen erfasst werden.

Allerdings lässt sich ein Großteil der Dienste nicht einzelnen Haushalten oder Unternehmen zuordnen. Zu dieser Kategorie des Kollektivverbrauchs gehört z. B. die Verteidigung, die polizeiliche Arbeit oder die öffentliche Verwaltung. Man unterstellt daher, dass die öffentlichen Haushalte die von ihnen produzierten Dienstleistungen selbst verbrauchen. Der Produktionswert entspricht dann gerade den mit der Erstellung dieser Leistung verbundenen Kosten.

In der Vergangenheit wurden auch die individuell zuordenbaren Leistungen anhand der Kosten für die benötigten Inputs bewertet. Heute folgen die meisten Statistischen Ämter innerhalb der EU einer (dringenden) Empfehlung der Europäischen Kommission wonach die staatlichen Leistungen des Individualverbrauchs (z. B. Ausbildung, Gesundheitsleistungen) anhand der Outputs zu bewerten sind. Allerdings werden die erbrachten Leistungen innerhalb des Kontensystems nach wie vor als Eigenverbrauch des Staates verbucht.

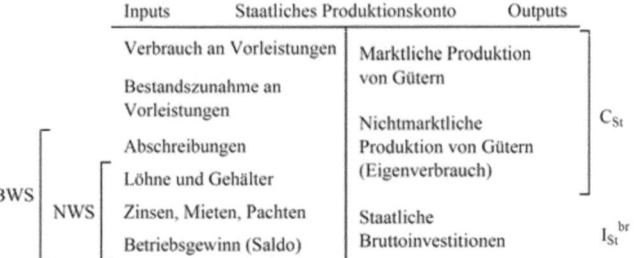

Die Produktion nicht-marktlicher Dienstleistungen definiert nicht nur den größten Teil der staatlichen Produktion, sondern stellt als Eigenverbrauch auch einen wesentlichen Bestandteil des staatlichen Konsums $C_{St}$ dar.

Da aus der nicht-marktlichen Produktion des Staates keine bzw. nur geringe Einnahmen resultieren, ist der Staat auf andere Einnahmequellen angewiesen. Zu den wichtigsten „ordentlichen" Einnahmen der öffentlichen Hand (Einnahmen ohne Kredite und besondere Finanzierungsvorgänge) zählen:

- Steuern und
- Gebühren, Beiträge und Strafen.

Die Steuern stellen dabei den bedeutendsten Teil der Einnahmen dar. Sie werden unterschieden in direkte und indirekte Steuern.

In der zweiten Kategorie dominieren die Beiträge zur Sozialversicherung. Wir werden sie im Kontensystem wie die sonstigen Gebühren, Beiträge und Strafen den direkten Steuern zugeschlagen.

*Definition:*     *Direkte Steuern erfassen das steuerliche Leistungsvermögen unmittelbar (Steuern von Einkommen, Unternehmensertrag, Vermögen). Indirekte Steuern, die nach dem europäischen System volkswirtschaftlicher Gesamtrechnungen auch Produktionsabgaben heißen, erfassen das steuerliche Leistungsvermögen mittelbar (Steuern vom allgemeinen Umsatz, von speziellen Kaufhandlungen).*

Die Ausgaben des Staates (ohne Investitionen) setzen sich zusammen aus den Übertragungsausgaben und dem staatlichen Konsum, der eine Realausgabeposition darstellt, da Güter und Dienste die Gegenposition bilden. Die Übertragungsausgaben sind einseitig vom Staat an die Übertragungsempfänger gerichtet und werden unterteilt in Subventionen (an Unternehmen) und Transfers (an Haushalte sowie an das Ausland).

| Verwendung | | Staatliches<br>Einkommensverwendungskonto | Entstehung |
|---|---|---|---|
| Staatlicher Konsum | $C_{St}$ | Produktionsabgaben | |
| Subventionen | Sub | (indirekte Steuern) | $T_{ind}$ |
| Transfers | Tr | Direkte Steuern | $T_{dir}$ |
| Ersparnis (Saldo) | $S_{St}$ | | |

Die Summe von direkten und indirekten Steuern wird in der Folge mit T bezeichnet. Die gesamten Ausgaben des Staates bezeichnen wir mit G. Sie setzen sich aus dem staatlichen Konsum plus die staatlichen Bruttoinvestitionen
sowie den staatlichen Transfers plus die Subventionen zusammen.

Die Änderung des Vermögens im öffentlichen Sektor besteht aus Zugän-
gen bzw. Abgängen an aktivierungsfähigen Gebäuden, Einrichtungen, Infra-
strukturanlagen, Vorräten, u. a., so dass sich das folgende Staatliche Vermögensänderungskonto ergibt:

| $\Delta$ Realvermögen | | Staatliches<br>Vermögensänderungskonto | $\Delta$ Finanzvermögen |
|---|---|---|---|
| Staatliche<br>Bruttoinvestitionen | $I_{St}^{br}$ | Abschreibungen | $D_{St}$ |
| | | Ersparnis des Staates | $S_{St}$ |
| | | Budgetdefizit (Saldo) | (G-T) |
| Summe $\Delta$ Realvermögen<br>(brutto) | | Summe $\Delta$ Finanzvermögen | |

Es ist erkennbar, dass die staatliche Nettoinvestition ex post durchaus nicht
der staatlichen Ersparnis entsprechen muss. Durch die Möglichkeit der Kre-
ditfinanzierung oder Rücklagenbildung entsteht eine Abweichung in Höhe
der Saldenposition (G-T). Das Defizit (korrekt: Finanzierungssaldo) wird auf
einem Finanzierungskonto gegengebucht. Bei Zusammenfassung dieses Fi-
nanzierungskontos mit dem Vermögensänderungskonto entfällt der Finanzierungssaldo.

Schließlich führt das Prinzip der doppelten Buchführung zur Einrichtung
mindestens eines Auslandskontos, das die Gegenbuchungen zu allen Transaktionen mit Ausländern aufnimmt. Dieses Konto erfasst neben den Bewegungen von Waren und Dienstleistungen die Veränderung von Übertragungen
und Vermögen. Auf das Auslandskonto soll hier nicht isoliert eingegangen
werden. Vielmehr bildet es einen wichtigen Bestandteil des nun folgenden
vereinfachten Kontenschemas der wirtschaftlichen Beziehungen zwischen
den vier Sektoren Haushalte, Unternehmen, Staat und Ausland.

*Vereinfachtes Kontenschema der wirtschaftlichen Beziehungen zwischen den vier Sektoren:*

### 1. Nationales Produktionskonto

| | | | | | |
|---|---|---|---|---|---|
| 1.1 (4.4) | Abschreibungen | D | 1.4 (2.1) | Privater Konsum | $C_{pr}$ |
| 1.2 (2.8) | Produktionsabgaben ./. Subventionen | $T_{ind}$-Sub | 1.5 (2.2) | Staatlicher Konsum | $C_{St}$ |
| 1.3 (2.7) | Volkseinkommen | $Y_f$ | 1.6 (4.1) | Private Brutto- investitionen | $I^{br}$ |
| | | | 1.7 (4.2) | Staatliche Brutto- investitionen | $I_{St}^{br}$ |
| | | | 1.8 (3.1) ./. (3.2) | Export ./. Import | Ex - Im |
| Bruttonationaleinkommen | | $Y^{br}$ | Bruttonationaleinkommen | | $Y^{br}$ |

### 2. Nationales Einkommenskonto

| | | | | | |
|---|---|---|---|---|---|
| 2.1 (1.4) | Privater Konsum | $C_{pr}$ | 2.7 (1.3) | Volkseinkommen | $Y_f$ |
| 2.2 (1.5) | Staatlicher Konsum | $C_{St}$ | 2.8 (1.2) | Produktionsabgaben ./. Subventionen | $T_{ind}$-Sub |
| 2.3 (4.6) | Ersparnis Haushalte | $S_H$ | | | |
| 2.4 (4.5) | Einbehaltene Gewinne nach Steuer | $S_U$ | | | |
| 2.5 (4.7) | Ersparnis (Staat) | $S_{St}$ | | | |
| 2.6 (3.3; 3.4) | Übertragungen an das Ausland | $Tr_{ASt}$ $Tr_{AH}$ | | | |
| Primäreinkommen | | Y | Primäreinkommen | | Y |

### 3. Auslandskonto

| | | | | | |
|---|---|---|---|---|---|
| 3.1 (1.8) | Export | Ex | 3.2 (1.8) | Import | Im |
| | | | 3.3 (2.6) | Übertragungen Haus- halte (Saldo) | $Tr_{AH}$ |
| | | | 3.4 (2.6) | Übertragungen Staat (Saldo) | $Tr_{ASt}$ |
| | | | 3.5 (4.3) | Zunahme der Forde- rungen an das Ausland | $Kr_A$ |
| Exporte | | Ex | Exporte | | Ex |

**4. Nationales Vermögensänderungskonto**

| 4.1 (1.6) | Private Brutto- investitionen | $I^{br}$ | 4.4 (1.1) | Abschreibungen | D |
|---|---|---|---|---|---|
| 4.2 (1.7) | Staatliche Brutto- investitionen | $I_{St}{}^{br}$ | 4.5 (2.4) | Einbehaltene Gewinne nach Steuer | $S_U$ |
| 4.3 (3.5) | Zunahme der Forde- rungen an das Ausland | $Kr_A$ | 4.6 (2.3) | Ersparnis (Haushalte) | $S_H$ |
| | | | 4.7 (2.5) | Ersparnis (Staat) | $S_{St}$ |
| Erhöhung des Bruttovermögens | | | Erhöhung des Bruttovermögens | | |

Durch das Hinzutreten der Sektoren Staat und Ausland ergeben sich einige Änderungen in den Definitionen und Gleichungen von National- und Volkseinkommen:

*Definition:*    *Das Bruttonationaleinkommen $Y^{br}$ entspricht der Summe aller von den Inländern einer Volkswirtschaft in einem Jahr erzeugten Endprodukte, bewertet zu den am Markt erzielten Preisen[5].*

Die Verwendungsseite des Bruttonationaleinkommens lässt sich algebraisch mittels Gleichung (2.9) beschreiben:

(2.9)    $Y^{br} = C_{pr} + C_{St} + I^{br}{}_{pr} + I^{br}{}_{St} + Ex - Im$

*Definition:*    *Das Primäreinkommen Y oder Nettonationaleinkommen entspricht dem Bruttonationaleinkommen abzüglich der Abschreibungen.*

In Gleichungsform ergibt sich für das Primäreinkommen:

(2.10)   $Y = C_{pr} + C_{St} + I_{pr} + I_{St} + Ex - Im$

Im Gegensatz zur Betrachtung ohne Staat und Außenhandel unterscheidet sich nun das Volkseinkommen $Y_f$ durch die Einbeziehung der Produktionsabgaben sowie der Subventionen vom Primäreinkommen:

*Definition:*    *Das Volkseinkommen $Y_f$ entspricht dem Primäreinkommen abzüglich der Produktionsabgaben (indirekte Steuern) und zuzüglich der staatlichen Subventionen. Es umfasst alle Entlohnungen inländischer Produktionsfaktoren einer Volkswirtschaft für ein Jahr.*

[5]   Das Bruttonationaleinkommen wurde früher als Bruttosozialprodukt bezeichnet. Diesen Begriff findet man in allen älteren Statistik- und VWL-Lehrbüchern.

(2.11)   $Y_f = Y - T_{ind} + Sub$

Das privat verfügbare Einkommen entspricht nicht dem Volkseinkommen, da einerseits direkte Steuern (z. B. Einkommenssteuer) an den Staat gehen und andererseits Transfers vom Staat an die Haushalte geleistet werden (z. B. Pensionen, Kindergeld):

*Definition:*        *Das privat verfügbare Volkseinkommen $Y_{pr}$ umfasst alle personalen Einkommen (natürliche Personen und juristische Personen mit ständigem Wohnsitz im Inland) einer Volkswirtschaft für ein Jahr.*

(2.12)   $Y_{pr} = Y_f - T_{dir} + Tr$

Unter der Verwendung von

(2.13)   $G = (C_{St} + I_{St}) + (Tr + Sub)$ sowie
(2.14)   $T = T_{dir} + T_{ind}$

kann das privat verfügbare Einkommen als Summe der privaten inländischen Absorption $(C_{pr}+I_{pr})$, dem Haushaltssaldo (G-T) sowie den Nettoexporten (Ex-Im) beschrieben werden:

(2.15)   $Y_{pr} = (C_{pr}+I_{pr}) + (G-T) + (Ex-Im)$

Der in den vier Konten dargestellte Wirtschaftskreislauf, lässt sich algebraisch mit Hilfe der Gleichungen (2.10) und (2.16) bis (2.21) beschreiben:

(2.10)   $Y = C_{pr} + C_{St} + I_{pr} + I_{St} + Ex - Im$
(2.16)   $Y = C_{pr} + C_{St} + S_H + S_U + S_{St} + Tr_{AH} + Tr_{ASt}$
(2.17)   $I_{pr} + I_{St} + Ex - Im - Tr_{AH} - Tr_{ASt} = S_H + S_U + S_{St}$

bzw. mit

(2.18)   $I_{pr} + I_{St} = I$
(2.19)   $Ex - Im - Tr_{AH} - Tr_{ASt} = Kr_A$
(2.20)   $S_H + S_U + S_{St} = S$

gilt

(2.21)   $I + Kr_A = S$

*Fazit 2.2:*      *In einer Volkswirtschaft mit Staat und Außenhandel entspricht die ge-*
               *samtwirtschaftliche Ersparnis am Ende einer Wirtschaftsperiode gerade*
               *den gesamtwirtschaftlichen Investitionen zuzüglich der Zunahme der*
               *Forderungen an das Ausland.*

Nationaleinkommen und Volkseinkommen beziehen sich auf die Inländer einer Volkswirtschaft, sie sind also personenbezogen. Wird dagegen eine räumliche Abgrenzung der volkswirtschaftlichen Leistung benötigt, so ist das Inlandsprodukt zu ermitteln. Der Übergang lässt sich mit Hilfe der folgenden
Umrechnung durchführen:

(2.22)   Nationaleinkommen (= Inländerprodukt)
         + Einkommen der Ausländer im Inland
         – Einkommen der Inländer im Ausland
         = Inlandsprodukt

*Berechnung durch das Statistische Bundesamt*

Das Statistische Bundesamt ermittelt zunächst die Beiträge der Wirtschaftsbereiche (= Branchen) zur Bruttowertschöpfung, die ihrerseits aus den Bruttoproduktionswerten durch Abzug der Vorleistungen berechnet werden. Die
Summe der Beiträge zur Bruttowertschöpfung (korrigiert um einige hier nicht
relevante Beträge) ergibt das Bruttoinlandsprodukt. Die Verwendungsseite
des Bruttonationaleinkommens ist in Tabelle 2.1 aufgeschlüsselt.

Zieht man vom Bruttoinlandsprodukt die Erwerbs- und Vermögenseinkommen ab, die an die übrige Welt geflossen sind, und fügt umgekehrt die
Erwerbs- und Vermögenseinkommen hinzu, die von inländischen Personen
bzw. Institutionen aus der übrigen Welt bezogen wurden, so erhält man das
Bruttonationaleinkommen. Obwohl das Bruttonationaleinkommen international als Messziffer für die Leistungskraft einer Volkswirtschaft Verwendung
findet,  ist diese Messgröße mit einigen statistischen Unsicherheiten behaftet
(Bewertungs-, Abgrenzungsprobleme, z. B. bei Eigenleistungen, Tätigkeiten
im Haushalt). Zusätzlich wird bemängelt, dass die aus dem Verbrauch an natürlichen Ressourcen folgende Schwächung der volkswirtschaftlichen Leistungskraft unberücksichtigt bleibt. So werden heute bereits zehn bis zwanzig
Prozent des Sozialprodukts für „defensive Maßnahmen" zur Wiederherstellung erträglicher Umweltbedingungen ausgegeben.

**Tabelle 2.1: Bruttonationaleinkommen und andere Kenngrößen der VGR von 2003 bis 2006**

| Mrd. Euro | | 2003 | 2004 | 2005 | 2006 |
|---|---|---|---|---|---|
| Konsum | C | 1582,6 | 1723,1 | 1747,9 | 1783,4 |
| priv. Konsum | $C_{pr}$ | 1196,8 | 1307,5 | 1326,4 | 1357,5 |
| staatl. Konsum | $C_{St}$ | 385,8 | 415,6 | 421,5 | 425,9 |
| | | | | | |
| Investitionen | $I^{br}$ | 439,4 | 377,1 | 383,3 | 412,4 |
| Bauten | | 240,2 | 208,0 | 203,4 | 217,2 |
| Anlagen, immaterielle Investitionen | | 199,8 | 179,3 | 187,4 | 199,9 |
| Vorratsveränderungen | | -0,6 | -10,2 | -7,5 | -4,7 |
| | | | | | |
| Inländische Nachfrage | $C+I^{br}$ | 2022,0 | 2100,2 | 2131,2 | 2195,8 |
| | | | | | |
| Außenbeitrag | Ex-Im | 8,0 | 111,0 | 113,3 | 126,4 |
| Exporte | Ex | 685,3 | 847,8 | 918,0 | 1046,5 |
| Importe | Im | 677,3 | 736,8 | 804,7 | 920,1 |
| | | | | | |
| Bruttoinlandsprodukt | BIP | 2030,0 | 2211,2 | 2244,5 | 2322,2 |
| | | | | | |
| Saldo der Primäreinkommen mit der übrigen Welt | | -8,8 | -1,8 | 3,7 | -3,4 |
| | | | | | |
| Bruttonationaleinkommen | BNE | 2021,2 | 2209,4 | 2248,2 | 2318,8 |
| | | | | | |
| - Abschreibungen | D | 302,2 | 326,9 | 334,3 | 334,4 |
| | | | | | |
| Primäreinkommen (= Nettonationaleinkommen) | Y | 1719,0 | 1882,5 | 1913,9 | 1984,4 |
| + (Subventionen - Produktionsabgaben) | | -209,5 | -215,4 | -222,7 | -233,2 |
| | | | | | |
| Volkseinkommen | $Y_f$ | 1509,5 | 1667,1 | 1691,2 | 1751,2 |
| Arbeitnehmerentgelte | | 1100,0 | 1137,1 | 1129,9 | 1149,4 |
| Unternehmens- und Vermögenseinkommen | | 409,5 | 530,0 | 561,3 | 601,8 |

Quelle: Sachverständigenrat, 2007

Das Statistische Bundesamt hat die Einseitigkeit des Zahlenausweises in der VGR erkannt und fügt neuerdings auch Daten zur Umweltsituation in sein Rechenwerk ein (Umweltgesamtrechnung). Auf diese Weise ergibt sich ein Bild davon, inwieweit die Produktion von materiellen Gütern mit einer Verschlechterung an Umweltqualität erkauft worden ist.

Um schließlich das Volkseinkommen zu ermitteln, werden die Abschreibungen und die Produktionsabgaben vom Bruttonationaleinkommen abgezogen und die Subventionen addiert.

Somit stellt das Volkseinkommen ein Maß für die inländischen Einkommen dar, die durch den Einsatz der Produktionsfaktoren erwirtschaftet wurden.

## 2.3     Input-Output-Analyse

Das BIP umfasst alle innerhalb eines Jahres im Inland produzierten und mit seinen Marktpreisen bewerteten Endprodukte. Die produzierten Vorleistungen sind in den Endprodukten enthalten, so dass eine genauere Analyse der Vorleistungskette nicht notwendig ist.

Allerdings bleiben dadurch wichtige Informationen über die sektorale Verflechtung einer Ökonomie unberücksichtigt. Die Input-Output-Rechnung stellt die Vorleistungsströme in den Mittelpunkt der Analyse und schließt somit die entstandene Informationslücke. Ausgangspunkt ist die in drei Quadranten unterteilte Input-Output-Tabelle.

Der erste Quadrant zeigt die Lieferbeziehungen zwischen den Sektoren, der zweite die letzte Verwendung der Güter, und der dritte die Komponenten der Bruttowertschöpfung. Die Analyse der Input-Output-Tabelle erfordert Matrizenrechnungen wie sie in mathematischen Grundveranstaltungen gelehrt werden. Allerdings ist die ökonomische Interpretation der Ergebnisse auch ohne fundierte Kenntnisse der Matrizenrechnung möglich, so dass wir hier auf eine detaillierte Beschreibung der Rechenwege verzichten.[6]

Tabelle 2.2 zeigt eine Input-Output-Tabelle für die deutsche Volkswirtschaft aus dem Jahre 2004. Die von der amtlichen Statistik ausgewiesenen 71 Produktionsbereiche wurden hierbei zu den drei Bereichen „Land- und Forstwirtschaft", „Produzierendes Gewerbe" und „Dienstleistungen" zusammengefasst.

Die Zeilen zeigen die Verwendung der erstellten Waren und Dienstleistungen auf. So produzierten beispielsweise die Land- und Forstwirtschaft Güter für die Weiterverarbeitung im produzierenden Gewerbe im Wert von 34,4 Mrd. Euro. An die privaten Haushalte gingen landwirtschaftliche Güter im Wert von 19,1 Mrd. Euro und der Wert der exportierten Güter betrug 6,6 Mrd. Euro. Da die Tabelle neben der inländischen Produktion auch die Importe berücksichtigt, sind gleichartige ausländische Vorleistungen bzw. Endprodukte im Wert von 18,1 Mrd. Euro (siehe vorletzte Zeile) in den Zeilenwerten enthalten. Die Summe aller im Laufe eines Jahres von einem Sektor

---

[6]   Für den mathematisch interessierten Leser erläutern wir die einzelnen Rechenschritte auf der folgenden Website: http://www.iww.uni-karlsruhe.de/makro/. Außerdem siehe z. B. von A. Karmann, Mathematik für Wirtschaftswissenschaftler (2003).

produzierten Güter (letzte Spalte) ergibt den Bruttoproduktionswert. Für die Land- und Forstwirtschaft belief sich dieser auf 72,1 Mrd. Euro.

**Tabelle 2.2: Input-Output-Tabelle 2004 zu Herstellungspreisen, in Mrd. Euro**

| von     nach | Vorleistungen (I. Quadrant) | | | | Endnachfrage (II. Quadrant) | | | | | Brutto-pro-dukti-onswert |
|---|---|---|---|---|---|---|---|---|---|---|
| | Land-/ Forst-wirt-schaft | Produ-zieren-des Gewerbe | Dienst-leist-ungen | Ge-samt | Priv. Kon-sum | Staatl. Kon-sum | Inves-titi-onen | Ex-porte | Ge-samt | |
| Land- und Forstwirtschaft | 7,5 | 34,4 | 3,2 | **45,1** | 19,1 | 0,0 | 1,3 | 6,6 | **27,0** | **72,1** |
| Produzierendes Gewerbe | 11,8 | 802,4 | 141,4 | **955,6** | 323,2 | 13,9 | 380,6 | 605,5 | **1323,2** | **2278,8** |
| Dienstleistungen | 10,1 | 318,6 | 655,5 | **984,2** | 797,1 | 405,3 | 65,7 | 107,8 | **1375,9** | **2360,1** |
| **Gesamt** | **29,4** | **1155,4** | **800,1** | **1984,9** | **1139,5** | **419,2** | **447,6** | **719,9** | **2726,2** | **4711,1** |
| Gütersteuern ./. Gütersubvent. | 1,0 | 11,0 | 39,9 | **51,9** | 127,3 | 4,2 | 30,3 | -0,7 | **161,1** | **213,0** |
| **Gesamt** | **30,4** | **1166,4** | **840,0** | **2036,8** | **1266,8** | **423,4** | **477,9** | **719,2** | **2887,3** | **4924,1** |

| Primäre Inputs (III. Quadrant) | | | | |
|---|---|---|---|---|
| Arbeitnehmer-entgelt im Inland | 8,1 | 371,7 | 757,7 | **1137,5** |
| Zinsen, Mieten, Pachten, Gewinne | 10,1 | 82,1 | 417,5 | **509,7** |
| Abschreibungen | 7,1 | 73,6 | 246,2 | **326,9** |
| Prod.abgaben ./. Subventionen* | -1,7 | 5,4 | 15,2 | **18,9** |
| Importe gleich-artiger Güter | 18,1 | 579,6 | 83,6 | **681,3** |
| Brutto-produktionswert | **72,1** | **2278,8** | **2360,1** | **4711,1** |

\* Ohne im ersten Quadranten berücksichtigte Gütersteuern bzw. Gütersubventionen

(Quelle: Statistisches Jahrbuch 2007)

Im Gegensatz zur Berechnung des BIP wird die Produktion zunächst mit Herstellungspreisen bewertet. Durch die anschließende Addition des Postens „Gütersteuern abzüglich Gütersubventionen" (5. Zeile), sind die Kategorien der Endnachfrage dennoch mit den ermittelten Größen aus der VGR vergleichbar.

So lässt sich das in Tabelle 2.1 berechnete BIP für das Jahr 2004 auch aus der gesamten Endnachfrage abzüglich der gesamten Importe ableiten. Aufgrund von statistischen Unsicherheiten kommt es in manchen Jahren aber zu kleineren Abweichungen imVergleich zur originären BIP Berechnung nach dem Kontenschema.

In den Spalten stehen alle Inputs, die in die Produktion der Sektoren eingehen. Das produzierende Gewerbe benötigt beispielsweise Vorleistungen
der Land- und Forstwirtschaft in Höhe von 34,4 Mrd. Euro und der Dienstleistungen in Höhe von 318,6 Mrd. Euro. Zudem bezieht der Sektor Vorleistungen aus dem produzierenden Gewerbe im Wert von 802,4 Mrd. Euro.

Neben den Vorleistungen, die häufig als intermediäre Inputs bezeichnet
werden, gehen primäre Inputs in die Produktion ein. Zu diesen zählen die
Arbeitskräfte (bewertet anhand der ausbezahlten Einkommen), die Kapital-
nutzung (bewertet anhand der Abschreibungen), die Entlohnung der Unternehmer und Kapitalgeber (Gewinne, Zinsen, etc.) sowie die Produktionsabgaben abzüglich der Produktionssubventionen[7].

Zusammen bilden diese primären Inputs die Bruttowertschöpfung der
Produktionsbereiche. Des Weiteren gelten auch die Importe als primäre Inputs. Aus der Summe der intermediären und der primären Inputs resultiert
der Bruttoproduktionswert. Die Identität von Spalten- und Zeilensummen
besagt, dass die gesamten Inputs eines Sektors den gesamten Outputs entsprechen.

In einigen Ländern (z. B. in den Niederlanden und in Österreich) bilden
die Input-Output-Tabellen die Grundlage für alle weiteren Rechnungen im
Rahmen der VGR. Trotz der Bedeutung für die VGR, verdankt die Input-
Output-Rechnung ihre Popularität eher den vielfältigen Anwendungsmög-
lichkeiten im Rahmen wirtschafts- und regionalpolitischer Analysen. Insbesondere lassen sich mit Hilfe der Input-Output-Analyse kurz- und mittelfristige Auswirkungen von Nachfrageänderungen der Haushalte, Unternehmen
oder des Staates auf die Produktionswerte, die Bruttowertschöpfung oder
auch die Beschäftigung prognostizieren.

Als Begründer der Input-Output-Analyse gilt Wassily Leontief, der bereits
vor mehr als 50 Jahren die multiplikative Wirkung einer gestiegenen Endnachfrage formulierte.

Für die allgemeine Darstellung einer Input-Output-Tabelle aggregieren wir
die Kategorien der Endnachfrage zu einer Spalte und die Komponenten der
Bruttowertschöpfung zu einer Zeile. Zur weiteren Vereinfachung sollen zudem die Gütersteuern und Gütersubventionen den jeweiligen Gütern zugeordnet sein, so dass diese Zeile entfällt.
Tabelle 2.3 stellt die Input-Output-Tabelle in allgemeiner Notation dar.

---

[7]   Davon ausgenommen sind Gütersteuern und Gütersubventionen, die bereits in der 5. Zeile berücksichtigt werden.

**Tabelle 2.3: Input-Output-Tabelle in allgemeiner Notation**

| nach / von | Sektor 1 | Sektor 2 | ... | Sektor n | End-nachfrage | Bruttopro-duktionswert |
|---|---|---|---|---|---|---|
| Sektor 1 | $x_{11}$ | $x_{12}$ | ... | $x_{1n}$ | $y_1$ | $X_1$ |
| Sektor 2 | $x_{21}$ | $x_{22}$ | ... | $x_{2n}$ | $y_2$ | $X_2$ |
| ⋮ | ⋮ | ⋮ | | ⋮ | ⋮ | ⋮ |
| Sektor n | $x_{n1}$ | $x_{n2}$ | ... | $x_{nn}$ | $y_n$ | $X_n$ |
| Bruttowert-schöpfung | $z_1$ | $z_2$ | ... | $z_n$ | | |
| Importe gleich-artiger Güter | $m_1$ | $m_2$ | ... | $m_n$ | | |
| Bruttopro-duktionswert | $X_1$ | $X_2$ | ... | $X_n$ | | |

Für die weitere Analyse werden folgende Prämissen getroffen:

P1 Jeder Sektor produziert genau ein homogenes Gut, oder er produziert verschiedene (inhomogene) Güter, die in einem fixen Verhältnis zueinander stehen.

P2 Jeder Sektor benötigt für die Produktion einer Outputeinheit feste Anteile an Vorleistungen der anderen Sektoren.

P3 Der Output ist linear homogen in den Inputs, d. h. eine Veränderung aller Inputs um das r-fache wird auch eine Veränderung der Outputs um das r-fache bewirken.

Die erste Prämisse ist erfüllt, falls die Volkswirtschaft in ausreichend viele Produktionsbereiche unterteilt wird. Während eine hochaggregierte Unterteilung in drei Sektoren (Landwirtschaft, Produktion, Dienstleistungen) dieser Prämisse nicht gerecht wird, passt die in der offiziellen Statistik vorgenommene Unterscheidung in 71 Produktionsbereiche besser mit der Homogenitätshypothese zusammen.

Prämisse P2 besagt, dass sich die Inputstruktur für den Analysezeitraum nicht verändern darf. Dies ist vor dem Hintergrund von sich verändernden Technologien nur für einen Zeitraum von maximal 3 bis 5 Jahren gegeben.

Die letzte Prämisse kennzeichnet eine linear-limititionale Produktionsfunktion, bei der die Produktionsfaktoren nur in einem bestimmten Verhältnis effizient eingesetzt werden können. Die Erhöhung der Produktion ist demnach nur möglich falls alle benötigten Inputs in diesem Verhältnis steigen. Eine Substitution von Produktionsfaktoren ist dagegen nicht möglich. Diese Annahme ist für kurz- und mittelfristige Analysen akzeptabel.

Auf Grund der Prämissen P2 und P3 lässt sich die Inputstruktur eines Sektors k mit Hilfe der so genannten Input-Koeffizienten aik darstellen. Es gilt:

$$(2.23) \quad a_{ik} = \frac{x_{ik}}{X_k}$$

Definition:        $a_{ik}$ heißt Input-Koeffizient für Liefersektor i und Empfangssektor k. $a_{ik}$ ist der Anteil des Inputs aus Liefersektor i am Output des Empfangssektors k.

Nach der Umformung

$$(2.24) \quad x_{ik} = a_{ik} * X_k$$

lässt sich die Vorleistungsmatrix unter Einbeziehung des Endnachfragevektors durch das folgende Gleichungssystem beschreiben:

$$(2.25) \quad
\begin{matrix}
a_{11}X_1 & + & a_{12}X_2 & + & \dots & + & a_{1n}X_n & + & y_1 & = & X_1 \\
a_{21}X_1 & + & a_{22}X_2 & + & \dots & + & a_{2n}X_n & + & y_2 & = & X_2 \\
\vdots & & \vdots & & & & \vdots & & \vdots & & \vdots \\
a_{n1}X_1 & + & a_{n2}X_2 & + & \dots & + & a_{nn}X_n & + & y_n & = & X_n
\end{matrix}$$

Neben den Vorleistungen sind auch primäre Inputs ($v_k$) für die Herstellung des Outputs notwendig, daher gilt:

$$(2.26) \quad \sum_{i=1}^{n} a_{ik} < 1$$

falls

$(2.27) \quad v_k > 0$ mit $v_k = z_k + m_k$
$z_k$: Bruttowertschöpfung in Sektor k
$m_k$: Importe gleichartiger Güter in Sektor k

Wird die Matrix der Input-Koeffizienten mit A, der Endnachfragevektor mit Y und der Vektor der Bruttoproduktionswerte mit X bezeichnet, so lässt sich das Gleichungssystem (2.25) wie folgt beschreiben:

(2.28)   $AX + Y = X$

Die Bedeutung für die wirtschaftspolitische Analyse resultiert aus den Umformungen von Gleichung (2.28). Halten wir (gemäß Prämisse P2) A konstant, so ergibt sich die Endnachfrage bei bekannten Bruttoproduktionswerten gemäß Gleichung (2.29):

(2.29)   $Y = (E-A) X$, mit E als Einheitsmatrix.

In der Regel sollen allerdings die gesamten Outputsteigerungen geschätzt werden, die bei einer (gegebenen) Erhöhung der Endnachfrage (z. B. durch einen erhöhten staatlichen Konsum) zu erwarten sind. Die Auswirkungen auf die Bruttoproduktionswerte (und daraus abgeleitet auch auf die Bruttowertschöpfung oder die Beschäftigung) lassen sich anhand Gleichung (2.30) ermitteln:

(2.30)   $X = (E-A)^{-1} Y$, mit E als Einheitsmatrix.

Die inverse Matrix $(E-A)^{-1}$, die den Kern der Input-Output-Analyse darstellt, wird nach ihrem Begründer häufig als Leontief Inverse bezeichnet.

*Fazits 2.3:*   *Mit Hilfe der Input-Output-Rechnung lassen sich kurz- bis mittelfristige Prognosen durchführen. Ist bei gegebener Koeffizientenmatrix A der Vektor der Bruttoproduktionswerte bekannt (geschätzt), so lässt sich der Vektor der volkswirtschaftlichen Endnachfrage berechnen.*
*Ist bei gegebener Koeffizientenmatrix A der Vektor der volkswirtschaftlichen Endnachfrage bekannt (geschätzt), so lässt sich der Vektor der Bruttoproduktionswerte berechnen.*
*Kennt man zusätzlich die Arbeitsproduktivitäten in den Sektoren (aus einer Schätzung), so kann man die Veränderung der Beschäftigung in den Sektoren berechnen, die bei einer Veränderung der volkswirtschaftlichen Endnachfrage zu erwarten ist.*

## 2.4   Nominale und reale Betrachtung

Nationaleinkommen und Volkseinkommen werden als Indikatoren der gesamtwirtschaftlichen Wohlfahrt benutzt. Werden allerdings die genannten Größen zu den Preisen des betrachteten Jahres („Berichtsperiode") bewertet, so kann es möglich sein, dass bei unveränderter Güterproduktion die Indikatoren dennoch einen Anstieg der Wohlfahrt feststellen. Dies bedeutet, dass die nominalen Bewegungen nur begrenzt aussagefähig sind.

Zur Beseitigung dieses Mangels können die nominalen Größen auf feste Basiswerte bezogen werden. Diesen Vorgang bezeichnet man als „Deflationierung mit Hilfe eines Preisindex (PI)".

Bei Absolutgrößen (z. B. BIP) bedeutet die Deflationierung eine Division durch den Preisindex bei Veränderungsgrößen (z. B. BIP-Wachstum) eine Subtraktion der Veränderungsrate des Preisindex:

$$(2.31) \quad BIP_{real} = \frac{BIP_{nom}}{PI}$$

$$(2.32) \quad \frac{\Delta\, BIP_{real}}{BIP_{real}} = \frac{\Delta\, BIP_{nom}}{BIP_{nom}} - \frac{\Delta\, PI}{PI}$$

Die offizielle Statistik verwendet im Wesentlichen drei verschiedene Preisindices:

(1)    Laspeyres-Preisindex

(2)    Paasche-Preisindex

(3)    Fisher-Preisindex

(1)    Laspeyres-Preisindex

Der Laspeyres-Preisindex kommt zur Anwendung, falls die Preisentwicklung eines im Basisjahr (0) festgelegten Warenkorbes im Mittelpunkt des Interesses steht. Somit eignet sich der Index beispielsweise, um die Entwicklung der Lebenshaltungskosten zwischen dem Basisjahr (0) und dem Berichtsjahr (t) zu ermitteln.

$$(2.33) \quad PI_{0t}^{L} = \frac{\sum\limits_{i=1}^{n} p_{it} x_{i0}}{\sum\limits_{i=1}^{n} p_{i0} x_{i0}} \quad mit$$

$p_{it}$:     Preis des Gutes i im Berichtsjahr

$p_{i0}$:     Preis des Gutes i im Basisjahr

$x_{i0}$:     Menge des Gutes i im Basisjahr

*Definition:*     *Der Laspeyres-Preisindex gibt an, um welchen Faktor sich die Preise eines im Basisjahr festgelegten Warenkorbs im Berichtsjahr gegenüber dem Basisjahr im Durchschnitt geändert haben.*

(2)    Paasche-Preisindex

Der Paasche-Preisindex bezieht sich auf die Produktion im Berichtsjahr und wird daher für die Deflationierung des BIPs herangezogen.

$$(2.34) \quad PI_{0t}^{P} = \frac{\sum_{i=1}^{n} p_{it} x_{it}}{\sum_{i=1}^{n} p_{i0} x_{it}} \quad \text{mit}$$

| | |
|---|---|
| $p_{it}$: | Preis des Gutes i im Berichtsjahr |
| $p_{i0}$: | Preis des Gutes i im Basisjahr |
| $x_{it}$: | Menge des Gutes i im Berichtsjahr |

*Definition:*    *Der Paasche-Preisindex gibt an, um welchen Faktor sich die Preise eines im Berichtsjahr festgelegten Warenkorbs gegenüber dem Basisjahr im Durchschnitt geändert haben.*

Ob der eine Indextyp dem anderen überlegen ist (Paasche vs. Laspeyres), kann ohne Bezug auf den jeweiligen Sachzusammenhang nicht entschieden werden. Bei der komparativen Deutung eines Laspeyres- und des analogen Paasche-Preisindex sind aber zusätzliche Aussagen möglich. So wird beispielsweise argumentiert, dass bei üblichem Verbraucherverhalten, bzw. bei üblichen Nachfragesituationen, der Index nach Laspeyres die Obergrenze der Veränderung von Preisen im Sinne des „höchstens gestiegen", der entsprechende Paasche-Index hingegen die Untergrenze im Sinne von „mindestens gestiegen" angibt. Dies trifft bei üblichem Substitutionsverhalten von Nachfragern in Bezug auf die Preise auch zu: So hält man beim Laspeyres-Preisindex für die Lebenshaltung Gütermengen der Vergangenheit konstant. Haushalte werden aber bei steigenden Preisen in der Regel mehr Güter mit relativ schwächerem Preisanstieg kaufen. Da dieser Substitutionseffekt wegen der Konstanz des Mengengerüsts im Index nicht berücksichtigt wird, gibt er die maximale Preissteigerung an. Umgekehrt lässt sich die durch den Paasche-Index dargestellte Untergrenze in gleicher Weise erklären.

In der Indexliteratur hat man mehrfach versucht, die Aussagen beider Indizes durch ihre arithmetische Verknüpfung in einem Index zu „verschmelzen". Ein von EUROSTAT häufig verwendeter Index ist der Fisher-Index.

(3)    Fisher-Preisindex

Der Fisher-Index bildet das geometrische Mittel aus Laspeyres- und Paasche-Preisindex:

$$(2.35) \quad PI_{0t}^{F} = \sqrt{\frac{\sum_{i=1}^{n} p_{it} x_{i0}}{\sum_{i=1}^{n} p_{i0} x_{i0}} \cdot \frac{\sum_{i=1}^{n} p_{it} x_{it}}{\sum_{i=1}^{n} p_{i0} x_{it}}} \quad \text{mit}$$

$p_{it}$:      Preis des Gutes i im Berichtsjahr
$p_{i0}$:      Preis des Gutes i im Basisjahr
$x_{it}$:      Menge des Gutes i im Berichtsjahr
$x_{i0}$:      Menge des Gutes i im Basisjahr

Es ist leicht erkennbar, dass die Ergebnisse für die vom Statistischen Bundes-amt angewandten Laspeyres- und Paasche-Preisindizes wesentlich von der Wahl des Basisjahres abhängen. In der Vergangenheit wurde das Basisjahr alle fünf Jahre verändert. Zuletzt bezogen sich die Indizes auf das Jahr 2000. Im Zuge der europäischen Harmonisierung soll dieses Prinzip der Festpreisbasis durch ein fließendes (sog. floatendes) System ersetzt werden. Die reale Ent-wicklung wird dabei immer anhand der Vorjahresergebnisse ermittelt. Der Vorteil dieser Systematik liegt zum einen in der dadurch erlangten Aktualität der Warenkörbe (aus dem Basisjahr). Zum anderen ist der Abstand zwischen Basis- und Berichtsjahr immer gleich. Ein EU-weit harmonisiertes und aktua-lisiertes Vorgehen ist insbesondere vor dem Hintergrund des auf realen Grö-ßen basierenden Wachstums- und Stabilitätspaktes von Bedeutung.

Nachteilig wirkt sich diese Systematik für die Darstellung von Zeitreihen aus. Bisher ließ sich das reale Wachstum anhand der Preise eines gewählten Basisjahres darstellen. In Zukunft ist eine Beschreibung der realen Entwick-lung mit deutlich mehr Aufwand verbunden.

Ein kurzes Beispiel verdeutlicht die Unterschiede der alten und neuen Me-thode. Nehmen wir an, von einer Volkswirtschaft, die genau zwei Güter pro-duziere, und es seien folgende Daten gegeben:

**Tabelle 2.4: Entwicklung einer 2-Güter-Ökonomie**

|  | Preise in 2005 | Produktion in 2005 | Volumen-änderung 2005-2006 | Preis-änderung 2005-2006 | Volumen-änderung 2006-2007 | Preis-änderung 2006-2007 | Volumen-änderung 2007-2008 | Preis-änderung 2007-2008 |
|---|---|---|---|---|---|---|---|---|
|  | Euro | Mengen-einheiten | in % | | in % | | in % | |
| Gut A | 5 | 20 | 5,0 | 10,0 | 2,0 | 8,0 | 3,0 | 5,0 |
| Gut B | 10 | 30 | 10,0 | -5,0 | -10,0 | 5,0 | -5,0 | 2,0 |

Aus den Daten lässt sich der Output für 2005 bis 2008 in jeweiligen Preisen berechnen:

**Tabelle 2.5: Output in Euro und jeweiligen Preisen**

| | Output | | | |
|---|---|---|---|---|
| | 2005 | 2006 | 2007 | 2008 |
| Gut A | 100,0 | 115,5 | 127,2 | 137,6 |
| Gut B | 300,0 | 313,5 | 296,3 | 287,1 |
| Gesamt | 400,0 | 429,0 | 423,5 | 424,7 |

Der Übergang zu realen Größen soll nun anhand der bisherigen Festpreismethode (in Preisen von 2005), sowie der neuen floatenden Methode dargestellt werden:

**Tabelle 2.6: Output in Euro und realen Preisen**

| | Output | | | | | | | |
|---|---|---|---|---|---|---|---|---|
| | 2005 | | 2006 | | 2007 | | 2008 | |
| | in Preisen des Vorjahres | in Preisen von 2005 | in Preisen des Vorjahres | in Preisen von 2005 | in Preisen des Vorjahres | in Preisen von 2005 | in Preisen des Vorjahres | in Preisen von 2005 |
| Gut A | ./. | 100,0 | 105,0 | 105,0 | 117,8 | 107,1 | 131,1 | 110,3 |
| Gut B | ./. | 300,0 | 330,0 | 330,0 | 282,2 | 297,0 | 281,4 | 282,2 |
| Gesamt | ./. | 400,0 | 435,0 | 435,0 | 400,0 | 404,1 | 412,5 | 392,5 |
| $PI_{Laspeyres}$ | ./. | 1,000 | 0,988 | 0,988 | 1,058 | 1,045 | 1,029 | 1,075 |

Für das Jahr 2006 stimmen beide Methoden überein, da der Festpreis gerade dem Vorjahrespreis entspricht. Bei steigenden Preisen wird die Festpreismethode mit zunehmender Entfernung vom Basisjahr geringere Werte ausweisen als bei einem Bezug auf das Vorjahr. Kommt es, wie im obigen Beispiel, aber auch zu Preissenkungen, können sich die Effekte ausgleichen, so dass keine der beiden Methoden systematisch größere oder kleinere Preisindizes liefert.

Signifikante Veränderungen (z. B. zwischen 2006 und 2007) sind bei der floatenden Methode einfacher einer bestimmten Wirtschaftsperiode zuzuordnen; sie werden nicht mehr über den gesamten Beobachtungszeitraum ‚mitgeschleppt'. Umgekehrt können diese einmaligen Effekte bei einer Analyse über einen längeren Zeitraum (im Gegensatz zur Festpreismethode, die alle Effekte kumuliert) leicht unterschätzt werden.

Neben der Wahl des Basisjahrs ist die Berücksichtigung qualitativer Veränderungen für die Preisberechnung von großer Bedeutung. Steigt etwa die Qualität eines Gutes, so ist ein höherer Preis durchaus gerechtfertigt, und es bedeutet keine Inflation. Dies ist leicht einsichtig wenn wir uns überlegen, dass wir zu bestimmten Anlässen bereit sind, mehr Geld für einen qualitativ hochwertigeren Wein auszugeben ohne dies als Inflation zu bewerten.

Die Statistischen Ämter der EU haben sich darauf verständigt, zukünftig Qualitätsänderungen stärker in die Preisberechnung einzubeziehen. Dabei sollen die Preise auch dann bereinigt werden, wenn der Konsument quasi zum Kauf eines qualitativ hochwertigeren Produktes gezwungen wird (da kein gleichartiges Produkt in geringerer Qualität mehr am Markt ist).

Sehr starke Qualitätsveränderungen waren in der Vergangenheit beispielsweise für PC-Ausrüstungen zu beobachten. Die bisherige Methode wies für diese Güter in den letzten Jahren einen durchschnittlichen Rückgang der Preise um ca. 4 % pro Jahr aus. Würden hingegen alle qualitativen Verbesserungen, insbesondere die Erhöhung des Speicherplatzes oder die Integration von DVD-Brennern etc. mit in die Preisberechnung eingehen, so würden relativ betrachtet noch weit stärkere Preisreduktionen berechnet werden.

Bei einer kontinuierlichen qualitativen Verbesserung eines Produktes identifiziert diese Berechnungsmethode einen über die Zeit konstanten Preis daher als Preisrückgang. Dies wirkt sich unmittelbar auf die Ermittlung des realen BIPs aus. Für die USA, die ihr Wirtschaftswachstum bereits seit einigen Jahren anhand dieses so genannten hedonischen Ansatzes ableiten, wird geschätzt, dass das reale Wachstum dadurch ca. 0,5-0,7 Prozentpunkte höher ausfällt als bei der traditionellen Messung. Dieser hohe Wert lässt sich durch die relativ große Bedeutung der amerikanischen Hardware-Industrie erklären.

In Deutschland spielt dieser Sektor eine sehr viel kleinere Rolle, so dass die rechnerische Steigerungen des realen BIP-Wachstums deutlich geringer ausfallen würden.

*Fazit 2.4:*     *Nominale ökonomische Größen werden auf Basis der Preise der Berichtsperiode ermittelt. Reale ökonomische Größen werden durch Deflationierung der nominalen Größen mit Hilfe eines Preisindex ermittelt.*

## Aufgaben zu Kapitel 2

2.1   Auf einer Insel (ohne Anbindung an die Außenwelt) besteht die Ökonomie aus den Produktionsbereichen Kokosnussverarbeitung und Computertechnologie.

Nach Ablauf einer Periode stellt man folgende Jahresdaten fest (in Geldeinheiten):

Volkseinkommen: 2000
Investitionen Kokosnussverarbeitung: 20
Staatlicher Konsum: 400
Privater Konsum: 1500
Kindergeld: 100
Subventionen Kokosnussverarbeitung: 200
indirekte Steuern: 200
direkte Steuern der privaten Haushalte: 350
Die Bildungseinrichtungen seien öffentlich.

Stellen Sie die Volkswirtschaft als Kreislaufdiagramm dar. Ermitteln Sie die Investitionen der Computerunternehmen, die Kreditaufnahme des Staates und die Ersparnisse der privaten Haushalte. Nicht genannte Größen seien Null. Nehmen Sie vereinfachend an, dass vom Staat keine Gehälter an die Haushalte fließen.

2.2 Für eine Volkswirtschaft sind die folgenden Jahresdaten gegeben:
Staatliche Konsumausgaben: $C_{St} = 500$
Nettoinvestitionen: $I = 300$
Ersparnis der Unternehmen: $S_U = 50$
Ersparnis Staat: $S_{St} = 0$
Indirekte Steuern: $T_{ind} = 150$
Direkte Steuern: $T_{dir} = 200$
Export: $Ex = 200$
Importe: $Im = 100$
Transfers: $Tr = 100$
Subventionen: $Sub = 50$
Privat verfügbares Einkommen: $Y_{pr} = 1500$

Der Saldo der Primäreinkommen sowie der Übertragungen mit der übrigen Welt sei Null. Berechnen Sie das Primäreinkommen Y, den privaten Konsum $C_{pr}$ sowie die Ersparnisse der privaten Haushalte $S_H$.

2.3 Für eine Volkswirtschaft liegen Ihnen folgende Angaben für einen Warenkorb vor:

|       | Jahr 2006 (t=0) | | Jahr 2007 (t=1) | |
|-------|-------|-------|-------|-------|
|       | Preis | Menge | Preis | Menge |
| Brot  | 4     | 0,25  | 2     | 5     |
| Milch | 1     | 2     | 4     | 4     |
| Wurst | 2     | 0,5   | 1     | 2     |

Berechnen Sie mit diesen Angaben den Fischer-Preisindex und geben Sie nach diesem Index die Preissteigerung in % an.

2.4    Sie haben folgende unvollständige Tabelle vorliegen:

|  | Jahr 2006 (t=0) | | Jahr 2007 (t=1) | |
| --- | --- | --- | --- | --- |
|  | Preis | Menge | Preis | Menge |
| Kaffee | 4 | 25 | 6 | y |
| Fahrräder | 18 | 10 | z | 15 |
| Diamanten | 400 | 0,05 | 100 | 0,1 |

Der Paasche-Preisindex ist durch $PI_{01}^{P} = 1,00$ und

der Laspeyres-Preisindex durch $PI_{01}^{L} = 1,05$ gegeben.

Ermitteln Sie y und z.

# 3 Außenhandel und Zahlungsbilanz

Die bisherigen Kapitel haben gezeigt, dass eine Volkswirtschaft nicht isoliert von anderen Ökonomien existiert, sondern dass sich Inland und Ausland in einem gegenseitigen Abhängigkeitsverhältnis befinden. Im Folgenden soll dieses Abhängigkeitsverhältnis näher beleuchtet werden. Zunächst gehen wir der Frage nach, weshalb sich der Handel mit ausländischen Partnern überhaupt lohnt. Danach soll die Verflechtung zwischen In- und Ausland anhand der Zahlungsbilanz eines Landes aufgezeigt werden. Schließlich gehen wir kurz darauf ein welche Rolle die Welthandelsorganisation für den internationalen Handel spielt.

## 3.1 Komparative Kosten und Außenhandel

### 3.1.1 Das Handelsmodell von Ricardo

Die Geschichte des internationalen Handels reicht viele Jahrhunderte, wenn nicht sogar Jahrtausende, zurück. Wohl spürte man die Faszination der fremdländischen Güter, die volkswirtschaftliche Bedeutung des Handels blieb jedoch weitgehend unbeachtet. Erst im Zeitalter des Merkantilismus erkannten die Herrscher die Bedeutung des Außenhandels für die Staatskasse. Allerdings war ihr Bestreben meist einseitig auf die Stärkung des Exports ausgerichtet - Importe und somit ein wirklicher Warenaustausch, sollten nach Möglichkeit auf ein notwendiges Minimum begrenzt sein.

Das erste Handelsmodell stammt von dem englischen Nationalökonom David Ricardo. Ihm gelang es, die Bedeutung des freien Handels für eine freie Volkswirtschaft modellhaft aufzuzeigen. In den Zeiten der industriellen Revolution wollte Ricardo damit beweisen, dass selbst eine so starke Volkswirtschaft wie England vom Handel mit weniger starken Volkswirtschaften profitieren konnte. Sein Modell für zwei Länder basierte auf folgenden Annahmen:

- Die Produktionstechnologien beider Länder sind unterschiedlich.
- Das Tauschverhältnis zwischen physischen Einheiten eines Gutes gegen physische Einheiten eines anderen Gutes bestimmt den relativen Preis (Geld spielt keine Rolle).
- Es herrscht Vollbeschäftigung der Produktionsfaktoren.
- Die Produktionsfaktoren sind national mobil und international immobil.

- In der Produktion werden konstante Skalenerträge erzielt.
- Transportkosten und Zölle treten nicht auf.

Als Beispiel für sein im Jahre 1817 entwickeltes Modell wählte Ricardo die beiden Volkswirtschaften Portugal und England, die jeweils Tuch und Wein produzieren sollten. Tuch galt damals als ein sehr hochwertiges Gut und stand stellvertretend für die Gruppe der Industriegüter. Wein wurde beispielhaft für die Gruppe der Agrargüter gewählt.

Anhand der damals ähnlichen Bevölkerungsstruktur schätzte Ricardo die verfügbare Arbeitszeit auf jeweils 120 Zeiteinheiten. Zur Produktion einer Mengeneinheit Wein benötigte England 1,33 und Portugal 2 Zeiteinheiten. Auch bei der Produktion von Tuch war England effizienter. Während die Herstellung einer Einheit Tuch in Portugal 4 Zeiteinheiten in Anspruch nehme, könne in England eine Einheit Tuch schon in 1,6 Zeiteinheiten produziert werden. Die absoluten Vorteile (in Arbeitszeit gemessen) lagen somit in beiden Fällen bei England. Ricardo argumentierte aber, dass nicht die absoluten Kosten, sondern die komparativen Kosten für den Handel relevant seien.

Die Transformationsgeraden in Abbildung 3.1 zeigen die Produktionsmöglichkeiten beider Länder sowie die Konsumpunkte (=Produktionspunkte) C ohne Außenhandel.

**Abbildung 3.1: Transformationsgeraden für England und Portugal**

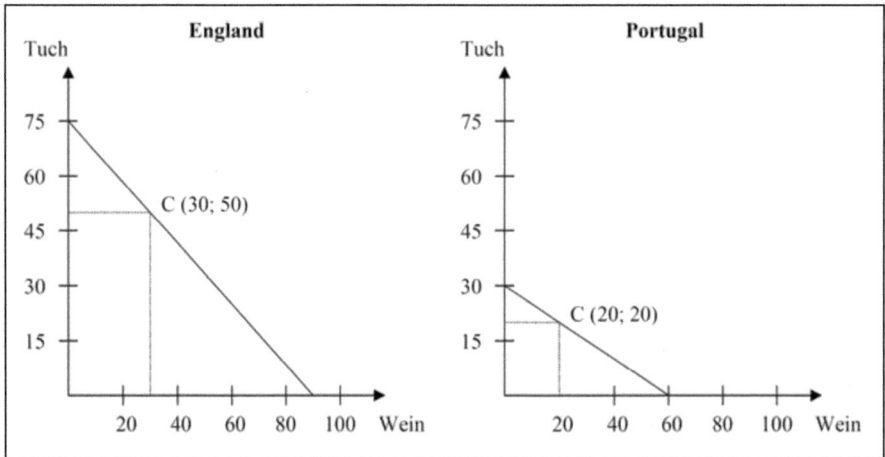

Die Transformationsgeraden zeigen, dass die maximale Tuchproduktion (bei völligem Weinverzicht) für England 75 und für Portugal 30 Einheiten beträgt. Für jede zusätzliche Einheit an Wein müsste England auf die Produktion von 75/90 bzw. 5/6 Einheiten Tuch verzichten. Diese realen Opportunitätskosten definieren die komparativen Kosten. Da Portugal für die Produktion einer

Weineinheit nur 30/60 bzw. 1/2 Einheiten Tuch aufgeben muss, hat Portugal bei der Weinproduktion einen komparativen Vorteil gegenüber England. Vice versa ergibt sich automatisch ein komparativer Kostenvorteil Englands bei der Tuchproduktion.

*Definition:*   *Die aufzugebenden Mengeneinheiten an Gut A bei der zusätzlichen Produktion einer Einheit von Gut B heißen komparative Kosten der Produktion von Gut B.*
*Die Höhe der komparativen Kosten lässt sich anhand der Steigung der Transformationsgeraden ableiten.*

Laut Ricardo können nun beide Länder profitieren, falls sie sich auf die Produktion desjenigen Gutes spezialisieren, bei dem sie einen komparativen Kostenvorteil besitzen und anschließend Handel betreiben.

Auf Grund der Annahme konstanter Skalenerträge kommt es im Beispiel zur völligen Spezialisierung. England würde demnach 75 Einheiten Tuch und Portugal 60 Einheiten Wein produzieren. In der Situation ohne Handel hingegen produzierten beide Staaten zusammen 70 (=50+20) Einheiten Tuch und 50 (=30+20) Einheiten Wein. In der Summe konnte durch die Spezialisierung tatsächlich eine Produktionssteigerung für beide Güter erzielt werden.

Abschließend sind die Terms of Trade zu definieren. Vereinfachend nehmen wir an, dass diese gerade den durchschnittlichen komparativen Kosten entsprechen. In England kostet eine Einheit Tuch gerade 1,2 und in Portugal 2 Einheiten Wein. Für den internationalen Handel wird daher ein Preis in Höhe von 1,6 (=(1,2+2)/2) Einheiten Wein festgelegt. Dieses Austauschverhältnis ist annähernd bei 36 Einheiten Wein und 23 Einheiten Tuch gegeben. Tabelle 3.1 zeigt die Situation beider Länder vor und nach dem Handel.

**Tabelle 3.1: Produktion und Konsum vor und nach Handel**

| Land | Gut | Produktion | | Konsum | | Export | Import |
|------|-----|------------|------------|------------|------------|--------|--------|
|      |     | vor Handel | nach Handel | vor Handel | nach Handel |        |        |
| England | Tuch | 50 | 75 | 50 | 52 | 23 | ./. |
|         | Wein | 30 | ./. | 30 | 36 | ./. | 36 |
| Portugal | Tuch | 20 | ./. | 20 | 23 | ./. | 23 |
|          | Wein | 20 | 60 | 20 | 24 | 36 | ./. |
| Gesamt | Tuch | 70 | 75 | 70 | 75 | 23 | 23 |
|        | Wein | 50 | 60 | 50 | 60 | 36 | 36 |

In Ricardos Beispiel ist es unmittelbar einsichtig, dass sich die Situation für beide Länder verbessert hat. Unter der Annahme, dass Tuch wertvoller als Wein ist, hätte es für Portugal auch zu einer Wohlfahrtssteigerung kommen können, falls sie für noch mehr Tuch auf eine bestimmte Menge an Wein verzichtet hätten. Die dazu nötigen Indifferenzkurven waren Ricardo allerdings noch unbekannt und wurden erst einige Jahre später von John Stuart Mill in das Modell eingefügt. Abbildung 3.2 zeigt die aus obigem Beispiel resultierende Wohlfahrtssteigerung für beide Länder anhand der Indifferenzkurven. Der Übergang vom alten Konsumpunkt C' ohne Handel auf den neuen Konsumpunkt C" mit Handel ist für beide Länder mit dem Sprung auf eine höhere Indifferenzkurve und somit ein höheres Nutzenniveau verbunden.

**Abbildung 3.2: Wohlfahrtssteigerung durch Handel**

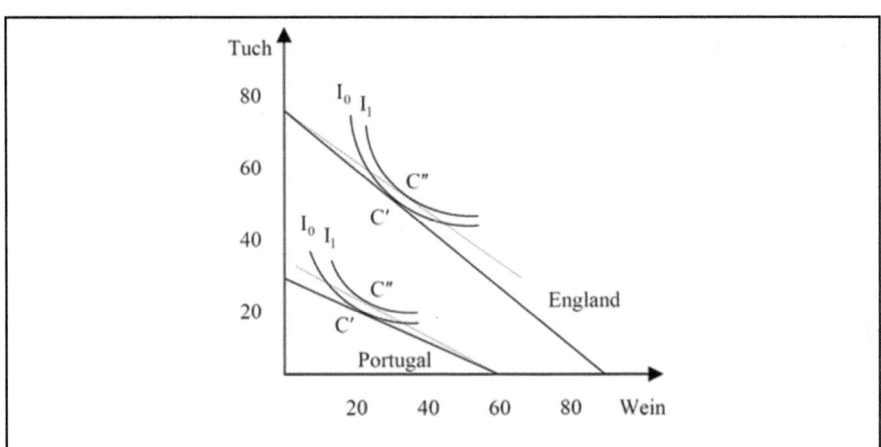

*Fazit 3.1:*     *Unterscheiden sich die komparativen Kosten zur Erstellung zweier Güter im In- und Ausland, so können beide vom Handel mit diesen Gütern profitieren.*

### 3.1.2    Das Handelsmodell von Heckscher und Ohlin

Im Handelsmodell von Ricardo wurde die Existenz von komparativen Kostenvorteilen von vornherein unterstellt. Ricardo ging dabei davon aus, dass jedes Land auf unterschiedliche historisch gewachsene Produktionstechnologien zurückgreifen könne. Für den damals bedeutenden Wirtschaftszweig der Landwirtschaft unterstellte er zudem, dass die Produktivität maßgeblich durch die geographische Lage (Fruchtbarkeit des Bodens) und Klimabedingungen beeinflusst würde.

Obwohl noch heute die meisten Ökonomen annehmen, dass ein bedeutender Teil der Handelsaktivitäten auf komparative Kosten zurückzuführen ist, unterscheiden sich heutige Handelsmodelle in vielen Punkten vom ursprünglichen Modell Ricardos. Insbesondere resultieren komparative Kostenvorteile nicht mehr aus Unterschieden in den Produktionstechnologien, die sich im Zeitalter der Globalisierung immer mehr anpassen, sondern aus der relativen Ausstattung der Handelspartner mit Produktionsfaktoren. Die dahinter stehende Theorie wird in der Literatur häufig als Faktorproportionentheorie des Handels bezeichnet. Das bekannteste Modell dieser Art stammt von den schwedischen Wissenschaftlern Eli Heckscher und Bertil Ohlin und wird in der Literatur als Heckscher-Ohlin Modell bezeichnet.

Das Heckscher-Ohlin Modell basiert auf drei wichtigen Grundannahmen. Die erste Annahme unterstellt, dass jede Ökonomie über eine bestimmte Kombination von Produktionsfaktoren verfügt, die sich von der Faktorausstattung anderer Ökonomien unterscheidet.

Zweitens wird angenommen, dass sich zur Produktion eines Gutes gerade eine optimale Produktionstechnologie herauskristallisiert, die sich im Laufe der Zeit in allen Ökonomien durchsetzt. Dies impliziert, dass es zur Erstellung eines Gutes genau eine optimale Kombination von Produktionsfaktoren gibt.

Schließlich gehen Heckscher und Ohlin von sinkenden Skalenerträgen in der Produktion der gehandelten Güter aus.

Die ersten beiden Annahmen sind grundlegend für die Erklärung des Handels. Die dritte Annahme stellt sicher, dass es auch bei Handel nicht zu einer vollkommenen Spezialisierung in der Produktion kommt, wie dies z.B. im Modell von Ricardo der Fall ist.

Bevor wir die Aussagen des Modells näher analysieren, muss zunächst definiert werden, wann ein Land als relativ kapitalreich bzw. ein Gut als relativ kapitalintensiv angesehen werden kann.

Angenommen die Ausstattung mit Arbeit und Kapital sei für die Länder A und B durch Tabelle 3.2 wie folgt beschrieben:

**Tabelle 3.2: Faktorausstattung der Länder A und B**

|  | Land A | Land B |
|---|---|---|
| Arbeit | 100 Arbeiter | 150 Arbeiter |
| Kapital | 20 Maschinen | 50 Maschinen |

Das Verhältnis von Arbeits- zu Kapitaleinheiten liegt für Land A bei 100/20 = 5 Arbeitern pro Maschine. In Land B kommen dagegen 3 Arbeiter auf 1 Maschine. Daraus folgt, dass Land A als die relativ gesehen arbeitsreichere und Land B als die relativ gesehen kapitalreichere Ökonomie betrachtet wird. Dabei spielt es keine Rolle, dass Land B sowohl über mehr Arbeits- als auch Kapitaleinheiten verfügt.

Allgemein gilt Land A als das relativ gesehen arbeitsreichere Land, falls die folgende Bedingung erfüllt ist:

(3.1)    $\dfrac{L_A}{K_A} > \dfrac{L_B}{K_B}$

$L_{A,B}$:    Insgesamt verfügbare Arbeitseinheiten in Land A bzw. B
$K_{A,B}$:    Insgesamt verfügbare Kapitaleinheiten in Land A bzw. B

Der relative Reichtum eines Landes mit einem Faktor wird sich auch auf die relativen Preise auswirken. In unserem Beispiel ist zu erwarten, dass der Faktor Arbeit im Vergleich zum Faktor Kapital in Land A relativ billig und in Land B relativ teuer ist.

Gemäß der zweiten Annahme wird unterstellt, dass die Produktionstechnologien zwar zwischen den Gütern aber nicht zwischen den Ländern variieren. Gut 1 gilt gegenüber einem Gut 2 als das relativ gesehen arbeitsintensivere Gut, falls das Einsatzverhältnis von Arbeit zu Kapital für die Produktion von Gut 1 größer ist als für die Produktion von Gut 2:

(3.2)    $\dfrac{L_1}{K_1} > \dfrac{L_2}{K_2}$

Die Hypothese von Heckscher und Ohlin lautet nun, dass von zwei Handelspartnern gerade das relativ gesehen arbeitsreichere Land das relativ gesehen arbeitsintensivere Gut exportieren wird und umgekehrt.

Grafisch lässt sich diese Aussage wie folgt herleiten. Zunächst werden die Transformationskurven beider Länder $T_A$ und $T_B$ in ein Diagramm abgetragen. Aufgrund der unterstellten sinkenden Skalenerträge handelt es sich dabei um wirkliche Kurven und nicht wie im Modell von Ricardo um Transformationsgeraden. Gut 1 soll das relativ gesehen arbeitsintensivere Gut und Land A das relativ gesehen arbeitsreichere Land sein. Die Produktionspunkte ohne Handel ergeben sich aus dem Tangentialpunkt der jeweiligen inländischen Preisgeraden (die Steigung der Geraden gibt Aufschluss über die relativen Preise beider Güter) mit den Transformationskurven.

Die Verläufe der Transformationskurven, die gerade alle Produktionsmöglichkeiten bei gegebenen Faktorausstattung aufzeigen, geben auch Aufschluss darüber welches Land relativ gesehen kapital- bzw. arbeitsreich ist. Während die Transformationskurve von Land A ($T_A$) eher die Produktionsmöglichkeiten eines arbeitsreichen Landes beschreibt (Land A könnte bei reiner Spezialisierung auf ein Gut eine relativ große Menge an arbeitsintensiven aber eine relativ kleine Menge an kapitalintensiven Gütern herstellen), deutet der Verlauf von $T_B$ eher auf ein kapitalreiches Land hin.

**Abbildung 3.3: Produktionspunkte ohne Handel**

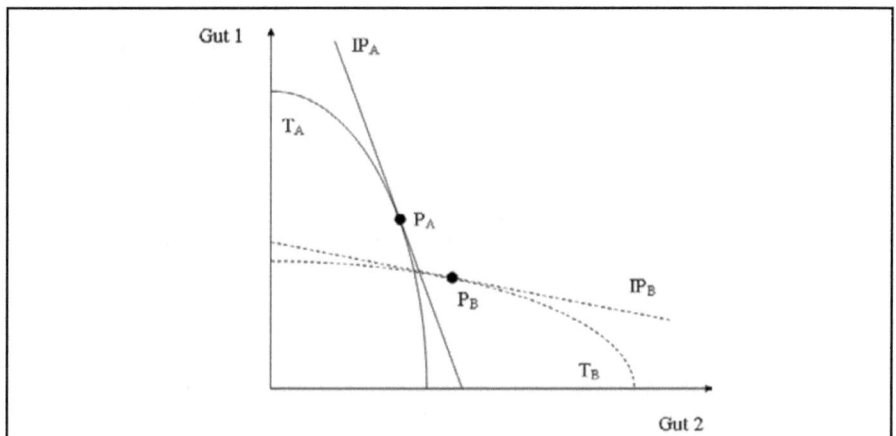

Durch den Handel beider Länder kommt es zu einer neuen gemeinsamen Preisgerade (Weltmarktpreisgerade WP), die in ihrer Steigung zwischen den beiden inländischen Preisgeraden liegt. Die neuen Tangentialpunkte von Weltmarktpreisgeraden und Transformationskurven identifizieren die neuen Produktionspunkte.

**Abbildung 3.4: Produktionspunkte mit Handel**

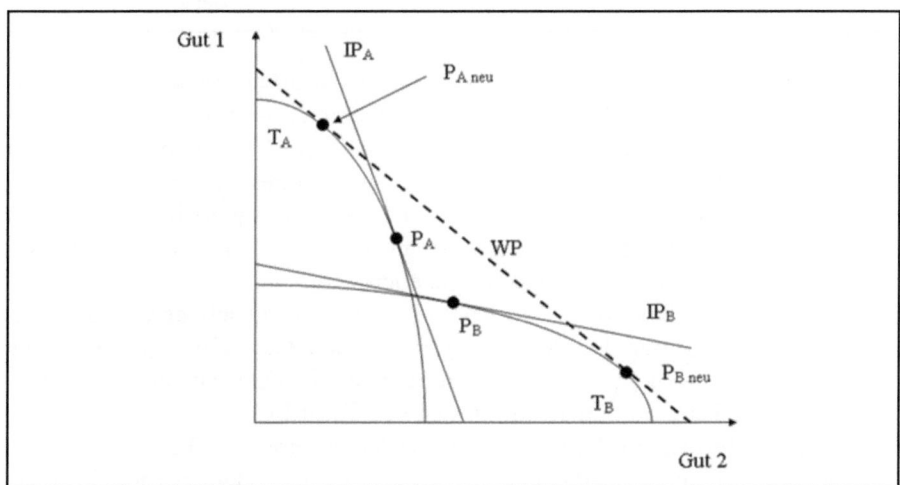

Ob sich der Handel für beide Länder lohnt, lässt sich am besten anhand der Indifferenzkurven überprüfen. Von Vorteil ist der Handel nur, falls beide

Länder nach dem Tausch der Waren einen Konsumpunkt auf einer höheren Indifferenzkurve realisieren können.

Vereinfachend nehmen wir an, dass für beide Länder die gleichen Indifferenzkurven gelten. Da sich die Konsumpunkte im Tangentialpunkt zwischen Preisgerade (vor Handel inländische Preisgerade und nach Handel Weltmarktpreisgerade) und Indifferenzkurven befinden, realisieren in diesem Fall beide Länder nach Handel den gleichen Konsumpunkt.

**Abbildung 3.5 Konsumpunkte ohne und mit Handel**

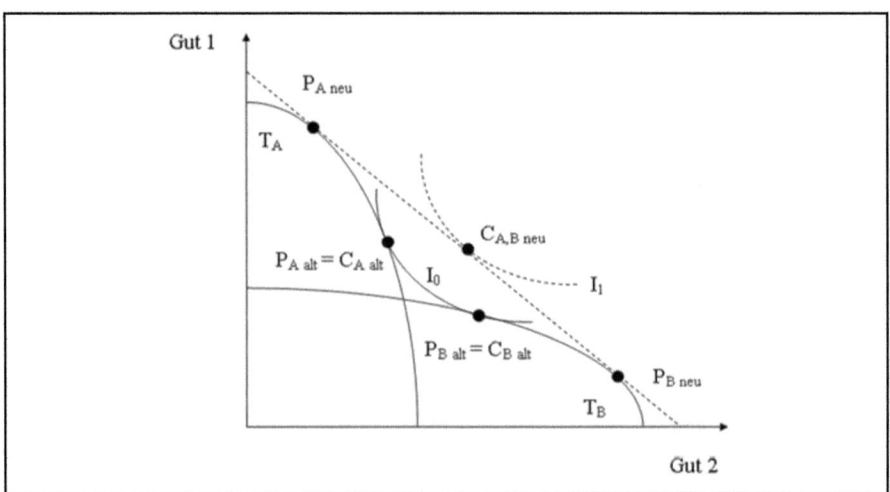

Aus den Abbildungen geht hervor, dass es für das arbeitsreiche Land A vorteilhaft ist sich auf die Produktion des arbeitsintensiven Gutes 1 zu spezialisieren und dieses auch zu exportieren. Umgekehrt profitiert Land B von einer Ausweitung der Produktion des kapitalintensiven Gutes. Aufgrund sinkender Skalenerträge in der Produktion beider Güter kommt es jedoch nicht zu einer völligen Spezialisierung. Diese Aussage gilt auch für den Fall, dass die Annahme gleicher Indifferenzkurven aufgegeben wird.

Da das Heckscher-Ohlin Modell von einem vergleichbaren Stand der Technologie in beiden Ländern ausgeht, können Handelsströme zwischen Ländern auf (technologischer) Augenhöhe (wie z.B. Deutschland und Frankreich) besser erklärt werden als im Modell von Ricardo.

Das Modell wurde im Laufe der Jahre vielen empirischen Tests unterzogen und in der Tat verliefen die Handelsströme in vielen Fällen modellgemäß. Gleichzeitig gibt es aber viele Studien, die keinen signifikanten Zusammenhang zwischen der relativen Faktorausstattung und den getauschten Gütern erkennen lassen. Das berühmteste Beispiel ist das so genannte Leontief Paradoxon. Dieses zeigt, dass die USA unmittelbar nach dem 2. Weltkrieg arbeitsintensive Güter nach Europa exportierte, obwohl sie als die relativ kapitalreichere Region galt. Dieser scheinbare Widerspruch zum Heckscher-Ohlin Modell lässt sich allerdings dadurch beseitigen, dass nicht nur quantitative sondern auch qualitative Aspekte der Faktoren Berücksichtigung finden. So waren die amerikanischen Arbeitskräfte damals deutlich besser ausgebildet als ihre europäischen Kollegen, wodurch die USA durchaus als die relativ arbeitsreichere Ökonomie angesehen werden konnte.

| Hintergrund | **Das Leontief Paradoxon und die daraus resultierende Erweiterung des Heckscher-Ohlin** |

Das Neo-Faktorproportionentheorem als Erweiterung des Heckscher-Ohlin Modells ist auf eine viel zitierte Beobachtung des russischstämmigen Wissenschaftlers Wassily Leontief zurückzuführen. ... Im Jahr 1953 veröffentlichte er in „Proceedings of the American Philosophical Society" (97, S. 331-349) einen Artikel namens „Domestic Production and Foreign Trade: The American Capital Position Reexamined". In diesem Artikel wies Leontief nach, dass die Exporte der USA relativ arbeitsintensiver waren als die Importe. Dies stand beim damaligen Stand der Forschung in offenem Widerspruch zum Heckscher-Ohlin Modell. Letzteres, auch als Grundlage des Faktorproportionentheorems bekannt, besagt zunächst, dass ein Land Güter exportiert, deren Produktion Ressourcen (‚Kapital, Arbeit, Land) erfordert, die in dem Land relativ viel vorhanden sind. Gleichzeitig importiert ein Land Güter, deren Produktion Ressourcen erfordert, die in dem Land relativ knapp sind.

Da die USA gemeinhin als relativ reich an Kapital (und dementsprechend relativ arm an Arbeit) betrachtet wurden, widersprach Leontiefs Beobachtung dem Faktorproportionentheorem und wurde als Leontief-Paradoxon. Das Leontief Paradoxon bestand bis Anfang der 1970er Jahre und wurde auch von einer Reihe weiterer Analysen in anderen Kontexten bestätigt. Die Erklärung des Leontief Paradoxon liegt in einer Erweiterung des Faktors Arbeit. Die USA waren (und sind) exportstark in Hochtechnologie-Produkten. Die Herstellung dieser Güter erfordert relativ viel Kapital und relativ wenig Arbeit. Allerdings sind zur Produktion dieser Güter hoch- und höchstqualifizierte Arbeitskräfte erforderlich. Insofern ist das Leontief Paradoxon plausibel, wenn man das Faktorproportionentheorem erweitert und einen weiteren Produktionsfaktor hinzufügt: Humankapital. Entsprechend dem Neo-Faktorproportionentheorem sind die USA exportstark in Gütern, deren Produktionrelativ intensiv an Humankapital ist.

Quelle: Max Büge, Jean Monnet Centre of Excellence, April 2007.

*Fazit 3.2:*      *Unterscheiden sich die relative Faktorausstattung zweier Länder, so wird sich das relativ kapitalreiche Land auf die Produktion und den Export des relativ kapitalintensiven Gutes konzentrieren. Umgekehrt verhält es sich für das relativ arbeitsreiche Land..*

## 3.2    Zahlungsbilanz

Das Kontensystem der VGR erfasst die inländischen Zahlungsströme zwischen Unternehmen, Haushalten und Staat und zeigt zudem die Finanzströme zwischen Inland und Ausland. Letztere wurden in Kapitel 2 aus Gründen der Übersichtlichkeit jedoch nur sehr vereinfacht wiedergegeben. Gerade vor dem Hintergrund einer noch immer zunehmenden Internationalisierung der Wirtschaft erscheint uns eine genauere Analyse jedoch sinnvoll.

Für die Periode eines Jahres werden alle Transaktionen der inländischen Wirtschaftsakteure mit dem Ausland in einem gemeinsamen Kontensystem - der Zahlungsbilanz - erfasst. Zu den inländischen Wirtschaftsakteuren zählen der Staat sowie alle Haushalte und Unternehmen mit Sitz im Inland. Die Transaktionen umfassen Handels- und Finanzströme. Um die verschiedenartigen Verflechtungen mit dem Ausland besser darstellen zu können, unterteilt sich die Zahlungsbilanz in:

(1)     Leistungsbilanz,

(2)     Kapitalbilanz und

(3)     Devisenbilanz.


(1)     Leistungsbilanz

In die Leistungsbilanz geht zunächst der Austausch von Waren ein. Bei den in der Handelsbilanz erfassten Warenströmen übersteigen die deutschen Exporte traditionell die Importe. Ein negativer Saldo dagegen findet sich in der deutschen Dienstleistungsbilanz wofür vor allem die Reiselust der Deutschen verantwortlich ist. Die in diesem Zusammenhang getätigten Ausgaben im Ausland gelten als Dienstleistungsimporte. Exporte gehen mit Zahlungseingängen einher. Allerdings können Zahlungen aus dem Ausland auch aus ausländischen Kapitalanlagen oder einem Arbeitsverhältnis im Ausland resultieren. Die damit verbundenen Kapitalerträge und Lohneinkommen gehen als Erwerbs- und Vermögenseinkommen ebenfalls in die Leistungsbilanz ein. Gleiches gilt, mit negativen Vorzeichen, für die Erträge und Einkommen, die im Laufe der Periode an ausländische Akteure gezahlt wurden.

Addieren wir den Saldo der Handelsbilanz mit dem Saldo der Dienstleistungsbilanz, so erhalten wir den Außenbeitrag zum Bruttoinlandsprodukt. Wird zudem der Saldo der Erwerbs- und Vermögenseinkommen berücksichtigt, ergibt sich der Außenbeitrag zum Bruttonationaleinkommen. Der Leistungsbilanzsaldo ergibt sich schließlich, indem noch die laufenden Übertragungen hinzugefügt werden. Hierbei handelt es sich um regelmäßige Zahlungen an das oder vom Ausland, für die kein direkter Gegenwert erkennbar ist. Neben der Entwicklungshilfe sind für Deutschland auch die monatlichen Transfers der Gastarbeiter an ihre Familien nicht zu unterschätzen.

Durch den traditionell negativen Saldo der laufenden Übertragungen war der Leistungsbilanzsaldo in den letzten Jahren regelmäßig kleiner als der Außenbeitrag. In manchen Jahren wurde unter Einbeziehung der laufenden Übertragungen aus einem positiven Außenbeitrag sogar ein negativer Leistungsbilanzsaldo. In den letzten Jahren konnte jedoch ein positiver Saldo und somit ein Leistungsbilanzüberschuss ausgewiesen werden. Dies bedeutet, dass die neu entstandenen Forderungen gegenüber dem Ausland größer waren als die hinzugekommenen Zahlungsverpflichtungen. Forderungen entstehen, falls die Transaktionen zu Zahlungseingängen führen (z. B. Warenexporte, Erträge aus ausländischen Kapitalanlagen). Zahlungsverpflichtungen resultieren aus Transaktionen, die zu Zahlungsausgängen führen. Neben den Importen zählen hierzu auch die laufenden Übertragungen.

(2)    Kapitalbilanz

Ein Leistungsbilanzüberschuss in Höhe von ca. 48 Mrd. Euro, wie ihn die deutsche Wirtschaft im Jahre 2003 ausweisen konnte, bedeutet, dass Deutschland Zahlungseingänge bzw. Forderungszuwächse in Höhe von 48 Mrd. Euro verbuchen konnte. Da die Zahlungsbilanz am Ende einer Periode immer ausgeglichen ist, müssen sich die Zahlungseingänge durch Zahlungsausgänge in der Kapital- und Devisenbilanz ausgleichen.

Zahlungsausgänge sind beispielsweise mit deutschen Direktinvestitionen im Ausland, mit dem Kauf ausländischer Wertpapiere oder mit der Kreditvergabe inländischer Banken an ausländische Akteure verbunden. Umgekehrt resultieren Direktinvestitionen ausländischer Akteure in Deutschland ebenso wie deren Kauf von deutschen Wertpapieren oder die Vergabe ausländischer Kredite an deutsche Akteure in Zahlungseingängen. Für das Jahr 2003 überstiegen die Zahlungsausgänge die Eingänge um 55 Mrd. Euro, so dass ein Kapitalbilanzsaldo in Höhe von -55 Mrd. Euro ausgewiesen wurde. Ergänzt wird die Kapitalbilanz um die Vermögensübertragungen. Im Gegensatz zu den laufenden Übertragungen fallen diese Übertragungen einmalig oder zumindest unregelmäßig an.

(3)    Devisenbilanz

Schließlich erfasst die Devisenbilanz die Änderung der Währungsreserven. Ein positives Vorzeichen deutet dabei auf ein Abnehmen der Reserven und ein negatives Vorzeichen auf ein Zunehmen der Reserven hin. Dies kann wiederum über die Logik von Zahlungsein- und -ausgängen erklärt werden. Möchte ein Land beispielsweise seinen Bestand an US-Dollars erhöhen, so muss es diese in seiner eigenen Währung bezahlen. Somit wird die Devisenbestandserhöhung durch einen Zahlungsausgang bei den Währungsreserven finanziert (detaillierte Ausführungen zu diesem Thema finden sich in Lehrbüchern zur Außenwirtschaft, z. B. Internationale Wirtschaft von Krugman und Obstfeld, 2004).

Theoretisch müsste die Summe aus erweitertem Kapitalbilanzsaldo und Devisenbilanzsaldo (bei entgegengesetztem Vorzeichen) gerade dem Leistungsbilanzsaldo entsprechen. In der Praxis ist diese Gleichheit nie gegeben, so dass eine Ausgleichsposition statistisch nicht aufgliederbarer Transaktionen eingeführt wurde. Tabelle 3.3 zeigt die Positionen der deutschen Zahlungsbilanz für die Jahre 1999 bis 2003.

**Tabelle 3.3: Zahlungsbilanz für Deutschland in Millionen Euro**

| Zeit-raum | Saldo der Leistungsbilanz | | | | Saldo der Erwerbs- und Vermögens-einkommen | Saldo der laufenden Übertra-gungen |
|---|---|---|---|---|---|---|
| | ins-gesamt | Warenbilanz | Dienstleistungsbilanz | | | |
| | | | insgesamt | darunter | | |
| | | | | Reiseverkehr | | |
| 2002 | + 42 976 | + 124 236 | - 35 728 | - 32 765 | - 18 019 | - 27 514 |
| 2003 | + 40 931 | + 118 779 | - 34 497 | - 35 499 | - 15 067 | - 28 283 |
| 2004 | + 94 899 | + 139 106 | - 29 419 | - 31 432 | + 13 091 | - 27 879 |
| 2005 | + 103 053 | + 139 678 | - 28 880 | - 30 215 | + 20 778 | - 28 524 |
| 2006 | + 114 071 | + 140 323 | - 22 430 | - 28 064 | + 22 973 | - 26 795 |

| Zeit-raum | Saldo der Vermögens-übertra-gungen | Saldo der Kapital- und Devisenbilanz* | | | | Saldo der statistisch nicht aufglieder-baren Trans-aktionen |
|---|---|---|---|---|---|---|
| | | ins-gesamt | darunter | | | |
| | | | Direktin-vestitionen | Wertpapiertrans-aktionen | Veränderung Währungs-reserven zu Transaktions-werten** | |
| 2002 | - 212 | - 38 448 | + 29 107 | + 43 072 | + 2 065 | - 4 316 |
| 2003 | + 311 | - 61 770 | + 23 500 | + 58 459 | + 445 | + 20 528 |
| 2004 | + 430 | - 117 968 | - 19 300 | + 14 400 | + 1 470 | + 22 639 |
| 2005 | - 1 269 | - 119 385 | - 15 800 | - 23 900 | + 2 182 | + 17 601 |
| 2006 | - 192 | - 140 732 | - 29 100 | + 1 200 | + 2 934 | + 26 853 |

\* Kapitalimport (-)        \*\*Zunahme (-) / Abnahme (+)

Quelle: Deutsche Bundesbank, http://www.bundesbank.de/

In der Regel strebt die Wirtschaftspolitik eine zumindest ausgeglichene Leistungsbilanz an. Falls ein Leistungsbilanzdefizit vorliegt, so muss dieses durch einen Überschuss in der Kapitalbilanz ausgeglichen werden. Geschieht dies durch Kreditaufnahme, so wächst die Verschuldung gegenüber dem Ausland.

Aus Kapitel 2 wissen wir bereits, dass das privat verfügbare Einkommen wie folgt definiert ist (vgl. 2.15):

$$(3.3) \quad Y_{pr} = (C_{pr} + I_{pr}) + (G - T) + (Ex - Im)$$

Des Weiteren ergibt sich die Ersparnis der privaten Haushalte gerade aus der Differenz von privat verfügbaren Einkommen und den privaten Konsumausgaben, so dass gilt:

(3.4)  $S_H = Y_{pr} - C_{pr} \Leftrightarrow Y_{pr} = C_{pr} + S_H$

Durch einsetzen von (3.4) in (3.3) und isolieren der Nettoexporte ergibt sich:

(3.5)  Ex-Im = $(S_H\text{-}I_{pr})$ + (T-G)

Nehmen wir vereinfacht an, dass der Saldo der Leistungsbilanz durch die Nettoexporte gegeben sei. Ein Leistungsbilanzdefizit ist dann durch negative Nettoexporte gekennzeichnet. Auf Grund der Gleichheitsbedingung muss dann auch mindestens ein Term auf der rechten Seite negativ sein.

Die Herbeiführung einer ausgeglichenen Leistungsbilanz ist daher nicht ohne einen Ausgleich der rechten Seite herbeizuführen. Dies ist allerdings nur möglich falls

- die privaten Ersparnisse zunehmen und/oder
- die privaten Investitionen zurückgehen und/oder
- die Steuereinnahmen zunehmen und/oder
- die Staatsausgaben zurückgehen.

Keine dieser Auswirkungen wird sonderlich geschätzt, da sie kurzfristig als konjunkturhemmend angesehen werden. Langfristig wäre die Zunahme der Ersparnisse und die Senkung der Staatsausgaben am ehesten mit anderen wirtschaftspolitischen Zielen vereinbar.

## 3.3 Das GATT und die Welthandelsorganisation

Die heutige Welthandelsordnung wurde 1947 von 23 Ländern begründet, als sie das Allgemeine Zoll- und Handelsabkommen (General Agreement on Tariffs and Trade - GATT) unterzeichneten, das ein Jahr später in Kraft trat. Es handelt sich beim GATT also nicht um eine internationale Organisation, sondern um einen multilateralen Vertrag. Die Bundesrepublik Deutschland wurde 1950 Vollmitglied des GATT. Ziel des GATT war und ist es, durch Liberalisierung und Intensivierung des Welthandels den Lebensstandard in allen Mitgliedsländern zu steigern. Dieser Zielsetzung dienen vor allem die folgenden Prinzipien.

- Prinzip der Meistbegünstigung: Es besagt, dass jede Handelserleichterung, die ein Land einem Handelspartner gewährt, auch allen anderen Ländern

eingeräumt werden muss. Ausnahmen bilden Freihandelszonen und Zoll-
unionen.

- Verbot der Verschärfung bestehender und der Einführung neuer Handelshemmnisse sowie Verbot mengenmäßiger Beschränkungen. Es gibt jedoch
  Ausnahmeregelungen.

In der Folgezeit wurden in mehreren Verhandlungsrunden beträchtliche Zoll-
senkungen erreicht, wobei der Welthandel, gemessen an den nationalen
Wachstumsraten des Bruttoinlandsprodukts überproportional expandierte.
Unter anderem aufgrund der Zunahme nicht-tarifärer Handelshemmnisse
und durch den wachsenden Protektionismus der Industrieländer im Agrar-
und Textilsektor geriet diese Entwicklung allerdings in den siebziger und
achtziger Jahren ins Stocken. Im Rahmen der 8. Welthandelsrunde[8] (1986-
1993) versuchten die GATT-Mitglieder, diese Mängel zu beheben. Die 1994
unterzeichnete Schlussakte bildet zusammen mit dem GATT-Vertrag die Basis der sog. Neuen Welthandelsordnung. Diese besteht aus fünf zentralen
Elementen.

- Abkommen über die Errichtung einer Welthandelsorganisation (World
  Trade Organization - WTO),
- Ausweitung des GATT-Regelwerks auf den globalen Dienstleistungshan-
  del (General Agreement on Trade in Services - GATS) sowie auf die
- handelsbezogenen geistigen Eigentumsrechte (Trade Related Aspects of
  Intellectual Property Rights - TRIPs),
- Abkommen über bestimmte handelsrelevante Maßnahmen bei Auslands-
  investitionen (Trade Related Investment Measures - TRIMs),
- Zusatzabkommen zum GATT mit dem Ziel einer Liberalisierung der
  Agrar- und Textilmärkte.

Die 1995 gegründete Welthandelsorganisation mit Sitz in Genf hat rund 150
Mitgliedsländer. Ihre wichtigste „Dienstleistung" ist die Beilegung von Han-
delsstreitigkeiten zwischen den Mitgliedsstaaten durch ein Schiedsgericht. Die
Sanktionen, die aufgrund von Verstößen gegen die Abkommen der Welthandelsordnung ergehen, haben die Funktion von Vergeltungsmaßnahmen. Dabei handelt es sich letztlich um Strafzölle, die den Zugang zu den Märkten des
geschädigten Landes beschränken sollen. Je größer diese Märkte sind, desto
einschneidender ist die Sanktion. Große und wirtschaftlich hoch entwickelte
Länder haben damit erheblich wirksamere Sanktionsmöglichkeiten als kleine
und wirtschaftlich schwache Länder.

---

[8]  Die Welthandelsrunden werden seit 1947 im Rahmen des GATT eingesetzt, um auf diesem Wege eine Liberalisierung des internationalen Handels zu erreichen.

Das gravierendste Problem des Welthandels besteht nach wie vor im Agrarprotektionismus der Industrieländer. Hier ist nicht nur die EU mit ihrer Gemeinsamen Agrarpolitik zu nennen, sondern eine ganze Reihe weiterer Staaten wie die USA, Kanada, Norwegen und die Schweiz. Als protektionistische Maßnehmen im Agrarbereich werden landesinterne Produktionsbeihilfen, prohibitive Zollsätze, Importquoten, Exportsubventionen und vielfältige weitere versteckte (nicht-tarifäre) Handelshemmnisse eingesetzt.

So belaufen sich die staatlichen Hilfen für die Landwirtschaft der OECD-Länder auf insgesamt 850 Mio. US-Dollar pro Tag. Nach Angaben des IWF bzw. der Weltbank erreichen die tatsächlichen Spitzenzölle für Agrarprodukte in den OECD-Staaten in Einzelfällen 350 %. Im Durchschnitt sind die Zollsätze für Agrarprodukte für Entwicklungsländer um mehr als das Zehnfache höher als jene, die für Agrarexporte innerhalb der OECD verlangt werden. Davon betroffen sind vor allem Agrargüter, die in den Industrieländern selbst in Massenproduktion hergestellt werden, wie z. B. Zucker, Weizen, Reis, Mais, Rindfleisch, Milchprodukte, Ölsaaten, Erdnüsse, Tabak und Baumwolle.

Damit trifft der Agrarprotektionismus vor allem die Erzeuger in Entwicklungsländern, denen der Zugang zu den Absatzmärkten der Industrieländer versperrt wird. Das trifft die Entwicklungsländer umso härter, als gerade bei Agrarprodukten die eigentlichen komparativen Kostenvorteile dieser Länder liegen. Es kommt hinzu, dass drei Viertel der weltweit ärmsten Bevölkerung in ländlichen Gebieten leben und ganz überwiegend von der Landwirtschaft und ihren Exporten abhängig sind. Im Gegenzug haben zahlreiche Entwicklungsländer Zollmauern und andere Handelsschranken gegenüber Importen von Industriegütern aus den OECD-Staaten errichtet. Die 9. Welthandelsrunde, die 2001 begann und plangemäß 2005 hätte beendet sein sollen, hat bisher zu keinem Ergebnis geführt. Sie soll die Chancen auf eine Beendigung oder gar Umkehr dieser Entwicklung verbessern.

## Aufgaben zu Kapitel 3

3.1 Land A und Land B stellen jeweils Erdbeeren und mobile Telefongeräte her. Land A kann mit seinen Produktionsmöglichkeiten maximal 120 Einheiten Erdbeeren bzw. 30 Einheiten Telefone herstellen. Der maximale Output für Land B beträgt bei Spezialisierung auf eines der Güter entweder 150 Einheiten Erdbeeren oder 50 Einheiten Telefone.
Stellen Sie die Transformationskurven beider Länder graphisch dar und erläutern Sie anhand der Steigungen den Begriff der komparativen Kosten.

Welches Land hat bei der Produktion von Erdbeeren und welches bei der Produktion von Telefonen einen komparativen Kostenvorteil und warum?

3.2    Gehen Sie für die Volkswirtschaften aus Aufgabe 5.1 von folgenden Nachfrageverhältnissen aus: In Land A werden 60 Einheiten Erdbeeren und 15 Einheiten Telefone nachgefragt (60;15). In Land B beträgt die Nachfrage 57 Einheiten Erdbeeren und 31 Einheiten Telefone (57;31). Nun nutzen beide Länder ihren jeweiligen komparativen Kostenvorteil und produzieren nur noch ein Gut. Sie behalten davon ihre ursprünglich nachgefragte Menge und exportieren den Rest in das jeweils andere Land. Der Nutzen $U_{A,B}$ sei für beide Länder wie folgt definiert:

$$U_{A,B} = 2 \cdot \text{Einheiten Erdbeeren} + 3 \cdot \text{Einheiten Telefone}$$

Berechnen Sie den Nutzen der beiden Länder im Ausgangszustand sowie nach dem Austausch der Waren.

3.3    Die Zahlungsbilanz lässt sich in drei Teilbilanzen untergliedern. Nennen Sie diese Teilbilanzen und erläutern Sie deren Zusammensetzung.

3.4    Erläutern Sie die Begriffe Kapitalimport und Kapitalexport

3.5    Diskutieren Sie wie es möglich ist, dass ein Land wie die USA über einen längeren Zeitraum hohe Leistungsbilanzdefizite aufweist. Welche Risiken sind damit verbunden?

# 4 Gesamtwirtschaftliches Preis- und Mengengleichgewicht

Kapitel 4 widmet sich dem gesamtwirtschaftlichen Preis- und Mengengleichgewicht auf dem Güter- und Arbeitsmarkt. Falls alle Akteure eines Marktes ihre ursprünglichen Planungen realisieren können, so bildet sich beim Aufeinandertreffen von Angebot und Nachfrage ein gleichgewichtiger Preis bzw. Lohn. In der Realität sind aber sowohl Preise als auch Löhne (zumindest mittelfristig) oftmals starr. In diesem Fall stellt sich anstelle eines Preisgleichgewichts ein Mengengleichgewicht ein.

Kennzeichnend für ein Mengengleichgewicht ist, dass entweder Anbieter oder Nachfrager bei der Realisierung ihrer Pläne Beschränkungen unterliegen, während die jeweils andere Seite den Markt diktiert.

Güter- und Arbeitsmärkte können dabei nicht isoliert voneinander betrachtet werden. Vielmehr kann es unter bestimmten Voraussetzungen zu multiplikativen Prozessen hin oder weg vom ursprünglichen Gleichgewicht auf beiden Märkten kommen.

## 4.1 Wirtschaftliche Entscheidungen

Im Rahmen der ex post Analyse haben wir uns bislang mit den Ergebnissen wirtschaftlicher Entscheidungen beschäftigt. Diese schlagen sich in Güter- und Einkommensströmen nieder, die mit Hilfe der VGR erfasst und geordnet werden. Auf diese Weise ist es möglich, die volkswirtschaftliche Leistung mit Hilfe von Indizes (z. B. Bruttoinlandsprodukt) zu erfassen und im Vergleich zu Vorjahreswerten oder zu den Ergebnissen anderer Länder auszuweisen. Im Folgenden werden wir den Wirtschaftsprozess nicht vom Ergebnis her, sondern von den Ursachen seiner Entstehung ausgehend betrachten. Im Mittelpunkt stehen dabei wirtschaftliche Entscheidungen von Akteuren und deren Zusammentreffen auf den Märkten der Volkswirtschaft.

Die Grundlagen für die Untersuchung individueller wirtschaftlicher Entscheidungen werden in der Mikroökonomik gelegt, und es ist nützlich, diese auch zur Analyse makroökonomischer Phänomene zu benutzen. Man bezeichnet dies auch als Mikrofundierung der Makrotheorie. Erst wenn wir die Entscheidungsprozesse „im Kleinen" verstehen, können wir uns an die Analyse „im Großen" heranwagen, also die Aggregation auf gesamtwirtschaftliche Ebene beginnen.

### 4.1.1    Entscheidungen von Haushalten

Wir nehmen an, dass sich jeder Haushalt als „homo oeconomicus" verhält. Dies bedeutet, dass er alle verfügbaren Informationen einholt, alle Chancen sieht, alle ihm bekannten Grenzen berücksichtigt und dass er nach dem ökonomischen Prinzip entscheidet: er maximiert seinen Nutzen bei gegebenem Mitteleinsatz, oder er minimiert seinen Einsatz bei vorgegebenem Nutzen.

Mit dem Nutzen eines Haushalts bezeichnen wir die Bewertung seiner Ausstattung mit wirtschaftlichen Gütern. Insofern kann man den Nutzen eines Haushalts auch als Lebensqualität bezeichnen. In der präzisen Sprache des Analytikers ist der Nutzen ein dimensionsloser Ordnungsindex, der durch die Abbildung der Güterausstattung in die Menge der reellen Zahlen entsteht. Bezieht z. B. ein Haushalt zwei Güter in den Mengen $x_1$ und $x_2$, so lässt sich diese Zuordnung als „Nutzenfunktion" schreiben:

(4.1)    $u = u(x_1, x_2)$

   u: Nutzenindex, $u \in IR_+$

   $x_i$: Ausstattung mit Gut i [in Mengeneinheiten]

Die meisten Menschen fühlen sich besser, wenn sie über mehr Gütervorräte verfügen. Dies kommt analytisch dadurch zum Ausdruck, dass die partiellen Ableitungen der Nutzenfunktion nach allen Argumenten größer als Null sind. Gleichzeitig wird aber der Nutzenzuwachs immer kleiner. Dies ist durch die negativen Argumente der zweiten Ableitung beschrieben.

(4.2)    $\dfrac{\partial u}{\partial x_i} > 0 \,; \ \dfrac{\partial^2 u}{\partial^2 x_i} < 0 \ \ \forall\, i = 1,2$

In einer Welt, in der die Güter nicht zugeteilt werden, sondern mit Hilfe von Einkommen gekauft werden müssen, das durch die Arbeitsleistung verdient wurde, bekommt die Nutzenfunktion ein zusätzliches Argument, da nun der Nutzen des Haushalts nicht nur vom Konsum, sondern auch von der eingesetzten Arbeitsmenge abhängt. Berücksichtigt man, dass ein Haushalt am Ende der Betrachtungsperiode einen Geldbetrag M übrig behalten möchte, den er später verwenden kann, so hat die Nutzenfunktion folgende Gestalt:

(4.3)    $u = u(x, l, \dfrac{M}{p})$

   x: Ausstattung mit Gütern [in Mengeneinheiten]
   l: Arbeitseinsatz [in Zeiteinheiten]
   $\dfrac{M}{p}$: Geldbestand (Ersparnis), normiert

In dieser Darstellung sind alle Güter, die der betrachtete Haushalt bezieht, zu einem Güterausstattungsindex zusammengefasst. Neben der Güterausstattung beeinflusst nun auch der Arbeitseinsatz das Nutzenniveau u, wobei angenommen wird, dass ein Haushalt lieber weniger als mehr arbeitet:

$$(4.4) \quad \frac{\partial\, u}{\partial\, x} > 0; \; \frac{\partial\, u}{\partial\, l} < 0; \; \frac{\partial\, u}{\partial \dfrac{M}{p}} > 0$$

Bei der Entscheidung über Güterkonsum und Arbeitsangebot muss ein Haushalt berücksichtigen, dass seine Wünsche durch sein Budget begrenzt werden:

$$(4.5) \quad p \cdot x + \frac{M}{p} = w \cdot l + \frac{M_0}{p}$$

p: Preisniveau für Güter

w: Lohnniveau für Arbeit

$\dfrac{M_0}{p}$ : Anfangsvermögen, normiert

Unter der vereinfachenden Annahme, dass die Güter, die ein Haushalt benötigt, in jeder Wirtschaftsperiode verbraucht werden und somit für die kommende Wirtschaftsperiode neu beschafft werden müssen, sind die Ausgaben für Güter mit p·x beschrieben. Das gesamte Einkommen aus Arbeitstätigkeit ergibt sich durch w·l. Gibt der Haushalt nicht sein gesamtes Vermögen für Güter aus, so resultiert daraus am Ende der Planungsperiode eine Ersparnis in Höhe von M. Die Kaufmöglichkeiten des Haushalts vergrößern sich, wenn er über ein Anfangsvermögen $M_0$ verfügt, das aus Ersparnissen der Vorperiode, Erbschaft oder anderen einseitigen Übertragungen stammen kann.

Wenn sich der Haushalt als homo oeconomicus verhält, so wird er versuchen, sein Entscheidungsproblem in der Weise zu lösen, dass er den Nutzenindex maximiert. Sowohl als Nachfrager auf dem Gütermarkt wie auch als Anbieter auf dem Arbeitsmarkt hat er dabei Beschränkungen zu beachten. Daraus ergibt sich das Entscheidungsproblem des Haushalts (EPH):

$$(4.6) \quad \text{EPH:} \; \max_{x,l,M} [u(x,l,\frac{M}{p})]$$

unter den Nebenbedingungen:

$$(1) \quad p \cdot x + \frac{M}{p} = w \cdot l + \frac{M_0}{p}$$

$$(2) \quad x \leq \bar{x}$$

$$(3) \quad l \leq \bar{l}$$

$$(4) \quad x, l, \frac{M}{p} \geq 0$$

Die zu optimierenden Variablen dieses Problems sind die Güterausstattung x, der Arbeitseinsatz l und der Geldbestand M, der am Ende der Wirtschaftsperiode verfügbar sein soll (Ersparnis). Als erste Nebenbedingung ist die Budgetgleichung (1) zu beachten. Schließen wir die Möglichkeit einer Kreditaufnahme aus, so ist $M_0 \geq 0$ und der Haushalt kann nur über den Betrag disponieren, den er über sein Arbeitseinkommen verdient und den er als Anfangsvermögen aus anderen Quellen erhalten hat. Nebenbedingung (2) bringt zum Ausdruck, dass der Haushalt möglicherweise nicht seine gesamten Konsumwünsche in der Planungsperiode erfüllen kann. Während eine solche Kaufbeschränkung, die in (2) durch $\bar{x}$ beschrieben wird, in planwirtschaftlich organisierten Staaten zum Alltag gehört, bedarf diese Situation in einer Marktwirtschaft einer Erklärung. Besonders in Zeiten guter Konjunktur gibt es bei den Produzenten Auftragsbücher, Wartelisten und Anwartschaften, weil eine sofortige Lieferung wegen fehlender Produktionskapazitäten nicht möglich ist. Vor allem, wenn die Firmen nicht damit rechnen, dass eine aktuell hohe Nachfrage von Dauer ist, werden sie ihre Kapazitäten nur vorsichtig anpassen und einen Nachfrageüberhang auf dem Gütermarkt bevorzugen.

Die Nebenbedingung (3) ist dagegen vor allem in Zeiten schwächerer Konjunktur relevant. In solchen Zeiten gibt es Haushalte, die ihre Arbeitsleistung nicht oder nur zum Teil absetzen können. Haushalte, die einer Beschränkung $\bar{l}$ gegenüberstehen, sind somit unter- bzw. nicht beschäftigt.

Der Nutzen eines Haushaltes ist primär von seinem Bezug an materiellen Gütern abhängig. Mit wachsendem Wohlstand treten weitere Aspekte, wie z.B. der Schutz der Umwelt, hinzu. Das Bestreben, einen möglichst hohen Nutzen zu erzielen, wird durch folgende Gegebenheiten beschränkt:

(1)    Die verfügbaren Finanzmittel sind begrenzt. Diese ergeben sich aus dem Einkommen sowie dem ererbten und angesparten Vermögen.

(2)    Die Produktionsmöglichkeiten der Anbieter sind begrenzt. So kann zeitweise eine Übernachfrage nach bestimmten Produkten auftreten, die zu längeren Lieferzeiten führt.

(3)    Die Möglichkeiten für die Haushalte ein Einkommen zu erzielen, sind begrenzt. Dies liegt am Zustand des Arbeitsmarktes, der bei hoher Unterbeschäftigungsquote arbeitswilligen und -fähigen Personen über längere Zeit das Signal vermittelt, dass sie nicht mit einer Beschäftigung und nicht mit einem entsprechenden Einkommen rechnen können.

Die erste Beschränkung ist offensichtlich immer relevant. Es werden nur ganz wenige Haushalte existieren, bei denen die Einkommenssituation nicht beschränkend auf die Ausgabenplanung wirkt. Die anderen Beschränkungen sind dagegen nicht genereller Natur, sondern situationsbezogen. Die zweite Situation kann eintreten, wenn

- Unternehmen die Nachfrage nach vielgefragten Produkten nicht richtig vorhergesehen haben und Zeit benötigen, um die Kapazitäten anzupassen,
- Unternehmen die Nachfrage zwar richtig einschätzen, aber eine Sicherheitsposition bevorzugen („risikoaverses Verhalten"), wenn die Nachfrage unsicher ist. Auch können Unternehmen daran interessiert sein, die Nachfrage durch das Abarbeiten von Auftragslisten zu glätten.

Im Falle der dritten Beschränkung hat es ein Haushalt nicht selbst in der Hand, Einkommen in einer Höhe zu erzielen, die ihm die Erfüllung seiner Wünsche gestattet. Wer arbeitslos geworden ist oder die Entlassung befürchtet, wird sich bei seinen Konsumplänen darauf einstellen. Haushalte, die zu dieser Gruppe gehören, werden ein anderes Verhalten am Gütermarkt zeigen als solche, die kein Beschäftigungsrisiko befürchten. Es ist klar, dass für einen Haushalt nur die zweite oder die dritte Beschränkung wirksam sein kann.

Bei konkret vorgegebenen Preisen p, Löhnen w und Anfangsvermögen $M_0$ sowie wahrgenommenen Beschränkungen $\overline{x}$ und $\overline{l}$ ist das Entscheidungsproblem der Haushalte unter bestimmten mathematischen Voraussetzungen lösbar. Die Lösung ist in der Folge mit $x^*$ für den Güterbezug, $l^*$ für das Arbeitsangebot und $M^*$ für die Geldhaltung bezeichnet.

Es ist wichtig festzuhalten, dass die Aktionsbeschränkungen auf Güter- und Arbeitsmärkten Erwartungsgrößen darstellen. Dies bedeutet, dass ein Haushalt, der für die folgende Wirtschaftsperiode plant, nicht genau über diese Aktionsbeschränkungen informiert ist.[9]

Definition:   *Eine Güternachfrageplanung, die ohne Berücksichtigung der Beschränkungen (2) und (3) zu Stande kommt, heißt „ursprüngliche Güternachfrage".*
*Eine Arbeitsangebotsplanung, die ohne Berücksichtigung der Beschränkungen (2) und (3) zu Stande kommt, heißt „ursprüngliches Arbeitsangebot".*
*Eine Güternachfrageplanung, die unter Berücksichtigung der Beschränkungen (2) und (3) zu Stande kommt, heißt „effektive Güternachfrage".*
*Eine Arbeitsangebotsplanung, die unter Berücksichtigung der Beschränkungen (2) und (3) zu Stande kommt, heißt „effektives Arbeitsangebot".*

---

[9]   Erwartungen spielen in der Ökonomie eine bedeutende Rolle und werden ausführlich in Kapitel 14 besprochen.

Die Verläufe von ursprünglichen und effektiven Güternachfrage- bzw. Arbeitsangebotskurven sind in der folgenden Abbildung 4.1 dargestellt. Preise und Löhne sind wie bisher mit p bzw. w beschrieben. Die nachgefragte Gütermenge ist mit x und der angebotene Arbeitseinsatz mit l bezeichnet. Die Kaufschranke für Güter ist durch $\bar{x}$ und die Verkaufsschranke für Arbeit durch $\bar{l}$ gegeben. Schließlich steht der Index $\varkappa$ für den Güter- und der Index $l$ für den Arbeitsmarkt (z. B. $N^{\varkappa}$, $A^{l}$).

**Abbildung 4.1: Güternachfrage und Arbeitsangebot**

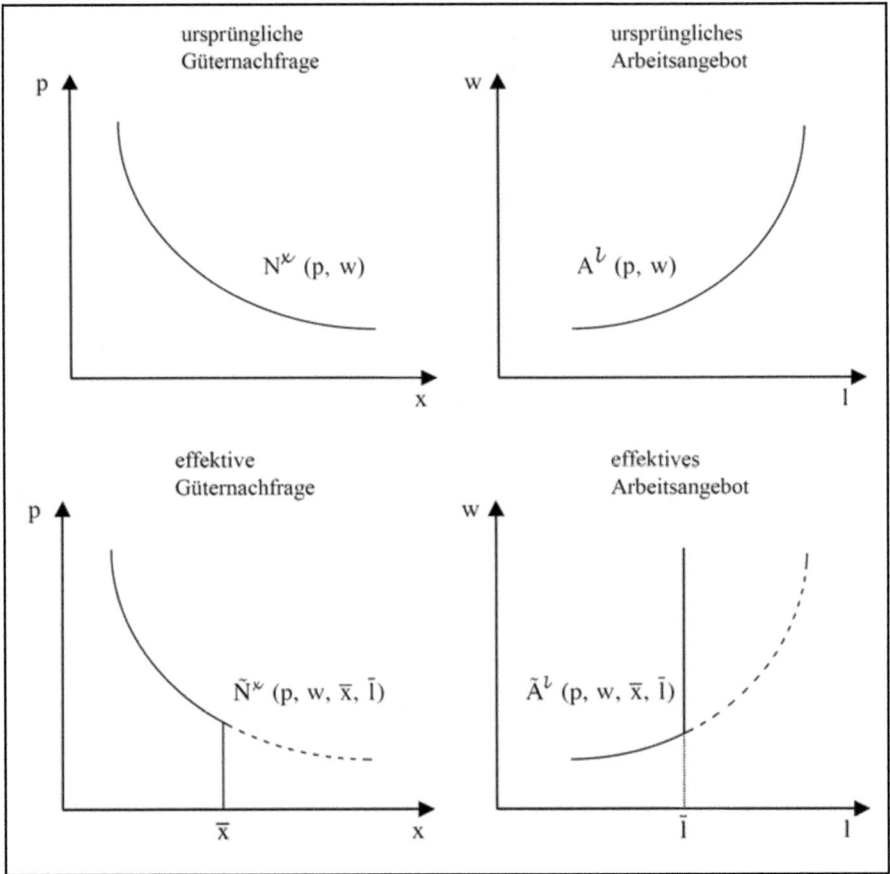

### 4.1.2    Entscheidungen von Unternehmen

Die Tätigkeit von Unternehmen besteht darin, Produktionsfaktoren (Inputs) zu beschaffen und diese mit Hilfe eines Produktionsprozesses in Güter (Outputs) zu transformieren. Dies lässt sich unter vereinfachenden Bedingungen als „Produktionsfunktion" beschreiben:

(4.7)    $y = f(v_1, v_2)$

    y: Produktionsmenge (in Mengeneinheiten)

    $v_i$: Einsatz an Produktionsfaktor i (in Mengeneinheiten)

In (4.7) ist die Produktion in Abhängigkeit von zwei Produktionsfaktoren, z.B. Arbeit und Kapital, dargestellt. Mit Hilfe der Bedingungen (4.8) wird die Menge möglicher Produktionsprozesse beschränkt. So soll gewährleistet sein, dass zusätzliche Faktoreinsätze auch zu einer Erhöhung der Produktionsmenge führen.

Häufig wird gefordert, dass die Steigung dieser Produktionsfunktion mit wachsendem Faktoreinsatz abnimmt, wie es in der zweiten Bedingung von (4.8) dargestellt ist:

(4.8)    $$\frac{\partial f}{\partial v_i} > 0 \, ; \, \frac{\partial^2 f}{\partial^2 v_i} < 0 \quad \forall \, i = 1,2$$

Ein ökonomisch rational handelnder Unternehmer wird versuchen, den Gewinn aus Produktions- und Verkaufstätigkeit zu maximieren. Dieser Gewinn ergibt sich aus der Differenz zwischen Umsatz und Kosten:

(4.9)    $G = E(y) - K(z)$

    G: Gewinn

    E: Umsatz

    K: Kosten

Der Umsatz E entsteht aus dem Verkauf der Produktion y zum Preis p. Die Kosten ergeben sich durch die Entlohnung von Arbeit und Kapital. Im Falle der Arbeit setzen sie sich aus der eingesetzten Arbeitsmenge z und dem Lohnsatz w zusammen. Die Kosten für das eingesetzte Kapital seien dabei hier als fix angenommen und mit dem Symbol $K_0$ bezeichnet. Damit ergibt sich:

(4.10)    $G = p \cdot y - w \cdot z - K_0$

    $K_0$:  Kapitalkosten (fix)

    z:    Arbeitseinsatz in der Produktion

Mit Hilfe der Bausteine (4.7) und (4.10) können wir das Entscheidungsproblem des Unternehmens (EPU) definieren:

(4.11)    EPU: $\max_{y,z} [G(y,z) = p \cdot y - w \cdot z - K_0]$

unter den Nebenbedingungen:

(1) $y = f(z)$

(2) $y \leq \overline{y}$

(3) $z \leq \overline{z}$

(4) $y, z \geq 0$

Die Nebenbedingung (1) kennzeichnet die Produktionsfunktion unter der Voraussetzung, dass der Kapitaleinsatz konstant gehalten und nur der Arbeitseinsatz variabel ist. Dann hängt die Höhe der Produktion nur von der eingesetzten Arbeitsmenge ab. Die Nebenbedingungen (2) und (3) bringen zum Ausdruck, dass Unternehmen möglicherweise weitere Beschränkungen berücksichtigen müssen. So kann es möglich sein, dass der Markt nicht die gesamte Produktion abnimmt, die das Unternehmen zu den herrschenden Bedingungen (Preis, Lohn, beschaffte Kapazität) anbieten möchte. Falls, wie in diesem Entscheidungsproblem angenommen, keine Möglichkeit der Lagerhaltung gegeben ist, muss die Produktion auf das Niveau der absetzbaren Menge zurückgefahren werden. Die Beschränkung (3) gibt an, dass das Unternehmen möglicherweise nicht die gesamte Menge an Arbeitseinsatz bekommt, die es zur Maximierung seines Gewinns gerne einsetzen würde. Dies kann auch bei bestehender Arbeitslosigkeit der Fall sein, wenn Unternehmen bestimmte Fachkräfte, die sie für ihre Produktionstechnologie benötigen, nicht in ausreichendem Maße auf dem Arbeitsmarkt finden. Auch in einem solchen Fall muss die Produktion zurückgenommen werden.

Die Motivation für Produktion und Vertrieb von Gütern besteht in der Gewinn-erwartung. Der Gewinn (Umsatz minus Kosten) ist also die zu maximierende Zielgröße in der Unternehmensplanung. Während die Notwendigkeit der Gewinn-erzielung in marktwirtschaftlichen Systemen unbestritten ist, gibt es über deren Strategien unterschiedliche Auffassungen (z. B. kurz- oder langfristige Gewinnmaximierung). Bei der Maximierung des Gewinns sind folgende Beschränkungen zu berücksichtigen:

(1)    Die bei der Anwendung der gewählten Produktionstechnik realisierbaren Produktionsprozesse beschränken den mit gegebenem Einsatz an Inputs erzielbaren Güteroutput.

(2)    Die am Markt absetzbare Gütermenge ist möglicherweise kleiner als die mit den Produktionsprozessen erzielbare. Ein risikoaverses Unternehmen wird seine Absatzchancen vorsichtig kalkulieren.

(3)    Die Menge der am Markt erhältlichen Produktionsfaktoren kann kleiner sein als die für den geplanten Produktionsprozess benötigten. Zum Beispiel kann es einen Mangel an gut ausgebildeten Fachkräften geben.

Die erste Beschränkung ist immer relevant. Grundsätzlich folgt aus der Wahl einer Produktionstechnik eine Begrenzung der mit Hilfe von Inputs erzielbaren Güteroutputs. Eine Änderung der Technik ist mit dem Einsatz anders qualifizierten Kapitals (Sachkapital, Humankapital) verbunden und verlangt Zeit für die Realisierung der Umstellungen. Die übrigen Beschränkungen gelten situationsbezogen.

Die zweite Situation kann eintreten, wenn:

- die beobachtbare Nachfrage tatsächlich geringer ist als die Produktionsmöglichkeiten des Unternehmens, oder
- Unternehmen aus Gründen der Risikoaversion die Nachfrage systematisch unterschätzen.

Die Beschränkung auf den Faktormärkten (3) ist möglich, wenn eine spezielle Technik benötigt wird, für die Lieferengpässe bestehen oder wenn speziell ausgebildete Fachkräfte eingesetzt werden müssen. Für ein Unternehmen kann nur entweder die zweite oder dritte Beschränkung wirksam sein.

Wie im Fall der wahrgenommenen Beschränkungen des Haushalts sind auch die Beschränkungen (2) und (3) des Unternehmens Erwartungsgrößen. So ist z. B. der von der Nachfrageseite des Marktes determinierte Absatz für eine kommende Wirtschaftsperiode keineswegs sicher. Unternehmen haben sich hierzu mit Hilfe der verfügbaren Informationen und gegebenenfalls mit Hilfe ökonometrischer Verfahren ein Urteil zu bilden. So kann es möglich sein, dass nach einer längeren Phase schleppenden Absatzes Unternehmen die Absatzbeschränkungen $\bar{y}$ rational erwarten und auch im Fall einer objektiven Besserung der Absatzlage zunächst vorsichtig planen. Die übertriebene Vorsicht („Risikoaversion") von Unternehmen stellt daher ein Merkmal „psychologisch bedingter" Konjunkturkrisen dar.

Die Lösung des EPU ist in der Folge mit $y^*$ für die Güterproduktion, und $z^*$ für die Nachfrage an Arbeit bezeichnet.

*Definition:*      *Eine Güterangebotsplanung, die ohne Berücksichtigung der Beschränkungen (2) und (3) zu Stande kommt, heißt „ursprüngliches Güterangebot".*

                     *Eine Arbeitsnachfrageplanung, die ohne Berücksichtigung der Beschränkungen (2) und (3) zu Stande kommt, heißt „ursprüngliche Arbeitsnachfrage".*

                     *Eine Güterangebotsplanung, die unter Berücksichtigung der Beschränkungen (2) und (3) zu Stande kommt, heißt „effektives Güterangebot".*

                     *Eine Arbeitsnachfrageplanung, die unter Berücksichtigung der Beschränkungen (2) und (3) zu Stande kommt, heißt „effektive Arbeitsnachfrage".*

*Fazit 4.1:*    *Wirtschaftliche Akteure möchten durch ihre Entscheidungen den höchsten Nutzen (bzw. Gewinn) erzielen. Diese Entscheidungen sind mit Beschränkungen verbunden. Folglich unterscheidet man zwischen einer ursprünglichen, ohne Beachtung der Beschränkungen getroffenen Entscheidung und einer effektiven, die Rahmenbedingungen berücksichtigende Entscheidung. In diesem Sinne sind ursprüngliche und effektive Nachfrage- und Angebotsplanungen zu unterscheiden.*

Die Verläufe von ursprünglichen und effektiven Güterangebots- und Arbeitsnachfragekurven sind, in Abhängigkeit der Preise p, Löhne w, der Verkaufsschranke für Güter $\bar{y}$ und der Kaufschranke für Arbeit $\bar{z}$, in Abbildung 4.2 dargestellt. Wiederum kennzeichnen die Indices $\varkappa$ und $\iota$ den Güter- bzw. Arbeitsmarkt.

**Abbildung 4.2: Güterangebot und Arbeitsnachfrage**

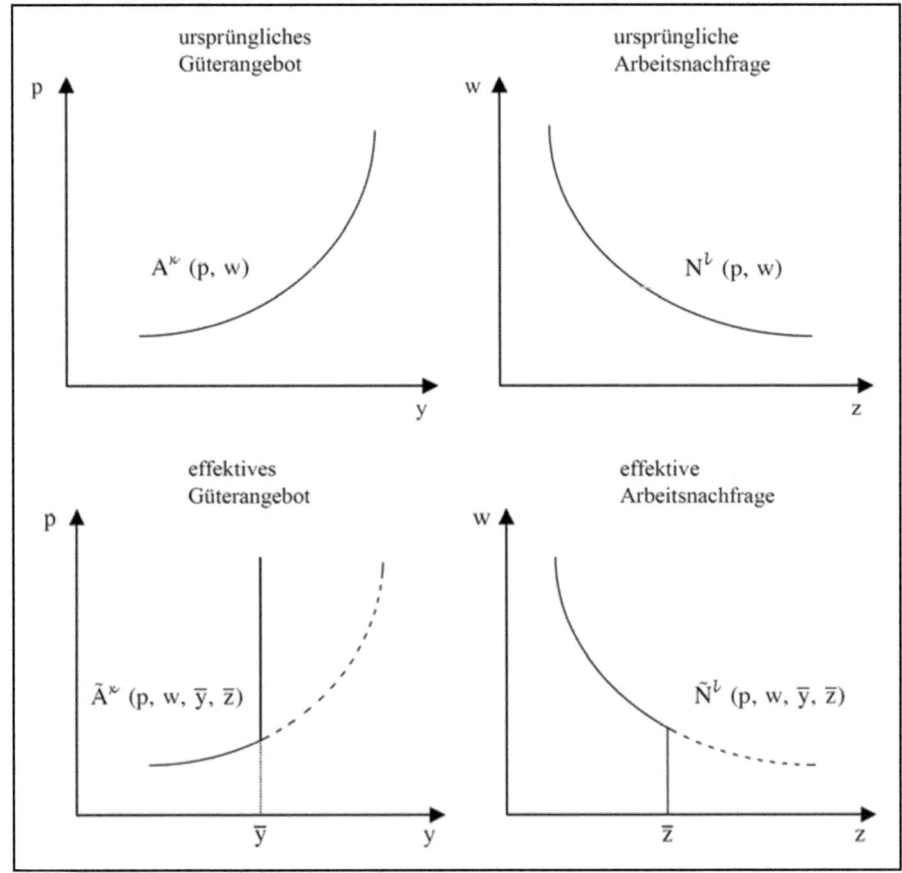

## 4.2  Gesamtwirtschaftliche Nachfrage und gesamtwirtschaftliches Angebot

Die individuellen Nachfrage- und Angebotskurven lassen sich zu gesamtwirtschaftlichen Aggregaten verdichten. Für unsere einfache Modellanalyse reicht es aus, wenn wir annehmen, dass mit den dargestellten Entscheidungstypen die dominanten bzw. marktbestimmenden Verhaltensweisen beschrieben werden, so dass die in den Abbildungen 4.1 und 4.2 dargestellten Angebots- und Nachfragekurven auch als gesamtwirtschaftliche Angebots- und Nachfragekurven interpretiert werden können.

### 4.2.1  Ein-Markt-Betrachtung

Falls auf einem Markt, z. B. einem Gütermarkt, ursprüngliche Güternachfrage und ursprüngliches Güterangebot aufeinandertreffen, so kommt es zu der in Abbildung 4.3 dargestellten Situation.

**Abbildung 4.3: Marktgleichgewicht bei ursprünglicher Nachfrage und ursprünglichem Angebot**

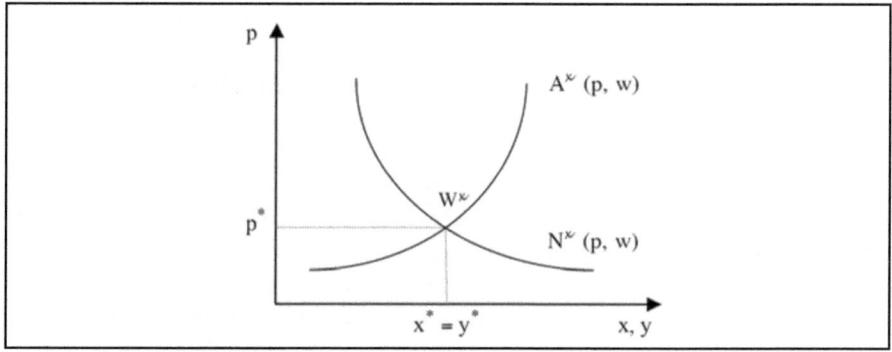

Angebots- und Nachfragekurve schneiden sich im Punkt $W_x$. Herrscht also auf diesem Markt der Marktpreis $p^*$, so führt dieser dazu, dass die Nachfrager (Haushalte) Güter in Höhe von $x^*$ nachfragen und die Anbieter (Unternehmen) die Angebotsmenge $y^*$ an den Markt bringen. Beide stimmen überein, so dass trotz der gegensätzlichen Ziele ein Ausgleich der Planungen herbeigeführt wird. Für die Philosophie der Marktwirtschaft wäre es uninteressant, wenn der Preis $p^*$ nur durch Zufall oder zentrale Planung zu Stande käme. Daher ist ein großer Teil der wirtschaftswissenschaftlichen Intelligenz in die Untersuchung von Preisanpassungsmechanismen investiert worden. Preisanpassungen auf Grundlage der rationalen Erwartungen oder des Walras-

Tâtonnements (vgl. Kapitel 14.1), bieten besonders günstige Voraussetzungen für eine gleichgewichtige Preisanpassung.

Fazit 4.2:      *Der Punkt $W^\nu = N^\nu(p,w) \cap A^\nu(p,w)$ heißt Preisgleichgewicht (PG). Eine selbstregelnde Anpassung der Akteure an diesen Punkt setzt u. a. voraus, dass*

1. *vollständige Konkurrenz herrscht*
2. *die Preise beliebig flexibel sind*
3. *alle Anpassungen, durch Preissignale gesteuert, sehr schnell ablaufen und*
4. *nur im Gleichgewicht getauscht wird.*

Nehmen wir an, dass die grundlegende Voraussetzung für die Herstellung eines Preisgleichgewichts, nämlich die beliebige Flexibilität der Preise, nicht gegeben ist. Dies ist in erster Linie durch unvollständige Information der Marktteilnehmer zu begründen. Unternehmen können z. B. daran interessiert sein, die Preise für ihre Produkte solange wie möglich auf einem Niveau zu halten, weil der Preis für die Nachfrage auch ein Qualitätssignal darstellt. Mit dem Verlassen eines Preissegments kann das Image eines Produktes betroffen sein. Preise können also in einer Welt der unvollkommenen Information Qualitätssignale werden.

Die Starrheit von Preisen kann auch durch den Abschluss längerfristiger Verträge (im Falle von Lohnverhandlungen) oder bei hohen Umstellungskosten (Versandhandel, Katalogpreise) begründet sein.

Schließlich können auch staatliche Einflüsse, wie z. B. auf dem Devisenmarkt mit der Einführung fester Wechselkurse im Europäischen Währungssystem (EWS), der Grund für vorübergehende Starrheiten von Preisen sein.

Wenn wir im folgenden eine Situation untersuchen, bei der die Preise als starr und unbeweglich angenommen werden, so bedeutet dies nicht, dass die Preise langfristig auf einem Niveau bleiben sollen. Dies wäre für eine Marktwirtschaft sicherlich keine vernünftige Annahme. Aber es bedeutet, dass auf wichtigen Märkten die Preise nicht so unmittelbar und spontan reagieren, wie es zur Herstellung eines Preisgleichgewichts erforderlich wäre, so dass die Akteure ihre Kauf- und Verkaufsabsichten realisieren, bevor sich ein Gleichgewichtspreis etabliert hat.

Mögliche Situationen für eine Zeitphase mit festem Preis auf einem Gütermarkt sind für den einfachen Fall linearer Angebots- und Nachfrageverläufe in Abbildung 4.4 dargestellt.

**Abbildung 4.4: Markt mit festem Preis**

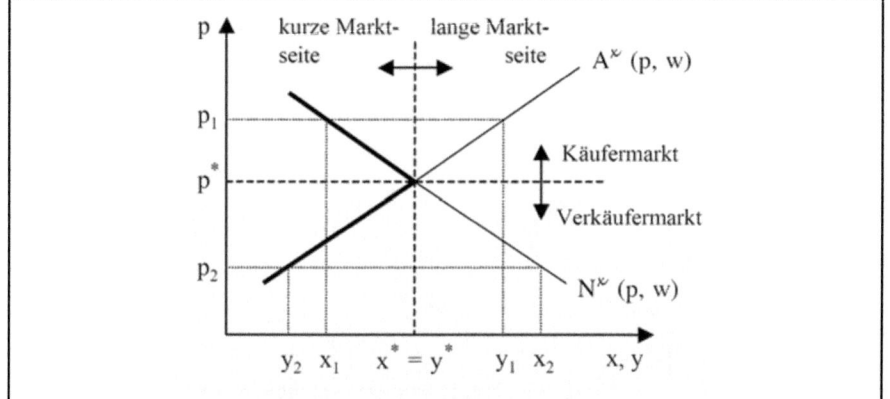

Für einen Preis $p_1$ erhielte man bei Durchführung der ursprünglichen Planungen ein Überangebot in Höhe von $y_1 - x_1$. Da hier die Nachfrage kleiner ist als das Angebot, spricht man von einem Käufermarkt, weil die Käufer den Marktumsatz diktieren. Über einen Preis von $p_2$ dagegen resultiert eine Übernachfrage in Höhe von $x_2 - y_2$, wenn die ursprünglichen Planungen aufrechterhalten bleiben. Da in diesem Fall das Angebot kleiner ist als die Nachfrage, spricht man von einem Verkäufermarkt, weil die Anbieter den Marktumsatz diktieren.

Die ursprünglichen Planungen der Marktteilnehmer, die nicht in Erfüllung gehen können, befinden sich auf der „langen Marktseite". Die kurze Marktseite ist definiert durch diejenige Marktpartei, welche die geringere Menge zu dem fixierten Preis handeln möchte. Da das Tauschen auf Märkten in einer Marktwirtschaft freiwillig ist, kann die Marktpartei auf der kurzen Marktseite nicht zur Änderung ihrer Mengenpläne gezwungen werden. Die kurze Marktpartei diktiert somit den Marktumsatz bei festem Preis.

Wenn die Anbieter nicht damit rechnen, dass sich der Preis $p_1$ auf absehbare Zeit ändert, so ist es für sie nicht rational, das Angebot $y_1$ auf den Markt zu bringen. Um Kosten durch Lagerung oder Warenverderb zu vermeiden, werden die Anbieter ihre Angebotsmenge so weit reduzieren, bis sie den Punkt des möglichen Marktabsatzes erreicht haben. Dieser ist beim Preis $p_1$ durch die Nachfragemenge $x_1$ gegeben. Die Menge $x_1$ bedeutet also bei einem festen Preis von $p_1$ eine Marktschranke für die Unternehmen, die wir mit $\overline{y}$ bezeichnet hatten. Daraus folgt, dass die effektive Angebotskurve für den Markt mit einem festen Preis $p_1$ an der Stelle $x_1 = \overline{y}$ nach oben abknickt. Der Schnittpunkt zwischen den effektiven Angebots- und Nachfragekurven liegt nun bei $R^{\varkappa}$.

**Abbildung 4.5: Marktgleichgewicht bei effektiver Nachfrage und effektivem Angebot**

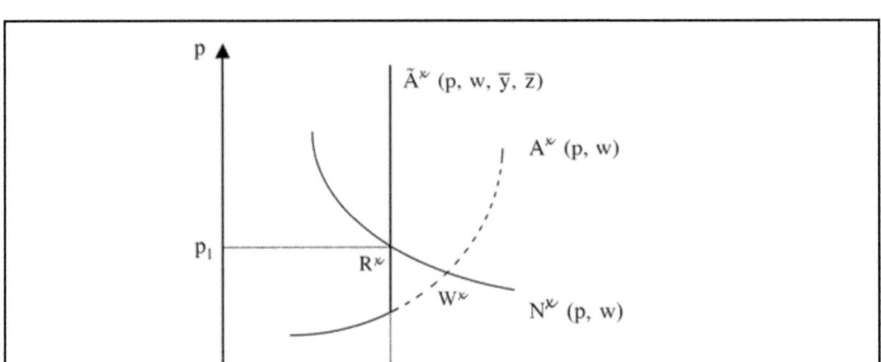

Mengengleichgewichte können dann entstehen, wenn Mengenanpassungen schneller ablaufen als Preisanpassungen. Solche Situationen sind durchaus nicht unrealistisch. In den letzten Jahren gab es beispielsweise immer wieder Perioden in denen ein stabiles Preisniveau mit deutlichen Reduzierungen der Produktionsmengen und entsprechenden Konsequenzen für den Arbeitsmarkt einherging. Dies zeigt, dass wir den Rückkoppelungsprozess zwischen den Märkten zu beachten haben, so dass wir in dem folgenden Abschnitt zusätzlich den Arbeitsmarkt einführen.

*Fazit 4.3:*     *Der Punkt* $R^{\kappa} = N^{\kappa}(p, w, \bar{x}, \bar{l}) \cap A^{\kappa}(p, w, \bar{y}, \bar{z})$ *heißt Mengengleichgewicht (MG). Eine selbstregelnde Anpassung der Akteure an diesen Punkt kommt durch Mengenanpassungen der Marktpartei auf der langen Marktseite zu Stande.*

## 4.2.2   Zwei-Märkte-Betrachtung

Wir konstruieren nun eine Marktsituation mit zwei Märkten: Gütermarkt und Arbeitsmarkt. Alle Tauschaktionen sollen gegen Geld durchgeführt werden, wobei der Geldmarkt im Gleichgewicht bleiben soll, weil Geld in unserem einfachen Marktmodell nur für Tauschzwecke und zur Wertaufbewahrung von Ersparnissen verwendet werden soll, nicht aber für spekulative Zwecke.

Falls die ursprünglichen Planungen realisiert werden können, so ergibt sich die Situation von Abbildung 4.6. Da Nachfrage und Angebot auf beiden Märkten sowohl auf Preise wie auch auf Löhne reagieren, ergibt sich das Gleichgewicht bei einer Lohn-Preis-Kombination (p*,w*), die sowohl auf dem Güter- wie auch auf dem Arbeitsmarkt Angebot und Nachfrage ins Gleichgewicht bringt. Mathematisch ergibt sich dies durch die Lösung von zwei Gleichungen (Angebot = Nachfrage auf dem Gütermarkt; Angebot = Nachfrage auf dem Arbeitsmarkt) mit den zwei Unbekannten p und w, die unter bestimmten mathematischen Voraussetzungen lösbar sind.

Ergänzend zu Fazit 4.2 kommt also hinzu, dass das Preisgleichgewicht nun mit den Punkten $W^\varkappa$ und $W^l$ definiert ist. Alle genannten Voraussetzungen bleiben bestehen.

**Abbildung 4.6: Güter- und Arbeitsmärkte bei ursprünglicher Nachfrage und ursprünglichem Angebot**

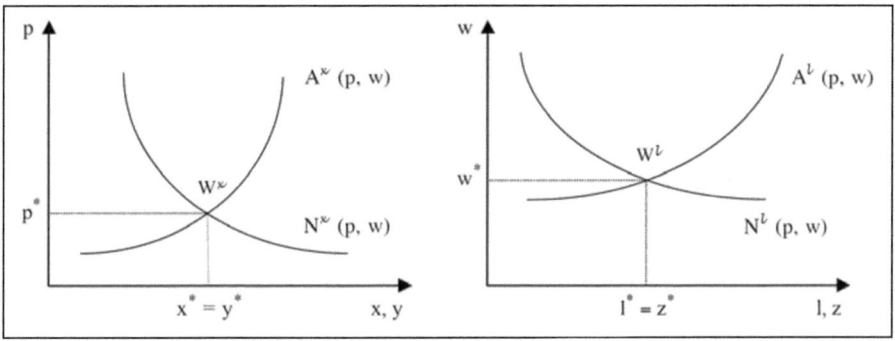

Nehmen wir nun an, dass Preise und Löhne für die Betrachtungsperiode fest und unveränderlich seien. Dann kann sich eine Marktsituation entsprechend Abbildung 4.7 ergeben.

In der dargestellten wirtschaftlichen Situation sind jeweils die Anbieter auf den Märkten „lang", während die Nachfrager den jeweiligen Marktsatz diktieren. Auf der Seite des Gütermarktes sind dies die Haushalte und auf der Seite des Arbeitsmarktes die Unternehmen. Die Marktpartner auf der langen Marktseite sind also gezwungen, ihre Tauschmengen $\bar{y}$ auf dem Gütermarkt, bzw. $\bar{l}$ auf dem Arbeitsmarkt, zu beschränken. Dadurch kommt es zu einem Mengengleichgewicht $\mathcal{R}$, das durch das Paar $(R_1^\varkappa, R_1^l)$ beschrieben ist.

Wir müssen unser Mengengleichgewicht (Fazit 4.3) also nur um den zweiten Markt ergänzen. Diese Darstellung hilft uns zu verstehen, dass es auch bei festen Preisen und Löhnen Mechanismen gibt, die Veränderungen von einem auf den anderen Markt übertragen. Diese wirken über die Anpassung an die wahrgenommenen Beschränkungen $\bar{y}$ und $\bar{l}$.

**Abbildung 4.7: Güter- und Arbeitsmärkte bei effektiver Nachfrage und effektivem Angebot**

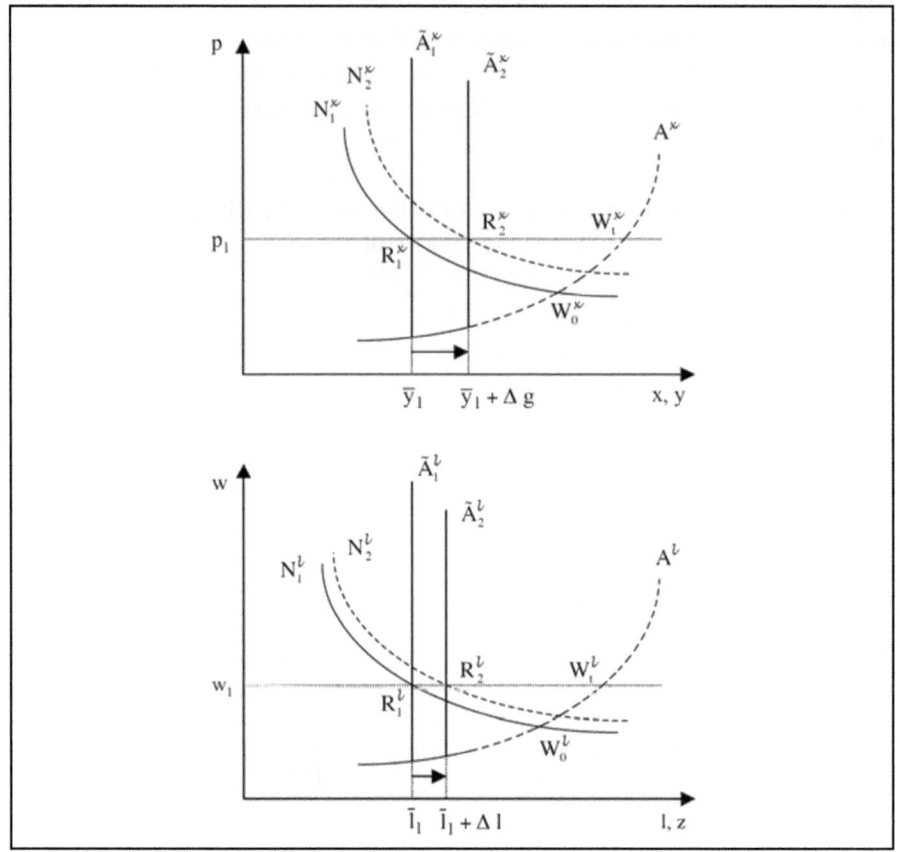

Stellen wir uns vor, auf dem Gütermarkt tritt der Staat als zusätzlicher Marktpartner auf und erhöht seine Nachfrage nach Gütern und Diensten um den Betrag $\Delta g$. Dann kommt es in diesem System zu folgenden Reaktionen:

(1)     Durch die Erhöhung der Gütermarktschranke von $\bar{y}$ auf $\bar{y} + \Delta g$ verschiebt sich die effektive Güterangebotskurve von $\tilde{A}_1^\varkappa$ nach $\tilde{A}_2^\varkappa$ (Abbildung 4.7 oben).

(2)     Die damit einhergehende höhere Produktion hat eine Erhöhung der Arbeitsnachfrage zur Folge. Die effektive Arbeitsnachfrage verschiebt sich von $N_1^\ell$ nach $N_2^\ell$ und es kommt

(3)     zu einer Verschiebung der Schranke auf dem Arbeitsmarkt von $\bar{l}$ nach $\bar{l} + \Delta l$ (Abbildung 4.7 unten). Durch die Entlohnung der zusätzlich

nachgefragten Arbeit steigt die Nachfrage auf dem Gütermarkt von $N_1^\varkappa$ auf $N_2^\varkappa$. Daraus resultiert

(4) eine weitere Verschiebung der Schranke auf dem Gütermarkt nach rechts und der Prozess beginnt von vorne.

Am Ende dieses Prozesses steht eine Erhöhung der Produktion und der Beschäftigung, die ein Vielfaches des Ausgangsimpulses $\Delta g$ ausmacht. Einen solchen Prozess, der sich bei starren Preisen und Löhnen zum Gleichgewicht W mit dem Paar $(W_t^\varkappa, W_t^l)$ hinbewegt, bezeichnen wir als Multiplikatorprozess.

*Fazit 4.4:*      *Multiplikatorprozesse sind nur möglich, wenn in einem Marktsystem mindestens zwei Märkte auf der gleichen Marktseite beschränkt sind.*

Die Tatsache, dass solche Mengengleichgewichte mit Hilfe exogener Impulse derart verändert werden können, dass es allen Beteiligten nach Ablauf der Reaktionsketten besser geht, zeigt, dass Mengengleichgewichte mit gleichseitig beschränkten Märkten nicht optimal für die Volkswirtschaft sind. Die Frage stellt sich, warum ein Mengengleichgewicht temporär bestehen kann, obwohl es Verbesserungsmöglichkeiten für alle Beteiligten gibt. Der tiefe Grund liegt darin, dass unvollständige Information zu Informationsfehlern der Akteure führt, die durch die Geldwirtschaft manifestiert werden. Denn da nur Ware gegen Geld getauscht wird, und sich alle Preise am Geldmaßstab orientieren, bleiben die ursprünglichen Tauschrelationen verborgen.

Auf Grund der Gütervielfalt und der hohen Arbeitsteilung der Wirtschaft kann der einzelne Akteur die gesamtwirtschaftlichen Folgen seines Verhaltens nicht überblicken. So ist die Freisetzung von Arbeitnehmern bei einer sich abzeichnenden Konjunkturflaute für jeden einzelnen Unternehmer eine rationale Notwendigkeit. Folgen aber andere Unternehmer diesem Beispiel, so kann aus der Konjunkturflaute eine tiefe Rezession entstehen. Die freigesetzten Arbeitnehmer werden weniger konsumieren, so dass sich die Nachfrageausfälle kumulativ verstärken.

## 4.3     Regimes der wirtschaftlichen Situationen

Aus den Entscheidungsüberlegungen der Haushalten können wir ableiten, dass die privaten Konsumausgaben aus einem autonomen Teil $C_a$ und einem einkommensinduzierten Teil bestehen. Für die Modellrechnungen soll zudem gelten, dass die Lohnsumme L gerade dem Volkseinkommen $Y_f$ und dem Inlandsprodukt Y entspricht. Für diesen Fall ergibt sich folgende Beziehung:

$$(4.12) \quad C = p \cdot x = C_a + c \cdot Y$$

C:   Konsumausgaben
$C_a$:  autonomer Konsum
c:   Anteil des für Konsumzwecke ausgegebenen Inlandsproduktes
Y:   Volkseinkommen (= Inlandsprodukt)

Die Größe c bezeichnet man auch als marginale Konsumquote, d. h. sie bringt zum Ausdruck, welcher Anteil eines zusätzlich verdienten Euros für Konsumzwecke ausgegeben wird. Eine solche Funktion lässt sich mit Hilfe von Vergangenheitsdaten über Konsumausgaben und (privates verfügbares) Volkseinkommen statistisch schätzen.

In Deutschland liegt die marginale Konsumquote zwischen 0,85 und 0,9. Aus dieser Schätzung folgt, dass die Haushalte in Deutschland etwa 85 % bis 90 % eines zusätzlich erhaltenen Euros für Konsumzwecke wieder ausgeben. Vereinfacht soll gelten, dass das Volkseinkommen der Lohnsumme entspricht:

$$(4.13) \quad Y = w \cdot z$$

Ohne Berücksichtigung der Mengenschranken folgt:

$$(4.14) \quad x = x^* = y^*$$
$$(4.15) \quad l = l^* = z^*$$

$z^*$ gibt das Niveau der Vollbeschäftigung an (bei den herrschenden Löhnen und Preisen werden alle Arbeitsangebote auch nachgefragt) und $y^*$ ist der Vollbeschäftigungsoutput. Durch Einsetzen von (4.13), (4.14) bzw. (4.15) in Gleichung (4.12) ergibt sich:

$$(4.16) \quad p \cdot y^* = C_a + c \cdot w \cdot z^*$$

Mit Hilfe von Gleichung (4.16) können schließlich alle Kombinationen von Löhnen (w) und Preisen (p) ermittelt werden, bei denen sich der Gütermarkt im Gleichgewicht befindet. Dazu ist es sinnvoll Löhne (oder Preise) zu isolieren. Eine Umformung von (4.16) ergibt:

$$(4.17) \quad w = \frac{y^*}{c \cdot z^*} p - \overline{C}_a \quad \text{mit} \quad \overline{C}_a = C_a \frac{1}{c \cdot z^*}$$

*Fazit 4.5:*      *Die erhaltene Beziehung* $w = (y^* / c \cdot z^*) \cdot p - \overline{C}_a$ *bezeichnen wir als Linie des Gütermarktgleichgewichts. Entlang dieser Linie sind alle Kombinationen von Lohn und Preis zu finden, bei denen die Haushalte gerade den gesamten Output nachfragen.*

Um die Seite der Produktion und des Arbeitsmarktes darzustellen, bedienen wir uns eines Beispiels von Edmond Malinvaud (1977), der die Produktionsfunktion y = f(z) in folgender Weise spezifiziert hat:

(4.18)    $y = a \cdot z^{\alpha}$

     z:    Arbeitseinsatz in der Produktion

     a > 0;   0 < α < 1

Setzen wir diese Beziehung in eine Gewinnfunktion der Unternehmen ein, die wir folgendermaßen formulieren:

(4.19)    $G = p \cdot y - w \cdot z - K_0$

     z:    Arbeitseinsatz in der Produktion

     $K_0$:   Kapitalkosten, als fix angenommen

so erhalten wir die folgende Maximierungsaufgabe in der Entscheidungsvariablen z:

(4.20)    $G = p \cdot a \cdot z^{\alpha} - w \cdot z - K_0$

Leitet man G nach z ab und setzt das Ergebnis gleich Null (notwendige Bedingung für ein Gewinnmaximum), so folgt bei Einsetzen der Vollbeschäftigung z* und Auflösung nach w:

(4.21)    $w = p \cdot a \cdot \alpha \cdot z^{*\alpha-1}$

*Fazit 4.6:*      *Die erhaltene Beziehung* $w = p \cdot a \cdot \alpha \cdot z^{*\alpha-1}$ *bezeichnen wir als Linie des Arbeitsmarktgleichgewichts. Entlang dieser Linie sind alle Kombinationen von Lohn und Preis zu finden, bei denen die Haushalte gerade soviel Arbeitskraft anbieten wie die Unternehmen zur Erzeugung des Vollbeschäftigungsoutputs benötigen.*

Tragen wir die Gleichgewichtslinien für den Arbeitsmarkt und den Gütermarkt in ein Diagramm ein, so ergibt sich das in Abbildung 4.8 dargestellte Bild der wirtschaftlichen Regimes.

Die hier stark vereinfachte Darstellung des Malinvaud-Modells (Malinvaud 1977) geht zurück auf Rothschild (1998).

**Abbildung 4.8: Regimes der wirtschaftlichen Situationen**

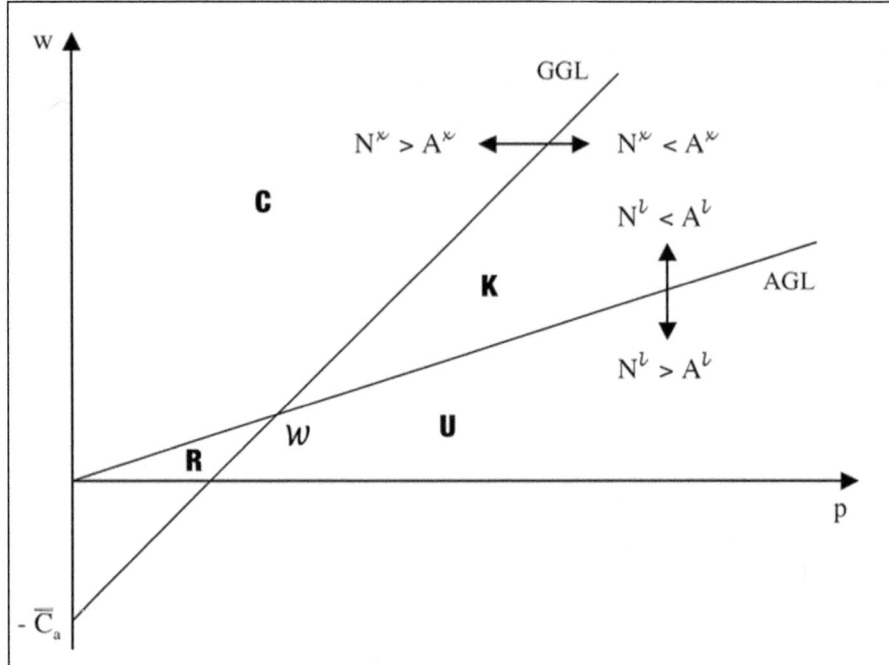

In einer Volkswirtschaft, die aus einem Gütermarkt, einem Arbeitsmarkt sowie einem gleichgewichtigen Geldmarkt besteht, können folgende Regimes auftreten:

**W**: Preisgleichgewicht („walrasianisches Gleichgewicht"); auf Güter- und Arbeitsmärkten werden die ursprünglichen Planungen realisiert.

**C**: Klassische Unterbeschäftigung; die Haushalte werden auf dem Gütermarkt als Güternachfrager und auf dem Arbeitsmarkt als Arbeitsanbieter beschränkt. Die Unternehmen produzieren auf Grund der hohen Reallöhne weniger als die Haushalte ursprünglich nachfragen.

**K**: Keynesianische Unterbeschäftigung; die Unternehmen sind auf dem Gütermarkt und die Haushalte auf dem Arbeitsmarkt als Anbieter beschränkt. Kein Marktpartner kann auf beiden Märkten seine ursprüngliche Nachfrage realisieren.

**R:**   Unterdrückte Inflation; die Unternehmen sind auf dem Arbeitsmarkt und die Haushalte auf dem Gütermarkt beschränkt. Da auf beiden Märkten Überschussnachfrage im Sinne der ursprünglichen Planungen herrscht, ist die Voraussetzung für eine Lohn-Preis-Spirale nach oben gegeben.

**U:**   Unterkonsumption; die Unternehmen sind auf dem Arbeitsmarkt als Nachfrager und auf dem Gütermarkt als Anbieter beschränkt. Eine solche Situation ist denkbar, wenn mit einer starken Steigerung exogener Nachfragekomponenten (Staat, Ausland) gerechnet wird.

Die für die heutige Wirtschaftssituation besonders interessanten Regimes sind K und C und aktuell auf einigen Märkten R. Auf diese drei Situationen werden wir uns in den folgenden Kapiteln (bzw. in Kapitel 9) konzentrieren.


**Aufgaben zu Kapitel 4**

4.1   Ein Güter- und ein Arbeitsmarkt sind wie folgt definiert:

Güterangebot:   $y = 3p - w - \dfrac{1}{2}\overline{z}$

Güternachfrage:   $x = 30 - p + w + 2\overline{l}$

Arbeitsangebot:   $l = 2w + p + \overline{x}$

Arbeitsnachfrage:   $z = 15 - w + p - \overline{y}$

Wie lauten die relevanten Marktschranken, falls gilt:
Lohnniveau: w = 1      Preisniveau: p = 1


4.2   Gegeben seien ein Güter- und ein Arbeitsmarkt. Auf beiden Märkten seien die Anbieter beschränkt. Beschreiben Sie den Prozess, der entsteht, wenn die Nachfrage nach Gütern von staatlicher Seite erhöht wird.


4.3   Im folgenden Diagramm sehen Sie eine ursprüngliche Angebots- und Nachfragekurve auf einem Gütermarkt. Wie verlaufen die effektive Angebots- und Nachfragekurven, wenn der Preis auf $p_1$ festgesetzt wird?

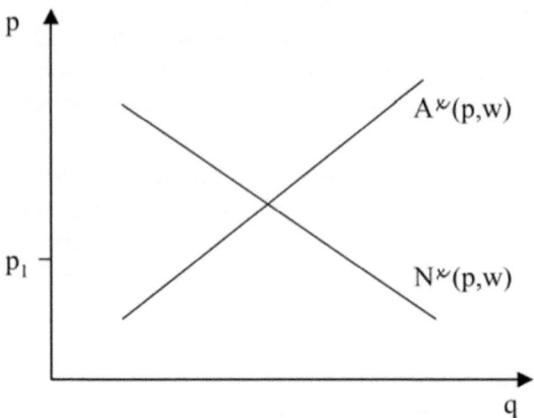

Liegt ein Käufer- oder Verkäufermarkt vor?

4.4    Welche Voraussetzungen sind notwendig, damit Preisgleichgewichte bzw. Mengengleichgewichte entstehen können?

# 5 Gleichgewicht am Güter- und Geldmarkt - das IS-LM Modell

Aus Sicht der klassischen Theorie wird die Entwicklung einer Volkswirtschaft maßgeblich durch die Angebotsseite bestimmt. Die in Kapitel 5 dargestellte keynesianische Theorie lehrt uns jedoch, dass wirtschaftspolitische Maßnahmen nicht alleine auf die Determinanten des Angebots ausgerichtet sein müssen, sondern Wachstumsprozesse auch über eine Beeinflussung der Nachfrageseite angestoßen werden können.

Eine besondere Bedeutung kommt dabei der Fiskalpolitik zu, die einen solchen Prozess z. B. durch eine Erhöhung der autonomen Nachfrage initiieren kann. Dabei ist zu beachten, dass der Erfolg einer solchen Politik nicht zuletzt durch die vom Bankensystem verantwortete Geldpolitik beeinflusst werden kann.

Die Wirkungsweise, sowohl der Fiskal- als auch der Geldpolitik, lässt sich vereinfacht anhand des von Hicks entwickelten IS-LM Modells nachvollziehen.

## 5.1 Gleichgewicht am Gütermarkt

### 5.1.1 Determinanten der gesamtwirtschaftlichen Nachfrage im keynesianischen Gedankenmodell

Die gesamtwirtschaftliche Nachfrage setzt sich aus dem Konsum aller Wirtschaftsakteure zusammen. Ein Großteil des Konsums ist im keynesianischen Denkmodell abhängig vom Einkommen der Haushalte. Der Zusammenhang wird unter (1) Konsumfunktion beschrieben. Eine weitere wichtige Determinante stellen die Investitionen dar. Wie unter (2) dargestellt wird, sind die Investitionen eine abhängige Größe des Zinses. Schließlich spielt im keynesianischen Denkmodell der so genannte autonome Konsum eine wichtige Rolle. Dieser unter (3) näher beleuchtete Teil des Konsums ist unabhängig von Einkommen und Investitionen und wird von anderen Faktoren bestimmt, wie z.B. von optimistischen oder pessimistischen Zukunftserwartungen.

(1) Konsumfunktion

Unterläge die Planung eines Haushalts keinen Beschränkungen, so wäre die Nachfrage nach Gütern, also der Konsum des Haushalts, von Löhnen und

Preisen abhängig. Sobald aber Beschränkungen wirksam werden, wird der Konsum eines Haushalts davon abhängig sein, wie viel Arbeit er am Arbeitsmarkt absetzen kann. Beträgt die Arbeitsmarktbeschränkung $\bar{l}$, so wird der Haushalt ein Einkommen $Y = w \cdot \bar{l}$ beziehen. Dieses Einkommen ist nunmehr die maßgebliche Größe für sein Konsumverhalten. Daher hat Keynes angenommen, dass in einer unterbeschäftigten Wirtschaft der Konsum allein vom Volkseinkommen abhängig ist. Dabei gehen wir vereinfachend davon aus, dass das Volkseinkommen $Y_f$ gerade dem Inlandsprodukt Y entspricht.

(5.1)    $C = C(Y)$
     C:   Konsumausgaben
     Y:   Volkseinkommen

Im einfachsten Falle ist dies eine lineare Beziehung vom Typ (5.2):

(5.2)    $C = C_a + cY$
     $C_a$:   autonomer Konsum
     c:   marginale Konsumquote

Die Ersparnis ist im keynesianischen System als nicht ausgegebener Einkommensbetrag definiert. Dies bedeutet, dass mit der Höhe des Konsums auch die Höhe der Ersparnis feststeht:

(5.3)    $S(Y) = Y - C(Y)$

Im linearen Falle ergibt sich damit die Sparfunktion:

(5.4)    $S(Y) = -C_a + (1 - c) \cdot Y$

Der Zusammenhang zwischen Konsum- und Sparfunktion wird in Abbildung 5.1 graphisch dargestellt. Im oberen Diagramm wird die Konsumfunktion mit ihrem autonomen Abschnitt $C_a$ und der Steigung c eingetragen. Beim Schnittpunkt der Konsumgeraden mit der eingetragenen 45°-Linie entspricht der Konsum gerade dem Einkommen. An dieser Stelle ist also die Ersparnis Null. Dies ist im unteren Diagramm, in dem die Sparfunktion eingetragen ist, dadurch erkennbar, dass die Sparfunktion genau an diesem Punkt ihre Nullstelle aufweist. Gleichfalls wird deutlich, dass der autonome Abschnitt und die Steigung der Sparfunktion direkt durch die Konsumfunktion determiniert sind.

**Abbildung 5.1: Konsum- und Sparfunktion**

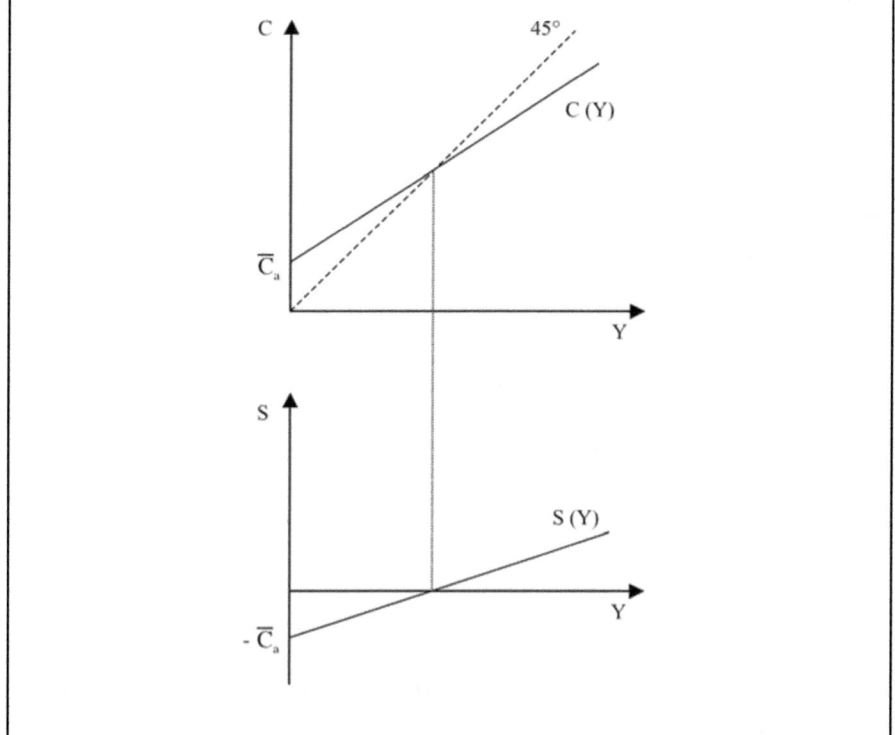

(2)    Investitionsfunktion

Nach Keynes hängt die Investitionsnachfrage vom Vergleich des Marktzinses mit dem „internen Zinsfuß" der Investitionsprojekte ab. Der Marktzins ist der Preis für die Überlassung von Geldkapital. Wie jeder Preis erklärt er sich durch Angebot und Nachfrage auf dem Kreditmarkt.

Der interne Zinsfuß - auch Grenzleistungsfähigkeit des Kapitals genannt - stellt die erwartete innerbetriebliche Verzinsung des Kapitals dar. Er gibt Aufschluss darüber, welchen Ertrag eine Investition in einem Betrieb erwirtschaftet. Um den internen Zins zu bestimmen, stellt ein Unternehmer die Ausgaben für und die Einnahmen aus einer Investition gegenüber. Die Ausgaben sind die Anschaffungskosten und die laufenden Kosten. Die Einnahmen sind die erwarteten laufenden Erlöse. Durch Gegenüberstellung der erwarteten laufenden Ausgaben und der erwarteten laufenden Einnahmen erhält man die erwarteten Nettoeinnahmen. Diese werden den Anschaffungsausgaben gegenübergestellt. Der interne Zins ist derjenige Zins r, für den gilt:

$$(5.5) \qquad A_0 = \frac{E_1}{(1+r)} + \frac{E_2}{(1+r)^2} + ... + \frac{E_n}{(1+r)^n}$$

$A_0$:    Anschaffungskosten des Projektes
$E_t$:    Nettoeinnahme in Periode t
$r$:    interner Zinsfuß

Der interne Zinsfuß ergibt sich als Lösung der Gleichung (8.5).[10] Ist die Lösung für das Problem durch r* und der Marktzins durch i gegeben, gilt die Entscheidungsregel

$$(5.6) \qquad r^* > i \Leftrightarrow \text{Investion rentabel}$$

Je höher der Marktzins, desto weniger Projekte wird es geben, die nach dieser Entscheidungsregel rentabel erscheinen. Umgekehrt gilt, dass mit sinkendem Marktzins immer mehr Investitionsprojekte gefunden werden können, deren interner Zinsfuß den Marktzins übersteigt. Damit entsteht die keynesianische Form der Investitionsfunktion:

$$(5.7) \qquad I = I(i) \text{ mit } \frac{\partial I}{\partial i} < 0$$

Die Investitionshöhe ist also eine fallende Funktion des Marktzinses, wie in Abbildung 5.2 dargestellt.

**Abbildung 5.2: Investitionsfunktion**

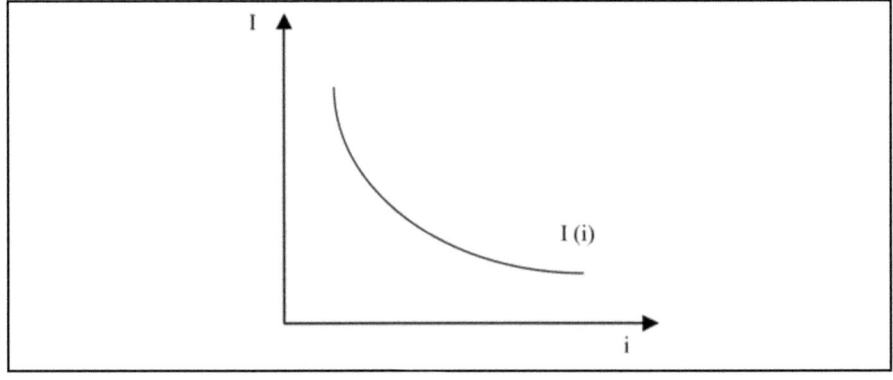

---

[10]   Mathematisch verlangt die Lösung von (5.5) die Anwendung eines Approximationsverfahrens, da die Nullstellen eines Polynom n-ten Grades ermittelt werden müssen.

(3) Autonome Nachfrage

Die Nachfragekomponenten, die nicht in einem Zusammenhang mit den unabhängigen Variablen Volkseinkommen und Zins stehen, bezeichnet man als „autonome Nachfrage". So kann es autonome Komponenten des Konsums geben, ebenfalls eine zinsunabhängige Komponente der Investition. Obwohl wir von einer detaillierten Einbeziehung des Staates und Auslands absehen wollen, lassen sich deren autonome Nachfragekomponenten der bereits hier berücksichtigen. Dann ergibt sich die Definitionsgleichung:

(5.8)    $C_a + I_a + A_{St} + Ex := N_a$

Die Zusammenfassung der Komponenten zur autonomen Nachfrage hat den Vorteil, dass Nachfragekomponenten gleicher Art hier sofort zusammengefasst werden, so dass bereits an dieser Stelle klar ist, dass die autonomen Komponenten später nicht getrennt untersucht werden müssen. Gleichfalls können wir im Folgenden die Wirkungen autonomer Staatsausgaben und Exporte miteinbeziehen, ohne Staat und Ausland explizit zu modellieren. Letztlich lassen sich auch psychologische Effekte, wie Zukunftsoptimismus oder -pessimismus über die Variation der autonomen Nachfrage ausdrücken.

### 5.1.2 Keynes'scher Multiplikator und das IS-Modell nach Hicks

Ein Gleichgewicht auf dem Gütermarkt ist gegeben, wenn das geplante Angebot der geplanten volkswirtschaftlichen Nachfrage entspricht. Das Angebot ist identisch mit dem Inlandsprodukt Y, das in einer einfachen Modellwirtschaft ohne Staat und Ausland dem Volkseinkommen entspricht. Die Nachfrage setzt sich zusammen aus den Bestandteilen: einkommensabhängiger Konsum, zinsabhängige Investition und autonome Nachfrage:

(5.9)    $Y = C(Y) + I(i) + N_a$

*Fazit 5.1:*     *Auf dem Gütermarkt herrscht Gleichgewicht, wenn das geplante Angebot der geplanten Nachfrage, bestehend aus einkommensabhängigem Konsum, zinsabhängiger Investition und autonomer Nachfrage entspricht.*

Die Investitionen spielen für das Gütermarktgleichgewicht eine bedeutende Rolle, da sie zum einen die Nachfrage in der aktuellen Periode und zum anderen die Produktionsmöglichkeiten in den zukünftigen Perioden beeinflussen. Die Bedeutung (1) der autonomen und (2) der zinsabhängigen Investitionen für das Gütermarktgleichgewicht soll daher etwas näher untersucht werden.

**(1)     Gleichgewicht bei autonomen Investitionen**

Zunächst betrachten wir ausschließlich geplante, autonome (also vom Zins unabhängige) Investitionen. Weiter abstrahieren wir an dieser Stelle völlig von staatlichen Ausgaben und Exporten. Dann lässt sich das Gleichgewicht durch die Beziehung (5.10) darstellen:

(5.10)    $Y = C(Y) + I_a$

Dieser Zusammenhang ist in Abbildung 5.3 graphisch dargestellt.

**Abbildung 5.3: Gleichgewichtiges Volkseinkommen bei autonomen Investitionen**

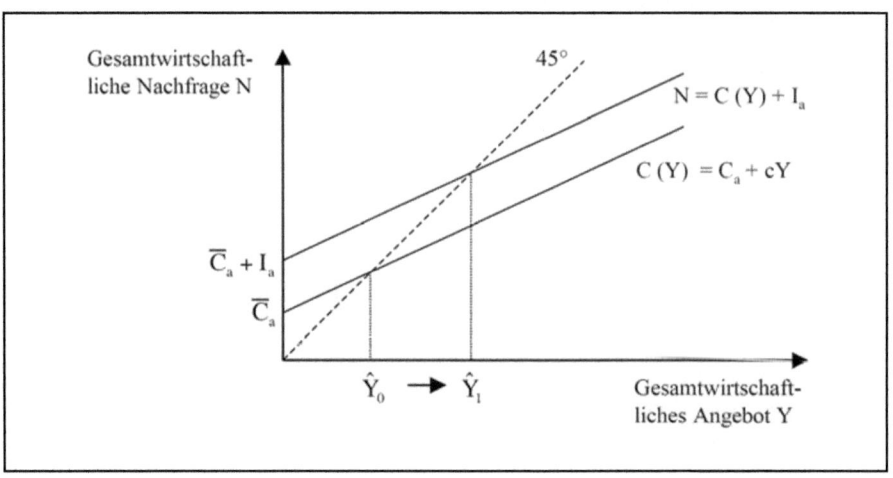

Ausgangspunkt ist die Konsumfunktion aus Abbildung 5.1. Werden die autonomen Investitionen zusätzlich berücksichtigt, so führt dies zu einer Parallelverschiebung der Konsumfunktion nach oben. Ohne Berücksichtigung von zinsabhängigen Investitionen, staatlichen Ausgaben und Exporten entsteht daraus die gesamtwirtschaftliche Nachfragefunktion N. Beim Schnittpunkt der gesamtwirtschaftlichen Nachfragefunktion N mit der eingetragenen 45°-Linie ist das Gleichgewicht (Angebot = Nachfrage) gegeben. Das gleichgewichtige Volkseinkommen ist durch die autonomen Investitionen von $\hat{Y}_0$ auf das Niveau $\hat{Y}_1$ gestiegen.

Wir wissen bereits, dass sich Y auch durch die Summe aus Konsum und Ersparnisse beschreiben lässt. Die geplanten Investitionen müssen daher mit den Ersparnissen übereinstimmen. Die Identität

(5.11)    $I_a = S(Y)$

lässt sich mit Hilfe der Gleichungen

(5.3)    $S(Y) = Y - C(Y) \Leftrightarrow Y = C(Y) + S(Y)$

(5.10)   $Y = C(Y) + I_a$

herleiten.

*Fazit 5.2:*      *In einer Volkswirtschaft ohne Staat und Außenhandel herrscht Gleich-*
          *gewicht, wenn die geplante volkswirtschaftliche Ersparnis der geplanten*
          *volkswirtschaftlichen Investition entspricht.*

In Abbildung 5.3 haben wir gesehen, dass die Steigerung des Volkseinkommens Y stärker ausgefallen ist als die ursprüngliche Erhöhung der Investitionen. Wir prüfen nun um das Wievielfache das Einkommen Y steigt, wenn sich die autonomen Investitionen um einen bestimmten Betrag erhöhen. Dazu gehen wir wieder von der Gleichgewichtsbedingung (5.10) aus. Allerdings sind autonomer Konsum und autonome Investitionen zusammengefasst:

(5.12)    $Y = c \cdot Y + N_a$
          $N_a := C_a + I_a$

Falls (5.12) erfüllt ist, so gilt die Gleichung auch für die Differenzen der Variablen:

(5.13)    $\Delta Y = c \cdot \Delta Y + \Delta N_a$

Die Auflösung von (5.13) nach $\Delta Y$ ergibt:

(5.14)    $\Delta Y = \dfrac{1}{1-c} \cdot \Delta N_a$

Für den Fall, dass der autonome Konsum gleich bleibt, resultieren alle Veränderungen aus den gestiegenen Investitionen. Die Gleichungen (5.12) bis (5.14) bleiben allerdings auch gültig, falls wir die autonome Nachfrage um staatliche Ausgaben erweitern.[11]

---

[11]   Der Multiplikatoreffekt ist auch bei Exporten zu beobachten. Allerdings muss in diesem Fall berücksichtigt werden, dass sich mit ansteigenden Exporten auch die Importe erhöhen. Geht man davon aus, dass auch die Importe eine Funktion von Y sind und ist die Importquote m bekannt so ist der Multiplikator durch den Quotienten $1/(1-c+m)$ gegeben.

*Fazit 5.3:*     *Erhöht sich die autonome Nachfrage in einer keynesianischen Ökono-*
                 *mie, so erhöht sich das Volkseinkommen um ein Vielfaches dieses Be-*
                 *trages („Multiplikatortheorem").*
                 *Die Höhe des Keynes'schen Multiplikators ist durch den Quotienten*
                 *1/(1-c) gegeben.*

Aus der durch die autonomen Investitionen ausgelösten Initialzündung kann
ein selbsttragender Aufschwung resultieren, der im Idealfall nach n Perioden
zum Vollbeschäftigungsgleichgewicht $Y^*$ führt. Abbildung 5.4 stellt diese Situation graphisch dar.

**Abbildung 5.4: Nachfrageimpulse von Staat und privaten Investoren**

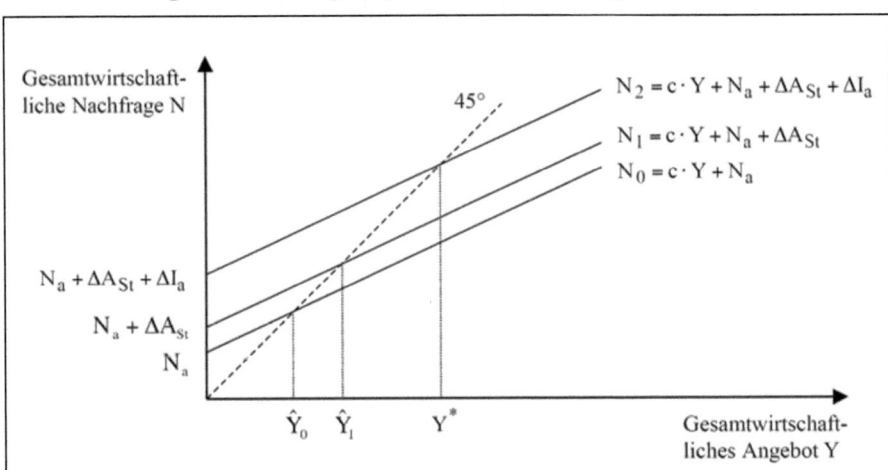

Wird das Optimum $Y^*$ durch die Nachfrage überschritten, so tritt ein Wechsel
des wirtschaftlichen Regimes ein. Die Ökonomie gerät (gemäß Malinvaud) in
das Regime der unterdrückten Inflation. In diesem Falle ist es wirtschaftspoli-
tisch erforderlich, Nachfrageimpulse in der umgekehrten Richtung auszu-
üben, d. h. die Staatsnachfrage zurückzunehmen, das Steueraufkommen möglicherweise nicht mehr komplett zu verausgaben, sondern Schulden
zurückzuzahlen oder Rücklagen zu bilden. Insgesamt soll sich der Staat also
jeweils anders verhalten als die privaten Investoren. In schlechten Zeiten soll
er mehr ausgeben, als er einnimmt und in guten Zeiten einen Teil der Einnahmen zurücklegen. Dies bezeichnet man als *„antizyklische Fiskalpolitik".*

(2)     Gleichgewicht bei zinsabhängigen Investitionen
Sehen wir von der Staatstätigkeit ab, so ergibt sich das volkswirtschaftliche
Gleichgewicht unter Berücksichtigung der zinsabhängigen Investitionen ge-
mäß:

(5.15)    $Y = C(Y) + I(i)$  bzw.

(5.16)    $S(Y) = I(i)$

Wir sehen, dass sich an der grundsätzlichen Gleichgewichtsaussage für eine geschlossene Volkswirtschaft ohne Staat nichts geändert hat. Die Gleichgewichtsbedingung enthält aber nun zwei Variablen, Y und i. Dementsprechend kann das Gleichgewicht auf dem Gütermarkt nicht mehr nur durch einen Punkt dargestellt werden, sondern durch eine Linie. Diese Gleichgewichtslinie wird mit Hilfe der Abbildung 5.5 abgeleitet.

**Abbildung 5.5: Herleitung der IS-Kurve**

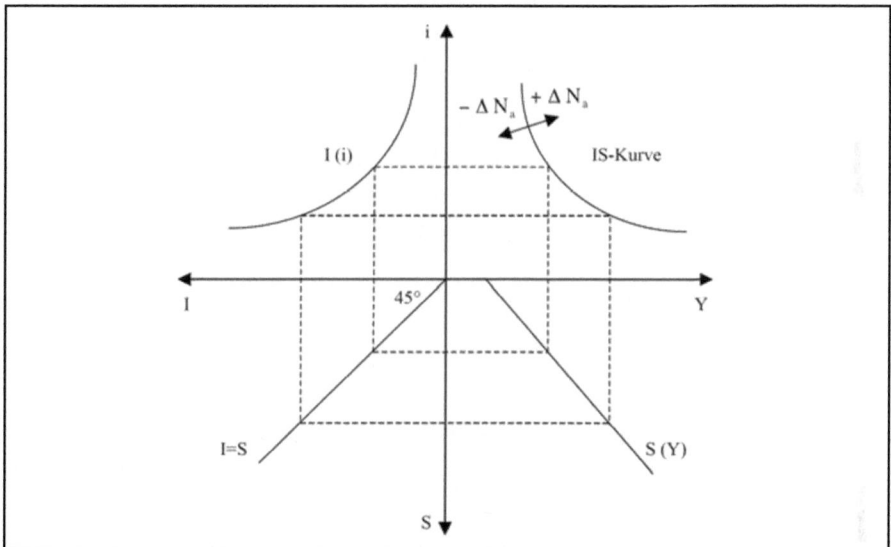

Zur Ermittlung der möglichen Gleichgewichtskombinationen am Gütermarkt tragen wir im Quadranten links oben die Investitionsfunktion und rechts unten die Sparfunktion ab. Im Quadranten links unten stellt die Winkelhalbierende die Identität von Investitionen und Ersparnissen sicher.

Die Gleichgewichtslinie auf dem Gütermarkt ergibt sich, indem wir ausgehend von einem Zinsniveau i' zunächst die Investitionen I' ermitteln und diese mit den Ersparnissen S' gleichsetzen. Aus den Ersparnissen resultiert schließlich ein bestimmtes, dem Zinsniveau i' zugehöriges, Volkseinkommen Y'. Wiederholen wir dieses Vorgehen für ein Zinsniveau i" und i''', so erhalten wir die IS-Kurve.

Das IS-Modell basiert zwar auf den Gedanken von Keynes. Entwickelt wurde es aber, wie das nachfolgend erläuterte LM-Modell, von John Hicks.

## 5.2      Gleichgewicht auf dem Geldmarkt

### 5.2.1    Transaktions- und Spekulationskasse

Die Akteure halten in erster Linie Geld, um damit Güter zu erwerben.[12] So könnte ein Haushalt sein Einkommen auf ein Terminkonto überweisen lassen oder sich Anleihen kaufen, um Zinsen zu erhalten. Dies kann aber den Nachteil haben, dass er dann, wenn er etwas kaufen will, Anleihen verkaufen muss oder auf den Ablauf bestimmter Termine zu warten hat. Daher wird ein Haushalt immer einen bestimmten Vorrat an Bargeld und Sichtguthaben bereithalten, um Güter oder Dienste sofort erwerben zu können. Wir sprechen bei dieser Geldhaltung für Umsatzzwecke auch von der „Transaktionskasse".

Mit wachsender Umsatztätigkeit in der Volkswirtschaft wird auch mehr Transaktionskasse benötigt. Zusätzlicher Umsatz bedeutet auch mehr Sozialprodukt bzw. Volkseinkommen, so dass in erster Annäherung die Höhe der Transaktionskasse direkt als von der Höhe des Volkseinkommens abhängig gesehen werden kann. Dies ist in Gleichung (5.17) und Abbildung 5.6 festgehalten. Die Steigung k entspricht dem Kassenhaltungskoeffizienten k.

(5.17)      $L_T = L_T(Y) = k \cdot Y$

$L_T$:   Transaktionskasse
k:    Kassenhaltungskoeffizient, mit $k > 0$

**Abbildung 5.6: Transaktionskasse**

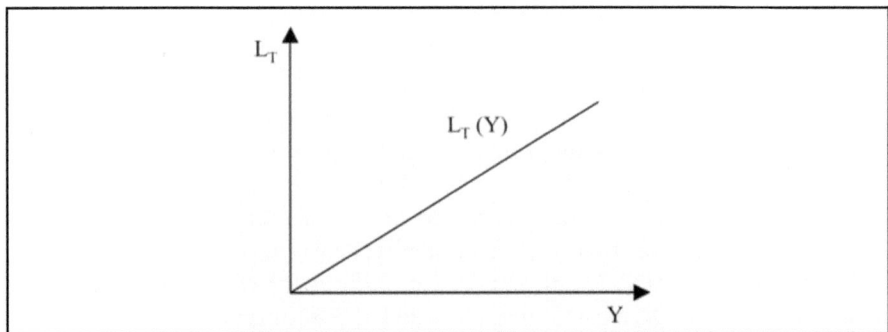

Hält ein Akteur Geld, verzichtet er darauf, Wertpapiere zu halten. Es entgeht ihm somit Zinseinkommen. Der Vorteil aus der Haltung einer Geldeinheit ist

---

12    Die Funktionen von Geld werden ausführlich in Kapitel 8 besprochen.

also mit dem Zinsverlust pro gehaltener Geldeinheit zu vergleichen. Der entgangene Zins stellt die Kosten der Geldhaltung dar (Opportunitätskosten). Ist der Zins hoch, so verliert der Haushalt ein relativ hohes Zinseinkommen. Mit hohem Wertpapierzins sind auch die Kosten der Geldhaltung hoch. Ist dagegen der Zins niedrig, so verliert der einzelne Akteur weniger Zinsen. Es lohnt sich daher, mehr Geld zu halten, da dann die Bequemlichkeit wächst.

Ein weiterer Grund für den Wunsch eines Haushalts oder eines Unternehmens, Geld als Kasse oder Sichtguthaben zu halten, ist das Spekulationsmotiv. Auch hier spielt die Höhe des Zinses eine entscheidende Rolle. Dies lässt sich wie folgt begründen: Investieren die Akteure in Wertpapiere, so sind Effektivzins (i), auch Rendite genannt, Nominalzins (r) und Kurs (K), zu dem das Wertpapier gekauft und verkauft wird, zu unterscheiden. Unter Verwendung dieser Variablen, lässt sich der Effektivzins eines Wertpapiers ermitteln:

$$(5.18) \quad i = \frac{r \cdot 100}{K}$$

Siebert beschreibt den Zusammenhang zwischen Wertpapierkursen und effektiven Zinsen wie folgt:

*„Ist z. B. der Kurs eines Wertpapiers, das für 100 Euro ausgegeben wurde, 150 Euro und beträgt die Nominalverzinsung 6 % des Ausgabewertes, so ist die Effektivverzinsung i = 4 %. Kurs und Effektivzins verhalten sich also bei festverzinslichen Wertpapieren umgekehrt zueinander. Ist der Kurs eines Wertpapiers hoch, so muss der Anleger einen relativ großen Betrag an Liquidität aufgeben. Gleichzeitig ist aber der Effektivzins niedrig, d. h. das Zinseinkommen ist gering. Bei hohem Kurs und niedrigem Effektivzins ist die Anlage der Liquidität in festverzinslichen Wertpapieren kein allzu interessantes Geschäft. Der Kauf eines Wertpapiers wird insbesondere von den Erwartungen der Akteure über die Höhe des Kurses bestimmt. Bei gegebenem Nominalzins lohnt sich der Kauf eines Wertpapiers dann nicht, wenn der Verlust aus dem Kursverfall den Zinsgewinn übersteigt. Erwartet man sinkende Kurse, so wird man weniger geneigt sein, Wertpapiere zu kaufen. Sinkende Kurse bedeuten aber eine steigende Effektivverzinsung. Wir können auch sagen: erwartet man eine steigende Effektivverzinsung, so wird man weniger geneigt sein, Wertpapiere zu kaufen. Die Erwartung über die Effektivzinsen in der Zukunft wird auch im gegebenen Gegenwartszins bestimmt. Ist dieser niedrig, so erwarten die Wirtschaftssubjekte steigende Effektivzinsen (sinkende Kurse) und sie werden es vorziehen, keine Wertpapiere zu kaufen und auf günstigere Kurse zu warten. Folglich halten sie eine große ‚Spekulationskasse'. Ist der Gegenwartszins jedoch hoch, so nimmt die Wahrscheinlichkeit ab, dass man noch höhere Effektivzinsen in der Zukunft erwartet: die Kurse sind in diesem Moment günstig für den Erwerb von Wertpapieren, die Spekulationskasse ist gering"* (Siebert, 1996, S. 285).

Bei hohen Kursen und niedrigen Zinsen werden die Wirtschaftsakteure eine hohe Spekulationskasse halten, da sie weitere Wertpapierkäufe als nicht lohnenswert erachten. Bei hohen Zinsen und niedrigen Kursen dagegen, erwarten die Akteure zukünftig steigende Kurse und lösen daher ihre Spekulationskasse auf um in Wertpapiere zu investieren. Die Spekulationskasse ist damit abhängig von der Höhe des Effektivzinses i. Gleichung (5.19) und Abbildung 5.7 bringen die Abhängigkeit von Spekulationskasse und Effektivzins i zum Ausdruck:

(5.19)    $L_S = L_S(i)$  mit  $\dfrac{\partial L_S}{\partial i} < 0$

$L_S$: Spekulationskasse
i:    Effektivzins (Marktzins)

**Abbildung 5.7: Spekulationskasse**

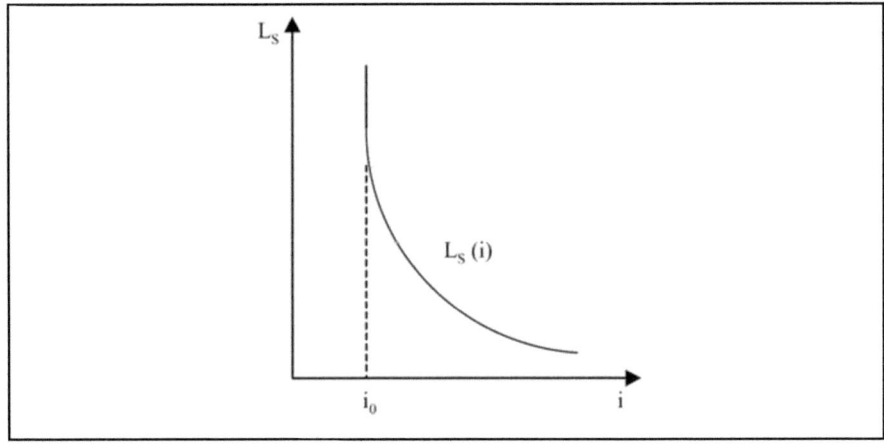

Abbildung 5.7 bringt zum Ausdruck, dass bei hohen Zinsen (niedrigen Kursen) die Spekulationskasse gegen Null geht. Umgekehrt steigt bei niedrigen Zinsen die Spekulationskassenhaltung. Es ist sogar möglich, dass die Akteure bei sehr niedrigen Zinsen ganz aus den Wertpapieren aussteigen und nur noch Spekulationskasse halten. Dies ist dann der Fall, wenn die Anleger der Werterhaltungsfunktion der Wertpapiere nicht trauen und so lieber Geld halten, das sie leicht in Sachgüter umtauschen können. In kritischen Zeiten können Geld und Sachgüter bessere Anlageobjekte sein als Wertpapiere. Dies ist in der Graphik beim Zins $i_0$ der Fall und wird von Keynes als „Liquiditätsfalle" bezeichnet.

| Food for thought | **Alternative Anlageformen und „Liquiditätsfalle"** |
|---|---|

Das Spekulationsmotiv der Kassenhaltung ist durch die Ungewissheit der Erträge aus Vermögensanlagen begründet. Zur näheren Analyse wollen wir drei Formen der Vermögensanlage unterstellen: Geld, Wertpapiere (zur Vereinfachung sind Schuldverschreibungen und Aktien zusammengefasst) und Sachwerte (Gold, Immobilien). Bezeichnen wir die erwartete Zinsänderungsrate (=Kursverlustrate) mit u und die erwartete Preisänderungsrate mit v (vgl. Richter, Schlieper, Friedmann, 1998). Die erwarteten Wertänderungen der Vermögensanlagen betragen dann

Geld: $\quad$ - v

Wertpapiere: $\quad$ i - v - u

Sachwerte (im Idealfall) $\quad$ 0.

Entscheidet der Anleger nur nach dem Erwartungswert, so wird er sein gesamtes Vermögen in folgender Weise anlegen:

nur Wertpapiere, wenn $\quad$ i - u > 0,

nur Geld, wenn $\quad$ i - u < 0 , v ≤ 0,

nur Sachwerte, wenn $\quad$ i - u < 0 , v > 0.

Dies bedeutet: Erwartet der Anleger, dass Kursverluste eintreten (u > i), so wird er alternative Anlageformen wählen. Sachwerte bilden dann die beste Wahl, wenn neben Kursverlusten auch steigende Preise zu erwarten sind. Kommen beide Erwartungen in größerem Umfang zusammen, so spricht man von der „Flucht in die Sachwerte". Der Goldpreis ist ein guter Indikator für diese Sicherheitsstrategie der Anleger, denn Gold gilt als sicheres Anlageobjekt in Krisenzeiten. Angst vor Rezession und Terror treiben den Goldpreis nach oben.

Allerdings kann der Anleger auch bei Sachwerten nicht sicher sein, ob sie ihren Wert behalten (wie oben im Idealfall angenommen). Auch Immobilien- und Goldpreise unterliegen spekulativen Bewegungen, so dass im Falle geringer Preisänderungen auch die Geldhaltung eine sinnvolle Alternative sein kann. Dies gilt umso mehr, wenn die Käufe von Gold oder Immobilien mit Transaktionskosten verbunden sind, was vor allem bei Immobilien eine fühlbare Größenordnung erreichen kann. Will der Anleger disponibel bleiben und rechnet er nur für eine begrenzte Zeit mit Kursverlusten, so wird er sein Portfolio in Geld halten („Flucht ins Geld" oder nach Keynes: *„Liquiditätsfalle"*).

Keynes hat die Möglichkeit einer Liquiditätsfalle beschrieben, doch gleichzeitig ausgeführt, dass er kein historisches Beispiel hierfür kenne. Dennoch ist in der post-keynesianischen Literatur die Liquiditätsfalle ein stehender Begriff geworden. Graphisch wird die Liquiditätsfalle in der Regel so dargestellt dass bei einem niedrigen Zins (hohem Kurs des Wertpapiers) die Anleger nur noch Geld nachfragen und keine Wertpapiere mehr kaufen (siehe Abbildung 5.7). In einer solchen Situation würde die Vermehrung der Geldmenge durch die Zentralbank keine realwirtschaftlichen Effekte auslösen, weil die Geldinhaber keine Wertpapiere kaufen und somit den Investoren keine liquiden Mittel zuführen. Der monetäre Impuls der Zentralbank verschwindet dann bildhaft in der Liquiditätsfalle.

In praxi entscheiden die Anleger nicht allein aufgrund des Erwartungswertes sondern auch aufgrund der Varianz von Erträgen aus Anlageobjekten. Im Ergebnis werden sie ihr Portfolio aus allen Anlagemöglichkeiten zusammensetzen und nur in besonderen Extremfällen ausschließlich eine Anlageform halten. Empirisch gibt es keine Informationen darüber, wann das Phänomen der Liquiditätsfalle aufgetreten sein könnte, während Fluchtbewegungen in die Sachwerte in inflationären Zeiten häufig zu beobachten waren. Daher werden wir im Folgenden die Liquiditätsfalle trotz ihrer hervorgehobenen Bedeutung in der post-keynesianischen Literatur nicht weiter verwenden.

### 5.2.2    Das LM-Modell nach Hicks

Die Gesamtnachfrage nach Geld ergibt sich durch Addition der Transaktions- und Spekulationskasse gemäß Gleichung (5.20).

(5.20)    $L(Y,i) = L_T(Y) + L_S(i)$

Das Angebot an Geld wird hier mit der Geldmenge $M_1$ definiert, also Summe aus Bargeld und Sichtguthaben des Nichtbankensektors. Nur das Geld, über das Haushalt und Unternehmen verfügen, kann der Geldnachfrage, bestehend aus Transaktions- und Spekulationskasse, gegenübergestellt werden. Dieses Geldangebot wird von der Zentralbank und den Geschäftsbanken bestimmt.[13]

Wir bezeichnen im Folgenden das Geldangebot mit M. Da die Preise für den betrachteten Zeitraum konstant gehalten werden, ist es nicht erforderlich, zwischen nominaler und realer Geldmenge zu unterscheiden. Das Gleichgewicht auf dem Geldmarkt ist erfüllt, falls das Geldangebot der Geldnachfrage entspricht:

(5.21)    $M = L(Y,i)$

Wie schon für den Gütermarkt ist auch das Gleichgewicht auf dem Geldmarkt unter Berücksichtigung der Variablen Y und i zu ermitteln. Die Gleichgewichtslinie wird mit Hilfe der Abbildung 5.8 hergeleitet.

Wir ermitteln die Gleichgewichtskombinationen auf dem Geldmarkt, indem wir im Quadranten links oben die Funktion für die Spekulationskassenhaltung und im Quadranten rechts unten die Funktion für die Transaktionskassenhaltung eintragen. Im Quadranten links unten wird die angebotene Geldmenge abgetragen.

---

[13]    Detaillierte Ausführungen zum Geldangebot finden sich in Kapitel 8.

**Abbildung 5.8: Herleitung der LM-Kurve**

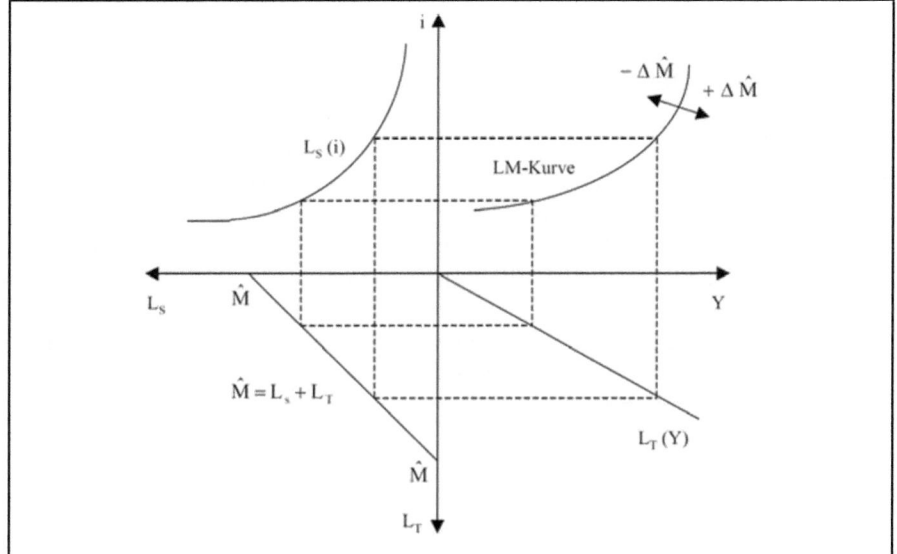

Wenn das Bankensystem die Geldmenge M anbietet, so kann diese entweder für Transaktionszwecke oder für Spekulationszwecke gehalten werden. Kombinationen zwischen diesen Extremwerten liegen auf der Verbindungsgeraden zwischen den M-Achsenabschnitten auf der $L_S$ - und der $L_T$ - Achse. Durch Verbindung der zueinander passenden Funktionswerte der Angebots- und Nachfragefunktion auf dem Geldmarkt lassen sich Punkte im (Y,i)-Diagramm konstruieren, für die die Gleichheit von Geldangebot und Geldnachfrage erfüllt ist.

*Definition:*       *Die Menge aller Kombinationen von i und Y, die zum Gleichgewicht auf dem Geldmarkt im Sinne von Geldangebot = Geldnachfrage führen, heißt LM-Kurve. Die LM-Kurve ist eine aufsteigende Funktion.*

Wird die Geldmenge M angehoben, so verschiebt sich die LM-Kurve nach außen. Geht dagegen das Geldangebot zurück, so wandert die zugehörige LM-Kurve in Richtung auf die i-Achse. Dieses Verhalten ist durch die Pfeile im ersten Quadranten angedeutet.

## 5.3   Gesamtwirtschaftliches Gleichgewicht

Das gesamtwirtschaftliche Gleichgewicht ist nun durch die Bedingungen (5.15) und (5.21) beschrieben:

(5.15)    $Y = C(Y) + I(i)$   bzw.

(5.21)    $M = L(Y, i)$

Bedingung (5.15) gibt das Gleichgewicht für den Gütermarkt (ohne Staat und Ausland) an, während Bedingung (5.21) das Gleichgewicht auf dem Geldmarkt beschreibt. Unter Verwendung der graphischen Interpretationen können wir die beiden Bedingungen durch Gleichgewichtslinien repräsentieren. Fügen wir diese Gleichgewichtsbedingungen in einem Diagramm zusammen, so ist erkennbar, dass das gesamtwirtschaftliche Gleichgewicht durch den Schnittpunkt der IS- und LM-Kurven definiert ist.

**Abbildung 5.9: Gesamtwirtschaftliches Gleichgewicht im keynesianischen System**

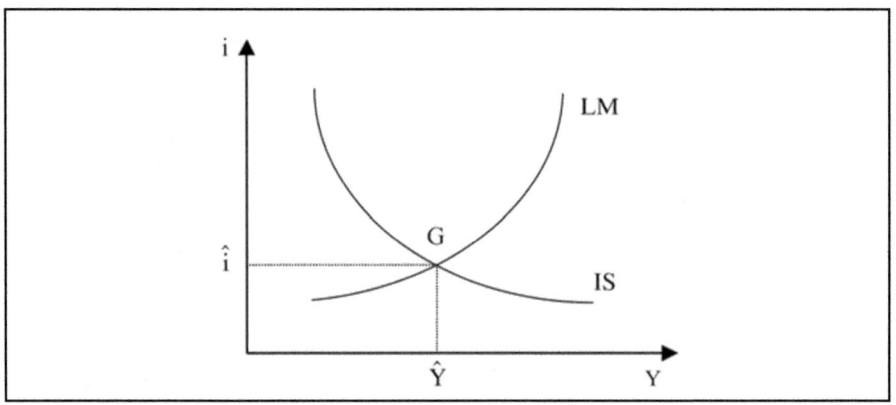

Abbildung 5.9 zeigt, dass die Lösung des Gleichungssystems [(5.15);(5.21)] als Schnittpunkt der IS- und LM-Kurven dargestellt werden kann.

*Fazit 5.4:*      *Das gesamtwirtschaftliche Gleichgewicht im keynesianischen Wirtschaftsmodell ist durch den Schnittpunkt von IS- und LM-Kurve beschrieben. Es besteht aus einem gleichgewichtigen Zins und einem gleichgewichtigen Volkseinkommen.*

**Aufgaben zu Kapitel 5**

5.1      Welchen Zusammenhang bildet die IS-Kurve ab?

Leiten Sie die IS-Kurve graphisch her und deuten sie an, wie sich die IS-Kurve verändert, falls der Staat die autonomen Investitionen erhöht.

Achten Sie auf eine korrekte Beschriftung aller Achsen, Kurven und Größen.

5.2    Stellen Sie graphisch die Auswirkung einer Verringerung der Geldmenge (von $M_1$ auf $M_2$) auf die LM- Kurve dar. Leiten Sie dazu die LM-Kurven für die Geldmengen $M_1$ und $M_2$ her.

Achten Sie auf eine korrekte Beschriftung aller Achsen, Kurven und Größen.

5.3    Der Schnittpunkt von IS- und LM-Kurve stellen im Keynes'schen Wirtschaftsmodell das gesamtwirtschaftliche Gleichgewicht dar. Welche fiskal- bzw. geldpolitischen Maßnahmen führen in diesem Modell zu einer Erhöhung des Volkseinkommens, ohne dass es gleichzeitig zu Zinssteigungen kommt?

5.4    In einer Volkswirtschaft wird ausschließlich Bier produziert und konsumiert. Es soll nun das gesamtwirtschaftliche Gleichgewicht bestimmt werden.

Für den Gütermarkt gelten dabei folgende Angaben:

Konsumfunktion: $C(Y)=10+0{,}5Y$

Der nicht für Bier ausgegebene Teil des Einkommens wird gespart.

Die Investitionen in neue Brauanlagen lassen sich durch folgende Investitionsfunktion beschreiben: $I(i)=90\text{-}1000i$

Für den Geldmarkt gelten folgende Angaben:

Das Geldangebot beträgt 1000 GE.

Die Haushalte halten immer 50 % ihres Einkommens als Bargeld.

Spekulationskasse: $L_S(i)=975\text{-}500i$

Die Geldnachfrage setzt sich aus Transaktionskasse und Spekulationskasse zusammen.

Berechnen Sie mit diesen Angaben das gesamtwirtschaftliche Gleichgewicht, zu dem ein gleichgewichtiger Zins und ein gleichgewichtiges Volkseinkommen gehören

# 6 Unterbeschäftigungstheorien

Zu den größten Herausforderungen der Wirtschaftspolitik zählt zweifellos die Bekämpfung der Arbeitslosigkeit. Bevor jedoch Maßnahmen getroffen werden, muss jedoch zunächst untersucht werden, worin die maßgeblichen Gründe für die Unterbeschäftigung liegen. Kapitel 6 zeigt, dass sich die Wirtschaftswissenschaftler in diesem Punkt nicht einig sind, sondern vielfältige Theorien entwickelt haben. Zu den wichtigsten Erklärungsansätzen zählen die keynesianische und klassische Unterbeschäftigungstheorie sowie der Ansatz der Monetaristen.

Die folgenden Ausführungen beleuchten zum einen die hinter den verschiedenen Theorien stehenden Kerngedanken. Zum anderen verdeutlicht Kapitel 6, dass es kein allgemein gültiges Rezept geben kann. Vielmehr kann jede Theorien zu einem bestimmten Zeitpunkt und unter bestimmten Umständen „wahr" und somit für die Wirtschaftspolitik relevant sein.

## 6.1 Motivation und Grundlagen

Durch die Erfahrung der Weltwirtschaftskrise der 30er Jahre hat die staatliche Wirtschaftspolitik erkannt, dass Arbeitslosigkeit in marktwirtschaftlichen Systemen auftreten kann (vgl. Diskussion von Krisen in Kapitel 14). Dies ist gesellschaftlich und politisch aus den folgenden Gründen nicht erwünscht:[14]

(1)     Individuelle Betroffenheit
(2)     Gesellschaftliche Betroffenheit
(3)     Ökonomische Betroffenheit

(1)     Individuelle Betroffenheit
Für den Betroffenen stellt der Verlust des Arbeitsplatzes ein schweres Schicksal dar. Es bedroht seine ökonomische Basis und damit seine menschliche Existenz. Die Arbeitslosigkeit beraubt dem Einzelnen der Möglichkeit, sich in sinnvoller Weise an der gesellschaftlichen Arbeitsteilung zu beteiligen und damit seinen Beitrag zum Volkseinkommen zu leisten. In einer Gesellschaft, in deren Normensystem die Bereitschaft zur Arbeit positiv bewertet wird, muss dies für den Einzelnen zu einem schweren Konflikt führen.

---

[14]   Siehe hierzu Siebert, 2003.

(2)    Gesellschaftliche Betroffenheit

Auch für die Gesellschaft stellt eine hohe Arbeitslosigkeit ein erhebliches Problem dar. Der Einzelne ist nicht mehr in der Lage, die gesellschaftlichen Normen zur Arbeitsleistung aus objektiven Gründen zu erfüllen, und die persönlichen Frustrationen resultieren in sozialer und politischer Instabilität. Für das Überleben einer Gesellschaft ist deshalb die Lösung dieses Problems erforderlich.

(3)    Ökonomische Betroffenheit

Von der ökonomischen Dimension her liegen Arbeitskräfte brach, und das gleiche gilt für die anderen Produktionsfaktoren. Dies bedeutet, dass das Produktionspotential einer Volkswirtschaft nicht ausgeschöpft wird und damit die erstellte Gütermenge geringer wird als sie sein könnte.

Aus diesen und anderen Gründen ist die Vollbeschäftigung ein allgemein akzeptiertes Ziel der Wirtschaftspolitik. John Maynard Keynes hat seine „Allgemeine Theorie der Beschäftigung, des Zinses und des Geldes", die 1936 erschien, unter dem Eindruck der Folgen der Weltwirtschaftskrise geschrieben. Er geht von der Grundposition aus, dass infolge eines starken Nachfrageeinbruchs auf dem Gütermarkt eine zu geringe Nachfrage herrscht, dass also die Anbieter auf dem Gütermarkt rationiert werden. Da die Nachfrage nach Arbeit bei sinkender Produktion ebenfalls nachlässt, entsteht als Folgewirkung Arbeitslosigkeit. Er fordert daher, dass sich der Staat in Krisenzeiten antizyklisch verhält und die autonome Nachfrage ausweitet.

Die Vertreter der klassischen nationalökonomischen Lehre sind dagegen der Auffassung, dass sich die privaten Akteure auf lange Sicht in jeder Wirtschaftslage am besten selbst helfen, vorausgesetzt, dass die Rahmenbedingungen für eine flexible Anpassung über Löhne und Preise gegeben sind.

In der Folge wollen wir die unterschiedlichen Ansätze näher beleuchten und dabei neben der keynesianischen und klassischen Position auch die Aussagen der Monetaristen zu diesem Thema näher beleuchten.

## 6.2    Keynesianische Unterbeschäftigung

Eine zentrale Frage der keynesianischen Analyse ist also, ob die gesamtwirtschaftliche Nachfrage ausreichend ist, das Produktionspotential auszuschöpfen. In einer Situation, in der ein Teil der Produktionsfaktoren brach liegt und in der das Produktionspotential einer Volkswirtschaft nicht ausgeschöpft ist, muss die Frage, ob die Faktoren Arbeit, Kapital und technisches Wissen, z. B. durch Bevölkerungswachstum, Kapitalbildung und Erfindungen vermehrt werden, notwendigerweise in den Hintergrund des Interesses treten. Die zentrale Frage lautet, warum die gegebenen Faktoren nicht beschäftigt sind.

Keynes sieht in der Investitionszurückhaltung der Unternehmen den wesentlichen Grund für die Unterbeschäftigung. So gibt es Phasen, in denen die Unternehmen besonders pessimistisch sind und Kapazitätserweiterungen (jede Nettoinvestition, d. h. jede Investition, die über die Instandhaltung hinausgeht, führt zur Erweiterung der vorhandenen Produktionskapazitäten) unterlassen. Im Sinne unseres Erklärungsschemas aus Kapitel 4 kann man dies so ausdrücken, dass die Unternehmen versuchen, auf der kurzen Seite des Gütermarktes zu bleiben, um die Kosten der Überproduktion (Lagerhaltung, Warenverderb) zu vermeiden. Eine Veränderung der pessimistischen Einschätzungen der Unternehmen könnte in Richtung Vollbeschäftigungsgleichgewicht führen. Von sich aus kommen die Unternehmen laut Keynes jedoch nicht auf diese Idee, da jeder Unternehmer richtig zu handeln glaubt, wenn er vorsichtig disponiert. Insgesamt kommt es dadurch ja auch zu einem Gesamtangebot in der Volkswirtschaft, das durch die Gesamtnachfrage abgenommen wird. Insofern glauben die Unternehmen, richtig zu handeln.

Um die Unterbeschäftigung zu beheben, muss demnach eine Initialzündung von außen eingeleitet werden. Dies kann durch eine Erhöhung der staatlichen Ausgaben geschehen, die bereits einen Multiplikatoreffekt mit sich bringen. Keynes erhofft sich davon einen Umschwung bei den unternehmerischen Erwartungen, so dass in der Folge zusätzliche (autonomen) Investitionen getätigt werden. Da die geringe Nachfrage gegebenenfalls durch eine zu geringe Versorgung der Wirtschaft mit Geld im negativen Sinne verstärkt worden ist, kann ein Impuls aber auch von der Geldpolitik ausgehen.

Der Effekt eines abgestimmten Eingriffes durch Fiskal- und Geldpolitik ist in Abbildung 6.1 dargestellt.

**Abbildung 6.1: Policy-Mix zur Herstellung von Vollbeschäftigung**

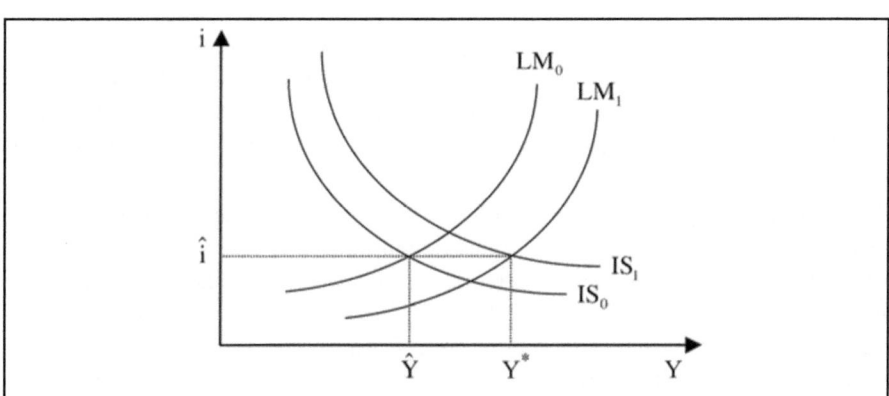

*Fazit 6.1*        *Um von der Unterbeschäftigungssituation wieder in Richtung Vollbeschäftigung zu gelangen, ist es erforderlich, die autonome Nachfrage,*

*z.B. von Investitionen, nach oben zu führen und mit einer monetären Expansion zu begleiten.*

Die wahrscheinliche Steigerung der Zinsen im Anschluss an ein kreditfinanziertes staatliches Konjunkturprogramm hat eine massive Kritik der Monetaristen, an der Spitze von Milton Friedman, an diesem typisch keynesianischen Instrument der staatlichen Stabilisierungspolitik hervorgerufen. Das Problem besteht nicht allein darin, dass die zusätzliche Kreditaufnahme die Zinsen nach oben treibt. Vielmehr kommt ein Effekt hinzu, der aus Sicht der Monetaristen langfristig eine Verminderung der Leistungsfähigkeit der Volkswirtschaft herbeiführt: die Verdrängung der privaten Investitionen durch die Staatsnachfrage (*crowding-out effect*). Da der Staat aus Sicht der Monetaristen ein höchst ineffizienter Manager ist, verliert die Wirtschaft mit dem Ersatz von privaten durch staatliche Investitionen auf Dauer an Leistungskraft.

Expansive Ausgabenimpulse führen zu einer Verschiebung der IS-Kurve auf die Position IS$_1$. Der Vollbeschäftigungsoutput Y* wird aber nur dann ohne unerwünschte Zinssteigerungen erreichbar, wenn die Geldpolitik diese Bewegung unterstützt. Dann ist es möglich, durch kombinierte nachfrage- und geldpolitische Aktionen die Wirtschaft in Richtung des Vollbeschäftigungsniveaus zu führen. Dabei ist zu beachten, dass Keynes davon ausgeht, dass genügend Kapazitäten für einen solchen Aufschwung vorhanden sind. Ist dies nicht der Fall, so kann es möglich sein, dass das Regime der keynesianischen Unterbeschäftigung im Zuge der Anpassungsbewegung verlassen wird und die Wirtschaft in den Zustand der klassischen Unterbeschäftigung gerät, in der Arbeitslosigkeit nur durch eine Anpassung der Löhne bekämpft werden kann (vgl. Kapitel 6.3).

Der Arbeitsmarkt funktioniert aber nach Auffassung von Keynes nicht nach den klassischen Regeln. Es verhandeln nicht viele kleine Einheiten in kurzen zeitlichen Abständen über den Lohn, sondern große Verbände (Arbeitgeberverbände, Gewerkschaften), die sich für längere Zeiträume (i. d. R.: 1 Jahr und länger) auf feste Tariflöhne einigen. Da in Zeiten der Unterbeschäftigung die effektiv gezahlten Löhne von den Tariflöhnen nicht wesentlich nach oben abweichen, sind somit die Nominallöhne im Anschluss an die Tarifverhandlungen festgelegt und nicht mehr in Abhängigkeit vom aktuellen Marktgeschehen veränderbar. Keynes behauptet sogar, dass sich die Tariflöhne in der Regel losgelöst von ihrer ursprünglichen ökonomischen Basis, nämlich den Arbeitsproduktivitäten, bilden. Er begründet dies damit, dass die einzelnen Gewerkschaften versuchen, ihre Position in der Lohnpyramide zu behaupten. Denn die Gewerkschaftsmitglieder werden den Erfolg des Wirkens ihrer Funktionäre daran ablesen, ob sie gegenüber anderen Berufsgruppen relativ besser oder schlechter gestellt werden. Lohnverhandlungen werden somit stark von verteilungspolitischen Argumenten dominiert. So werden die Arbeitnehmervertreter folgende Argumente im Vordergrund sehen:

- Relative Lohnposition ihres Klientels.
- Erhaltung/Verbesserung der gesamten Verteilungsposition, etwa ausgedrückt durch die Lohnquote (Anteil der Löhne und der Gehälter am Volkseinkommen).
- Regionaler Ausgleich, etwa Angleichung der Löhne und Gehälter in den neuen Ländern.
- Inflationsausgleich, Verbesserung der Realposition.

Die Arbeitgebervertreter werden dagegen auf

- Lohnstückkosten,
- Wettbewerbsposition im Vergleich zum Ausland, sowie die
- Produktivität der Löhne verweisen.

Da sie aber in den Verhandlungen Partei sind, wird hinter ihren Argumenten naturgemäß strategischer Pessimismus vermutet. Hierbei ist zu berücksichtigen, dass beide Parteien im Hinblick auf eine wirtschaftliche Zukunft verhandeln, deren Entwicklung sie nicht genau kennen. Sie müssen sich auf Tariflöhne einigen, ohne zu wissen, welche Produktionsergebnisse aus dem Arbeitseinsatz folgen. Seinen Erfahrungen aus Großbritannien folgend hat Keynes angenommen, dass die verteilungspolitischen Argumente der Arbeitnehmerseite eine dominierende Rolle für das Verhandlungsergebnis spielen. S. Rosen hat dies besonders prägnant formuliert: „The labour market is more akin to the marriage market rather than to the bourse".

Im Ergebnis ist für Keynes der Nominallohn starr und nicht direkt abhängig von der Entwicklung der Arbeitsproduktivitäten. Ein Marktmechanismus mit Angebot, Nachfrage und Ausgleich durch einen Gleichgewichtslohn findet somit auf dem Arbeitsmarkt nicht statt. Dies ist nicht nur zeitweise auf Grund einer Marktstörung der Fall, sondern folgt daraus, dass die Arbeitskraft keine Ware ist, die den gleichen Gesetzmäßigkeiten wie bei materiellen Produkten unterliegt. Vor diesem Hintergrund lässt sich die Wirkungsmechanik im ökonomischen System in Kurzform so zusammenfassen:

Der festgelegte Nominallohn bewirkt bestimmte Positionen der IS- und LM-Kurven. Auf den Güter- und Geldmärkten bilden sich durch Mengenanpassungsprozesse die Gleichgewichtswerte für Volkseinkommen und Zins. Bei flexiblen Preisen gehört auch ein gleichgewichtiges Preisniveau dazu. Dieses Güter-/Geldmarktgleichgewicht bezeichnet Keynes als aggregierte effektive Nachfrage. In Abbildung 6.2 ist die aggregierte effektive Nachfrage über den Schnittpunkt der IS- und LM-Kurven determiniert. Mit der Höhe der aggregierten effektiven Nachfrage ist gleichzeitig die reale Produktionshöhe bestimmt. Sie beträgt $\hat{Y}/p$. Dies folgt daraus, dass die Nachfrage im Falle der keynesianischen Unterbeschäftigung die Marktschranke für die Anbieter darstellt. Die Produktion folgt somit der Nachfrage.

Aus der Produktionstechnologie f (z) folgt, wie viel Arbeitskraft z für die Produktion benötigt wird. Die Nachfragekurve nach Arbeit läuft eng mit der Produktionsfunktion zusammen. Der Gewinn G ist dann wie folgt definiert:

(6.1)    $G = p \cdot y - w \cdot z$ mit $y = Y/p$, bzw.

(6.2)    $G = p \cdot f(z) - w \cdot z$ mit $y = Y/p = f(z)$

Unter Berücksichtigung der notwendigen Bedingung für ein Gewinnmaximum $G_{max}$ lässt sich folgender Zusammenhang erkennen:

(6.3)    $G'(z) = 0 \Leftrightarrow p \cdot \dfrac{\partial f(z)}{\partial z} - w = 0 \Leftrightarrow \dfrac{\partial f(z)}{\partial z} = \dfrac{w}{p}$

D.h. Unternehmen folgen bei ihrer Arbeitskräftenachfrage dem Grundsatz: *„Grenzproduktivität der Arbeit = Reallohn"*. Im keynesianischen System ergibt sich dieses Ergebnis am Ende der ökonomischen Reaktionskette. Erst dann hat sich ein gleichgewichtiger Preis herausgebildet (anders ausgedrückt: erst dann steht die Inflationsrate fest), so dass die Arbeitnehmer und Arbeitgeber wissen, was die Arbeitsstunde real gekostet hat. Der Reallohn ist also Ergebnis (nicht Ausgangspunkt) der gesamtwirtschaftlichen Anpassungsprozesse.

**Abbildung 6.2: Keynesianischer Wirkungsmechanismus**

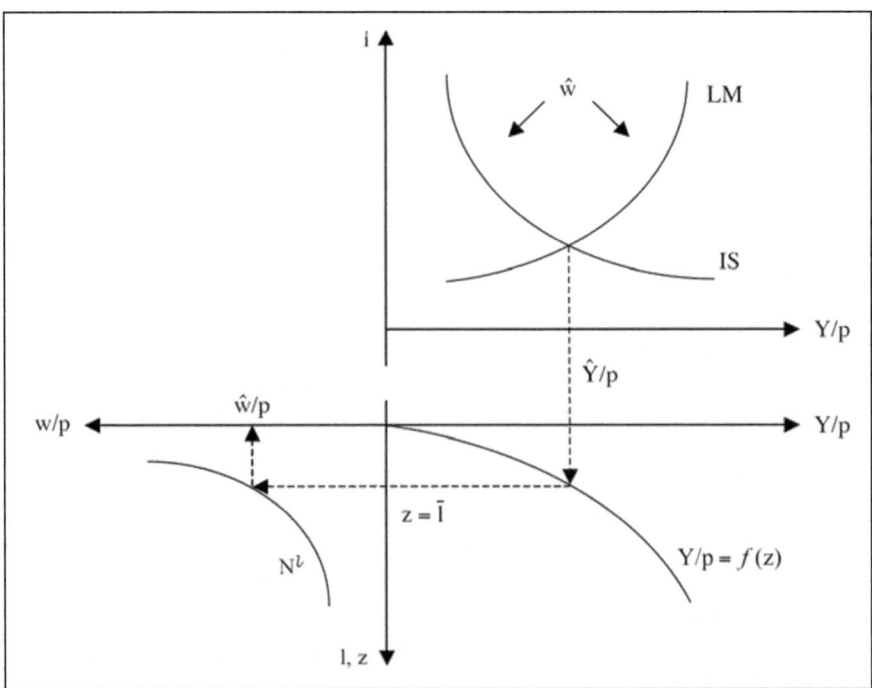

Der Nominallohn hat zwei Wirkungsebenen:

1.  Kaufkrafteffekt
2.  Lohnstückkosteneffekt

Eine Senkung der Löhne in einer Unterbeschäftigungssituation bewirkt zwar, dass die Lohnstückkosten sinken und von daher die unternehmerische Bereitschaft zur Mehrproduktion angeregt wird. Auf der anderen Seite ist aber die Nachfrage für diese Mehrproduktion nicht vorhanden, wenn der Nachfrage über die Lohnminderung Kaufkraft entzogen wird. Die Bekämpfung hartnäckiger Arbeitslosigkeit mit fortgesetzten Lohnsenkungen kann somit das Gegenteil des angestrebten Zweckes bewirken: die Unternehmen antworten nicht mit zusätzlichen Einstellungen wegen der verbesserten Kostenbedingungen, sondern mit zusätzlichen Entlassungen wegen fehlender Nachfrage. Damit kann eine Deflationsspirale in Gang gesetzt werden, die zu immer größerer Arbeitslosigkeit führt. Keynes rät daher davon ab, die Lohnpolitik zur Bekämpfung von Unterbeschäftigungssituationen einzusetzen.

## 6.3 Klassische Unterbeschäftigung

Die Vertreter der klassischen nationalökonomischen Lehre sind der Auffassung, dass die von Keynes diagnostizierten Informationsfehler in einer Marktwirtschaft allenfalls kurzfristiger Natur sind. Störungen der realen Wirtschaftsprozesse regulieren sich demzufolge von selbst. Störungen, die vom Geldmarkt ausgehen spielen keine Rolle. Nach Auffassung der Klassiker wird Geld nur für Transaktionszwecke benutzt und die Geldnachfrage ist eine langfristig stabile Funktion, die im Wesentlichen vom BIP beeinflusst wird.

Den wirtschaftlichen Störenfried Spekulationskasse kennen die Klassiker nicht. Da wegen der Entscheidungssicherheit der Akteure keine Geldillusion entstehen kann, gilt das Say'sche Theorem in vollem Umfang: jedes Angebot schafft sich seine Nachfrage selbst.

Aus diesem Grunde konzentrieren sich die Klassiker ausschließlich auf die Angebotsseite der Volkswirtschaft. Deren Analyse liefert nach ihrer Auffassung den Schlüssel zum Verständnis einer Volkswirtschaft. Die Angebotsseite der Wirtschaft ist beschrieben durch den Produktionsapparat und die Faktormärkte, welche die Inputs für die Produktion liefern. Im Folgenden beschränken wir uns auf den Arbeitsmarkt und das Phänomen der Unterbeschäftigung, das im Mittelpunkt unseres Interesses steht.

Die Produktionstechnologie sei wiederum durch die bereits bekannte Produktionsfunktion

(6.4)     $Y/p = f(z)$

beschrieben. Das Preisniveau p wird in der Formulierung der Produktionsfunktion berücksichtigt, die das reale Produktionsergebnis durch den Einsatz
von Produktionsfaktoren darstellt. Wir haben dies in der Gleichung (6.4) dadurch berücksichtigt, dass das nominale Produkt Y durch das Preisniveau p
dividiert und so das reale Produkt erhalten wird. Der Arbeitsmarkt ist durch
Nachfrage und Angebot an Arbeit gekennzeichnet. Beide hängen nach Ansicht der Klassiker vom Reallohn ab. Es gilt daher:

(6.5)     $A^l = A^l(w/p)$  bzw.  $N^l = N^l(w/p)$

Wenn diese Verhaltensfunktionen den normalen Verlauf zeigen, so ist $A^l$ eine
steigende und $N^l$ eine fallende Kurve. Das Gleichgewicht auf dem Arbeitsmarkt ergibt sich beim Schnittpunkt von $A^l$ und $N^l$, welches für den Reallohn
*(w/p)*\* erreicht wird. Diese Beziehung zeigt Abbildung 6.3.

**Abbildung 6.3: Klassischer funktionierender Arbeitsmarkt**

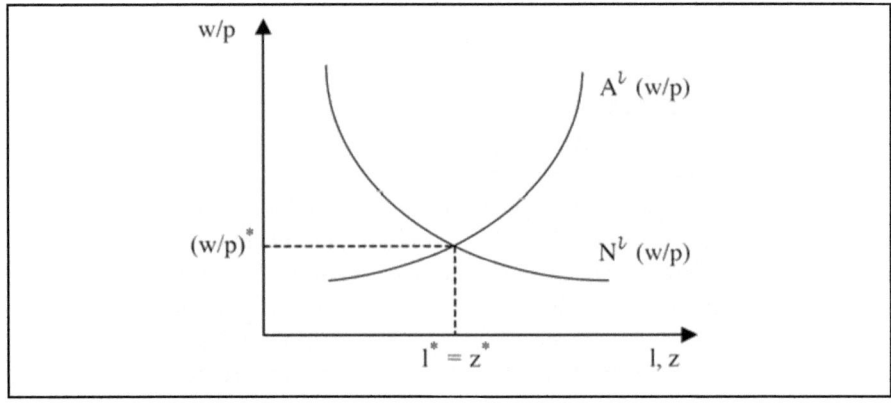

Die Nachfrage nach Arbeit hängt von der Produktionstechnologie ab. So gibt
es mehr oder weniger arbeitsintensive Produktionstechnologien, wie dies
durch die Produktionsfunktion (6.4) beschrieben wird. Für Unternehmen ist
der Arbeitseinsatz optimal gewählt, wenn der Reallohn der Grenzproduktivität der Arbeit entspricht. Die Grenzproduktivität der Arbeit ist das zusätzliche Produktionsergebnis, welches mit dem Einsatz der letzten Arbeitseinheit
erzielt wird. Die Nachfragekurve nach Arbeit ist nichts anderes als die
Grenzproduktivitätskurve der Produktion im Unternehmenssektor. Abbildung 6.4 stellt den gesamten Angebotssektor mit Produktionstechnologie
und Arbeitsmarkt dar. Die Abbildung zeigt, dass Produktion und Nachfrage
nach Arbeit direkt miteinander zusammenhängen und dass es einen Punkt
gibt, in dem die Produktionspläne der Unternehmen, die Nachfragepläne

nach Arbeit und die Angebotspläne der Haushalte an Arbeit in Einklang stehen. Wegen des Say'schen Theorems, wonach sich jedes Angebot seine Nachfrage selbst schafft, müssen damit auch die Nachfragepläne der Haushalte auf dem Gütermarkt mit diesen Planungen kompatibel sein (Say, 1803). Folglich ist es nicht erforderlich, hierzu weitere Überlegungen anzustellen. Wenn die Unternehmen den Vollbeschäftigungsoutput gemäß Abbildung 6.4 herstellen, so wird dieser von den Nachfragern abgenommen.

**Abbildung 6.4: Vollbeschäftigungsoutput**

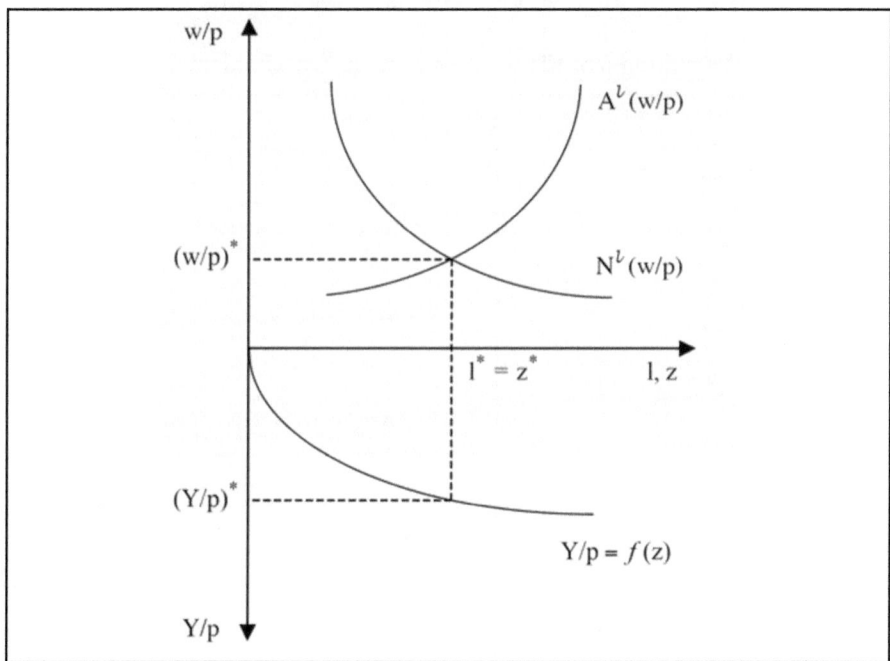

Der Zusammenhang zwischen nominaler und realer Seite der Wirtschaft ist trivial. Im klassischen System gilt die so genannte „Quantitätsgleichung":

(6.6)  $M \cdot v = p \cdot (Y/p)$

    M: Geldmenge

    v: Umlaufgeschwindigkeit des Geldes

    Y/p: reales Inlandsprodukt

    p: Preisniveau

Die Vertreter der klassischen Nationalökonomie haben stets zu zeigen versucht, dass die Umlaufgeschwindigkeit des Geldes eine langfristig stabile Größe in der Volkswirtschaft darstellt, die für jedes Land entsprechend der dort herrschenden Zahlungssitten eine nahezu konstante Größenordnung annimmt. Ist v konstant, so lässt sich die Ex post-Identität für den Geldmarkt als Gleichgewichtsbedingung interpretieren, da in diesem Fall gilt, dass die Geldmenge eindeutig das Preisniveau bestimmt. Denn das reale Produkt Y/p wird bereits durch den Angebotssektor der Volkswirtschaft determiniert.

Auch der Nominalzins bestimmt sich auf dem Kapitalmarkt durch Angebot und Nachfrage, losgelöst vom realen Produkt. Damit gibt es keinen Mechanismus, der Störungen von Geld- und Kapitalmärkten in den realen Bereich des Angebotssektors überträgt. Den Wirkungsmechanismus des klassischen Systems mit dem von Keynes vergleicht Abbildung 6.5.

**Abbildung 6.5: Klassischer Wirkungsmechanismus**

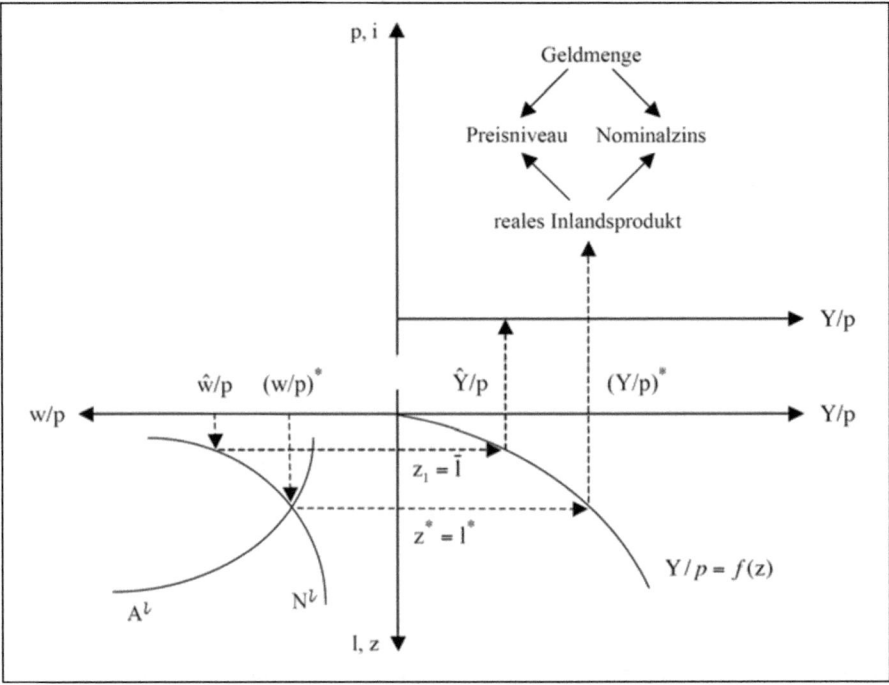

Der entscheidende Unterschied zwischen klassischer und keynesianischer Denkvorstellung besteht darin, dass die Angebotsseite der klassischen Schule, hier dargestellt durch die Produktionsfunktion und den Arbeitsmarkt, das reale Ergebnis der Wirtschaft determiniert. Die Vorgänge auf Geld- und Kapitalmärkten beeinflussen lediglich das Preisniveau und den Nominalzins. Dies führt zu keinerlei Rückschlägen auf den realen Bereich. „Money is a veil" hat Arthur C. Pigou zu dieser klassischen Vorstellung kommentiert. Geld ist ein Schleier, ein Mantel, der sich über den realen Bereich legt, dessen Größe und Struktur aber nicht zu beeinflussen vermag.

Damit haben wir den Schlüssel zum Verständnis der Unterbeschäftigung. Wenn auf dem Arbeitsmarkt Angebot und Nachfrage nicht nach den Marktgesetzen frei ausgependelt werden können, so ist ein entscheidender Baustein des Marktsystems empfindlich gestört. Wenn durch Tarifvereinbarungen, also durch institutionelle Prozesse, die zwischen Verbänden ablaufen, ein Nominallohn von $\hat{w}$ fest vereinbart wird, resultiert daraus ein Reallohn $\hat{w}/p$ wie dies in Abbildung 6.5 dargestellt ist. Liegt dieser Reallohn oberhalb des gleichgewichtigen Reallohns, so impliziert dies Unterbeschäftigung. Das daraus resultierende Produkt ist kleiner als der Vollbeschäftigungsoutput, und die Vorgänge auf Geld- und Kapitalmärkten können an diesem Ergebnis nichts ändern. Die einzigen Möglichkeiten zur Beeinflussung dieser Situation bestehen in der Senkung der Löhne sowie der Veränderung der Produktionstechnologie (Erhöhung der Arbeitsproduktivität).

Hieraus wird ersichtlich, weshalb wir das nordwestliche Regime in Abbildung 4.8 als „klassische Unterbeschäftigung" bezeichnet haben. Es ist zu sehen, dass in diesem Bereich die Reallöhne höher sind als in den anderen Regimes. Da die Klassiker zu hohe Löhne als wesentliche Ursache für Unterbeschäftigung ansehen, hat Malinvaud den Ausdruck „classical underemployment" für eine solche Wirtschaftssituation geprägt. Entscheidend ist, dass die Unternehmen in dieser Situation nicht auf Marktschranken stoßen. Sie produzieren zu den herrschenden Bedingungen (allerdings bei hohem Reallohn) genau ihren gewinnoptimalen Output. Dieser reicht allerdings nicht aus, um Vollbeschäftigung herzustellen. Vollbeschäftigung liegt nicht im Interesse der Unternehmen, denn eine Ausweitung der Produktion zu den herrschenden Bedingungen (hohen Lohnkosten) würde keine Gewinnsteigerung bringen. Hier liegt der Unterschied zur keynesianischen Unterbeschäftigung, bei der sich die Unternehmen wegen mangelnder Nachfrage in der Produktion zurückhalten müssen, obwohl sie weitere Kapazitäten hätten und diese gewinnsteigernd nutzen könnten.

## 6.4 Monetarismus

Der Monetarismus wurde seit den 1960er Jahren von der „Chicagoer Schule" um Milton Friedman entwickelt. Im Mittelpunkt steht die Ablehnung der keynesianischen Interventionspolitik über Staatsausgaben, Steuern und Geldmenge, damit die Planungen der Akteure nicht durch inflatorische Entwicklungen gestört werden. In einer stabilen Wirtschaftsumgebung planen die Akteure langfristig. So hat Friedman für die Konsumplanung die „permanente Einkommenshypothese" entwickelt, die besagt, dass der Konsum vom langfristig erwarteten Durchschnittseinkommen abhängt und nicht, wie bei Keynes, vom aktuellen Einkommen.

Die folgenden Punkte sind zentral:

(1)    Die Geldmenge ist die wesentliche wirtschaftspolitische Stellgröße. Dies folgt aus der Quantitätsgleichung $M \cdot v = p \cdot (Y/p)$, wenn die Umlaufgeschwindigkeit des Geldes als konstant angenommen wird ($v = \text{const}$).

(2)    Löhne und Preise sind flexibel und Marktgewichte nach klassischem Muster möglich.

(3)    Der private Wirtschaftssektor ist stabil.

Aus den Annahmen (2) und (3) resultiert, dass der Angebotssektor der Volkswirtschaft die Höhe des realen Sozialprodukts $Y/p$ bestimmt.

(4)    Im Unterschied zur klassischen Theorie kann es zu Störungen des Marktgeschehens kommen, nämlich dann, wenn inflatorische Tendenzen die Planung der Akteure erschweren.

In seinem 1980 erschienen Artikel „Why inflation is like alcoholism" vergleicht Milton Friedman die Inflation mit dem Alkoholismus: der Beginn macht Spaß, aber die Folgen sind schmerzlich und die Entziehungskur qualvoll (vgl. Kapitel 9.3). Aus diesem Grunde muss über die Geldmenge M das Preisniveau p kontrolliert werden, was wegen $v = \text{const}$ gelingt.

Die Unterbeschäftigungstheorie der Monetaristen hat zwei einfache Kerne: die natürliche Unterbeschäftigungsrate und die Lohninflexibilität. Auch in einer funktionsfähigen Marktwirtschaft wird es keine Arbeitslosenquote von Null geben können. Dies liegt an folgenden Faktoren:

(1)    *Strukturänderungen in der Produktion*. Dadurch werden Arbeitsplätze in rückläufigen Branchen abgebaut und in aufstrebenden Branchen geschaffen. Dieser Übergang geht nicht nahtlos.

(2)    *Räumliche Immobilität der Arbeitnehmer*. Bei Umstrukturierungen der Wirtschaft kommt es zu ungleichgewichtigen Entscheidungen im Raum. Wenn Arbeitnehmer eine geringe Bereitschaft zum Ortswechsel haben, so können die Arbeitsmarktungleichgewichte über einen längeren Zeitraum andauern.

(3)    *Fehlende Arbeitsqualifikation*. Neu aufstrebende Branchen haben häufig Schwierigkeiten, genügend Fachkräfte zu bekommen. Die Arbeitslosenquote ist bei den schlecht ausgebildeten Kräften am höchsten.

(4)    *Suche nach besseren Jobs*. Ein geeigneter Job findet sich in der Regel nicht in wenigen Tagen. Dabei ist zu berücksichtigen, dass auch Ansprüche an die Arbeits- und Wohnumgebung gestellt werden, die der Arbeitnehmer in seine berufliche Entscheidung einbezieht.

Die natürliche Arbeitslosigkeit ist mit Hilfe der Fiskal- und Geldpolitik nicht zu beeinflussen. Laut Friedman stehen die Regierungen aber ständig unter dem Druck von Gewerkschaften und sozialpolitischen Parteiflügeln, welche die Arbeitslosenquote durch Staatsinterventionen herabdrücken möchten. Ein solcher Versuch führt jedoch nur zu inflationären Reaktionen, während sich am realen Produkt und an der Beschäftigung langfristig durch solche Maßnahmen nichts ändern kann.

Der zweite Kern betrifft die Inflexibilität der Löhne. Friedman greift in diesem Zusammenhang vor allem die Mindestlohnpolitik in den Vereinigten Staaten an, die seines Erachtens unsozial war und Arbeitsplätze vernichtete (unter der Regierung Reagan wurden die Mindestlöhne aufgehoben). Ferner führte sie zu regionalen Disparitäten, weil sich die Mindestlöhne im Süden der USA, wo die Landwirtschaft ein starker Wirtschaftszweig ist, stärker produktionsbeschränkend auswirkten als im industrialisierten Norden. Arbeit ist eine Ware wie jede andere und der Lohn ist ein Preis wie jeder andere daher wirkt jede Inflexibilität auf dem Arbeitsmarkt störend für den gesamten Marktmechanismus und führt zu unnötiger Arbeitslosigkeit. Der Abbau dieser unnötigen Arbeitslosigkeit gelingt mit der Rücknahme marktbeschränkender Regularien für den Arbeitsmarkt.

Weitere Punkte, auf die Monetaristen hinweisen, betreffen:

(1) Die Unmöglichkeit, staatliche Konjunkturpolitik zur richtigen Zeit in der richtigen Dosierung durchzuführen (Informationsmängel, langwierige Gesetzgebungsverfahren) und

(2) Die übertriebene staatliche Regulierung auf einigen Märkten (z. B. Energiewirtschaft, Telekommunikation, Verkehr, Entsorgung).

Die Behebung der Arbeitslosigkeit gelingt ausschließlich für den nicht natürlichen Anteil. Die Maßnahmen dürfen dabei nicht direkt ansetzen (keine Beschäftigungsprogramme), sondern müssen sich auf die Herstellung funktionsfähiger Märkte beziehen.

## 6.5 Schlussbemerkung zur Unterbeschäftigung

Traditionell hatte ein Nationalökonom, der einer bestimmten Denkschule, also der keynesianischen oder der klassischen, angehörte, auf das Problem der Unterbeschäftigung sofort die für ihn richtige Antwort parat. Als Keynesianer forderte er eine aktive Nachfragepolitik des Staates, als Klassiker unbedingte Lohnzurückhaltung der Gewerkschaften bei den Tarifverhandlungen und als Monetarist die Kontrolle der Geldmenge zur Sicherung der Währung.

Die Unterbeschäftigungstheorie von Malinvaud lehrt uns dagegen, dass es zunächst auf eine sorgfältige Diagnose des wirtschaftlichen Zustandes ankommt, bevor man eine Therapie entwirft. Ein wichtiges Instrument zu dieser Diagnose ist die Prüfung der Auslastung des Produktionspotentials. Ist das Produktionspotential stark ausgelastet, obwohl Arbeitslosigkeit herrscht, so ist die Unterbeschäftigung eher klassischen Ursprungs und muss kurzfristig über Löhne sowie langfristig über Änderung der Technologie behandelt werden. Ist dagegen das Produktionspotential stark unterausgelastet, so indiziert dies eine keynesianische Form der Unterbeschäftigung. In diesem Falle ist der Staat zur aktiven Stabilisierungspolitik aufgerufen. Allerdings sind mögliche Spätfolgen einer solchen Stabilisierungspolitik zu beachten, vor allem müssen inflatorische Tendenzen begrenzt werden, indem der Staat sich dann zurückhält, wenn seine expansiven Maßnahmen zu greifen beginnen.

Strukturelle Arbeitsmarktprobleme lassen sich nicht mit Konjunkturprogrammen beheben. Die klassisch/monetaristische Position, funktionsfähige Märkte zu schaffen, ist hier die Grundlage einer langfristig angelegten Beschäftigungspolitik. Zudem können Bildungs- und Technologiepolitik dazu beitragen, den Strukturwandel zu beschleunigen und den Übergang zu wachstumsintensiven und dennoch umwelt- und sozialverträglichen Produktionen zu fördern.

Aus der Darstellung der wirtschaftlichen Regimes im Kapitel 4 kann man wichtige Schlüsse zu möglichen Konjunkturverläufen ziehen. In der traditionellen Vorstellung spielt sich der Konjunkturverlauf als Wechsel zwischen einem Unterbeschäftigungsregime und einem Vollbeschäftigungsregime ab, also z. B. zwischen K (keynesianische Unterbeschäftigung) und R (unterdrückte Inflation). Das Regime K steht für unterausgelastete Produktionskapazitäten und Arbeitslosigkeit (Depression), während in R alle Produktionsfaktoren ausgelastet sind und Überhitzungserscheinungen, wie z.B. eine dauerhafte Auslastung der Faktoren an der Kapazitätsgrenze, beobachtet werden.

In Japan, Deutschland und anderen Ländern Europas gibt es lang andauernde Phasen der Unterbeschäftigung, die Konjunkturzyklen überdauern. Diese können offenbar nicht mehr mit dem traditionellen Konjunkturschema erklärt werden. Die Analyse der wirtschaftlichen Regimes bietet dagegen eine Erklärungsmöglichkeit für dieses Phänomen. Gehen wir davon aus, dass sich die Unternehmen risikoavers verhalten, also nicht den Erwartungswert der Nachfrage sondern ein geringeres Volumen zur Grundlage ihrer Investitionspläne machen. Um bei geringerem Produktionsvolumen Gewinne zu erzielen müssen die Kosten gesenkt werden, was durch starke Rationalisierungsanstrengungen möglich ist. Im Ergebnis erhält man ein Unterbeschäftigungsregime vom klassischen Typ, bei dem die Unternehmen ihre Planungen realisieren, während die Haushalte ihre Beschäftigungswünsche nicht umsetzen können.

Ein Gleichgewicht im Regime der klassischen Unterbeschäftigung kann nicht dauerhaft sein, da nunmehr die Haushalte ihre Nachfrage angesichts der Unterbeschäftigung und fehlender Zukunftsaussichten zurückfahren. Es entsteht eine Konsumzurückhaltung und eventuell sogar das paradox erscheinende Ergebnis, das die Sparquote ansteigt. Letzteres ist aus der Risikoaversion der Haushalte zu erklären, die in der Phase der Unterbeschäftigung nicht darauf setzen, dass sich die Situation bald verbessert, sondern dass es eventuell noch schlimmer wird. Damit bewegt sich die Ökonomie in Richtung der keynesianische Unterbeschäftigung, die bekanntlich die Nachfrageschwäche als dominierende Ursache kennt.

Wenn die Unternehmen auf die schwächere Nachfrage wiederum durch Anpassung der Investitionen reagieren und ihre Rationalisierungsbemühungen verstärken, so bewegen sie die Ökonomie wieder vom Regime der keynesianischen Unterbeschäftigung in Richtung der klassischen Unterbeschäftigung. Im Ergebnis erhalten wir einen Konjunkturzyklus, der den Bereich der Unterbeschäftigung nicht verlässt, teilweise keynesianische, teilweise klassische Merkmale aufweist und somit den Vertretern beider Theorien aus ihrer Sicht empirische Belege für ihre Positionen liefert.

Abbildung 6.6 beschreibt das traditionelle Bild vom Konjunkturverlauf (Wechsel zwischen K und R) und den Konjunkturverlauf bei dauerhafter Unterbeschäftigung (Wechsel zwischen K und C).

**Abbildung 6.6: Temporäre Gleichgewichte**

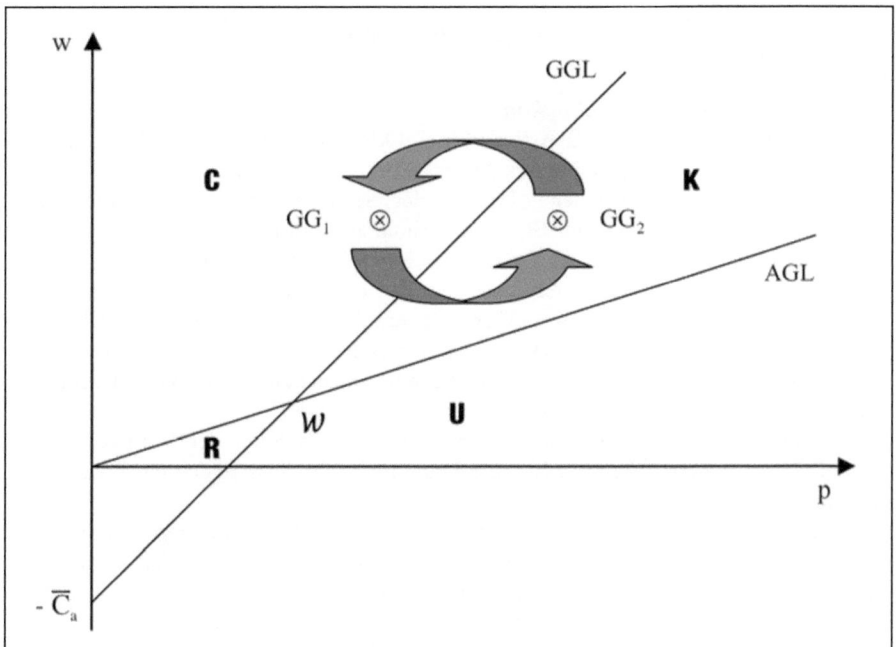

Die temporären Gleichgewichtspositionen in K und C, die in der Graphik mit GG₁ bzw. GG₂ bezeichnet sind, kann man als labile Gleichgewichte interpretieren, die keine Ruhezustände der Ökonomie darstellen und sofort Bewegungen in die Gegenrichtung auslösen. Eine Bewegung in Richtung des gesamtwirtschaftlichen Optimalzustandes W kommt aus den inneren Antriebskräften nicht zu Stande.

Eine bedeutende Gemeinsamkeit dieses Unterbeschäftigungszyklus ist die bei Unternehmen und Haushalten vorherrschende starke Risikoaversion. Es gilt, das Vertrauen von Unternehmen und Haushalten in eine Besserung der Konjunktur wieder herzustellen. Dies gelingt nur, wenn die strukturellen Probleme, die zu dem Vertrauensverlust geführt haben, beseitigt werden können. In Deutschland lassen sich hier anführen:

- Lösung der Langfristprobleme für Renten, Sozialfürsorge und Gesundheitswesen,
- Verringerung der Belastungen des Faktors Arbeit,
- Verbesserung der Bedingungen für die Reinvestition von Gewinnen,
- Stabiles Verhalten des Staates als Nachfrager und Investor, z. B. bei den Infrastrukturen.

---

**Food for thougth**          **Beitrag zur Lohndebatte**

### Arbeiter sind keine Artischocken

Arbeiter sind nicht anders als Artischocken. Oder Autos. Oder Brötchen. Sie sind eine Ware. Auch sie unterliegen den Marktkräften. Auch für sie gilt das Gesetz von Angebot und Nachfrage. Jeder Politiker, jeder Gewerkschafter, der sich dieser unangenehmen Wahrheit verschließt, ist mit schuld am größten

Problem der Bundesrepublik Deutschland: der Arbeitslosigkeit.

So oder so ähnlich argumentiert die Mehrzahl der deutschen Wirtschaftswissenschaftler. Klingt ja auch logisch: Wenn es auf dem Gemüsemarkt zu viele Artischocken gibt, muss der Preis sinken, dann verschwindet das Überangebot. Wenn auf dem Arbeitsmarkt ein Überangebot besteht, muss der Lohn sinken. Dann verschwindet die Arbeitslosigkeit. [...]

Warum fällt es der Öffentlichkeit so schwer, dem Kurs der Lohnkürzungen dauerhaft zu folgen? Warum sehen die Leute nicht ein, dass Arbeit ein Produkt ist wie jedes andere auch? Weil das nicht stimmt.

Die Gleichsetzung von Arbeitskraft mit jedem beliebigen anderen Produkt entspringt dem Wunsch der Wirtschaftswissenschaftler, so exakt zu arbeiten wie Naturwissenschaftler. Sie wollen eindeutige Aussagen und Prognosen liefern. Also haben sie mit Hilfe mathematischer Gleichungen eine Modellwelt von beeindruckender Klarheit geschaffen. In ihr existiert nichts außer Mengen und Preisen. Es gilt: Wenn der Preis eines bestimmten Produkts höher liegt, als es den Marktkräften entspräche, wird es zwar von vielen Leuten angeboten, aber nur von wenigen nachgefragt. Die Bäcker und Gemüsehändler bleiben dann auf ihrer Ware sitzen.

Erst wenn der Preis des Produktes sinkt, nimmt die Zahl der Anbieter ab, die Zahl der Käufer steigt, der Markt gelangt wieder ins Gleichgewicht.

Diese Theorie entspricht durchaus der Realität. Allerdings nur, wenn es um Artischocken oder Brötchen geht.

Denn Gemüse hat keinen Stolz. Es will sich nicht selbst verwirklichen. Es muss auch keine Familie ernähren. Auf dem Arbeitsmarkt aber spielen solche Dinge eine wichtige Rolle. Vor allem, wenn es um die Frage geht, wie viele Leute eine Arbeit suchen. [...]

Ein Facharbeiter, der plötzlich kein Weihnachtsgeld mehr bekommt, müsste gemäß der ökonomischen Theorie weniger arbeiten, nach dem Motto: „Es lohnt sich ja nicht mehr so wie früher." In der Realität aber hat dieser Arbeiter eine Frau und vielleicht zwei oder drei Kinder. Er wird deshalb nicht weniger, sondern sogar noch mehr arbeiten als früher, um den Verdienstausfall auszugleichen. Er wird sich zum Beispiel bei einer Wachfirma für einen Nebenjob bewerben und dort so manchen Ungelernten verdrängen, der dann auf der Straße steht. Lohnzurückhaltung kann also das Arbeitsangebot und damit die Arbeitslosigkeit noch erhöhen, statt sie zu senken. [...]

Die meisten Industrieunternehmen lassen im Zweifel lieber weniger und dafür motivierte Leute für sich arbeiten, denen sie einen einigermaßen fairen Lohn zahlen, als möglichst viele Mitarbeiter zu möglichst niedrigen Tarifen zu beschäftigen. Auch daran liegt es, dass die Unternehmen zwar gute Gewinne schreiben, dass aber trotzdem nicht alle Leute einen Job finden. Trotz Lohnzurückhaltung. Arbeit ist eben anders als alle anderen Waren, und das simple Drehen an der Lohnschraube hilft nicht weiter, auch wenn viele hiesige Ökonomen das nicht wahrhaben wollen. [...]

Er (Nobelpreisträger Robert Solow) drückte es so aus: „Arbeiter sind keine Artischocken."

Quelle: Die ZEIT, 05.01.2006, Wolfgang Uchatius.

## Aufgaben zu Kapitel 6

6.1 Welche Gründe führen Ihrer Meinung nach dazu, dass die Problematik der Unterbeschäftigung in der theoretischen und praktischen Wirtschaftspolitik einen sehr großen Stellenwert hat?

6.2 Wie lässt sich Unterbeschäftigung im Modell der klassischen bzw. keynesianischen nationalökonomischen Lehre bekämpfen?

# 7    Wachstum und Konjunktur

Volkswirtschaften sind keine starren Gebilde, sondern unterliegen beständigen Veränderungen. Kapitel 7 untersucht die Determinanten dieses Wandels und konzentriert sich dabei auf die Erklärung von Wachstum.

Gemäß der neoklassischen Wachstumstheorie basiert wirtschaftliches Wachstum auf einer verbesserten Ausstattung mit den Produktionsfaktoren Arbeit, Kapital und Wissen. Da sowohl der Zufluss an Kapital als auch an Arbeit limitiert ist, kommt dem unter dem technologischen Wandel (Wissen) eine herausragende Rolle zu. Erst eine beständige Erhöhung der Produktivität gewährleistet ein kontinuierliches Anwachsen von Produktion und Einkommen (Kapitel 7.1).

Es steht außer Zweifel, dass wirtschaftliches Wachstum eng an die Verfügbarkeit von Produktionsfaktoren gebunden ist. Allerdings konnten in der Vergangenheit kaum längere Perioden ungestörten Wachstums beobachtet werden. Vielmehr scheinen sich die meisten Ökonomien wellenförmig zu entwickeln. Die Analyse dieser zyklischen Wachstumsverläufe ist Hauptgegenstand der Evolutorischen Ökonomik (Kapitel 7.2).

Zu den bekanntesten Zyklen zählen zweifellos die in Kapitel 7.3 dargestellten Konjunkturzyklen. Sie bestimmen maßgeblich die mittelfristige Entwicklung einer Volkswirtschaft (Konjunktur) und überlagern damit langfristig beobachtbare Wachstumspfade.

## 7.1    Wachstumstheorie in der Neoklassik

Die wirtschaftlichen Indikatoren, wie Bruttoinlandsprodukt (BIP), Beschäftigung oder Kapital, ändern sich mit der Zeit. Wenn wir einen Indikator, z. B. das BIP ($Y$), über einen Zeitraum von $t-1$ bis $t$ beobachten, so können wir folgendes feststellen:

(1)    Falls $Y_t > Y_{t-1}$, so kennzeichnet dies ein Wachstum des BIP.

Dies kann auch ausgedrückt werden durch:

(2)    $g_Y = (Y_t - Y_{t-1})/Y_{t-1} \approx (\partial Y/\partial t)/Y_{t-1} > 0$, wobei die zweite Schreibweise unterstellt, dass das Zeitintervall sehr klein ist. $g_Y$ beschreibt das prozentuale Wachstum und wird als Wachstumsrate des BIP definiert.

(3)　　Ist das betrachtete Zeitintervall groß, so gibt die Wachstumsrate eine durchschnittliche Entwicklung an, hinter der Schwankungen nach oben und unten stehen können.

(4)　　Sind die betrachteten Zeitintervalle sehr klein, so zeichnet die Wachstumsrate alle Schwankungen des BIP im Beobachtungszeitraum auf.

Für eine Betrachtung längerer Zeiträume, wie z. B. der Jahrhunderte vor und nach der industriellen Revolution (18./19. Jahrhundert) oder der Jahrzehnte vor und nach der politischen Wende in Europa (1900), sind Durchschnitte oder Trends der Entwicklung nützliche Informationen.

Geht es dagegen um die Beurteilung der Auswirkungen von Ölpreisbewegungen auf die Wirtschaftsentwicklung des nächsten Jahres, so ist die detaillierte Beschreibung des Zeitverlaufs wichtig, um politische Entscheidungen zu unterstützen (Beispiel: Umfang der nationalen Ölreserven, Abfedern von Preisschocks durch Steuererleichterungen).

Die längerfristige Perspektive mit großen Zeitintervallen ist Gegenstand der Wachstumstheorie und -politik, während die Konjunkturtheorie und -politik sich mit Bewegungen ökonomischer Indikatoren in kurzen Zeitintervallen beschäftigt.

### 7.1.1　Produktion und Produktionspotential

Wirtschaftliches Wachstum lässt sich aus den Kennzahlen der Volkswirtschaftlichen Gesamtrechnung ableiten. Dabei unterscheiden wir zwischen der durchschnittlichen Wachstumsrate für einen bestimmten Zeitraum und der jahresdurchschnittlichen Wachstumsrate. Die durchschnittliche Wachstumsrate $g_Y$ für einen Zeitraum von n Jahren sowie die jahresdurchschnittliche Wachstumsrate $g_{Ya}$ ergeben sich aus:

(7.1)　　$g_Y = (Y_t - Y_{t-n})/Y_{t-n}$

(7.2)　　$g_{Ya} = (Y_t / Y_{t-n})^{1/n} - 1$　　　(abgeleitet aus: $Y_{t-n}(1+g_{Ya})^n = Y_t$)

Eine Analyse der weltweiten Wachstumsraten im Zeitraum von 1997 bis 2007 zeigt, dass die Wirtschaftsdynamik in den USA stärker als in Europa und deutlich stärker als in Japan war.

Abbildung 7.1 zeigt die Entwicklung des jeweiligen BIP sowie der jahresdurchschnittlichen Wachstumsraten.

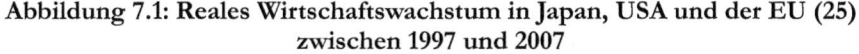

**Abbildung 7.1: Reales Wirtschaftswachstum in Japan, USA und der EU (25) zwischen 1997 und 2007**

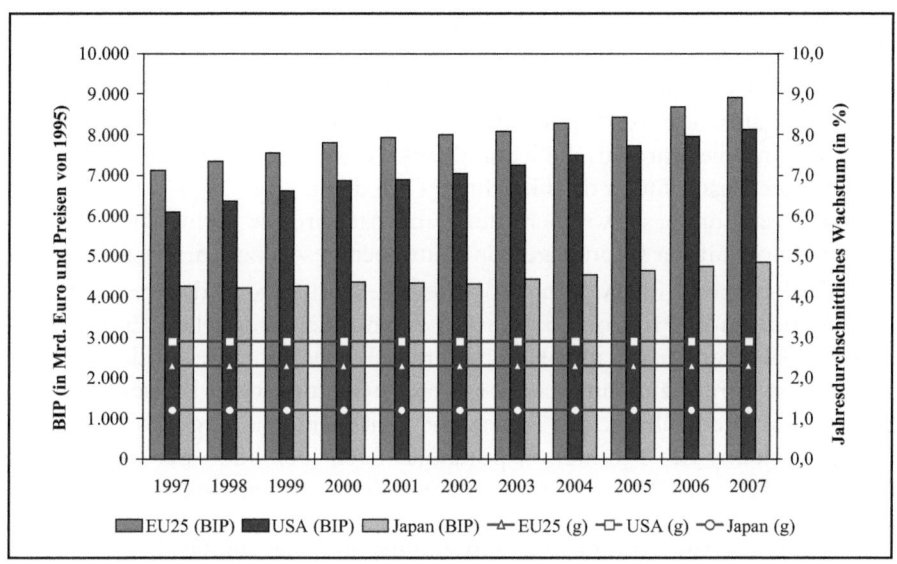

In den Modellen zum wirtschaftlichen Wachstum stellt man eine Verbindung zwischen dem wirtschaftlichen Leitindikator, dem BIP, und den Produktionsfaktoren her, die zu seiner Herstellung beigetragen haben. In der Modelldarstellung gelingt dies durch Einführung einer Produktionsfunktion, z. B. der vielfach benutzten Cobb-Douglas Produktionsfunktion:

$$(7.3) \quad Y^{POT} = F(K, L) = A \cdot K^{\alpha} \cdot L^{\beta}$$

$Y^{POT}$:    Produktionspotential

K:    Kapitaleinsatz

L:    Arbeitseinsatz

A:    Produktivitätsfaktor

$\alpha, \beta$:    Produktionselastizitäten[15]

Produktionsfunktionen bilden den Einsatz von Produktionsfaktoren in den damit effizient herstellbaren Output ab. Insoweit steht $Y^{POT}$ nicht für ein tatsächlich erzieltes oder erwartetes, sondern für ein potentiell erzielbares Pro-

---

[15]    Die partiellen Produktionselastizitäten zeigen die relative Bedeutung eines Produktionsfaktors auf. Sie geben näherungsweise an wie stark sich das Produktionspotential bei einer marginalen Änderung des Faktoreinsatzes ändert. Ihre quantitative Bestimmung basiert in der Regel auf Regressionsanalysen.

duktionsergebnis. Dieses bezeichnen wir als Produktionspotential. Das Produktionspotential einer Volkswirtschaft entspricht der maximalen Produktion, die ohne zusätzlichen Inflationsdruck produziert werden kann.[16] Unter „Wachstum" im theoretischen Modell ist entsprechend die längerfristige Veränderung des Produktionspotentials in der Zeit zu verstehen.

Die Organisation für wirtschaftliche Zusammenarbeit und Entwicklung (OECD) und die Europäische Zentralbank verwenden einen Ansatz, der zur empirischen Bestimmung der Gleichung (7.3) dient.

Der Ansatz umfasst zwei Schritte: Zunächst wird die formulierte Produktionsfunktion auf der Grundlage von Zeitreihen geschätzt. Im Ergebnis erhält man die Parameter für A, $\alpha$ und $\beta$. Anschließend werden die trendmäßigen Veränderungen der Faktorproduktivität A und die potentiellen Einsatzmengen der Faktoren Arbeit und Kapital ermittelt. Die Obergrenze der Einsatzmengen ist dort anzunehmen, wo weitere Steigerungen zu Preiserhöhungen bei den Faktoren führen. Mit Ausnahme Griechenlands zeigt Abbildung 7.2 die Entwicklung des Produktionspotentials nach Definition der OECD und des tatsächlichen BIP für die Eurozone und den Zeitraum von 1982 bis 2007.

**Abbildung 7.2: Entwicklung des Produktionspotentials und tatsächlichen BIP im Euroraum (ohne Griechenland) zwischen 1982 und 2007**

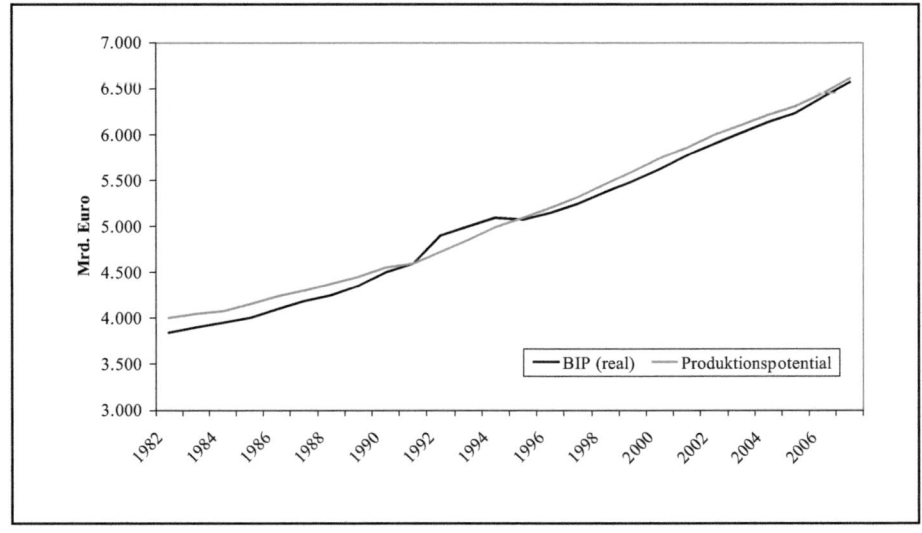

---

[16]    Diese Definition wird z.B. vom Internationalen Währungsfond verwendet. Der Sachverständigenrat zur Begutachtung der wirtschaftlichen Entwicklung in Deutschland verwendet einen anderen Ansatz. Siehe: http://www.sachverstaendigenrat-wirtschaft.de/

Während der achtziger Jahre verläuft das Produktionspotential weitgehend oberhalb des tatsächlichen BIP. Zu Beginn der neunziger Jahre gibt es einen Boom, nicht zuletzt ausgelöst durch die Deutsche Einheit. Dieser ebbt jedoch gegen Mitte der neunziger Jahre ab und das tatsächliche BIP verläuft dann bis zum Jahr 2007 wieder unterhalb des Produktionspotentials. Allerdings ist ein Angleichen der beiden Kurven zu beobachten.

### 7.1.2 Gleichgewichtiges Wachstum

In diesem Abschnitt behandeln wir den von der ökonomischen Neoklassik entwickelten Ansatz zur Erklärung eines gleichgewichtigen Wachstums. Gleichgewicht bedeutet dabei zweierlei: Erstens sollen die Produktionsfaktoren optimal ausgelastet sein und die Produktionsprozesse effizient ablaufen zweitens soll sich die Wirtschaft störungsfrei auf einem kontinuierlichen Zeitpfad befinden, so dass die Akteure sicher oder unter rationalen Erwartungen (siehe Abschnitt 14.1) planen können. Die Neoklassik unterstellt dabei für die Produktionsseite unter anderem folgende Annahmen:

- Effizienz der Produktionsprozesse,
- konvexe Technologien (Produktionsverlauf mit abnehmenden Ertragszuwachs),
- weitgehende Teilbarkeiten von Produktionsfaktoren und Gütern,
- Verfügbarkeit aller Produktionsfaktoren, d. h. keine Begrenztheit von Ressourcen. Spezielle Annahme: Lineare Homogenität (Verdoppelung aller Inputs führt zu einer Verdoppelung des Outputs).

Unter diesen Voraussetzungen ermöglicht ein von Solow und Swan entwickeltes Modell die Erklärung langfristigen Wachstums (Solow, 1956). Zunächst lässt sich die Produktion mit Hilfe der Produktionsfunktion (10.3) beschreiben. Wegen der Effizienzhypothese gilt, dass

(7.4)     $Y^{POT} = Y_r$   mit $Y_r$: reales BIP.

Dividiert man beide Seiten der Produktionsfunktion durch die Beschäftigung L, so entsteht

(7.5)     $y = f(k)$ mit

   $y$:   $Y_r / L$   (reales BIP pro Beschäftigten)

   k:   $K/L$

Das reale BIP ($Y_r$) pro Beschäftigten hängt also von der Kapitalintensität k ab.

*Wachstum der Beschäftigung*

Um die Modellwelt einfach zu halten, nehmen wir an, dass die Erwerbsquote (Anteil der Beschäftigten an der Bevölkerung) konstant ist. Dann wächst die Beschäftigung proportional zur Bevölkerung. Damit wird das Wachstum der Beschäftigung vollkommen exogen erklärt, d. h. es folgt aus der Wachstumsrate der Bevölkerung (Geburten, Todesfälle und Migration).

Dann folgt die Beschäftigtenentwicklung, ausgehend von einem Stand $L_0$ in einer Anfangsperiode, der folgenden Gleichung:

(7.6)     $L_t = L_0 \cdot e^{g_L \cdot t}$    mit

(7.7)     $g_L = \dfrac{L_t - L_{t-1}}{L_{t-1}}$    (Wachstumsrate d. Bevölkerung bzw. Beschäftigung)

*Zusammenhang zwischen Kapital, Investition und Ersparnis*

Die Kapitalbildung vollzieht sich als Prozess über die Zeit. Neue Investitionen erhöhen das Kapital, während verbrauchtes Kapital verschwindet und in Form von Abschreibungen den Kapitalstock schmälert. Der Kapitalstock wächst damit jährlich um die Nettoinvestitionen (Bruttoinvestitionen minus Abschreibungen).

(7.8)     $\dfrac{\partial K}{\partial t} = I_t$

Aus der makroökonomischen Gleichgewichtsanalyse wissen wir, dass in einer geschlossenen Volkswirtschaft ein gesamtwirtschaftliches Gleichgewicht vorliegt, wenn gilt:

(7.9)     $I_t = S_t$

       $S_t$:    Ersparnis.

Unter der Annahme, dass die Ersparnis von $Y_r$ abhängt, ergibt sich:

(7.10)    $I_t = S(Y_{r,t}) = s \, Y_{r,t}$

       s:    Sparquote

Damit ergibt sich der Zusammenhang:

$$(7.11) \quad \overset{\circ}{K} = \frac{\partial K}{\partial t} = I_t = S_t = s \cdot Y_{r,t} = s \cdot F(K_t, L_t)$$

$\overset{\circ}{K}$ : Zuwachs des Kapitalstocks

*Gleichgewicht für Kapitalintensität und Arbeitsproduktivität*

Die Kapitalintensität ist mit k = K/L definiert. Logarithmiert man diese definitorische Beziehung und bildet anschließend das Differential, so gilt:

$$(7.12) \quad \ln k_t = \ln K_t - \ln L_t$$

$$(7.13) \quad \overset{\circ}{k}/k = \frac{\partial k / \partial t}{k} = \frac{\partial K / \partial t}{K} - \frac{\partial L / \partial t}{L}$$

$\overset{\circ}{k}$ : Zuwachs an Kapitalintensität

Im Gleichgewicht entspricht $\partial K / \partial t \; (= I_t)$ gerade der Ersparnis $s \cdot Y_{r,t} \; (= S_t)$. Da die Wachstumsrate der Beschäftigung in Gleichung (7.7) bereits mit $g_L$ bezeichnet wurde, lässt sich die Beziehung (7.13) auch wie folgt formulieren:

$$(7.14) \quad \overset{\circ}{k}/k = \frac{s \cdot Y_r}{K} - g_L$$

Die Division von $Y_r$ und K durch L führt schließlich zu

$$(7.15) \quad \overset{\circ}{k}/k = \frac{s \cdot f(k)}{k} - g_L \; .$$

Ein Gleichgewicht stellt sich ein, wenn

$$(7.16) \quad \overset{\circ}{k} = 0 \; .$$

Ein solches Gleichgewicht, das für ein optimales k* erfüllt ist, bezeichnen wir als „Steady State". Es kennzeichnet eine „Ruhelage", gegen die die Entwicklung des Wirtschaftssystems von einer beliebigen Ausgangslage anstrebt. Der Wert für die Kapitalintensität k, für den der Gleichgewichtszustand eintritt, lässt sich aus (7.15) und (7.16) berechnen. Es folgt:

$$(7.17) \quad k^* = f(k^*) \cdot \frac{s}{g_L} \; .$$

Erreicht also die Kapitalintensität den Wert k*, so stoppen die Anpassungsprozesse, die mit $\overset{o}{k}$ beschrieben sind. Aus (7.17) lässt sich der gleichgewichtige Output je Beschäftigtem y* durch Umformung berechnen:

(7.18)   $y^* = f(k^*) = k^* \cdot \dfrac{g_L}{s}$, mit $y^* = Yr^*/L^*$.

*Fazit 7.1:*      *Gleichgewichtiges Wachstum tritt im Grundmodell der neoklassischen
                Wachstumstheorie dann ein, wenn die Arbeitsproduktivität f(k) mit der
                Kapitalintensität k, gewichtet mit dem Quotienten aus Wachstumsrate
                der Beschäftigung $g_L$ und Ersparnis s, übereinstimmt.
                Ausgehend vom Gleichgewicht wächst die Wirtschaft mit der Rate $g_L$.
                Alle Größen, wie Produktion, Konsum oder Kapitalstock, wachsen mit
                dieser Rate.*

**Abbildung 7.3: Gleichgewichtiges Wachstum**

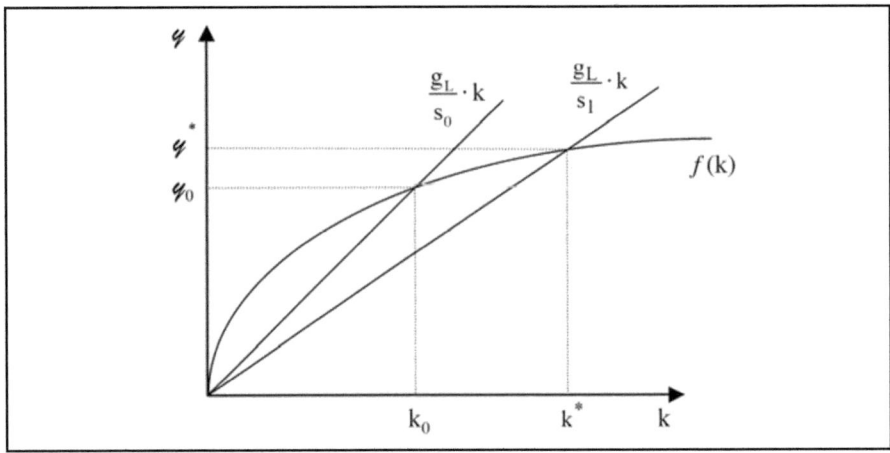

Die Sparquote spielt für das Niveau des Gleichgewichts eine zentrale Rolle,
wie man anhand der Abbildung 7.3 nachvollziehen kann. Angenommen, die
Sparquote liege im Ausgangszustand bei $s_0$ und steige auf $s_1$. Dann sinkt die
Steigung der durch $(g_L/s) \cdot k$ beschriebenen Geraden und es wird ein Gleich-
gewichtspunkt mit höheren Werten für die y* und k* erreicht.

*Fazit 7.2:*      *Mit steigender Sparquote verlagert sich das Gleichgewicht auf ein höhe-
                res Niveau.*

*Zwei Anmerkungen zu diesem Fazit:*

(1)    Während ein Absinken der Sparquote die Konjunktur beflügeln kann, weil der Konsum entsprechend ansteigt und die Nachfrage erhöht, ist dies schädlich für das langfristige Wachstum. Denn der Aufbau des Kapitalstocks, der für ein dauerhaft hohes Produktionsniveau erforderlich ist, verlangt Investitionen und diese müssen wiederum aus Sparkapital finanziert werden. Die gleichgewichtige Wachstumsrate ist allerdings von der Sparquote unbeeinflusst.

(2)    Für eine geschlossene Wirtschaft ist es ein ehernes Gesetz, dass ein dauerhaft hohes Produktionsniveau auch hohe Investitionen und somit eine entsprechende Sparbereitschaft voraussetzt. In einer offenen Volkswirtschaft mit vielfältigen internationalen Verflechtungen ist dies nicht mehr zwingend. Denn das Sparkapital, das ein Land benötigt, um seine Investitionen durchzuführen, kann auch aus dem Ausland kommen.

Prominentes Beispiel für (2) ist die Wirtschaft der USA. Die USA haben die niedrigste Sparquote unter den Industrieländern (zwischen 1 % und 2 %) und dennoch ein erheblich höheres Wachstum als Europa oder Japan. Dieses ist nur durch massive Kapitalströme aus dem Ausland möglich und wird durch die hohen Erwartungen der Kapitalanleger bezüglich der US- Wirtschaftsdynamik angetrieben.

### 7.1.3    Wachstum unter Einbeziehung des technischen Fortschritts

Die Fazite 7.1 und 7.2 sind empirisch jedoch sehr fraglich. Graphik 7.3 zeigt die Schwierigkeit von Grenzbetrachtungen des neoklassischen Wachstumsmodells wenn $g_L \to 0$ geht, also Beschäftigung und Bevölkerung stagnieren. Aus der Wirtschaftsstatistik wissen wir, dass der Kapitalstock in entwickelten Ländern wesentlich schneller wächst als die Bevölkerung, was der These gleicher Wachstumsraten für alle Variablen widerspricht. In manchen Ländern wird es mittel- und langfristig sogar zu einer Stagnation oder Schrumpfung der Bevölkerung kommen, was für das Modell eine Stagnation der Wirtschaft implizieren würde. Um einen Schritt näher zur wirtschaftlichen Realität zu kommen, ist das im vorigen Abschnitt entwickelte Modell zu erweitern.

Zu diesem Zweck führen wir den technischen Fortschritt ein. Dieser bewirkt, dass auch ohne Erhöhung des Einsatzes an Kapital und Arbeit über die Zeit mehr produziert werden kann. Technischer Fortschritt kann also arbeits- oder kapitalvermehrend interpretiert werden. Wir werden der Einfachheit halber den technischen Fortschritt nur auf den Arbeitseinsatz beziehen. Verdoppelt sich z. B. der Produktivitätsfaktor A (siehe Gleichung 7.3), so kann das gleiche Produktionsergebnis bei konstantem Kapitaleinsatz mit der Hälfte an Arbeitskräften realisiert werden. Oder umgekehrt: Bei gleichem Einsatz an Produktionsfaktoren würde sich das Produktionsergebnis verdoppeln.

Die Wachstumsrate des technischen Fortschritts ist definiert mit:

$$(7.19) \quad g_A = \frac{(A_t - A_{t-1})}{A_{t-1}}$$

Unter Berücksichtigung des Produktivitätsfaktors A kann die Produktionsfunktion wie folgt umgeschrieben werden:

$$(7.20) \quad Y_r = F(K, E) \quad \text{mit } E = A \cdot L$$

Der Arbeitseinsatz L wird nun in jeder Periode mit dem Produktivitätsfaktor A multipliziert. Das Ergebnis E bezeichnen wir als effektiven Arbeitseinsatz. Die Produktion wird nun gemäß (7.20) als Ergebnis aus dem Einsatz von Kapital und effektiver Arbeit dargestellt. Diesen Zusammenhang können wir auf den effektiven Arbeitseinsatz beziehen und erhalten:

$$(7.21) \quad Y_r / E = F(K/E) \quad \text{bzw.}$$

$$(7.22) \quad y_e = f(k_e); \qquad \text{Index e: in Effizienzeinheiten gemessen.}$$

Während die Entwicklung der Beschäftigung im oben entwickelten Modell nur von der Wachstumsrate $g_L$ abhing, so gilt nun für den effektiven Arbeitseinsatz:

$$(7.23) \quad E_t = L_t \cdot e^{g_A \cdot t} = L_0 \cdot e^{g_L \cdot t} \cdot e^{g_A \cdot t} = L_0 \cdot e^{(g_L + g_A) \cdot t}$$

Der effektive Arbeitseinsatz steigt also mit der Wachstumsrate $g_L + g_A$.

Analog zur Ableitung im Modell ohne technischen Fortschritt betrachten wir nun die Veränderung der Kapitalintensität in Effizienzeinheiten ke:

$$(7.24) \quad \overset{\circ}{k_e} / k_e = \overset{\circ}{K} / K - \overset{\circ}{E} / E$$

Durch einsetzen erhalten wir:

$$(7.25) \quad \overset{\circ}{k_e} / k_e = \frac{s \cdot f(k_e)}{k_e} - (g_L + g_A)$$

Im Gleichgewicht muss $\overset{\circ}{k_e} / k_e = 0$ sein. Dies führt zu

$$(7.26) \quad \frac{s \cdot f(k_e^*)}{k_e^*} = (g_L + g_A), \text{ oder}$$

$$(7.27) \quad \mathcal{y}_e^* = f(k_e^*) = \frac{k_e^* \cdot (g_L + g_A)}{s}$$

*Fazit 7.3:*     *Gleichgewichtiges Wachstum tritt im erweiterten neoklassischen Wachstumsmodell dann ein, wenn die Arbeitsproduktivität in Effizienzeinheiten $f(k_e)$ mit der Kapitalintensität in Effizienzeinheiten $k_e$, gewichtet mit dem Quotienten aus Wachstumsraten $(g_L + g_A)$ und Ersparnis s, übereinstimmt.*

*Ausgehend vom Gleichgewicht wächst die Wirtschaft mit der Rate $g_L + g_A$. Alle Größen, wie Produktion, Konsum oder Kapitalstock, wachsen mit dieser Rate. Einzige Ausnahme bildet die Beschäftigung, die nur mit der Rate $g_L$ wächst.*

**Abbildung 7.4: Gleichgewichtiges Wachstum unter Einbeziehung des technischen Fortschritts**

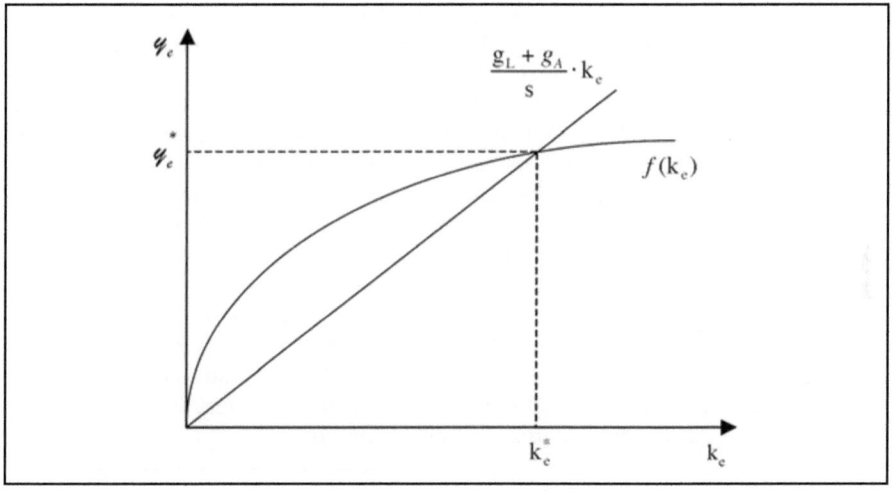

Fazit 7.2 bleibt erhalten, d. h. in jedem Falle bewirkt eine höhere Ersparnis ein höheres Niveau der gleichgewichtigen Produktion. Auf diesem höheren Gleichgewichtsniveau wachsen die ökonomischen Größen mit der Summe der Wachstumsraten aus Beschäftigung und technischem Fortschritt. Nunmehr kann die Wirtschaft auch wachsen, wenn die Beschäftigung (Bevölkerung) stagniert.

*Fazit 7.4:*      *Bei konstanter Beschäftigung (Bevölkerung) wächst die Wirtschaft mit der Rate des technischen Fortschritts.*

Wir haben damit herausgearbeitet, dass der technische Fortschritt die beherrschende Rolle für das Wirtschaftswachstum spielt. Im Mittelpunkt des technischen Fortschritts stehen Innovationen, also neue Verfahren und neue Produkte. Diese sind das Ergebnis von Forschungs- und Entwicklungsleistungen.

| Praxis | **Technischer Fortschritt** |
|---|---|

### F&E-Ausgaben im internationalen Vergleich

Ein Blick in die Geschichte der Wirtschaftsentwicklung verschiedener Länder und ihrer F&E-Ausgaben zeigt jedoch, dass keine direkte Beziehung zwischen F&E-Ausgaben und Produktivitätsentwicklung besteht. Insbesondere gilt dies im Vergleich zwischen den USA, Japan und europäischen Ländern. Dennoch haben die USA seit Mitte der neunziger Jahre ein wesentlich höheres Produktivitätswachstum gehabt, so dass dort auch das BIP wesentlich schneller gewachsen ist. Dies wird von den meisten Autoren damit erklärt, dass die Unternehmen in den USA auf Grund des Wettbewerbsdrucks einerseits und der wettbewerblichen Freiheiten andererseits (weniger Regulierung, Bürokratie) schneller auf neue Verfahren und Produkte setzen.

Ein Beispiel ist der Sektor der Informations- und Kommunikationstechnologien. Bei Hard- wie auch Software haben Unternehmen der USA eine führende Rolle gespielt und Märkte an sich gebunden (z. B. Intel oder Microsoft). Auch die Anwendung dieser Techniken in den „neuen Märkten" der Informationswirtschaft (Medien, Kommunikationsnetze) lief in den USA wesentlich schneller ab, so dass Wettbewerbsvorsprünge erzielt werden konnten. Die Spätstarter in Europa und Japan hatten dann sehr stark mit der Krise der neuen Märkte nach dem Jahr 2000 zu kämpfen und konnten nicht mehr von der rapiden Expansion in den neunziger Jahren profitieren. Für einen Erfolg beim Wettbewerb um die inkrementalen Innovationen spielt also offenbar die Schnelligkeit der Reaktion auf neue technische Optionen eine Rolle (vgl. Fokus-Beispiel in Blanchard und Illing, 2004: „Die Neue Ökonomie und das Produktivitätswachstum", S. 369 ff.).

Es hat sich gezeigt, dass begrenzte Fortschritte (inkrementale Innovationen) mit Hilfe gezielter F&E-Einsätze systematisch erreicht werden können. Analog zu der Produktionsfunktion (7.3) könnte man eine Funktion für den begrenzten technischen Fortschritt aufbauen und diesen Teil des technischen Fortschritts neoklassisch erklären. Allerdings lässt sich wirtschaftliches Wachstum nicht alleine durch materiellen und technischen Fortschritt in der Produktion erklären. Investitionen, z. B. in das Bildungswesen und die Verkehrsinfrastruktur, tragen gleichermaßen zu Produktivitätssteigerungen bei.

Im nächsten Abschnitt wollen wir uns daher mit der wirtschaftlichen Bedeutung dieser Faktoren auseinandersetzen.

## 7.2 Evolutorische Ökonomik

### 7.2.1 Einführung

Die ökonomische Klassik liefert mit dem Gleichgewichtszustand die Beschreibung für eine Situation, in der eine Volkswirtschaft mit dem bestehenden Ressourcenbestand ein Optimum an Produktion und Güterverteilung erreicht. Die Wettbewerbswirtschaft wird somit als statisches Gebilde dargestellt, in dem sich die Akteure an Marktverhältnisse, Rahmenbedingungen und andere exogene Faktoren anpassen, die sie selbst nicht beeinflussen können. Da alle Marktteilnehmer vollständige Informationen besitzen, Güter homogen sind und Unternehmen sowie Märkte als gegeben betrachtet werden, lohnt es sich nicht, aus bestehenden Strukturen auszubrechen. Eine Dynamik in dem System wird nur durch exogene Schocks erzeugt, welche ein neues Gleichgewicht bestimmen, zu dem sich die Märkte hin entwickeln. Märkte befinden sich somit entweder bereits im Gleichgewicht oder streben dorthin, falls nicht sogar von unendlich schneller Anpassung ausgegangen wird. Die Arbeiten von Léon Walras, auf den die moderne neoklassische Gleichgewichtstheorie zurückgeht, waren darauf gerichtet, eine reine theoretische Ökonomik „als naturwissenschaftlich-mathematische Disziplin wie die Mechanik oder die Hydrodynamik" zu entwickeln. Ganz analog zu der physikalischen Vorstellung Newtons, dass aus dem Zusammenspiel mechanischer Kräfte ein Gleichgewicht resultiert, betrachtet die neoklassische Ökonomik in der walrasianischen Tradition den Markt unter dem Gesichtspunkt des Gleichgewichts gegeneinander strebender ökonomischer Kräfte (vgl. Abschnitt 14.1.1). Auch die Erweiterung durch Berücksichtigung der Wirtschaftsdynamik führt in den neoklassischen Wachstumsmodellen entsprechend zu Ruhelagen der Wirtschaft in Form von gleichgewichtigen Wachstumspfaden, auf denen alle ökonomischen Kenngrößen mit der gleichen Rate wachsen („golden age-Modelle").

Allerdings werden bereits seit langem von Seiten der dynamischen Wirtschaftsforschung Zweifel angemeldet, ob die strenge Orientierung an einem Gleichgewichtszustand dem Forschungsgegenstand einer „life-science" wie den Wirtschaftswissenschaften wirklich angemessen sein kann. Bereits Alfred Marshall, der die neoklassische Theorie in ihre heute bekannte Lehrbuchform gebracht und damit zu ihrer Verbreitung maßgeblich beigetragen hat, deutete in der Einleitung zu seinen „Principles of Economics" die eigenen Vorbehalte gegen die theoretischen Anleihen bei der Mechanik an, indem er dort feststellte: „The Mecca of the economist lies in economic biology" (Marshall, 1890, S. xii ). Dies führt zu der Vorstellung der Wirtschaft als Meta-Organismus.

| Food for thought | **Wirtschaft als Ökosystem und Meta-Organismus** |

Auszug aus einem Interview der Zeitschrift THINK ACT mit der Berkeley-Ökonomin Homa Bahrami (Ausgabe Februar 2005)

**„Wie im Regenwald"**
Unsere Wirtschaft ist ein Ökosystem, das sich selbst reguliert, lautet der Glaubenssatz der Bionomics-Jünger. Was aber können Unternehmen tatsächlich von den Organisationsprinzipien der Natur lernen? Sehr viel, meint Berkeley-Ökonomin Homa Bahrami.

**THINK ACT (TA):** Mitte der neunziger Jahre hat Michael Rothschild vom Biometics Institute Prinzipien der Biologie auf die Wirtschaftswelt übertragen und die Ökonomie als Ökosystem bezeichnet. Wie aktuell sind diese Thesen heute noch?
**Homa Bahrami (HB):** *Es handelt sich um einen Paradigmenwechsel, der unverändert Geltung beanspruchen kann. Metaphorisch ausgedrückt: Überholt ist das Bild einer Wirtschaftsmaschine, deren Räderwerk nach starren Prinzipien funktioniert. Es wurde abgelöst von der Vorstellung eines sich stetig entwickelnden Ökosystems, das mit seiner Spezialisierung, seinen Selbstregulierungsmechanismen eher einem tropischen Regenwald gleicht.*
**TA:** Solche biologischen Konzepte gelten oft als neoliberal, ja darwinistisch.
**HB:** *Nein, es geht hier keineswegs um das Für und Wider staatlicher Eingriffe in den Wirtschaftsprozess, sondern um sehr vernünftige Erklärungsversuche für ökonomische Systeme. Netzwerke erscheinen mir in der Tat als einzige Organisationsform, die der Pluralität und Vielschichtigkeit unseres technologiebestimmten digitalen Zeitalters gerecht wird. Das ist insofern darwinistisch, als es das Überleben der Fähigsten voraussetzt. Und fähig bedeutet, dass man sich Veränderungen anpassen kann.*
**TA:** Welche Erkenntnisse folgen daraus für die Organisation eines Unternehmens?
**HB:** *Unser ökonomisches Umfeld ist sehr komplex und dynamisch, was einen superflexiblen Ansatz bei Strategieentwicklung, Organisationsdesign und Führung voraussetzt. Sehr ausgeprägt zeigt sich dieser Wandel in Branchen wie Hochtechnologie, Verlagswesen und Finanzdienstleistungen. Die Herausforderungen von Anpassung und Neudefinition zu bewältigen wird zur zentralen Führungsaufgabe und potentiellen Existenzfrage für viele Unternehmen. [...]*
**TA:** Lässt sich so eine superflexible Organisation überhaupt noch managen?
**HB:** *Mehr denn je kommt es heute darauf an, eine Fähigkeit zur Selbststeuerung zu entwickeln. Denken Sie an einen Vogelschwarm, in dem sich unzählige Individuen mit Leichtigkeit durch die Lüfte bewegen und irgendwie von einer unsichtbaren Hand geleitet zu scheinen. Entscheidungsträger müssen sich sowohl auf „physische Infrastrukturen" wie auch auf „klimatische Konditionen" konzentrieren, wo sich die Selbstregulierung vollzieht.*
**TA:** Ein Unternehmen muss sich heute also ähnlich dezentral und flexibel formen wie ein Vogelschwarm?
**HB:** *Vollkommen richtig. Viele Konzerne sind ja immer noch wie mittelalterliche Burgen aufge-*

*baut, umgeben von hohen Festungsmauern. In Zukunft werden wir einen offeneren Wissensaustausch erleben, bei dem ständig Menschen, Informationen und Ideen zirkulieren - wie in einem Ökosystem. Hier im Silicon Valley gibt es heute schon tausende Firmen, deren Mauern extrem durchlässig sind. Mitarbeiter wechseln andauernd den Job, Konkurrenten werden über Nacht zu Partnern, ehemalige Lieferanten zu Kunden. Insofern scheint mir dieser ganze Landstrich wirklich ein Labor für das globale Miteinander von Unternehmen zu sein.*

**TA:** Wieso sollte ausgerechnet das Silicon Valley eine Blaupause für die Unternehmensorganisation der Zukunft liefern? Den Niedergang der New Economy hat es bis heute nicht überwunden. Und ein neues Jobwunder ist nicht in Sicht.

**HB:** *Silicon Valley war und ist immer noch ein durchgehend anpassungsfähiges Ökosystem des Wissens. In den letzten 30 Jahren hat das Valley schon viele Höhen und Tiefen erlebt - und schaffte immer wieder den Umbruch. Derzeit schickt es sich an, ein Zentrum für Life-Sciences, Biotechnologie und medizinische Hightechinnovationen zu werden. [...]*

**TA:** Der immense Talentpool des Silicon Valley als blubbernde Ursuppe?

**HB:** *Ein schönes Bild. Bedenken Sie: Märkte bestehen letztlich aus einzelnen Organisationen, die Organismen ähneln und sich im Sinne der Evolution ihrer Umwelt anpassen müssen - oder untergehen. Wirtschaftsführer müssen den Kontext oder das Klima herstellen, in dem sich Individuen sowie Einheiten selbst regulieren und steuern können. [...]*

Quelle: THINK ACT, Februar 2005

## 7.2.2 Kernelemente der evolutorischen Ökonomik

Die evolutorische Ökonomik baut zu einem großen Teil auf den Arbeiten von Joseph Schumpeter auf und zielt darauf ab, aus dessen Ideen eine umfassende Theorie zu entwickeln. Aus dem Begriff der Evolutorik wird bereits deutlich, dass u.a. Parallelen aus der Biologie herangezogen werden, um Bewegungen des ökonomischen Systems zu erklären. Die evolutorische Ökonomik konzentriert sich auf endogene Prozesse, die zu Veränderungen ökonomischer Systeme führen, und untersucht die Auswirkungen auf Firmen und Industrien, Produktion, Handel, Beschäftigung und Wachstum. Die zentralen Fragen sind: Warum und wie verändern sich Wissen, Präferenzen, Technologien und Institutionen in einem historischen Prozess und welche Auswirkungen haben diese Veränderungen auf ökonomische Systeme? Dabei nutzt die evolutorische Ökonomik Ansätze aus verschiedenen Wissenschaften von der Biologie über die moderne Physik bis hin zur (Sozial-)Psychologie. So können die Kernfragen nach der Entstehung und Diffusion von Neuem z. B. mit Hilfe der darwinistischen Vorstellung von den Grundprinzipien der Entwicklung der Arten, nämlich Selektion und Mutation, analysiert werden.

Analog zum biologischen System hat auch das wirtschaftlich/soziale System eine Geschichte, von der es sich nicht lösen kann und welche die Folgeentwicklung maßgeblich beeinflusst. Gleichfalls analog zum biologischen System wiederholt sich Geschichte nie in gleicher Weise, d. h. Gleichgewichtspfade, wie sie die Neoklassik in Form von sich ständig wiederholender Ent-

scheidungen beschreibt, sind Laborkonstrukte, aber nicht die Wiedergabe der
Realität. Entwicklungen folgen vielmehr eingeschlagenen Pfaden und finden
in historischer Zeit statt, d.h. die Zeit lässt sich nicht zurückstellen und Prozesse wiederholen sich nicht in identischer Weise. Verantwortlich dafür ist die
Veränderung der Umwelt durch Natur und Produktionstätigkeit sowie der
beständige Zuwachs an neuem Wissen, der aus evolutorischer Sicht entweder
als Folge von Lernprozessen oder Zufällen erklärt werden kann.

(1)     Neues Wissen als Folge von Lernprozessen (Selektion)
Akteure können auf unterschiedliche Art und Weise lernen. Einerseits können sie ihre eigenen Erfahrungen auswerten. Aus Handlungen, die sich im
Nachhinein als richtig oder falsch erweisen, können Rückschlüsse auf zukünftige Vorgehensweisen geschlossen werden. Dieser Erklärungsansatz entspricht dem aus der amerikanischen Literatur bekannten Prinzip des „Lear-
ning by doing", in dem die Entdeckung neuer Problemlösungen als Ergebnis
akkumulierter Erfahrungen gesehen wird. In Analogie zur Biologie sprechen
wir hier von einem selektiven Prozess (Selektion).

Außerdem können Akteure das Verhalten und die daraus resultierenden
Ergebnisse anderer Akteure beobachten und daraus Rückschlüsse für ihr eigenes zukünftiges Verhalten ziehen. Dieses Lernen eröffnet die Möglichkeit
aus den Fehlern anderer Akteure zu lernen, ohne diese Fehler selbst machen
zu müssen. Gerade beim Lernen durch Beobachtung kann es durch Übertra-
gungsfehler und Wahrnehmungsprozesse dazu kommen, dass der Beobachter
neue Handlungsmöglichkeiten und Verhaltensweisen entwickelt. Des Weiteren sind Menschen in der Lage neue Handlungsalternativen durch zielgerichtete Überlegungen und kognitive Prozesse aktiv zu entwickeln und diese auch
vorab auf ihre Nutzbarkeit zu prüfen.

(2)     Neues Wissen als Folge des Zufalls (Mutation)
Nach diesem Ansatz ist eine Erfindung nicht das Resultat von akkumulierter
Erfahrung, sondern ist entweder der zufälligen Inspiration eines Genies oder
einer zufälligen Verkettung günstiger Umstände zu verdanken („genialer Ein-
fall"). Das plötzliche Auftauchen neuer Lösungen, das in Analogie zur Biologie Mutation genannt wird, ist mit einem Quantensprung vergleichbar, der die
Entwicklung in einem oder mehreren Bereichen mit einem „Sprung" erkennbar vorantreibt.

Neues Wissen bietet die Möglichkeit kleiner oder radikaler Verhaltensänderungen. Allerdings besteht die Gefahr, dass sich eine neue Verhaltensweise
nicht verbreitet, wenn sie in ihrer Radikalität zu groß ist und die Umwelt die
Akteure nicht zu drastischen Verhaltensänderungen zwingt. Grundsätzlich erfolgt die Verbreitung von Neuem durch Lernprozesse: Rückkopplungen füh-

ren zu einer reduzierten oder verstärkten Nutzung bestimmter Alternativen und veraltete Produkte oder Prozesse werden durch neue ersetzt.

*Entscheidungsverhalten von Haushalten und Unternehmen*

Eine der Grundannahmen des neoklassischen Gleichgewichtsmodells ist die eines jederzeit perfekt rational handelnden homo oeconomicus, der über alle Informationen verfügt und in der Lage ist, diese zu filtern und somit (sofort) nutzenmaximierende Entscheidungen zu treffen. Als Alternative zu der Modellierung des Menschen als nimmermüdem Nutzenkalkulierer betrachtet die Evolutorik den Menschen als biologisches und soziales Wesen, welches durch Lernprozesse beeinflusst wird. Menschliches Verhalten ist demnach das Ergebnis von Vererbung, eigenen Erfahrungen, sozialen Lernprozessen, Kultur, Normen und Moralvorstellungen.

Eine solche Umorientierung verlangt nicht, dass die Ökonomie die Grundannahme von einem selbstinteressierten, vorteilsorientierten menschlichen Verhalten aufgibt. Allerdings ist es notwendig, das Modell eines perfekt rationalen Nutzenmaximierers durch das Modell eines vorteilsorientierten Regelbefolgers, der Entscheidungsprozesse auf der Grundlage ererbter, erlernter und erfahrungsgetesteter Verhaltensregeln angeht, zu ersetzen. Die Akteure entscheiden dann nicht mehr permanent mit vollständiger Information und Voraussicht auf Basis von Optimierungskalkülen, vielmehr ist ihr Verhalten geprägt von Routinen und kontinuierlichen Lernprozessen bei denen die Akteure in Interaktionen mit anderen Akteuren stehen. Aus diesen Interaktionen ergeben sich ständig neue Zustände des Wirtschaftssystems, die sich in zyklischer Form über die Zeit fortsetzen. Ruhezustände im Sinne der neoklassischen Wachstumstheorie gibt es nicht, dafür aber Phasen schneller und langsamer Bewegung. Ökonomische Systeme sind somit immer dynamisch, obwohl sie potenziell einem Gleichgewicht entgegen streben können, erreichen sie dieses nie, da sich das Gleichgewicht vorher erneut verschoben hat. Das Wirtschaftssystem kann auf Schocks unterschiedlich disponiert sein, wie der menschliche Organismus bei einem Virenbefall. In Phasen hoher Sensitivität reichen kleine Parameteränderungen aus, um große und schnell ablaufende Änderungsprozesse auszulösen (z. B. Krisen).

### 7.2.3 Die Ansätze von v. Hayek, Nelson & Winter und Schumpeter

Im Rahmen der evolutorischen Ökonomik werden im Folgenden drei Ansätze skizziert, die - im Gegensatz zur Klassik und zur Neoklassik - keinen Prozess hin zu einem Gleichgewicht unterstellen: Einmal ist dies die, maßgeblich von v. Hayek beeinflusste, Denkschule, derzufolge Individualität, Freiheit und Wettbewerb die wesentlichen Elemente einer Marktwirtschaft sein müssen, während die Bedingungen, die zur Herleitung der klassischen Wettbewerbstheorie erforderlich sind, nicht zu ernst genommen werden sollten. Der zweite Ansatz beruht auf den Arbeiten von Nelson und Winter und behandelt Entscheidungsroutinen in Firmen. Die dritte Denkschule baut auf den Gedanken von Schumpeter auf, der die Rolle des Unternehmers in den Mittelpunkt seiner Theorie stellt. Die Unternehmer haben die Fähigkeit eine starke Innovationsdynamik zu generieren. Auch temporäre Monopole und eine gewisse Marktkonzentration werden nicht als Hindernis, sondern als Grundlage für den leistungsfähigen Wettbewerb betrachtet. Nach diesen Darstellungen gehen wir auf die Auswirkungen dieser Ansätze - die zyklische Entwicklung von Märkten - ein.

*Von Hayeks Wettbewerbsphilosophie*

Friedrich von Hayek hat sich kritisch mit den Bedingungen auseinandergesetzt, welche die klassische Theorie für den vollkommenen Wettbewerb verlangt. Dies sind vor allem:

- homogene Güter, die von sehr vielen Käufern und Verkäufern gehandelt werden, von denen keiner erwartet, dass seine Handlung einen Einfluss auf den Preis oder das Verhalten anderer Akteure hat;
- freier Zutritt zu den Märkten mit keinerlei Beschränkungen bei den Produktionsfaktoren und Preisen;
- vollständige Information über alle relevanten Marktfaktoren bei allen Marktpartnern.

Von Hayek zeigt, dass diese Bedingungen im realen Wirtschaftsleben praktisch nirgendwo erfüllt sind. Seine zentrale These besteht darin, dass der Wettbewerb diese Voraussetzungen überhaupt nicht braucht. Die Argumente für ein Funktionieren des Wettbewerbs sind seines Erachtens unabhängig von den Vollkommenheitsbedingungen: *„....a much bigger gulf divides competition from no competition than perfect from imperfect competition"* (von Hayek 1948, S. 105). Es ist für ihn nicht wesentlich, ob Marginalbedingungen bei Produktion und Tausch erfüllt sind. Wesentlich ist viel mehr das Marktergebnis, das aus den bestehenden Faktorinputs Güter zu günstigsten Preisen an den Markt gebracht werden: *„....more serious than prices not corresponding to marginal costs is that prices are too high"* (von Hayek 1948, S. 105).

Wettbewerb vollzieht sich als permanenter Prozess von Vorstoß und Verfolgung, dessen Ergebnis nie vollständig prognostiziert werden kann („voyage into the unknown"). Individualität und Freiheit der Akteure sind dabei die Grundvoraussetzungen einer erfolgreichen Wirtschaftsentwicklung.

*Fazit 7.5:*     *Individualität und Freiheit sind die wichtigsten Voraussetzungen für die Ausbildung geeigneter Entscheidungsroutinen in einem funktionsfähigen Wettbewerb.*

*Theorie der Firma und Entscheidungsroutinen nach Nelson & Winter*

Nelson und Winter haben die allgemein formulierten Annahmen frührer Ökonomen über das Entscheidungsverhalten von Haushalten und Unternehmen präzisiert und in Modelle integriert, die bis heute als Prototypen evolutorischer Modellierungen für Firmenwachstum und -verhalten gelten (Nelson und Winter, 1982). Besonders interessant sind ihre Vorstellungen vom Entscheidungsverhalten und von den Rollenspielen, die in interaktiven Prozessen zwischen den Unternehmen am Markt ablaufen.

Die wirtschaftlichen Entscheidungen werden auf Grundlage von Routinen getroffen. Routinen sind standardisierte, erlernte oder übernommene Verhaltensweisen, die sich auf drei Ebenen beziehen:

(1)  Ebene der operativen Entscheidungen (day-to-day business)

(2)  Ebene der faktischen und strategischen Entscheidungen (Produkte, Investitionen , Verfahren, Markteintritt, Marktaustritt)

(3)  Ebene der Entscheidungen über Routinen.

Auf allen Ebenen spielen Erfahrungen und Lernen für die Bildung und Auswahl der geeigneten Routinen die beherrschende Rolle. Anlass für eine Änderung der Routinen (Ebene 3) entsteht erst dann, wenn negative Erfahrungen (z.B. nicht mehr zufriedenstellende Umsätze) die Eignung bislang ausgeübter Routinen in Frage stellen.

Unternehmen können sich dann einen Vorteil verschaffen, wenn sie kostengünstigere Produktionsverfahren finden (hierauf beschränken sich die Nelson/Winter-Modelle), d.h. es finden keine Produktinnovationen statt. Dazu starten sie Suchprozesse und investieren in F&E (Innovationsroutinen). Falls sie erfolgreich sind, werden sie durch übernormale Gewinne in der Einführungsphase neuer Verfahren belohnt, anderenfalls bleiben sie auf den Kosten sitzen. Andere Unternehmen beschränken sich darauf, die Konkurrenten zu beobachten und im Falle von Innovationen nachzuziehen (Imitationsroutinen, Strategie des „watchful second"). Sie müssen zwar auf die übernormalen Gewinne der Innovatoren verzichten, haben dafür aber ein geringeres Risiko.

Verhaltensänderungen werden über eigene Misserfolge gesteuert, d. h. Innovatoren können nach einiger Zeit zu Imitatoren werden und umgekehrt. Gleichfalls können Unternehmen aus dem Markt ausscheiden und andere eintreten, so dass das Bild eines pulsierenden Prozesses auf der Angebotsseite des Marktes entsteht.

*Fazit 7.6:*  *Haushalte und Unternehmen entscheiden auf Basis von Routinen. Es gibt Routinen für operative Bereiche und strategische Entscheidungen, die in Abhängigkeit von Misserfolgen verändert werden.*

*Schumpeters Theorie der „Schöpferischen Zerstörung"*

Technischer Fortschritt ist nach Schumpeter zum Einen von der Idee/Erfindung selbst (Invention) und zum Anderen von der Durchsetzung der Erfindung am Markt (Innovation) abhängig. Erweist sich die Innovation als vielversprechend, so werden die Wettbewerber versuchen, diese zu kopieren (Imitation). Somit vollzieht sich der Wettbewerb als Prozess von Vorstoß und Verfolgung. Dabei ist es von technologischen und psychologischen Bedingungen abhängig, ob ein Unternehmen die Rolle des Innovators oder des Imitators einnimmt.

Eine Innovation ist ein signifikantes Ereignis auf der Angebotsseite des Marktes, das durch die Eigenschaften

- Neuheit
- Radikalitätsgrad
- Prozesscharakter

beschrieben werden kann. Dies kann sich auf

- Produkte und
- Produktionsverfahren beziehen.

Die Neuheit kann objektiv sein oder subjektiv als solche empfunden werden. Objektiv neu ist eine Technologie dann, wenn sie eine zuvor nicht bekannte Funktionalität bietet. Empfindet der Kunde ein Produkt als neu, wenn alte Funktionalität in anderer Form oder unter anderer Bezeichnung angeboten wird, so wird ist die Neuheit nur subjektiv empfunden.

Der Radikalitätsgrad beschreibt den Bedeutungsgehalt, also den Sprung gegenüber bestehenden Technologien. Radikal-Innovationen öffnen in der Regel neue Technik-Felder und schaffen eine Fülle von Optionen für inkrementelle Innovationen. Letztere stellen Folgeentwicklungen auf Basis des bekannten technischen Wissens dar.

Der Prozesscharakter besagt, dass mit Innovationen keine statischen Niveauänderungen (Zustand vorher/nachher) verbunden sind, sondern die Einleitung neuer Entwicklungspfade in einem System dynamischer Rückkopplungen.

Ferner ist es wichtig, zwischen Technik- und Markt-Innovationen zu unterscheiden. Eine neue Funktionalität kann technisch begründet sein, z. B. wird eine Magnetschwebebahn technisch völlig anders geführt und angetrieben als eine Eisenbahn. Für den Kunden kommt es dagegen darauf an, schnell, sicher, komfortabel und preiswert zu reisen, d. h. seine Maßstäbe der Funktionalität sind andere als die der Entwicklungsingenieure. Für einen Markterfolg sind letztlich nur die Funktionalitäten entscheidend, die der

Kunde bewertet, gleichgültig, ob ein Verkehrssystem rollt, schwebt oder fliegt.

*Schumpeters unternehmerische Regime*

In seinen Hauptwerken zur Theorie der wirtschaftlichen Entwicklung (1912, 1952) und zu Konjunkturzyklen (1939, 1961), geht Schumpeter von zwei unterschiedlichen unternehmerischen Regimen aus. Das erste Regime hat kreative, individuelle Unternehmer als Kern, wohingegen dem zweiten Regime ein „reifer Kapitalismus" zugrunde liegt, in dem Großunternehmen die zentrale Rolle spielen. Es zeigt sich, dass beide Regime zur gleichen Zeit in unterschiedlichen Industrien aufzufinden sind und dass sich eine Industrie über die Zeit von dem einem in das andere Regime entwickeln kann. In beiden Regimen sind temporäre Monopole und eine gewisse Marktkonzentration die Grundlage für leistungsfähigen Wettbewerb und weitere Innovationsaktivitäten.

Dem ersten Regime liegt die Annahme zugrunde, dass unternehmerische Fähigkeiten - wie viele andere Eigenschaften - in einer ethnisch homogenen Bevölkerung annähernd normal verteilt sind: Einige Menschen haben wenig unternehmerisches Talent, die meisten haben ein mittleres Maß, einige ein hohes Maß dieser Fähigkeiten. Vor allen Dingen die Menschen mit hohem Talent stellt Schumpeter als den idealtypischen Unternehmer heraus, der allein zur Durchsetzung neuer Kombinationen fähig ist. Er zeichnet sich durch besondere Persönlichkeitsmerkmale und Motivation aus, die ihn unabhängig vom Kapitalbesitz deutlich von den übrigen „Verwaltern"/Managern und „Wirten schlechtweg" unterscheiden. Nicht Kreativität und Erfindungsreichtum geben dabei den Ausschlag, da Schumpeter eine strikte Trennung zwischen Invention, Innovation sowie Imitation vornimmt:

*„Der Führer als solcher ‚findet' oder ‚schafft' die neuen Möglichkeiten nicht. Die sind immer vorhanden, reichlich angehäuft von Leuten im Laufe ihrer gewöhnlichen Berufsarbeit, oft auch weithin bekannt und ... auch propagiert ... Die Führerposition besteht darin, sie lebendig, real zu machen, durchzusetzen"* (Schumpeter, 1952, S. 102).

Die Motivation bezieht ein Unternehmer erstens aus ureigensten Antrieben zur Selbstverwirklichung und zweitens aus der Aussicht auf temporäre Unternehmer- bzw. Gründergewinne.

In diesem Regime geht somit ein Großteil der Innovationsaktivitäten von kleinen oder neugegründeten Unternehmen aus.

Regime 2 zeichnet sich dadurch aus, dass im Laufe der Zeit die weniger leistungsfähigen bzw. weniger innovationsfreudigen Firmen vom Markt ausselektiert wurden, wohingegen die innovativen Unternehmen zu Großunternehmen herangewachsen sind. Diese Großunternehmen haben die Fähigkeit zu großer Industriedynamik und ersetzen den „Entrepreneur" durch den „Manager". Entscheidungen werden durch Manager getroffen und der Innovationsprozess wird bürokratisiert und langfristig geplant. In diesem Regime ist der Anteil der kleinen Firmen an den Innovationsaktivitäten gering.

### Zyklische Dynamik in den Regimen

Ähnlich wie Karl Marx sieht auch Joseph Schumpeter die Kernproblematik des kapitalistischen Systems in seiner Dynamik. Zyklische Prozesse in Form eines ständigen Wechsels zwischen Prosperität und Depression sind inhärente Elemente der Marktwirtschaft. Im Gegensatz zu Marx ist Schumpeter aber nicht der Meinung, dass sich die Krisen über die Zeit so weit aufschaukeln müssen, bis das kapitalistische System zerbricht. Im Gegenteil. Er sieht in der Krise die Voraussetzung und den Ausgangspunkt für die Erneuerung der Strukturen. Im Prozess der „Schöpferischen Zerstörung" gehen alte, nicht überlebensfähige Strukturen unter und neue Strukturen werden geschaffen, die zur nächsten Phase einer wirtschaftlichen Prosperität überleiten.

Dieser Prozess ist nicht als zufälliges Rauschen um einen Gleichgewichtspfad herum zu verstehen, im Gegenteil: Schumpeter argumentiert, dass ein System, das zu jedem gegebenen Zeitpunkt seine Möglichkeiten voll ausnutzt, dennoch auf lange Sicht einem System unterlegen sein kann, das dies zu keinem gegebenen Zeitpunkt tut, weil diese Unterlassung eine Bedingung für das Niveau oder das Tempo der langfristigen Entwicklung sein kann. Anders ausgedrückt: Die Unvollkommenheit des wirtschaftlichen Systems (unvollkommene Märkte, Information, Entscheidungen) befördert dessen Dynamik und die Entstehung von Neuem.

Da das Risiko einer Innovation von den Unternehmern getragen wird, kommt diesen bei Schumpeter eine wichtige Rolle in den Schlüsselphasen der Konjunkturzyklen zu, da sie bereit sind das Risiko zu tragen und permanent versuchen neue Kombinationen am Markt durchzusetzen. Befindet sich die Wirtschaft am Ende einer Abschwungphase, so können Risiken wieder verlässlicher kalkuliert werden oder Akteure sind bereit Risiken einzugehen, da ihnen Alternativen fehlen. Darüber hinaus unterstützen niedrige Löhne und Zinsen Investitionsentscheidungen. Die fähigsten Unternehmer (Pioniere) werden Innovationen verwirklichen, d. h. Erfindungen nutzen, die wie „Blaupausen" bereits vorhanden sind. Dadurch kann der innovative Unternehmer kurzfristige überdurchschnittliche Gewinne realisieren und den Konkurrenzdruck senken. Dies motiviert allerdings Konkurrenten, gleichfalls zu innovieren oder zu imitieren, um ebenfalls zu profitieren. Dieser Wettbewerb verringert die Gewinnspannen, was wiederum Anreize für neue Innovationen schafft, so dass der Wettbewerb von Vorstoß und Verfolgung intensiver wird und in eine Aufschwungphase überleitet. Das Wechselspiel von Innovation und Imitation, welches durch die Unternehmer in Gang gehalten wird, führt sowohl zu wirtschaftlichem als auch technologischem Fortschritt. Wenn sich dagegen in der Spätphase der Hochkonjunktur abzeichnet, dass Überkapazitäten geschaffen wurden und der Markt die Produktion nicht mehr voll abnimmt, so werden die Unternehmen gezwungen, ihre Kapazitäten zurückzufahren. Da die Nachfrage negative Signale meldet, werden in dieser Phase nur wenige Unternehmen mit Innovationsstrategien gegensteuern, sondern Rationalisierung, Kapazitätsabbau und Entlassungen werden die üblichen Strategien sein, um den Abschwung zu überleben- wobei gerade diese Prozesse den Abschwung noch verstärken. Wenn die Unternehmer am Ende des Abschwungs wieder Chancen für Innovationen sehen und realisieren, startet der Zyklus wieder neu.

*Fazit 7.7:*    *Krisen sind Wesensmerkmale von Marktwirtschaften. Sie dienen im Prozess der schöpferischen Zerstörung dazu, alte Strukturen abzuschaffen und neue Strukturen aufzubauen.*
*Dem unternehmerischen Verhalten kommt die Schlüsselrolle bei den Konjunkturzyklen zu. Risikobehaftete Innovationen werden primär am Ende einer Abschwungphase getätigt, wenn Zinsen und Löhne niedrig sind.*
*Die Wirtschaftsevolution lässt sich durch zeitliche Abfolge von radikalen und inkrementellen Innovationen, sowie von Vorstoß und Verfolgung, verstehen.*

### 7.2.4   Zyklische Bewegungsmuster der Wirtschaft

Schumpeter unterscheidet drei Arten von zyklischen Bewegungen in der Wirtschaft:

(1)   Kurzfristzyklen, die auch nach ihrem Entdecker „Kitchin-Zyklen" genannt werden, haben eine Zyklenlänge von 3 bis 4 Jahren. Als Ursachen werden primär Schwankungen bei der Lagerhaltung in den Unternehmen genannt.

(2)   Mittelfristzyklen mit einer Zyklenlänge von 7 bis 11 Jahren. Sie werden nach dem Entdecker von Konjunkturzyklen, dem französischen Arzt und Statistiker Clement Juglar, auch „Juglar-Zyklen" genannt. Die Ursachen solcher Wellen liegen in Schwankungen der Zinsen auf den Kreditmärkten und periodischen Überinvestitionen mit entsprechenden Kontraktionsphasen.

(3)   Langfristzyklen. Die „langen Wellen" bzw. „Kondratieff-Zyklen" haben eine Zyklenlänge von 40-60 Jahren. Sie basieren auf empirischen Untersuchungen von Nikolai Kondratieff (1946), der Schumpeter dazu inspirierte, die Theorie der langen Wellen mit der Leitvorstellung der Evolutorik zu verbinden, wonach sowohl endogene Prozesse in Systemen als auch die Reaktion auf externe Störungen für die

Entwicklungen von natürlichen Systemen verantwortlich sind. Die langen Wellen kommen entsprechend dieser Leitidee durch die Entstehung von Neuheit in Form von radikalen Innovationen zu Stande. Diese sind nicht vorhersagbar, weil sie auf Technologien beruhen, die zum Zeitpunkt der Prognose noch nicht bekannt sein können. Es kann auch sein, dass vorhandene technische Möglichkeiten plötzlich ins Bewusstsein treten und über eine Folge von inkrementellen Innovationen die Märkte durchdringen.

Schumpeter selbst identifiziert empirisch drei lange Wellen:

1787 - 1842:   industrielle Revolution (Baumwoll- und Eisenindustrie, wirtschaftliche Nutzung der Dampfkraft)

1842 - 1897:   Eisenbahnbau, Entwicklung der Stahlindustrie

1897 - ~1935:   Expansion der Chemie-, Elektro- und der Automobilindustrie.

Auch in der Folgezeit gab es dominante Wirtschaftssektoren, in denen Innovationen stattfanden, die eine breite Ausstrahlung hatten. So sehen manche Autoren eine Fortsetzung bis zum 5. Kondratieff- und stellen Vermutungen über den 6. Kondratieff-Zyklus an.

1935 - 1975:   Maschinenbau, Elektroindustrie, Automobilindustrie, Luftfahrt

Seit 1975:   Mikroelektronik, Durchbruch der Informationswirtschaft, neue Werkstoffe (Verbundstoffe), Dienstleistungen (Logistik).

In der Literatur gibt es eine Reihe von Spekulationen zum „Sechsten Kondratieff". Besonders bekannt sind die Thesen von Nefiodow (2001), denen zufolge vier Bereiche den nächsten Langfristzyklus dominieren werden: Gesundheitstechnologie, Umwelttechnologie, Biotechnologie und optische Technologien. Darüber hinaus werden aber auch noch weitere Technologien wie beispielsweise die Fusionsenergie oder die Nanotechnologie genannt. Dies deutet bereits auf ein Problem der Theorie der Langfristzyklen hin: sie sind schwer zu prognostizieren und können nur *ex post* identifiziert werden. Aber auch diese Identifizierung ist teilweise schwierig, da die Daten in langen Zeitreihen vorliegen und über die Zeit vergleichbar sein müssen.

Die Schwäche der technischen Fortschrittsentwicklung seit dem Ende der siebziger Jahre wird von manchen Autoren als Hinweis darauf gedeutet, dass nur wenige bahnbrechende (radikale) Innovationen umgesetzt wurden. Auch haben sich die Fortschritte in der Informationswirtschaft und in der Mikroelektronik in hohem Maße im Bereich der Rationalisierung von bestehenden Prozessen durchgesetzt, ohne damit radikal-neue Produkte und Märkte zu schaffen. Daher wird gefolgert, dass ein durchgreifender Aufschwung nur möglich ist, wenn radikale Innovationen auf der Produktseite zu neuen Dimensionen beim Konsum führen und somit dauerhafte Nachfrageimpulse auslösen.

Fazit 7.8:    *Die wirtschaftliche Entwicklung verläuft in zyklischen Mustern, die vom Wirtschaftssystem endogen erzeugt werden. Die kurz- und mittelfristigen Wellen folgen aus Informations- und Anpassungsfehlern. Die langen Wellen sind die Folge von radikalen technologischen Innovationen, die nicht vorhersehbar sind.*

## 7.3 Konjunktur

### 7.3.1 Konjunkturphasen

Unter Konjunkturen versteht man die Schwankungen der wirtschaftlichen Aktivität mit ihrem Wechsel zwischen Aufschwung- und Abschwungphasen wie sie in Abbildung 7.5 auf der nächsten Seite dargestellt sind.

Zum ersten Mal wird im alten Testament von sieben guten Jahren berichtet, auf die im Anschluss sieben schlechte Jahre folgen sollten. Heute werden in der Regel vier Phasen eines Konjunkturzyklus unterschieden:

(1) Prosperität (Phase der Hochkonjunktur): Starke Auslastung der Kapazitäten, Engpässe bei Produktionsfaktoren, Preis- und Zinssteigerungen, Steigerung der Löhne (Lohn-Preis-Spirale), übersteigerte Erwartungen bei Anlegern, Produzenten und Haushalten.

(2) Rezession (Abschwungphase): Platzen erster Erwartungsblasen (Börse, Immobilienmärkte), Nachlassen der Nachfrage nach Gütern und Diensten, Rücknahme von Produktionsplänen, Steigen von Lagerbeständen, Fortsetzung von Preis- und Zinssteigerungen auf Grund von Rückkoppelungsmechanismen, erste Entlassungswellen. Statistische Definition: Rückgang des BIP über zwei Quartale hintereinander.

(3) Depression (Talsohle): Merkmale: Rückgang der Wirtschaftsleistung, Bereinigung von Produktionsplänen und Lagerhaltung, massive Entlassungswellen, hohe Arbeitslosigkeit. Eine länger anhaltende und kräftige Rezession bezeichnet man als Depression. Hier kann es zur Deflation (sinkende Preise und Löhne) und zu Krisenerscheinungen kommen (siehe Abschnitt 14.3).

(4) Erholung (Aufschwungphase): Steigende Auftragsbestände, Verbesserung der Auslastung von Produktionsanlagen, Sinken der Arbeitslosigkeit, sich stabilisierender Optimismus bei Produzenten und Verbrauchern.

**Abbildung 7.5: Phasen eines Konjunkturzyklus**

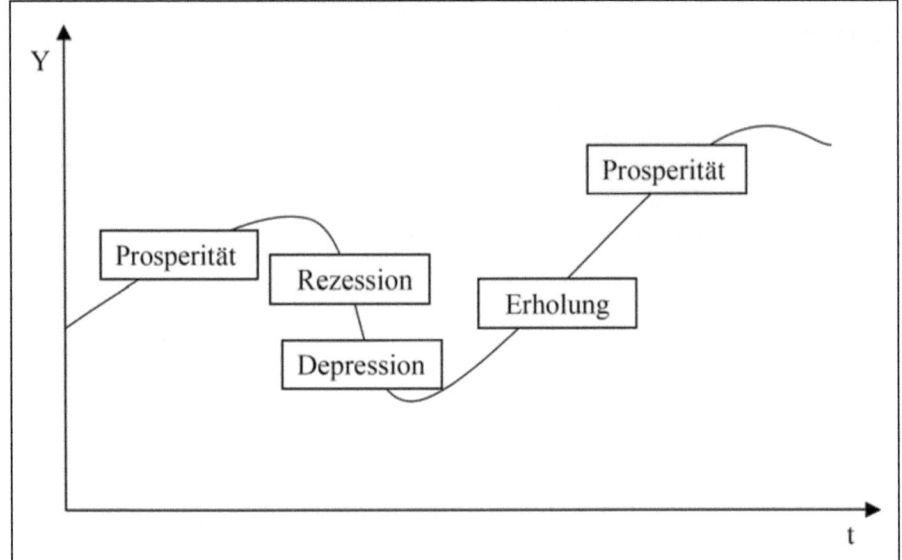

### 7.3.2   Konjunkturtheorien

Konjunkturelle Schwankungen lassen sich auf vielfältige Art und Weise erklären. Dass sich exogene Störungen, wie z. B. Naturkatastrophen, auf die Konjunktur einer betroffenen Volkswirtschaft auswirken, ist intuitiv verständlich. Aber es können auch systemimmanente Ursachen sein, die zu Schwankungen der Wirtschaftstätigkeit führen.

*Exogene Störungen*

Das Phänomen der Konjunkturschwankungen ist seit langem bekannt (die Folge von „sieben guten und sieben schlechten Jahren" wird bereits in der Bibel erwähnt). Die klassischen und neoklassischen wirtschaftswissenschaftlichen Theorien haben dies mit exogenen Störungen begründet, wie z. B. Kriege, Naturkatastrophen oder Witterungseinflüsse (Missernten).

Besonders bekannt ist in diesem Zusammenhang die Theorie der Sonnenflecken von Jevons, in welcher zyklische Schwankungen der Wirtschaftstätigkeit statistisch mit dem Sonnenfleckenzyklus korreliert wurden.

History | **Historische Wirtschaftszyklen**

*Die Sonnenfleckentheorie von Jevons*

Im Jahre 1875 ermittelte Jevons eine durchschnittliche Dauer der Preisschwankungen von 11 Jahren, „die sehr schön mit der damaligen herrschenden Auffassung eines Sonnenfleckenzyklus von 11,1 Jahren harmonierte". Jevons Pech war es, dass die weitere Erforschung der Sonnenfleckentätigkeit eine Reduktion der Zyklusperiode von 11,1 auf 10,45 Jahre erzwang. Dies machte ein Anpassen der eigenen Ergebnisse notwendig. Und tatsächlich schaffte es Jevons, einen neuen Durchschnitt der Konjunkturschwankungen von 10,47 Jahren statistisch zu belegen. „Um dieses gewünschte Ergebnis errechnen zu können, ließ er absichtlich zwei der bisher aufgeführten Krisen aus und führte eine neue ein, die andere Schriftsteller noch nicht entdeckt hatten" (Jöhr, 1952, S. 28)

Quelle: Jöhr, W. A. 1952, Die Konjunkturschwankungen. Mohr, Tübingen.

*Psychologische Theorien*

Nach Keynes können sich Erwartungshaltungen der wirtschaftlichen Akteure auf einem suboptimalen Niveau stabilisieren. Zum Beispiel können Unternehmen übertrieben pessimistisch sein und ihre Investitionen risikoavers planen. Dies führt zu einem verhaltenen Ausbau der Produktionskapazitäten mit der Folge von Arbeitslosigkeit. Arbeitslosigkeit wiederum führt zu einer schwachen Binnennachfrage, welche die unternehmerischen Planungen weiter dämpft. Die Arbeitslosigkeit kann sich auf längere Zeiträume verhärten, wenn keine massiven positiven Signale von außen kommen (Exporte, Staat). Es können Konjunkturzyklen entstehen, welche die Arbeitslosigkeit über längere Zeit nicht mehr abbauen.

*Monetäre Überinvestitionstheorien*

Konjunkturen werden diesen Theorien folgend maßgeblich vom Zins gesteuert. In der Aufschwungphase ist der Zins niedrig und viele Investitionen lohnen sich, weil ihr interner Zinsfuß größer ist als der Kapitalmarktzins. In der Phase der Hochkonjunktur ist der Kapitalmarkt angespannt, die Zinsen steigen mit der Folge rückläufiger Investitionen. Auf Grund der eingetretenen Preissteigerungen glauben die Zentralbanken, mit weiteren Zinserhöhungen die Inflation bekämpfen zu müssen und beflügeln den Abschwungprozess zur Rezession. F. von Hayek beschreibt diesen Prozess wie folgt: *„Es müssen so viele Unternehmen unrentabel gemacht werden, als solche erst durch zusätzliche Kredite ins Leben gerufen wurden"* (von Hayek, 1977).

*Kosten- und Wettbewerbstheorien*

Ausschlaggebend für das Produktionsniveau sind die Produktionskosten, da die Unternehmen auf dem Markt (insbesondere in der Außenwirtschaft) nur dann wettbewerbsfähig sind, wenn sie zu günstigen Preisen anbieten können. Die Kosten werden durch Schwankungen bei der Produktivität und bei den Löhnen beeinflusst. Zu hohe Lohnabschlüsse, mangelnde technische Erneuerung sowie das Zurückbleiben im Innovationswettlauf der Produkte können die Ursache sein. Generell begünstigt eine Phase guter Konjunktur die Durchsetzung hoher Löhne und macht die Unternehmen gleichzeitig „schlafmützig" auf der Ebene von Rationalisierung und Innovation. Aus diesem Grunde müssen die nicht wettbewerbsfähigen Strukturen abgebaut werden, was nur in Rezessionsphasen nachhaltig gelingt (Prozess der schöpferischen Zerstörung nach Schumpeter).

*Marxistische Theorien*

Ziel der marxistischen Wirtschaftstheorie ist es, mit Hilfe der Dialektik des historischen Materialismus nachzuweisen, dass der Kapitalismus zum Untergang verurteilt ist. Dazu dienen wesentliche Bausteine wie das „Gesetz von der abnehmenden Profitrate", welches innere Widersprüche in der marktwirtschaftlichen Philosophie aufzeigt oder das „Gesetz von der Konzentration des Kapitals", das die Entwicklung zum Monopolkapitalismus belegen soll. Schließlich beschreibt die Krisentheorie die sich verschärfenden Krisen des Kapitalismus, die aus der Unterkonsumption durch die Armut der Massen hervorgerufen wird. Zwischenzeitliche Phasen der Hochkonjunktur werden als „Sturmvögel" der kommenden Krisen gewertet, die sich über die Zeit verstärken und in der Selbstzerstörung des Kapitalismus enden. *„Das Kapitalmonopol wird zur Fessel der Produktionsweise, die mit und unter ihm aufgeblüht ist. Die Zentralisation der Produktionsmittel und die Vergesellschaftung der Arbeit erreichen einen Punkt, wo sie unerträglich werden mit ihrer kapitalistischen Hülle. Sie wird gesprengt. Die Stunde des kapitalistischen Privateigentums schlägt. Die Expropriateure werden expropriiert"* (Marx, 1867, S. 803).

*Multiplikator- und Akzelerator-Theorie*

Im Mittelpunkt steht die Hypothese, dass die Unternehmen ihre Investitionsplanung nach dem in der Vergangenheit realisierten Konsum richten. Durch die zeitverzögerte Anpassung kann es zu schwingungsförmigen Verläufen des BIP kommen.

Während das Multiplikatortheorem den Vervielfachungseffekt beschreibt, den eine Veränderung der autonomen Nachfrage auf das Einkommen nach sich zieht (Einkommenseffekt), bezieht sich die Akzeleratorhypothese auf die Anpassung der Investitionstätigkeit auf Veränderungen des Konsums. Das

Akzelerationsprinzip ist bereits im Jahre 1917 von J. M. Clark veröffentlicht worden. Der Akzelerator (lat.: Beschleuniger) dient dabei als Kennziffer, welche die Zunahme der Investitionen bei einer gestiegenen gesamtwirtschaftlichen Nachfrage aufzeigt. Gemäß dem Akzelerationsprinzip kann es daher zu einer Selbstverstärkung wirtschaftlicher Impulse kommen. Dieser Prozess basiert auf der Annahme, dass es infolge der gestiegenen Nachfrage zu Kapazitätsengpässen kommt, denen die Unternehmen mit einer Ausweitung der Kapazitäten (Investitionen) begegnen.

Beide Elemente, Multiplikator und Akzelerator, wurden von Samuelson und Hicks aufgegriffen, um eine formal-analytische Theorie der Konjunkturwellen zu begründen (Samuelson, 1939). Diese Wellen entstehen endogen durch zeitverzögerte Anpassungen der Akteure an Marktdaten. Die Ursache für Konjunkturzyklen kann damit in Informationsfehlern liegen, die keiner der Marktbeteiligten bemerkt, weil jeder glaubt, sich an den richtigen Marktdaten auszurichten. Denn sowohl Konsumenten wie Investoren orientieren sich an den realisierten Größen von Einkommen und Konsum, was im Zustand der Unsicherheit über Zukunftsentwicklungen durchaus rational erscheint. Das Modell hat fünf Lösungsbereiche, die in Abbildung 7.6 dargestellt sind. Man sieht, dass die Parameterkonstellationen von marginaler Konsumquote (c) und Akzelerator (v) die Lage des Wirtschaftssystems bestimmen. Diese kann stabil sein und sich entweder monoton oder zyklisch in der Zeit entwickeln. Es ist aber auch möglich, dass Instabilität vorliegt und das System sich monoton oder zyklisch vom Gleichgewicht wegbewegt.

**Abbildung 7.6: Lösungsbereiche des Samuelson-Hicks-Modells**

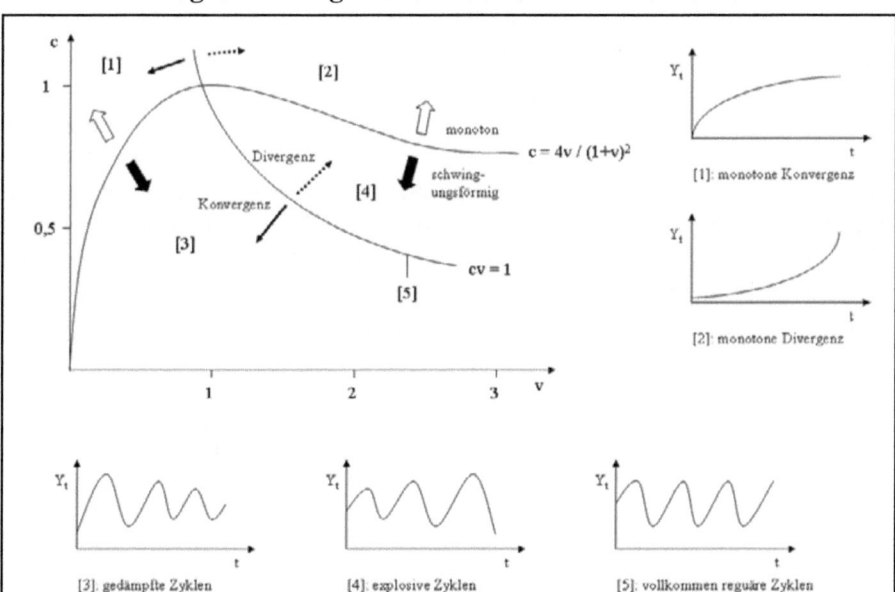

Die Lösungsbereiche ergeben sich anhand der folgenden Grenzlinien:

$$(7.28) \quad c \cdot v = 1 \Leftrightarrow c = \frac{1}{v}$$

$$(7.29) \quad c = \frac{4 \cdot v}{(1+v)^2}$$

Die erste Grenze (7.28) entscheidet, ob sich der Prozess zum Gleichgewicht hin ($c \cdot v < 1$, Bereiche [1], [3]) oder vom Gleichgewicht weg ($c \cdot v > 1$, Bereiche [2], [4]) bewegt. Die zweite Grenze (7.29) bestimmt den Prozessverlauf. Im Falle einer Parameterkonstellation, in der c oberhalb der Grenze liegt ($c > (4v/(1+v)^2)$), kommt es zu monotonen Verläufen (Bereiche [1], [2]). Ansonsten verläuft der Prozess zyklisch (Bereiche [3], [4], [5]). Der Lösungsbereich [5] stellt dabei einen Sonderfall dar. Da c unterhalb der zweiten Grenze liegt, Gleichung (7.28) aber gerade erfüllt wird, kommt es zu vollkommen regulären Zyklen, d. h. der Prozess bewegt sich weder zum Gleichgewicht hin noch vom Gleichgewicht fort. Vielmehr kommt es zu einem Prozess der mit gleich bleibender Amplitude um das Gleichgewicht schwingt.

Wir begnügen uns mit diesem Wissen um verschiedene Prozesse und verzichten daher auf eine ausführlichere Interpretation der Grenzen. Eine wesentlich ausführlichere Darstellung des Samuelson-Hicks-Modells findet sich in Lehrbüchern zur mathematischen Wirtschaftstheorie (z. B. im Lehrbuch Volkswirtschaftslehre von Samuelson und Nordhaus, Neuauflage 2005).

Falls Modelle, wie das von Samuelson und Hicks, linear konstruiert sind, so erwecken sie den Eindruck, dass die Ökonomie im Falle der Instabilität in den Abgrund fährt (explodierende Bewegungen vom Gleichgewicht weg). In der Realität sind aber viele Beziehungen nicht linear. Dies führt zu einer anderen, realistischeren Vorstellung von instabilen Prozessen. So kann man sich bereits mit drei nichtlinearen dynamischen Gleichungen Prozesse erzeugen, die permanent um Gleichgewichte kreisen oder zwischen diesen pendeln, die Gleichgewichte selbst aber nie annähern. Instabilität heißt somit allgemein, dass es keine Ruhelage in dem Sinne gibt, dass sich ein System ohne Anstöße von außen permanent in gleicher Weise reproduziert. In diesem Sinne ist die permanente Instabilität von Wirtschaftssystemen eine durchaus realistische Vorstellung.

*Fazit 7.9:*          *Konjunkturzyklen galten lange Zeit als exogen verursacht. Heute betrachtet man sie als systemimmanentes Merkmal von Marktwirtschaften.*

Die marxistischen Konjunkturtheorien sagen voraus, dass sich Konjunkturzyklen und die in ihnen vorkommenden Krisen verschärfen und der Kapitalismus daran zu Grunde geht.

Die nicht-marxistischen Konjunkturtheorien führen das Phänomen unter
anderem auf Schwankungen der Lagerhaltung oder der Zinsen zurück. Die
keynesianische Konjunkturtheorie betont die Rolle der schwankenden Risikoaversion von Investoren.

Das bekannteste Konjunkturmodell ist das von Samuelson und Hicks. Es
erzeugt konjunkturförmig verlaufende Zeitpfade für die Wirtschaft mit Hilfe
der Annahme von zeitverzögerten Anpassungen der Konsumenten (Multipli-
kator-Effekt) und Investoren (Akzelerator-Effekt).

## Aufgaben zu Kapitel 7

7.1 Erklären Sie, wie höhere Ersparnisse langfristig zu einem höheren BIP
pro Beschäftigtem führen. Was sind die kurzfristigen Folgen eines
Anstiegs der Sparquote?

7.2 Welche Rolle spielt im neoklassischen Wachstumsmodell der
technische Fortschritt?

7.3 Wie kann aus evolutorischer Sicht neues Wissen entstehen?

7.4 Nach Schumpeter bewegt sich die Wirtschaft zyklisch voran. Erläutern
Sie stichwortartig die wichtigsten Konjunkturphasen.

# 8 Geld, Geldangebot und Geldschöpfung

Kapitel 8 klärt, was in einer modernen Volkswirtschaft unter Geld zu verstehen ist und welche Geldmengenkonzepte unterschieden werden. Bei der Betrachtung der Geldschöpfung ist es zweckmäßig, zwischen dem Geld, das die Zentralbank schafft, und dem Geld das die Geschäftsbanken schaffen, zu unterscheiden. Die Möglichkeiten, kurzfristig Zentralbankgeld zu beschaffen, begrenzen dabei die aktive Geldschöpfungsmöglichkeit der einzelnen Bank. Die Europäische Zentralbank hat das vorrangige Ziel, die Stabilität des Preisniveaus zu sichern. Kapitel 8.4 erörtert, welche Strategie die EZB zur Realisierung dieses Ziels verfolgt und welche Instrumente sie im Rahmen ihrer Strategie einsetzt.

## 8.1 Funktionen des Geldes

„Geld ist was gilt." Auf diese Kurzformel bringt es Siebert in seiner Einführung in die Volkswirtschaftslehre.[17] Im Wesentlichen erfüllt Geld drei Funktionen: die Tauschmittel-, Rechen- und Wertaufbewahrungsfunktion.

Die Tauschmittelfunktion ermöglicht den reibungslosen Austausch von Gütern. Bedenkt man, dass die offizielle Preisstatistik mehr als 5000 Gütergruppen in ihre Berechnungen einbezieht, so wird schnell deutlich, welche Bedeutung dem Geld als Tauschmittel zukommt. Ohne diese Funktion müssten die Akteure beständig über das richtige Tauschverhältnis, beispielsweise von Bananen zu Autoreifen, oder von Autoreifen zu einem Vier-Gänge-Menü, informiert sein. Dieses Beispiel zeigt, dass die hohe Diversifikation an Gütern sowie der damit verbundene hohe Grad der Arbeitsteilung eng an die Tauschmittelfunktion des Geldes gebunden ist.

Weiterhin dient Geld als Recheneinheit. Diese Funktion sorgt für die Transparenz von Preisen. Gerade in Zeiten des Internet kommt der Vergleichbarkeit eine hohe Bedeutung zu. So wird man bei größeren Anschaffungen, wie z. B. dem Autokauf, vorab die Angebote verschiedener Händler vergleichen. Dabei erschweren verschiedene Angebote, z. B. bei der Inzahlungnahme des gebrauchten Fahrzeugs, den Vergleich. Entfiele auch noch

---

[17] Wir orientieren uns in diesem Kapitel an Sieberts Beschreibung des Geldmarktes und empfehlen dem Leser die Ausführungen in der neuesten Auflage seines Lehrbuches.

das Geld als zentrale Recheneinheit, so wären die Angebote schlichtweg nicht mehr vergleichbar und ein funktionsfähiger Wettbewerb nicht möglich.

Tauschmittel- und Rechenfunktion spielen in erster Linie beim Kauf oder Verkauf von Gütern eine Rolle. Allerdings kann es sein, dass Käufer ihre Entscheidung nicht gleich treffen oder realisieren und das für den Kauf eingeplante Geld nicht sofort ausgeben. In diesem Fall dient Geld als Wertaufbewahrungsmittel. Dabei ist die Wertaufbewahrungsfunktion von einem stabilen Geldwert abhängig, wird also in Phasen der Inflation beeinträchtigt.

*Fazit 8.1:*          *Geld dient im Wesentlichen drei Zwecken: Tauschmittel, Wertaufbewahrung und Recheneinheit.*

Geld ist in der Vergangenheit in verschiedener Gestalt aufgetreten: Perlen, Metalle oder andere Stoffe. Vielfach gab es innerhalb einer Region verschiedene Geldformen. Erst die Schaffung des Münzgeldes, d. h. die Ausprägung von Metallgeld durch eine staatliche Stelle, sorgte für eine Vereinheitlichung der Zahlungsmittel. Schmückte das Wappen des Landesherrn die Münzen, so galt dies als Garantie für eine bestimmte Edelmetallmenge. Den Ursprüngen des Geldes ist beispielsweise Bernhard Laum in Heiliges Geld (1924) auf der Spur. Schließlich wurde das Metallgeld im Mittelalter durch erste Formen des Papiergeldes abgelöst. Siebert schildert diesen Übergang wie folgt:

*„Geld in der Form des Goldes wurde in der Regel den sicheren Tresoren der Goldschmiede anvertraut. Die Goldschmiede stellten über die Einlage eine Quittung aus, in der sie sich zur Auszahlung einer Goldmenge verpflichteten. Anstatt bei einem Kauf das Gold bei dem Goldschmied herauszuholen und mit Gold zu bezahlen, bürgerte sich die Sitte ein, den Kaufpreis mit der Quittung des Goldschmieds zu begleichen, die ja eine Anweisung auf eine Goldmenge darstellte. Die Anweisung war also ein Vorläufer des Papiergeldes. Nach und nach bildeten sich aus den Goldschmiedeläden Banken heraus, die Anweisungen auf Goldeinlagen der Kunden ausstellten. Es zeigte sich bald, dass nicht alle Wirtschaftsakteure Gold für ihre Quittungen verlangten. Die Goldschmiede und Banken konnten also mehr Anweisungen auf Gold ausgeben als Gold bei ihnen deponiert war. Das von den Banken ausgegebene Papiergeld war damit nur teilweise gedeckt. In der weiteren Entwicklung erkannte der Staat, dass die Papiergeldbeschaffung nicht den einzelnen Banken überlassen werden konnte. Deshalb entstanden Zentralbanken als staatliche Institutionen, die allein das Recht der Papiergeldherstellung und der Münzausgabe hatten. Obwohl eine volle Deckung des Papiergeldes durch Gold nicht mehr erfolgte, blieb die Einlösepflicht des Papiergeldes in Gold lange Zeit erhalten. Die so genannte Goldkernwährung wurde erst zu Beginn des 20. Jahrhunderts aufgegeben, da sie eine autonome Konjunkturpolitik einzelner Länder nicht zuließ"* (Siebert, 1996, S. 278).

Zwar verfügen die nationalen Zentralbanken, allen voran die Bank von England und die Federal Reserve Bank in den USA, noch immer über enorme Goldreserven, aber die heutige Papierwährung ist an diese Reserve in keiner Weise gebunden und stellt somit eine freie Währung dar. Ein 50-Euro-

Schein ist somit nicht mehr als ein allgemein als Zahlungsmittel akzeptiertes Stück Papier. Eines der wichtigsten Ziele der Europäischen Zentralbank besteht daher darin, das Vertrauen der Akteure in dieses Papier, also seinen Geldwert, stabil zu halten.

Neuere Entwicklungen in Zusammenhang mit der Entwicklung des Internet zielen auf digitales Geld oder auch „Cyber-Money" ab, also Geld, das nicht in stofflicher Form vorliegt, sondern ausschließlich in elektronischen Schaltstellungen, den Bits. Dies entsteht dadurch, dass bei speziellen Institutionen „echtes" Geld gegen das „digitale" Geld eingetauscht wird. Mittlerweile befindet sich Cyber-Money in der Erprobungsphase.

| History | **Währungsunion** |

#### *Von der Deutschen Mark zum Euro*

In Deutschland wurde nach dem Zweiten Weltkrieg die Deutsche Mark (DM) als Währung eingeführt. Mit Gründung der Währungsunion im Jahre 1999 haben zunächst 11 Staaten der Europäischen Union ihre nationalen Währungen zur neuen Einheitswährung, dem Euro, verschmolzen. Gleichzeitig wurde die Europäische Zentralbank (EZB) in Frankfurt eingerichtet.

Nachdem zunächst eine Verrechnungswährung, der ECU, eingeführt wurde, ist die Währungsunion mit dem Übergang zum Euro zum 1.1.2002 real in 12 Ländern vollzogen worden. Die Währungsparität zur - nunmehr nicht mehr als Zahlungsmittel fungierenden - DM betrug 1,95 DM/Euro. Der Zahlungsverkehr unter den Teilnehmerstaaten ist durch die einheitliche Währung leichter geworden, da die Bankgebühren für den Devisentausch sowie die Differenzen zwischen An- und Verkauf von Devisen entfallen sind.

Um der Währungsunion beizutreten mussten die Kandidaten eine niedrige Inflation, ein Budgetdefizit von weniger als 3 % des BIP und eine Schuldenquote von weniger als 60 % des BIP aufweisen können („Maastricht-Kriterien"). Zu den Gründungsmitgliedern zählen Belgien, Deutschland, Finnland, Frankreich, Irland, Italien, Luxemburg, die Niederlande, Österreich, Portugal und Spanien. Im Jahre 2001 kam Griechenland hinzu, wobei, wie heute bekannt ist, falsche Haushaltszahlen die Aufnahme ermöglicht haben. Dänemark, Schweden und Großbritannien zögern noch mit dem Beitritt und die 10 neuen EU-Länder müssen zunächst die Maastricht-Kriterien zur Haushaltsstabilität erfüllen, bevor sie einen Beitritt beantragen können.

Im März 2005 haben die Regierungschefs im Europäischen Rat beschlossen, die Maastricht-Kriterien aufzuweichen, indem eine Reihe von Ausnahmetatbeständen definiert wurde. Die Europäische Zentralbank wie auch die Deutsche Bundesbank haben Bedenken gegen diese Änderung der Maastricht-Kriterien geäußert, weil nach ihrer Ansicht die Stabilität des Euro durch eine weniger disziplinierte Haushaltspolitik gefährdet wird.

**Abbildung 8.1: Wichtige Ereignisse für die EWU von 1998 bis 2008**

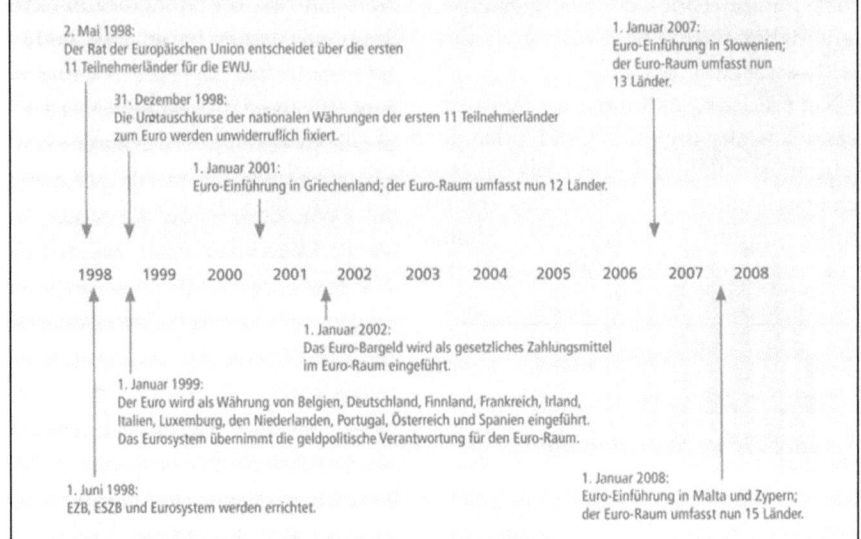

Quelle: Deutsche Bundesbank

## 8.2    Die Zentralbank und das Geldangebot

Während die Haushalte und Unternehmen Geld nachfragen und die Geldnachfrage aus dem Verhalten von Haushalten und Unternehmen zu erklären
ist, wird das Geldangebot vom Bankensystem determiniert, also durch Zentralbank und Geschäftsbanken. Das Geldangebot einer Volkswirtschaft ist für
den Wissenschaftler deshalb eine interessante Größe, da es wichtige gesamtwirtschaftliche Variablen und damit Zielwerte der Wirtschaftspolitik beeinflusst. So kann eine rasche Steigerung des Geldangebots inflatorische Tendenzen hervorrufen oder fördern. Weiter beeinflusst das Geldangebot die
Höhe der Zinsen, und damit die Bereitschaft der Investoren neues Kapital zu
bilden, oder der Konsumenten, sich zum Zweck des Güterkaufes zu ver-
schulden. Im Folgenden wird zunächst der Begriff der Geldmenge diskutiert.
Die Begriffe Geldmenge und Geldangebot werden synonym verwendet. Danach wird in einem zweiten Schritt untersucht, wie sich die Geldmenge
bestimmen lässt.

### 8.2.1    Definitionen des Geldangebots

Die Abgrenzung des Geldangebots hängt von der jeweiligen Funktion des
Geldes ab. Bezogen auf die Tauschmittelfunktion dient Geld in erster Linie

als Zahlungsmittel. Folglich sollte das Geldangebot alle Zahlungsmittel umfassen, die für Tauschzwecke zur Verfügung stehen. Ausgangspunkt für die Definition des Geldangebots ist damit der Zahlungsmittelbestand der Nichtbanken (Haushalte, Unternehmen ohne Banken, Staat ohne Zentralbank).

Zu den Zahlungsmitteln zählen zum einen die gesetzmäßig als Zahlungsmittel definierten Zentralbankgeldbestände der Nichtbanken ZN. Als Zentralbankgeld (Z) bezeichnen wir das von der Zentralbank geschaffene Geld. Neben dem Bargeld zählen dazu auch Sichtguthaben bei der Zentralbank.

Ein Teil des Zentralbankgeldes wird von den Banken gehalten ($Z^B$) und steht daher nicht für Tauschzwecke zur Verfügung. Der andere Teil, der von den Nichtbanken gehalten wird ($Z^N$), kann hingegen für Tauschzwecke eingesetzt werden.

$$(8.1) \qquad Z = Z^B + Z^N$$

Zum anderen haben die Nichtbanken uneingeschränkten Zugriff auf ihre Sichteinlagen (Depositen D) bei den Geschäftsbanken. Somit können sie Rechnungen auch per Überweisungen oder per Kartenzahlung begleichen. Betrachtet man nur diese kurzfristig verfügbaren Tauschmittel, so lässt sich die Geldmenge $M_1$ wie folgt definieren:

*Definition:*   *Die **Geldmenge $M_1$** umfasst den Zentralbankgeldbestand der Nichtbanken ($Z^N$) und die Sichtguthaben der Nichtbanken bei den Geschäftsbanken (Sichtdepositen, D).*

$$(8.2) \qquad M_1 = Z^N + D$$

Im Gegensatz zu den Sichteinlagen gehen kurzfristige Termineinlagen nicht in $M_1$ ein. Allerdings können die Akteure ihre kurzfristigen Termineinlagen innerhalb einer recht kurzen Zeitspanne auflösen und zu Zahlungsmitteln machen. Schließt man die kurzfristigen Termineinlagen bei den Geschäftsbanken (T) in das Geldangebot ein, so resultiert daraus die Geldmenge $M_2$.

*Definition:*   *Zur **Geldmenge $M_2$** zählen der Bargeldumlauf bei den Nichtbanken ($Z^N$), die Sichteinlagen (D) und die kurzfristigen Termineinlagen der Nichtbanken bei den Geschäftsbanken (T).*

$$(8.3) \qquad M_2 = Z^N + D + T$$

Im weiteren Sinne können auch Spareinlagen als Zahlungsmittel gesehen werden. Denn je nach Fristigkeit ihrer Spareinlagen können die Menschen auch auf ihr Erspartes zurückgreifen, um Güter einzukaufen. Die entsprechende Definition der Geldmenge $M_3$ zielt folglich auch auf die Wertaufbewahrungsfunktion des Geldes ab.

*Definition:*          *Die **Geldmenge $M_3$** umfasst zusätzlich zu $M_2$ die Spareinlagen (S) der Nichtbanken bei den Geschäftsbanken.*

(8.4)     $M_3 = Z^N + D + T + S$

Die EZB verwendet für ihren Geldmengenbegriff das erweiterte Aggregat $M_3^{erw.}$ Dabei werden zur Geldmenge $M_3$ die Einlagen inländischer Nichtbanken bei Auslandsfilialen und Auslandstöchtern inländischer Kreditinstitute addiert. Hinzu kommen bestimmte Inhaberschuldverschreibungen im Umlauf bei inländischen Nichtbanken sowie von Nichtbanken gehaltene Anteile an Geldmarktfonds unter Bereinigung eventueller Doppelzählungen. Der Vorteil dieses Geldmengenkonzeptes liegt in seiner Marktnähe.

### 8.2.2   Die Funktion der Zentralbank

Wir haben bisher das Problem der Abgrenzung des Geldangebots beschrieben. Nun geht es um die Frage inwieweit die Zentralbank, insbesondere die Europäische Zentralbank (EZB), das Geldangebot kontrollieren kann.

Um diese Frage beantworten zu können, müssen wir zunächst untersuchen auf welche Weise die Zentralbank die Geldmenge beeinflussen, also Geld schaffen oder reduzieren kann.

| Praxis | Währungsunion 2 |
|---|---|

*Das Europäische System der Zentralbanken ESZB*

Das ESZB setzt sich hauptsächlich aus den Zentralbanken der an der Währungsunion teilnehmenden Staaten und der EZB zusammen. Es existiert seit dem 1. Januar 1999, da an diesem Tag die Europäische Währungsunion begann und die Europäische Zentralbank ihre Arbeit aufnahm.

Die EZB ist die einzige Institution, die berechtigt ist, die Ausgabe von Banknoten zu genehmigen. Darüber hinaus ist sie verpflichtet, die Preisstabilität im „Euroraum" zu gewährleisten. Erst, wenn keine Beeinträchtigung dieses Zieles abzusehen ist, hat sie die Aufgabe, die allgemeine Wirtschaftspolitik der EU zu unterstützen. Dies sind ihre wichtigsten Funktionen und zugleich auch Ziele.

Bezeichnend für die hohe Stellung der EZB ist, dass sie wie die Zentralbanken Europas nicht an politische Weisungen gebunden ist. Wohl sind aber die nationalen Zentralbanken an Weisungen der EZB gebunden.

Beschluss- und Ausführungsorgane sind der Rat der EZB und das Direktorium.

Das Direktorium besteht aus dem Präsidenten, dem Vizepräsidenten und den vier Direktoren der EZB. Seine Aufgabe ist die Umsetzung der Geldpolitik des ESZB, wobei es die erforderlichen Weisungen an die nationalen Zentralbanken erteilt.

Der EZB-Rat setzt sich aus dem Direktorium der EZB und den Präsidenten der nationalen Zentralbanken zusammen. Seine Aufgabe ist die Festlegung der Geldpolitik des ESZB.

Grundsätzlich gilt: Zentralbankgeld kommt in Umlauf, indem die Zentralbank Aktiva von Geschäftsbanken und Nichtbanken erwirbt und diese mit Zentralbankgeld bezahlt. Aktiva sind *Refinanzierungskredite (R)* an die Geschäftsbanken, *Währungsreserven (W)* und *sonstige Aktiva (A)*, die nicht als Objekt der Geldpolitik verwendet werden.

| Aktiva | Zentralbank | | Passiva |
|---|---|---|---|
| Währungsreserven | W | Zentralbankgeld | Z |
| Refinanzierungskredite an die Geschäftsbanken | R | | |
| Sonstige Aktiva | A | | |

Das Zentralbankgeld Z lässt sich somit wie folgt bestimmen:[18]

$$Z = R + W + A$$

Refinanzierungskredite sowie Währungsreserven als wichtige Stellgrößen der Zentralbankpolitik sollen im Folgenden etwas näher beleuchtet werden.

(1)    Refinanzierungskredite

Im Falle der Refinanzierungskredite räumt die Zentralbank den Geschäftsbanken einen unbaren Kredit ein, der auf der Aktivseite der Zentralbankbilanz als Forderung an die Geschäftsbank, z. B. in Höhe von 10.000 Euro, erscheint.

Den Forderungen steht auf der Passivseite ein entsprechendes Guthaben der Geschäftsbank in gleicher Höhe gegenüber. Sowohl bei der Zentralbank als auch bei den Geschäftsbanken verlängert sich somit die Bilanzsumme gerade um 10.000 Euro.

| Δ Aktiva | Zentralbank | | Δ Passiva |
|---|---|---|---|
| Neue Forderungen | 10.000 | Neue Verbindlichkeiten | 10.000 |

---

[18]    Die Passivseite besteht aus dem Bargeld und den Reserven (Einlagen) der Banken.

| Δ Aktiva | | Geschäftsbank | | Δ Passiva |
| --- | --- | --- | --- | --- |
| Guthaben bei der Zentralbank | 10.000 | Verpflichtung gegenüber der Zentralbank | 10.000 | |

Der Europäischen Zentralbank stehen im Wesentlichen zwei Möglichkeiten zur Refinanzierung zur Verfügung:

a)      Offenmarktgeschäfte

b)      Ständige Fazilitäten

### a)      Offenmarktgeschäfte (OM)

Offenmarktgeschäfte werden als Hauptrefinanzierungsinstrument (Laufzeit zwei Wochen), aber auch als langfristige Refinanzierungsmöglichkeit (Laufzeit drei Monate) auf Initiative der EZB eingesetzt. Sie werden entweder als Pensionsgeschäfte oder als Pfandkredit durchgeführt. Welche Art eingesetzt wird, entscheiden die nationalen Zentralbanken für ihr Land.[19]

Beim Wertpapierpensionsgeschäft erhält die Geschäftsbank einen Kredit und übereignet der EZB dafür geeignete Wertpapiere. Gleichzeitig wird vereinbart, dass bei Auslaufen des Kredits die Wertpapiere rückübereignet werden.

Beim Pfandkredit erhält die Geschäftsbank einen Kredit, und die EZB erhält im Gegenzug ein durchsetzbares Sicherungsrecht an den Pfändern, die im Eigentum der Geschäftsbank verbleiben.

Darüber hinaus nutzt die EZB Offenmarktgeschäfte auch für ihre Feinsteuerungsoperationen und strukturellen Operationen.

### b)      Ständige Fazilitäten

Ständige Fazilitäten stehen den Geschäftsbanken kontinuierlich zu Verfügung. Die Spitzenrefinanzierungsfazilität (SF) erlaubt es den Geschäftsbanken, sich über Nacht bis zum nächsten Tag zu einem Zins und gegen Sicherheiten Liquidität zu verschaffen.

In diesem Zusammenhang ist auch die Einlagefazilität (EF) von Bedeutung. Diese stellt kein Refinanzierungsinstrument dar, sie kann hingegen von den Geschäftsbanken dazu genutzt werden, Finanzmittel über Nacht zu einem festgelegten Zinssatz anzulegen.

Für die Zinsen i von Offenmarktgeschäften und Fazilitäten gilt in der Regel:

$$(8.6) \quad i_{SF} > i_{OM} > i_{EF}$$

---

[19]  Offenmarktgeschäfte werden als solche von der EZB definiert; sie müssen nicht notwendigerweise „am offenen Markt", also an der Börse, durchgeführt werden.

**Abbildung 8.2: Notenbankzinsen und Geldmarktsätze**

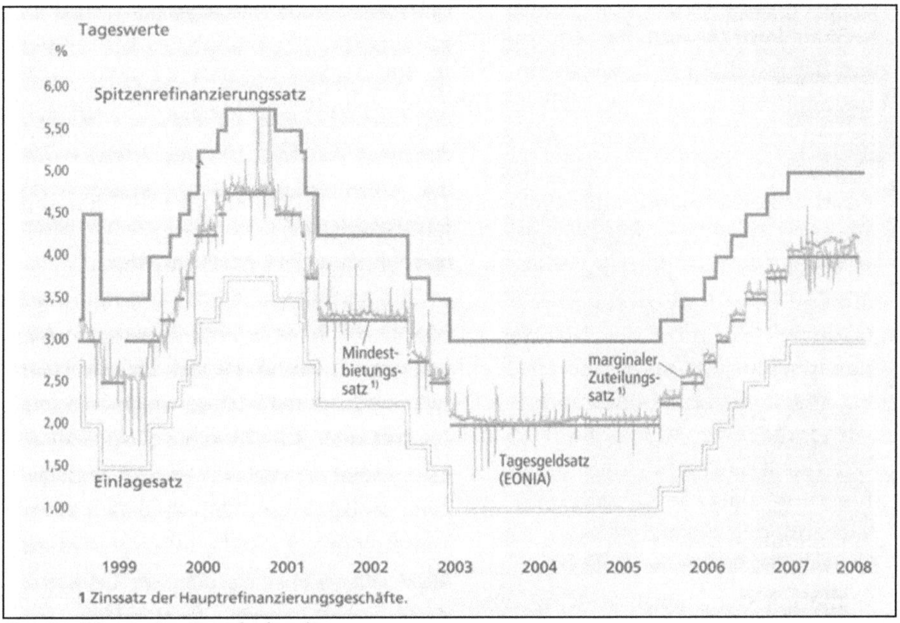

Quelle: Deutsche Bundesbank

(2)  Währungsreserven

Neben der Kreditvergabe an die Geschäftsbanken kann Zentralbankgeld auch durch einen Eintausch von Devisen entstehen. Die Geschäftsbanken verkaufen in diesem Fall einen Teil ihrer Devisen an die Zentralbank und erhalten dafür Zentralbankgeld. Solche Transaktionen schließen häufig Devisen-Swap-Geschäfte ein.

Im Kapitel zur Zahlungsbilanz wurde bereits dargestellt, dass sich die Devisenbestände auch durch die Transaktionen mit dem Ausland verändern können. Exporte, z. B. aus dem Euroraum in die USA, müssen von den amerikanischen Abnehmern in Euro bezahlt werden. Zu diesem Zweck tauschen sie US-Dollars gegen Euros ein. Umgekehrt müssen die Importe aus den USA von den Europäern in Dollar bezahlt werden. Übersteigen die Exporte die Importe (Leistungsbilanzüberschuss), und unterstellen wir eine ausgeglichene Kapitalbilanz, so kommen mehr Dollars in den Euroraum als zur Finanzierung der Importe benötigt werden. Für den Fall, dass die Geschäftsbanken den Überschuss an US-Dollars bei der Zentralbank eintauschen, erhalten sie dafür Zentralbankgeld. Umgekehrt verringert sich die Zentralbankgeldmenge, falls ein Leistungsbilanzdefizit vorliegt.

Die vorstehende Aussage unterstellt ein System konstanter Wechselkurse, so dass die Zentralbank gezwungen ist, überschüssige Devisen aufzukaufen, um den Wechselkurs zu sichern. Bildet sich der Wechselkurs jedoch frei auf dem Markt, so ist der Saldo der Devisenbilanz ausgeglichen, und es kann kein externer Einfluss auf die Zentralbankgeldmenge des Inlandes stattfinden. In dem dargestellten Fall würde ein Impuls zur Aufwertung der Inlandswährung entstehen. Damit würden sich die Inlandsprodukte gegenüber den Produkten aus dem Ausland verteuern und es würde eine Tendenz zur Verringerung der Exportüberschüsse eingeleitet werden.

Ein höheres inländisches Geldangebot wird (von anderen Einflüssen abgesehen) zu einer Senkung der inländischen Zinsen führen.[20] Sinken die Zinsen im Vergleich zum Ausland, so führt dies zu einem Abfluss von Devisen und damit zu einer Reduzierung der Zentralbankgeldmenge. Eine Zinssenkung als „normale" Reaktion des Marktes würde also eine Gegenbewegung zur außenwirtschaftlich verursachten Geldmengenerhöhung bewirken und somit den Ausgangsimpuls - zumindest teilweise - kompensieren.

Im Falle fester Wechselkurse hat die Zentralbank demnach keine Kontrolle über die inländische Geldmenge. Bei flexiblen Wechselkursen gelingt eine Steuerung, falls die Geldanleger „normal" reagieren. Sobald aber spekulative Bewegungen einsetzen, geht die „Marktautomatik" verloren, so dass die Zentralbank zusätzliche Instrumente zur Marktstabilisierung einsetzen muss. Hierzu hat der Internationale Währungsfond (IWF, engl. IMF, International Monetary Fund) Instrumente in Form von Sonderziehungsrechten geschaffen, mit denen sich Zentralbanken Devisen beschaffen können, die sie zum Ausgleich von spekulativen Bewegungen benötigen.

Die Ausführungen zu den Refinanzierungskrediten und Währungsreserven haben verdeutlicht, dass die Zentralbankgeldmenge nicht beliebig gesteuert werden kann. Kauft oder verkauft die Zentralbank Wertpapiere, so hängt das Angebots- und Nachfrageverhalten auf dem Wertpapiermarkt immer auch von den Preiskonditionen ab. Bei der Kreditierung kann die Notenbank Finanzierungsmöglichkeiten einräumen; sie kann aber nicht sicher sein, inwieweit diese Möglichkeiten auch genutzt werden. Auch bei den außenwirtschaftlichen Einflüssen ergeben sich Restriktionen. Grundsätzlich hat die Zentralbank aber einen großen Spielraum und zahlreiche Möglichkeiten, die Zentralbankgeldmenge zu steuern. Falls ihre eigenen Mittel erschöpft sind, kann sie über den Beistand des IWF ihre Stabilisierungsbemühungen verstärken. Für die Geldschöpfungskapazität einer Zentralbank gibt es keine prinzipielle Grenze, jedoch gibt es interne Zielvorgaben, wie die Preisstabilität und zusätzliche internationale Vereinbarungen, die eine Begrenzung der Geldmengenexpansion nahe legen. Seit Ende der siebziger Jahre verfolgen die

---

[20] Dies entspräche einer „normalen" Reaktion der Anleger. Wir wissen aber, dass die Reaktionen auf den Geldmärkten spekulativ beeinflusst sein können, so dass diese Bewegungsrichtung nicht mit Sicherheit vorauszusagen ist.

meisten Zentralbanken eine strikte Kontrolle der Geldmengenexpansion. Hierzu hat vor allem die Theorierichtung des Monetarismus beigetragen.

| Hintergrund | **Der Internationale Währungsfonds (IWF)** |
| --- | --- |

Der Internationale Währungsfonds IWF (International Monetary Fund - IMF) ist ebenfalls in Washington D. C. ansässig. Seine Mitglieder sind die gleichen wie die der Weltbank. Die vorrangigen Aufgaben liegen in

- der Förderung der internationalen Zusammenarbeit auf dem Gebiet der Währungspolitik,
- der Unterstützung des Wachstums des Welthandels sowie insbesondere
- der Vergabe finanzieller Mittel an Mitgliedsländer zur Überwindung von Zahlungsproblemen.

Der IWF ist im Grunde ein Devisenpool, in den die Mitgliedsländer Devisen einzahlen, die dann im Bedarfsfall an einzelne Mitglieder ausgeliehen werden können. Dieses System funktioniert, indem jedes Mitgliedsland Zahlungen an den Fonds gemäß einer bestimmten Quote leisten muss, deren Höhe sich vor allem nach dem Inlandsprodukt, dem Anteil am Welthandel und den Währungsreserven richtet. Im Rahmen der so geschaffenen Reserveposition hat das Mitgliedsland jederzeit und ohne Auflage das Recht, IWF-Mittel in Anspruch zu nehmen. Es handelt sich hierbei nicht um eine Kreditaufnahme. Darüber hinaus stehen jedem Mitglied vier normale Kredittranchen von je 25 % der Quote für die Aufnahme von Zahlungsbilanzkrediten zur Verfügung. Des Weiteren sind im Laufe der Zeit zusätzliche spezielle Kreditmöglichkeiten geschaffen worden, um Ländern mit besonderen Zahlungsbilanzproblemen zu unterstützen. Ihre Höhe beträgt teilweise ein Vielfaches der jeweiligen Quote.

Die Finanzmittel des Fonds werden der Zentralbank des betreffenden Landes zur Verfügung gestellt. Es sind keine Finanzhilfen für bestimmte Zwecke oder Projekte, wie sie die Weltbank ausreicht. Allerdings sind die über die erste Kredittranche von 25 % der Quote hinausgehenden Kreditaufnahmen für die Empfängerländer an strenge wirtschaftspolitische Auflagen geknüpft (Konditionalität). Dabei wird in der Regel die Umsetzung makroökonomischer Stabilisierungsprogramme verlangt, wie die Rückführung eines Staatsdefizits, den Abbau von Subventionen, die Bekämpfung von Inflation durch restriktive Geldpolitik, die Liberalisierung der Finanzmärkte und des Außenhandels, eine Abwertung der Währung und ähnliches mehr.

Es ist u. a. diese Politik der Konditionalität, auf die sich die politische Kritik an IWF-System konzentriert. Kritiker werfen dem IWF vor, mit seinen „rigorosen Sparprogrammen" die wirtschaftliche Lage der betroffenen Länder in vielen Fällen zu verschlechtern und die längerfristige Entwicklung zu behindern. Andererseits muss man bedenken, dass die betreffenden Länder unkonditionierte Kredite an den internationalen Kapital- oder Kreditmärkten meist gar nicht oder nur mit deutlich höheren Risikoaufschlägen bekämen.

## 8.3     Geldschöpfung und Geldvernichtung

In den bisherigen Kapiteln haben wir kennen gelernt, auf welche Weise die Zentralbank Einfluss auf die Zentralbankgeldmenge nehmen kann. Allerdings blieb dabei die Frage offen, ob auch die Geschäftsbanken Einfluss auf die Geldmenge nehmen können.

Es ist leicht einsichtig, dass die Geschäftsbanken nicht in der Lage sind, den Bargeldverkehr durch die Ausgabe eigener Banknoten zu beeinflussen. Allerdings können die Geschäftsbanken zusätzliches Buchgeld in Form von Sichtguthaben schaffen, z. B. indem sie Nichtbanken Kredite einräumen und ihnen entsprechende Guthaben eröffnen. Da die Sichteinlagen gemäß Definition zur Geldmenge zählen, wollen wir nun untersuchen inwieweit die Geschäftsbanken durch die Kreditvergabe Einfluss auf die Geldmenge nehmen können.

Um die Bargeldwünsche ihrer Kunden jederzeit erfüllen zu können, verfügen die Geschäftsbanken über Bar-Reserven. Da die Haltung dieser Bar-Reserven für die Geschäftsbanken keinen Zins bringt, werden sie versuchen, Bar-Reserven nur in möglichst geringem Umfang zu halten.[21]

Um die Zahlungsfähigkeit einer Bank zu gewährleisten, fordert die EZB die Geschäftsbanken im „Euroraum" auf, Mindestreserven an Zentralbankgeld auf Sichteinlagen, Termineinlagen und Spareinlagen zu halten. Die Differenz zwischen Bar- und Mindestreserven bezeichnet man als Überschussreserven. Diese können zur Kreditvergabe und somit zur Vermehrung der Geldmenge („Geldschöpfung") verwendet werden.

### 8.3.1     Geldschöpfungsmultiplikator ohne Einbeziehung der Barabzugsquote

Angenommen die A-Bank erhöht ihren Bestand an Zentralbankgeld durch den Verkauf von Devisen an die EZB um 10.000 Euro.[22] Während der Devisenbestand um 10.000 Euro abnimmt erhöhen sich Bar- und Überschussreserve der Geschäftsbank gerade um diesen Betrag. In der Folge kann die A-Bank nun einen neuen Kredit in dieser Höhe vergeben. In diesem Fall entstehen auf der Aktivseite entsprechende Forderungen der A-Bank an den Kreditkunden. Auf der Passivseite erscheinen die zusätzlichen Sichteinlagen des Kunden.

---

[21]   Man beachte, dass die Zentralbankgeldbestände der Geschäftsbanken nur zum kleinen Teil aus Münzen und Banknoten (Kasse) bestehen.

[22]   Der Verkauf der Devisen entspricht einer Umschichtung auf der Aktivseite der Geschäftsbank (vgl. Kapitel 8.2.2).

| Δ Aktiva | | A-Bank | Δ Passiva |
|---|---|---|---|
| Forderung aus Kreditvertrag | 10.000 | Sichteinlagen | 10.000 |

Durch die Kreditvergabe erhöhen sich die Sichteinlagen der Nichtbanken. Da gleichzeitig die Zahlungsmittelbestände der Nichtbanken zunehmen, vermehrt sich die Geldmenge der Volkswirtschaft um 10.000 Euro. Würde der Kunde nicht über seinen Kredit verfügen, wäre der Prozess der Geldschöpfung an dieser Stelle beendet. Im Allgemeinen wird der Kreditkunde der A-Bank aber über seinen Kredit verfügen. In diesem Fall verliert die A-Bank Sichtguthaben in Höhe von 10.000 Euro.

Kauft sich der Kreditkunde beispielsweise ein neues Auto, und nehmen wir weiter an, der Autohändler habe sein Konto nicht auf der A- sondern auf der B-Bank, so honoriert die A-Bank die Überweisung des Kreditkunden und transferiert das Geld auf das Konto des Autohändlers bei der B-Bank. Die B-Bank erhöht also auf der Passivseite ihre Sichteinlagen und auf der Aktivseite ihre liquiden Mittel (Bar-Reserve) um jeweils 10.000 Euro. Allerdings resultiert der Anstieg der Bar-Reserve nicht aus einer Umschichtung der Aktiva, sondern aus der Kreditgewährung der A-Bank. Daher muss die B-Bank eine Mindestreserve auf Sichteinlagen als zinsloses Guthaben bei der Zentralbank halten. Seit 1999 schreibt die EZB einen Mindestreservesatz in Höhe von 2 % vor, so dass sich für die B-Bank folgende Bilanz ergibt.

| Δ Aktiva | | B-Bank | Δ Passiva |
|---|---|---|---|
| Mindestreserve | 200 | Sichteinlagen | 10.000 |
| Überschussreserve | 9.800 | | |

Um Zinseinnahmen zu erhalten, wird die B-Bank nun Kredite in Höhe der Überschussreserve vergeben. Somit setzt sich der Prozess der Geldschöpfung, der bereits mit dem Aktivtausch bei der A-Bank begonnen hat, mit der erneuten Kreditgewährung durch die B-Bank fort. Durch den Abzug der Mindestreserve erhöht sich die Geldmenge aber lediglich um 9.800 Euro.

Wir ahnen bereits, dass der Prozess aber noch immer nicht beendet ist. Sobald der Kunde der B-Bank über seinen Kredit verfügt, verliert die B-Bank ihre Überschussreserve in Höhe von 9.800 Euro. Diese fließen der C-Bank auf der Aktivseite als neue Bar-Reserve zu, dem auf der Passivseite eine zusätzliche Sichteinlage in dieser Höhe gegenübersteht. Auch die C-Bank kann nicht in vollem Umfang über diese neue Sichteinlage verfügen, sondern muss eine Mindestreserve in Höhe von 196 Euro halten. Somit bleibt eine Überschussreserve in Höhe von 9.604 Euro, die von der C-Bank wiederum als Kredit vergeben werden kann.

Durch die Bereitstellung der Mindestreserve, werden die vergebenen Kredite mit jeder Runde kleiner und der Geldschöpfungsprozess kommt zum Ende. Addieren wir das in den einzelnen Runden geschaffene Buchgeld auf (10.000 + 9.800 + 9.604 + ...), so ergibt sich aus dem anfänglichen Aktivtausch der A-Bank im Wert von 10.000 Euro eine gesamte Buchgeldschöpfung in Höhe von 500.000 Euro. Die Geldmenge kann sich also bis um das 50-fache erhöhen. Tabelle 8.1 zeigt die ersten Schritte des Geldschöpfungsmultiplikators:

**Tabelle 8.1: Geldschöpfung**

| Periode | Δ Sichteinlagen | Δ Mindestreserven |
|---|---|---|
| | Aktivtausch | |
| 0 (A-Bank) | 10.000 | |
| | Geldschöpfung | |
| 1 (B-Bank) | 10.000 | 200 |
| 2 (C-Bank) | 9.800 | 196 |
| 3 (D-Bank) | 9.604 | 192 |
| : | : | : |
| Summe | 500.000 | 10.000 |

Es stellt sich die Frage, wie dieser Effekt formal hergeleitet werden kann. Falls die Änderung der Bar-Reserve - die ja der Erhöhung der Zentralbankgeldmenge entspricht - mit $\Delta Z$ und die Änderung der Sichteinlagen mit $\Delta D$ bezeichnet wird, so besteht eine Abhängigkeit zwischen $\Delta D$ und $\Delta Z$, die durch $\Delta D = f(\Delta Z)$ beschrieben werden kann. Da $\Delta D$ ein Vielfaches von $\Delta Z$ ergibt, sprechen wir von einem Geldschöpfungsmultiplikator. Der Wert des Multiplikators hängt mit dem Mindestreservesatz r zusammen und entspricht in diesem vereinfachten Fall gerade dessen Kehrwert $1/r$:

(8.7)      $\Delta D = 1/r \, \Delta Z$

Aus einem Reservesatz in Höhe von 2 % (=1/50) resultiert somit ein Multiplikator von 50.

*Fazit 8.2:*          *Die Geldmenge kann durch Aktivitäten der Geschäftsbanken erhöht werden, ohne dass die Zentralbank die Zentralbankgeldmenge (Geldbasis) erhöht.*

### 8.3.2 Geldschöpfungsmultiplikator unter Einbeziehung der Barabzugsquote

Im Folgenden gehen wir davon aus, dass ein Teil des Geldes in bar gehalten wird. Dieser Teil reduziert auf jeder Stufe der Geldschöpfung (außer dem ursprünglichen Aktivtausch) die Überschussreserven der Banken. Unter diesen Voraussetzungen lässt sich ein realistischerer Geldschöpfungsmultiplikator als in Gleichung (8.7) ableiten.

Wir wissen bereits, dass sich die Zentralbankgeldmenge (monetäre Basis) aus dem Zentralbankgeld des Bankensektors $Z^B$ und des Nichtbankensektors $Z^N$ zusammensetzt.

(8.1) $\quad Z = Z^B + Z^N$

Unter Einbeziehung der Sichteinlagen D definiert Gleichung (8.2) die Geldmenge $M_1$:

(8.2) $\quad M_1 = Z^N + D$

Die Banken sind verpflichtet, Mindestreserven als Zentralbankgeld ($Z^B$) in einem bestimmten Prozentsatz r der von ihnen geschaffenen Buchgeldmenge (D) zu halten:

(8.8) $\quad Z^B = r\,D$

Zudem halten die Wirtschaftsakteure einen bestimmten Prozentsatz b der Geldmenge $M_1$ in Form von Bargeld ($Z^N$), so dass gilt: $b = Z^N/M_1$, oder

(6.9) $\quad Z^N = b\,M_1$

Durch Einsetzen der Gleichungen (8.8) und (8.9) in Gleichung (8.1) ergibt sich

(8.10) $\quad Z = r\,D + b\,M_1$

Aus Gleichung (8.2) folgt unter Beachtung von Gleichung (8.9)

(8.11) $\quad M_1 = b\,M_1 + D$ bzw.
(8.12) $\quad D = (1\text{-}b)\,M_1$

Schließlich kann (8.12) in (8.10) eingesetzt werden, so dass gilt:

(8.13) $\quad Z = r\,(1\text{-}b)\,M_1 + b\,M_1$ bzw.

(8.14)  $Z = [r+b(1-r)] \, M_1$ oder

(8.15)  $M_1 = 1/[r+b(1-r)] \, Z$

Der Term $1/[r+b(1-r)]$ definiert den Geldschöpfungsmultiplikator. Sind sowohl Barabzugsquote b als auch Mindestreserve r bekannt, so lässt sich die multiplikative Wirkung einer erhöhten Zentralbankgeldmenge anhand Gleichung (8.16) berechnen:

(8.16)  $\Delta M_1 = 1/[r+b(1-r)] \, \Delta Z$

*Fazit 8.3:*      *Der Geldschöpfungsmultiplikator gibt an, um welches Vielfache die Geldmenge M maximal steigen kann, wenn die Überschussreserve der Geschäftsbanken zunimmt.*

### 8.3.3  Grenzen der Geldschöpfung

Vor dem Übergang auf das ESZB spielten die Mindestreserven eine erhebliche Rolle bei der Geldmengensteuerung. Die Deutsche Bundesbank setzte die Mindestreserven für Sichtverbindlichkeiten bei 30 %, für Termineinlagen bei 20 % und für Spareinlagen bei 10 % an. Nach dem Inkrafttreten des ESZB ist die Bedeutung geringer. Die Bankinstitute müssen derzeit eine Mindestreserve in Höhe von 2 % auf die Mindestreservebasis halten. Dies impliziert einen immens hohen Geldschöpfungsmultiplikator. In der Realität sind die Möglichkeiten der Geschäftsbanken aber durch andere Faktoren stark eingeschränkt. Die rechtliche Grundlage für die Beaufsichtigung von Bankgeschäften (Bankenaufsicht) wird durch das *Gesetz über das Kreditwesen (KWG)* dargestellt. Dieses Gesetz gibt Regeln vor, die Bankinsolvenzen vorbeugen sollen, indem die Risiken der Kreditvergabe begrenzt werden. Die letzte Novelle des KWG ist stark durch die europäische Harmonisierung beeinflusst, um den freien Verkehr mit Bankgeschäften und Finanzdienstleistungen in der EU zu gewährleisten.

Darüber hinaus gibt es eine Vereinbarung unter den Kreditinstituten, um Instabilitäten im Finanzsektor durch Kreditrisiken zu vermeiden. Die jüngste Vereinbarung dieser Art wurde vom Basler Ausschuss für Bankenaufsicht initiiert und unter dem Kürzel „Basel II" bekannt. Im Zentrum stehen:

• eine risikoadäquate Eigenkapitalausstattung (Mindestkapitalanforderungen),

• neue Vorschriften für die Überprüfung durch die Bankenaufsicht und

• eine erweiterte Offenlegung der Kreditvergaben.

Basel II hat besondere Auswirkungen auf die Kreditvergabe an kleine und mittlere Unternehmen, die einem verschärften Kreditrating ausgesetzt sind.

Im Zusammenhang mit den Möglichkeiten der Geldschöpfung der Kreditinstitute ergibt sich durch Basel II eine starke Einschränkung über die Eigenkapitalsicherung. Solche Anforderungen wirken sich zur Zeit erheblich stärker auf die Möglichkeiten der Giralgeldschöpfung aus als die Mindestreservepolitik der EZB.

## 8.4 Liquiditätssteuerung und geldpolitische Strategie der EZB

Die Offenmarktgeschäfte der EZB werden in der Regel im Tenderverfahren angeboten, d. h., auf dem Wege der Ausschreibung. Bei einem Mengentender gibt die EZB den Zinssatz vor und die Geschäftsbanken nennen den Betrag an Wertpapieren, den sie an die EZB abgeben wollen. Überschreitet die Liquiditätsnachfrage der Banken den von der EZB vorgesehenen Zuteilungsbetrag, so werden die Gebote anteilig erfüllt („repartiert"). Beim Zinstender müssen die Geschäftsbanken nicht nur Gebote über die Beträge an Wertpapieren abgeben, sondern auch den Zinssatz nennen, zu dem sie das Refinanzierungsgeschäft abschließen möchten. Ausgangspunkt ist ein von der EZB gesetzter „Mindestbietungssatz", der dann evtl. durch die Nachfrage der Geschäftsbanken nach oben gezogen wird.

Die Zuteilung erfolgt nach den individuellen Bietungssätzen, wobei die Gebote mit den höchsten Zinssätzen vorrangig bedient werden. Die EZB praktiziert damit das „amerikanische Zuteilungsverfahren". Die mögliche Alternative hierzu, nämlich eine Liquiditätszuteilung zu einem für alle Banken einheitlichen Zinssatz, wird als „holländisches Verfahren" bezeichnet. Standardtender werden innerhalb von 24 Stunden, Schnelltender innerhalb einer Stunde durchgeführt. Bilaterale Geschäfte sind Transaktionen zwischen EZB und wenigen Geschäftspartnern. Hier wird auf das Tenderverfahren verzichtet.

Bei den Feinsteuerungsoperationen, mit denen unerwartete Liquiditätsschwankungen kompensiert werden sollen, spielen Devisenswaps eine gewisse Rolle. Um Liquidität bereitzustellen, kauft die EZB von den Geschäftsbanken Fremdwährungen per Kasse gegen Euro und verkauft sie gleichzeitig per Termin. Umgekehrt geht sie vor, wenn sie Liquidität abschöpfen will.

Von der strategischen Ausrichtung her will die EZB einen fallweisen Einsatz der Geldpolitik zum Zweck der Konjunkturbeeinflussung vermeiden. Sie versucht, die Preisstabilität durch eine gezielte Steuerung der Geldmenge sicherzustellen. D. h.: Sie ist bestrebt, die Geldmenge $M_3$ im Vergleich zur Gütermenge angemessen wachsen zu lassen.

Dieses Konzept lässt sich anhand der Quantitätsgleichung erklären. Diese besagt, dass das Produkt aus Geldmenge und Umlaufgeschwindigkeit des Geldes dem Produkt aus Preisniveau und realem Bruttoinlandsprodukt entspricht. Auch wenn die EZB mit der Quantitätsgleichung ein Element der klassischen Theorie verwendet, um ihre Geldpolitik zu erklären, kann man daraus nicht folgern, dass sie ihre Geldpolitik monetaristisch ausgerichtet hat. Charakteristisch für die monetaristische Theorie (Neoquantitätstheorie) ist in diesem Zusammenhang, dass erstens die Umlaufgeschwindigkeit des Geldes als einigermaßen stabil angenommen wird und dass zweitens die Entwicklung des realen Bruttoinlandsprodukts nur kurzfristig von der Geldmenge abhängt; langfristig sind der Reallohn, das Bevölkerungswachstum und der technische Fortschritt entscheidend. Die EZB benutzt die Quantitätsgleichung nicht in diesem Sinne, sondern als Identitätsbeziehung, die den Zusammenhang zwischen den einzelnen makroökonomischen Aggregaten erklärt.

Die EZB definiert ein Geldmengenziel. Dieses bezieht sich auf die Zunahme der Geldmenge $M_3$ und ergibt sich aus der Veränderung der übrigen Komponenten der Quantitätsgleichung. Als Preisniveaustabilität sieht es die EZB an, wenn die Zunahme des „Harmonisierten Verbraucherpreisindexes (HVPI)", das ist der durchschnittliche Preisanstieg in den Ländern des Eurosystems, maximal 2 % gegenüber dem Vorjahr beträgt. Ferner formuliert die EZB ihre Erwartungen für das Wachstum des realen Bruttoinlandsprodukts und die (mittelfristige) Änderung der Umlaufgeschwindigkeit des Geldes.

Hieraus lässt sich dann nach der Quantitätsgleichung die angestrebte Expansion der Geldmenge ableiten. Als Zielmarke für die jahresdurchschnittliche Expansion der Geldmenge legt die EZB seit Beginn ihrer Geldpolitik im Jahr 1999 4,5 % fest. Sie bezeichnet dies als Referenzwert. Diese Bezeichnung rührt daher, dass sie diese Größe nicht als bindend ansieht. Die EZB erklärt, dass sie nur gegen eine zu starke Zunahme der Geldmenge einschreitet, wenn sie die Preisstabilität gefährdet sieht. Die Geldmengenentwicklung bildet insofern nur eine Orientierungsgröße der europäischen Geldpolitik. Die EZB bezeichnet dies als „Zwei-Säulen-Strategie". Diese besteht aus einer wirtschaftlichen und einer monetären „Analyse-Säule".

Der Referenzwert für das Geldmengenwachstum von 4,5 % kommt z. B. folgendermaßen zustande:

| $\Delta M_3$ | = | $\Delta P$ | + | $\Delta Y$ | - | $\Delta U$ |
|---|---|---|---|---|---|---|
| Angestrebtes Geld- Mengenwachstum („Referenzwert") | | maximal tolerierte Inflationsrate | | erwartetes reales BIP- Wachstum | | Änderung der Umlaufgeschwin- digkeit (geschätzt) |
| +4,5% | | +2% | | +1,5% | | -1% |

Die wirtschaftliche Analyse berücksichtigt kurz- bis mittelfristige Einflussfaktoren auf die Inflationsrate. Hier stehen realwirtschaftliche Größen, etwa die Entwicklung der Löhne, Ölpreis, Wechselkurse oder der allgemeinen konjunkturellen Situation sowie der Finanzmärkte im Vordergrund.

Die monetäre Analyse hingegen hat die mittel- bis langfristigen Risiken für die Preisstabilität im Blick. Sie basiert im Kern auf den Verlaufeigenschaften monetärer Variablen für die Preisentwicklung. Neben der Entwicklung des Geldvolumens werden in der monetären Analyse unter anderem auch die Zusammensetzung der Geldmenge und die Ursachen der Geldmengenexpansion näher untersucht. Schließlich folgt eine wechselseitige Abgleichung beider Analysen, bevor ein geldpolitischer Beschluss gefasst wird.

Geldpolitische Maßnahmen der Zentralbank benötigen eine gewisse Zeit, bis sie wirken. Dabei ist zu unterscheiden, ob es sich um Auswirkungen auf die gesamtwirtschaftliche Produktion oder um Effekte auf das gesamtwirtschaftliche Preisniveau handelt. Es hat sich empirisch gezeigt, dass die Wirkungen, die von einer Veränderung der Geldmenge ausgehen, bis zu zwei Jahre brauchen, bis sie auf die Realwirtschaft und auch das Preisniveau wirken. Dann ist der Zusammenhang zwischen Geldmenge und Preisniveau aber sehr eng. Dies und die Existenz der doch erheblichen Wirkungsverzögerung sprechen dafür, dass sich die Geldmenge stetig entwickeln sollte.

Die tatsächliche Entwicklung der Geldmenge $M_3$ der EZB zeigt eine gewisse Diskrepanz zwischen der von der Zentralbank formulierten Strategie und der praktischen Umsetzung. Abbildung 8.3 zeigt die Wachstumsraten der Geldmenge $M_3$, die in den letzten fünf Jahren immer deutlich über dem von der EZB selbst festgelegten Referenzwert von 4,5 % lagen. Diese doch erheblichen Abweichungen vom Referenzwert bergen ein nicht zu unterschätzendes Inflationspotential.

**Abbildung 8.3: Wachstum der Geldmenge $M_3$ in der EWU**

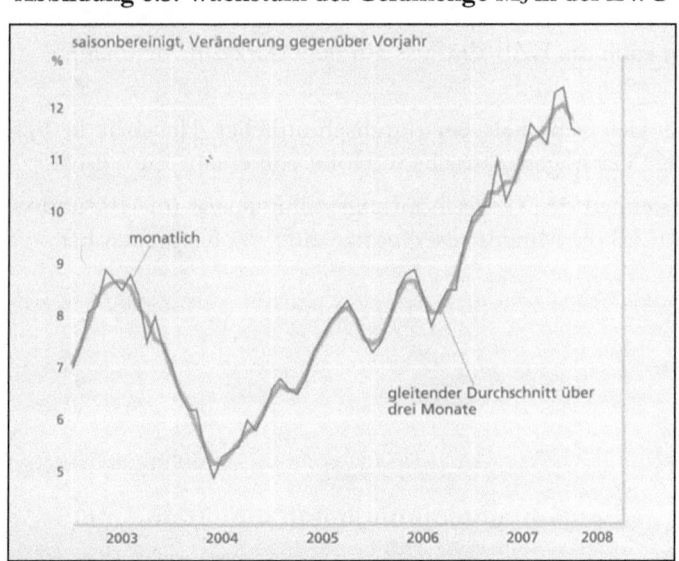

Quelle: Deutsche Bundesbank

**Aufgaben zu Kapitel 8**

8.1   Definieren Sie die Geldmengenaggregate $M_1$, $M_2$ und $M_3$. Welche Definition ist Ihrer Meinung nach am besten zur Erfassung der Geldmenge geeignet?

8.2   Die Zentralbank kauft von der Geschäftsbank $B_1$ Wertpapiere im Wert von 100.000 Euro. Die Geschäftsbank $B_1$ stellt das erworbene Geld dem Kunden $K_1$ als Kredit zur Verfügung. Der Kunde hebt 20.000 Euro ab und überweist den Rest an den Kunden $K_2$, der bei der Bank $B_2$ über ein Konto verfügt. Die Bank $B_2$ räumt dem Kunden $K_3$ mit dem erhaltenen Geld einen Kredit, gemäß den gesetzlichen Bestimmungen, in Höhe von 60.000 Euro ein. Dieser teilt den Betrag im selben Verhältnis wie Kunde $K_1$, hebt den kleineren Betrag ab und überweist den Rest an den Kunden $K_4$ der Bank $B_3$. Diese räumt dem Kunden $K_5$ wieder einen Kredit ein. Wie schon bei den Kunden $K_1$ und $K_3$ beträgt die Barabzugsquote auch bei Kunde $K_5$ gerade 20 %.

Stellen Sie die ersten drei Stufen des Geldschöpfungsprozesses dar. Geben Sie jeweils Kreditsumme, Sichteinlagen, Barabzug und Mindestreserve an.

Wie hoch ist der Mindestreservesatz r und die Geldschöpfung in diesem Beispiel?

Wie hoch wäre die Geldschöpfung, wenn sich der Prozess unendlich oft wiederholt?

8.3   Wie kann die EZB Einfluss auf den Marktzins nehmen?

8.4   Wie viel Cent hält ein durchschnittlicher Haushalt in bar, wenn er einen Vermögenszuwachs in Höhe von einem Euro erhält?

Sie kennen den Geldschöpfungsmultiplikator ($m=10$) und wissen, dass die EZB die Mindestreservesätze auf 5 % festgesetzt hat.

# 9    Inflation und Inflationstheorie

Inflation bezeichnet eine Anhebung des allgemeinen Preisniveaus über einen längeren Zeitraum und nicht etwa den Anstieg einzelner Preise. Kapitel 9.1 geht zunächst auf die Messung von Inflation ein. Die folgenden Abschnitte betrachten die Erklärung die die verschiedenen theoretischen Ansätze für das Entstehen inflationärer Prozesse geben. Die Darstellung der Phillipskurve (Kapitel 9.3.3) thematisiert den vermeintlichen Zielkonflikt zwischen Preisniveaustabilität und einem hohen Beschäftigungsstand.

Ein Regime des Malinvaud-Schemas (Abbildung 4.8) ist die unterdrückte Inflation. Wir erinnern uns, dass die Regimes unter der Voraussetzung klassifiziert wurden, dass Löhne und Preise temporär starr sind. Unterdrückte Inflation bedeutet in diesem Zusammenhang, dass aufgrund des Nachfrageüberhangs auf Güter- und Arbeitsmarkt in der nächsten Wirtschaftsphase mit einem Ansteigen von Löhnen und Preisen zu rechnen ist. Wir haben im Zusammenhang mit der Unterbeschäftigung bereits drei wichtige Theorieansätze kennen gelernt, die umfassend angelegt sind, also sowohl die Phänomene der Unterbeschäftigung wie auch der Inflation erklären möchten: Klassik, Monetarismus und Keynesianismus. Diese wollen wir auch als Ausgangspunkte für die Theorie der Inflation heranziehen. Zunächst geht es aber um die empirische Beschreibung.

## 9.1    Statistisch gemessene und gefühlte Inflation

*Definition:*    *Inflation bedeutet, dass die Anzahl der Geldeinheiten, die erforderlich ist, um eine Gütereinheit zu erwerben, mit der Zeit zunimmt. Unter Benutzung des Begriffs des Preisindex (siehe Kapitel 2) heißt dies analog: In einer Phase der Inflation steigt der Preisindex für das Bruttoinlandsprodukt. Oder mit anderen Worten: Der Wert des Geldes sinkt.*

Die Preissteigerungsrate = Inflationsrate wird durch den Vergleich der Ausgaben für einen definierten Warenkorb zwischen dem Basisjahr und dem Berichtsjahr ermittelt (vgl. Abschnitt 2.4). Für Zeit- oder Ländervergleiche wählt man in der Regel den Preisindex für das Bruttoinlandsprodukt (Paasche-Index) oder den Preisindex für die Lebenshaltung (Laspeyres-Index). Dabei vergleicht man entweder die Preise für einen ausgewählten Monat („Monatsvergleich", z.B. November 2007 gegenüber 2006) oder bildet einen Durchschnitt über die Preisentwicklung eines Jahres („jahresdurchschnittliche Preisentwicklung").

Ist die Inflationsrate, gemessen durch Steigerung des Preisindex für das Bruttoinlandsprodukt, niedrig, so herrscht Preisstabilität, d.h. ein wichtiges Ziel der Wirtschaftspolitik und das wichtigste Ziel der Zentralbank ist erfüllt. In den westlichen Industrieländern sind jährliche Inflationsraten von bis zu 10 % in Zeiten wirtschaftlicher Normalität zu beobachten. In den Transformationsländern Mitteleuropas, in Russland sowie in einigen Schwellenländern liegen die Inflationsraten noch deutlich höher, ohne dass dies eine ökonomische Krise indizieren würde. So ist zum Beispiel die Wirtschaft in Lettland im Jahr 2006 um real 11,9 % gewachsen, während die Inflationsrate auf der anderen Seite bei etwa 13 % lag.

**Abbildung 9.1: Entwicklung des Preisniveaus in Deutschland, Japan und den USA**

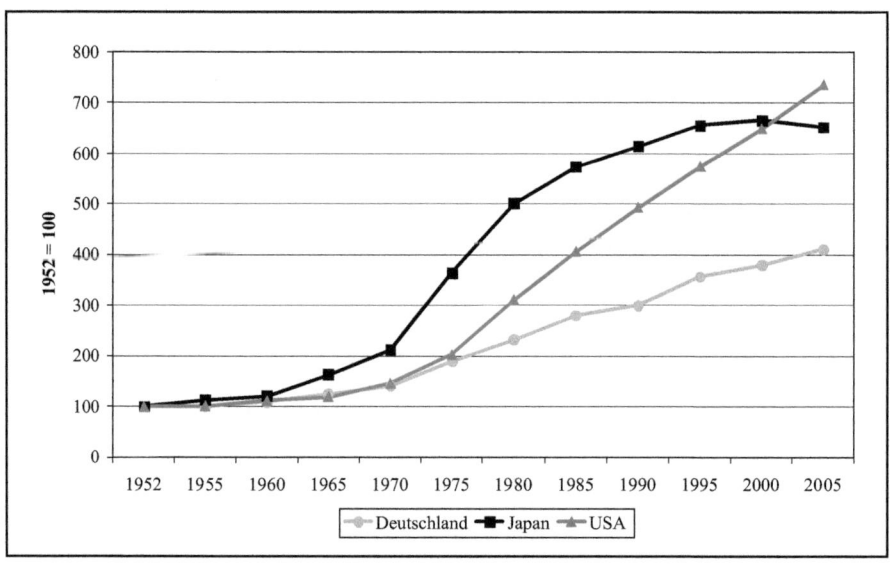

Wie aus Abbildung 9.1 zu entnehmen ist, liegt Deutschland im internationalen Vergleich mit einer durchschnittlichen Inflationsrate von 2,7 % über die letzten 5 Jahrzehnte relativ niedrig, während die Inflationsraten von Japan (3,6 %) und den USA (3,8 %) deutlich höher gewesen sind. Dies hat den Ruf von Deutschland als Land mit hoher Währungsstabilität und der Deutschen Mark als stabiler Währung begründet.

Abbildung 9.2 zeigt, dass es in Deutschland in Anschluss an die Deutsche Einheit im Jahr 1990 einige Jahre mit höheren Preissteigerungsraten bis zu 5 % gab. Seit Mitte der neunziger Jahre liegen die Preisbewegungen im unkritischen Bereich unterhalb von 2 %. Im Jahr 2007 haben die Preise wieder angezogen und zum ersten Mal seit 1994 den jahresdurchschnittlichen Wert von 2 % überschritten. Die Verbraucherpreise stiegen sogar im Vergleich zwischen November 2007/2006 um 3,1 % an. Im Jahresvergleich stiegen vor allem die Preise für

- leichtes Heizöl um 23,7 %
- Kraftstoffe um 18,8 %
- Strom um 8,3 %
- Speisefette und -öle um 26,2 % und
- Butter um 46,1 %.

Zu berücksichtigen ist dabei, dass zum 1.1.2007 die Mehrwertsteuer von 16 auf 19 % erhöht wurde.

**Abbildung 9.2: Entwicklung der Inflationsrate in Deutschland, 1990-2007**

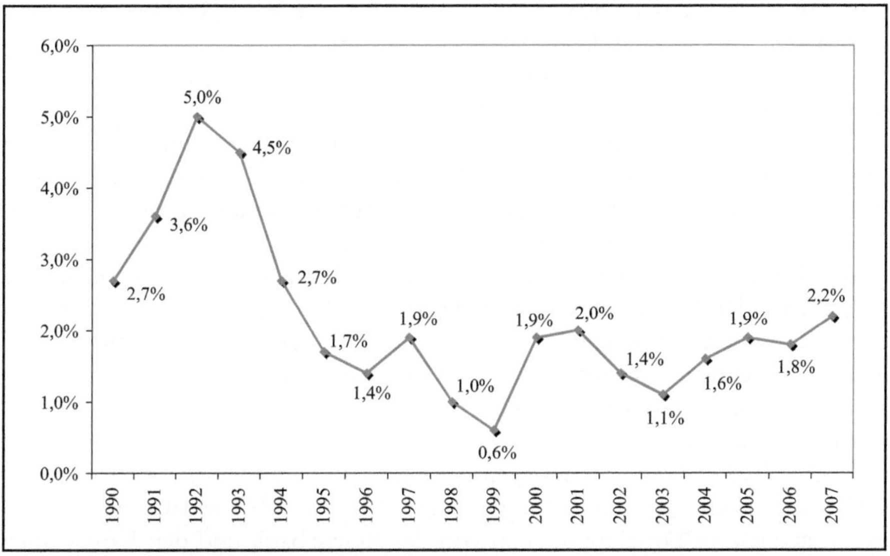

Eine ähnliche Entwicklung gibt es im Bereich der Europäischen Union, in den USA (+4,4 % im Jahresvergleich) oder in China, wo die Verbraucherpreise von Oktober 2006 bis 2007 um 6,5 % (im Jahresdurchschnitt 2007 um 4,5 %) angestiegen sind.

Die „gefühlte Inflation" kann von der statistisch gemessenen stark abweichen. Dies liegt daran, dass im statistisch definierten Warenkorb Güter und Dienste enthalten sind, welche die Verbraucher in größeren Zeitabständen kaufen. Vor allem im Anschluss an die Einführung des Euro im Januar 2002 sah sich die amtliche Statistik mit dem Problem konfrontiert, dass die von ihr festgestellte Veränderung der Verbraucherpreise moderat war, während die von der Bevölkerung empfundene Teuerung weit höher ausfiel („Euro als Teuro"). Der Grund liegt darin, dass die Statistik den Warenkorb mit den durchschnittlichen Kostenanteilen der Produkte am Jahresbudget gewichtet, während sich die Konsumenten an den Häufigkeiten von Käufen orientieren. So nimmt der Konsument kaum wahr, dass sich Computer oder Wäschetrockner verbilligt haben. Wird aber Gemüse, Butter oder Benzin teurer, so registriert dies der Käufer sofort, da er diese Produkte mehrmals im Monat kauft. Daher hat Brachinger (2005) vorgeschlagen, neben dem Verbraucherpreisindex auch einen „Käuferpreisindex" zu messen, um die gefühlte Inflation auszuweisen - ähnlich dem Wetterbericht, der neben der gemessenen Lufttemperatur auch die gefühlte Temperatur berichtet oder prognostiziert.

## 9.2    Hyperinflation

Mit dem Begriff der Hyperinflation beschreibt man einen Prozess der Geldentwertung von ganz anderer Dimension als im vorigen Abschnitt beschrieben. Die Preise galoppieren, zwingen zu Preisänderungen in kurzen Abständen wie Monaten, Wochen oder gar Tagen und erreichen ein astronomisches Niveau. Die in Abbildung 9.3 dargestellt Briefmarke wurde im Jahr 1923 in Deutschland für 20 Mrd. Reichsmark verkauft und hatte aus heutiger Sicht einen Wert von ca. 50 cts. Sie ist das Symbol für die Endphase einer Hyperinflation, die mit dem Ersten Weltkrieg im Jahre 1914 begann und sich nach dessen Ende beschleunigt fortsetzte. Bereits im Jahre 1914 hatte die Deutsche Reichsbank den Umtausch von Notengeld in Gold eingestellt (zuvor war etwa ein Drittel der Geldmenge durch Gold gedeckt), nachdem in Erwartung des Kriegsausbruchs immer mehr Anleger Gold halten wollten. In den Kriegsjahren verfünffachte sich die Geldmenge, weil die Notenpresse zur Kriegsfinanzierung benutzt wurde.

Nach 1918 kamen die Kriegsfolgelasten (Reparationen) hinzu und beschleunigten den Geldentwertungsprozess. Im Jahr 1923 wurden eine gewaltige Kapazität an Druckmaschinen von der Reichsbank und den Kommunen (zum Druck von „Notgeld") eingesetzt, der Geldschein mit dem höchsten Wert lautete auf 100 Billionen Reichmark.

**Abbildung 9.3: Deutsche Briefmarke von 1923**

Im November 1923 kam es zur Währungsreform und zum Ersatz der Reichsmark durch die Rentenmark, wobei der Kurs eines US-Dollar von 4,2 Bill. Reichsmark auf 4,20 Rentenmark herabgesetzt wurde.

Mit der Hyperinflation ging nicht nur ein Verfall des Geldes, sondern auch eine Senkung der Reallöhne auf ca. 40 % des Vorkriegsniveaus einher. Die Nachfrage brach aufgrund fehlender realer Kaufkraft ein, mit der Folge von Arbeitslosigkeit und politischen Krisen. Nach der Währungsreform wurde der folgende Aufschwung („Die goldenen Zwanziger Jahre") vor allem durch die Einsicht der Alliierten ermöglicht, dass ein wirtschaftliches Ausbluten von Deutschland auch ihnen wirtschaftlichen Schaden zufügt, so dass mit dem „Dawes-Plan" die erforderliche Stützung der Wirtschaftssanierung in Deutschland gewährleistet wurde.

Auch in jüngerer Zeit sind in einigen Transformations-, Schwellen- und Entwicklungsländern hohe Inflationsraten von 100 % und mehr pro Jahr verzeichnet worden, so in Argentinien, Venezuela oder Russland in den neunziger Jahren. In Russland konnte die Inflation auf eine Höhe von ca. 12 % im Jahr 2007 zurückgeführt werden, wobei das politische Ziel bei 8 % lag. In Argentinien hat die Inflation wieder eine Größe von 14 % 2007 erreicht, mit steigender Tendenz und in Venezuela wird derzeit die höchste Inflationsrate mit jahresdurchschnittlich ca. 20 % verzeichnet (nach einem Spitzenwert von 194 % in den neunziger Jahren).

## 9.3 Inflationstheorien

### 9.3.1 Neoklassik und Monetarismus

Beide Theorien basieren auf der Quantitätsgleichung des Geldes als formale Grundlage, kommen aber zu sehr verschiedenen Interpretationen über die Bedeutung der Inflation und die Notwendigkeit ihrer Bekämpfung. Die Quantitätsgleichung beschreibt einen direkten Zusammenhang zwischen der Geldmenge und dem Preisniveau (siehe Abschnitt 6.3)

(6.6)  $$M \cdot v = p \cdot Y_r \; ; \; Y_r = Y/p \, .$$

Dabei wird vorausgesetzt, dass die Umlaufgeschwindigkeit des Geldes eine konstante Größe ist, die zwar in jedem Land aufgrund der jeweiligen Zahlungssitten verschieden sein kann, sich aber mittelfristig nicht ändert. Da die Unternehmen nach Ansicht der Neoklassik das Bestreben haben, das Produktionspotential bestmöglich auszunutzen, ist das reale Volkseinkommen in Abhängigkeit der verfügbaren Produktionsfaktoren als effizientes Produktionsergebnis bestimmt und es bleibt die lineare Beziehung zwischen M und P.

Damit bestimmt nach Auffassung der Neoklassik die Geldmenge das Preisniveau und Inflation ist einfach durch ein zu hohes und wachsendes Geldangebot erklärbar.

Der Monetarismus geht in der Interpretation von (6.6) einen wichtigen Schritt weiter. Geld ist nicht nur Währungseinheit und Verrechnungsschema, die sich wie ein Mantel über das reale Produktionssystem der Volkswirtschaft legen (der zu groß sein kann, ohne dass dies den darunter befindlichen Produktionskörper verändert). Die Geldwertstabilität beeinflusst vielmehr die realen Dispositionen der Akteure in der Weise, dass die Planungen mit wachsender Inflation immer unsicherer werden. Die Inflation frisst einen Teil der geplanten Wertzuwächse weg, manchmal fallen, wie bei der Hyperinflation von 1923 in Deutschland, die realen Löhne und Gewinne drastisch, weil die Preise schneller galoppieren. Insofern ähnelt das Verhalten von Akteuren in Inflationszeiten dem der Alkoholiker: Sie fühlen sich kurzzeitig besser, verlieren aber zunehmend den Überblick und enden in einer Lebenskrise. Wie beim Alkoholismus setzt die Beendigung der zyklischen Fehlentwicklung eine Entziehungskur voraus, die schmerzhaft ist, weil sie von den besonders Geschädigten, nämlich Arbeitnehmern und Rentnern, weitere Opfer verlangt. Daher ist die Inflation für den Monetarismus die Risikoquelle schlechthin für die Marktwirtschaft und muss durch den Staat, bzw. durch die Zentralbank permanent kontrolliert werden. Milton Friedman (1974) hat mit seinem Artikel über die optimale Geldmenge einen Orientierungspunkt für die Geldpolitik gesetzt, um unerwünschte inflatorische Tendenzen auszuschließen.

*Fazit 9.1:*     *Monetaristische Regel: Steigt die Geldmenge nicht stärker als das reale Bruttoinlandsprodukt, so ist die Stabilität der Währung gesichert.*

Dieses Ergebnis des Monetarismus bildet bis heute die Grundlage der Geldmengenpolitik der Zentralbanken in den USA und in Europa. Zwar ist das reale Bruttoinlandsprodukt nicht die alleinige Orientierungsmarke, doch versuchen die Zentralbanken, bei drohender Inflationsgefahr die Geldmenge einzuschränken. Die EZB setzt zur Zeit das Preisstabilitätsziel bei etwa 2 % Preissteigerung des Bruttoinlandsprodukts an. Dies bedeutet, dass diese Zielmarke im Jahr 2007 überschritten wurde und mit einer stärker restriktiven Geldpolitik der EZB zu rechnen ist.

### 9.3.2  Keynesianismus

In der Keynes'schen Theorie ist die Inflation das Spiegelbild zur Keynes'schen Unterbeschäftigung. Ist letztere durch Überangebote auf Güter- und Arbeitsmärkten gekennzeichnet, so sind es bei der Inflation die Übernachfragen, die auf dem Gütermarkt das Preisniveau und auf dem Arbeits-

markt das Lohnniveau in die Höhe treiben. Betrachten wir nur den Gütermarkt, so lässt sich eine Inflationsphase wie folgt graphisch darstellen.

**Abbildung 9.4: Inflatorische Lücke**

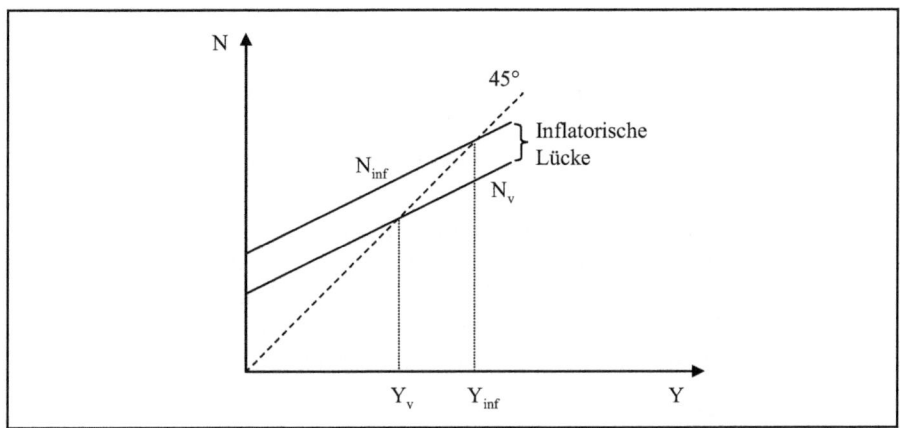

Gehen wir davon aus, dass mit den vorhandenen Ressourcen an Arbeit und
Kapital das Vollbeschäftigungs-Volkseinkommen $Y_v$ produziert werden kann.
Wird dieses gerade nachgefragt (untere Nachfragekurve $N_v$), so befindet sich
die Wirtschaft in einem Vollbeschäftigungsgleichgewicht. Geht jedoch die
Nachfrage über dieses Niveau hinaus ($N_{inf}$), so kann die Produktion nicht folgen und es entsteht eine inflatorische Lücke, die zu einem Anstieg des Preisniveaus in Höhe von $(Y_{inf} - Y_v)/Y_v$ führt.

Damit ist sofort erkennbar, wodurch die Inflation kontrolliert werden
kann. Es geht darum, die autonome Nachfrage zurückzuführen. Da die privaten Akteure in der Inflationsphase zu optimistisch eingestellt sind, kann von
ihnen kaum eine Zurückhaltung erwartet werden, so dass der Staat die Vor-
reiterrolle übernehmen muss und seine Nachfrage einzuschränken hat.

Das Gedankenmodell der inflatorischen Lücke lässt sich mit Einführung
des Geldmarktes leicht in das IS/LM-Schema (siehe Abschnitte 5.1 und 5.2)
übertragen. Es ist dann leicht zu sehen, dass der Multiplikatoreffekt bei kontraktiver Fiskal- und Geldpolitik in die negative Richtung führt und den
Nachfrageüberhang abbaut. Zur Erinnerung: Güter- und Arbeitsmarkt sind
auf der gleichen Seite beschränkt (in diesem Falle: auf der Nachfrageseite), so
dass der Multiplikatoreffekt in die negative Richtung funktioniert.

*Fazit 9.2:*      *Keynes´sche Regel: Eine inflatorische Lücke lässt sich durch kontrakti-*
*ve Fiskal- und Geldpolitik abbauen. Daraus folgt unmittelbar die Re-*
*gel der antizyklischen Fiskal- und Geldpolitik: Fiskal- und Geldpolitik*

*müssen in Inflationsphasen kontraktiv und in Unterbeschäftigungsphasen expansiv ausgerichtet werden.*

Im Idealfall bildet der Staat in Inflationsphasen die finanziellen Reserven, die er in Phasen der Arbeitslosigkeit für die Ankurbelung der Konjunktur benötigt. Dieser Gedanke ist einfach, aber aus zwei Gründen schwer durchsetzbar:

(1)   Es ist schwierig, zu definieren, wann sich Inflation oder Unterbeschäftigung anbahnen. Ebenso schwierig ist es, die notwendigen Instrumente auf der Seite der Geld- und Fiskalpolitik richtig zu dosieren.

(2)   Die Inflationsbekämpfung durch Rücknahme der Staatsnachfrage stößt an Grenzen, da der Staat Gehälter an die Staatsbediensteten zu zahlen hat, die in einer Inflationsphase gleichfalls nach oben gehen. Eine antizyklische Investitionspolitik ist ebenfalls nicht beliebig durchführbar, da staatliche Investitionsplanungen langfristig festliegen.

### 9.3.3   Die Phillipskurve

Der britische Nationalökonom A.W. Phillips stellte in einer im Jahr 1958 publizierten Langfristuntersuchung für die Jahre von 1861 bis 1957 fest, dass es in Großbritannien eine negative Beziehung zwischen der Änderungsrate der Nominallöhne und der Arbeitslosenquote gab. Diese „Phillips-Hypothese" wurde von den späteren Nobelpreisträgern P. Samuelson und R. Solow auf die USA und den Zeitraum von 1900 bis 1960 übertragen. Anstelle der Lohnänderungen wählten Samuelson und Solow die Inflationsrate, so dass das in Abbildung 9.5 stilisierte Ergebnis entstand.

**Abbildung 9.5: Phillips-Kurve**

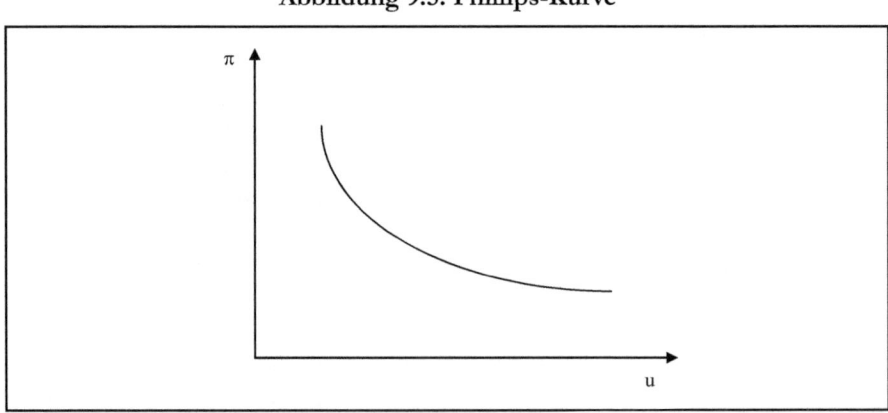

Vereinfacht und linear formuliert entspricht dieser Zusammenhang der Gleichung

(9.1)     $\pi_t = \mu - \alpha u_t$

   $\pi_t$ : Inflationsrate

   $u_t$ : Arbeitslosenquote

   $\mu, \alpha$: Parameter.

Dieser Zusammenhang ist als wissenschaftlicher Nachweis der Schlüssigkeit der lange bekannten „Lohn-Preis-Spirale" betrachtet worden. Denn er ist mit dem folgenden Mechanismus kompatibel (siehe Blanchard/Illing, S. 241):

• Niedrige Arbeitslosigkeit führt zu einem hohen Nominallohn.
• Höhere Nominallöhne erhöhen die Kosten und die Unternehmen reagieren mit Preiserhöhungen.
• Die Preiserhöhungen nehmen den Arbeitnehmern einen Teil der Lohnerhöhungen real wieder weg und die Gewerkschaften verlangen in der nächsten Verhandlungsrunde weitere Lohnerhöhungen.

Dieses einfache Erklärungsschema vom Lohn/Preis-Mechanismus beherrschte die ökonomische Grundlagenliteratur bis in die siebziger Jahre. Seit dieser Zeit ist der Phillips-Zusammenhang nicht mehr zu beobachten, was auf drei Gründe zurückzuführen ist:

(1)     Die Rohstoffkrise zu Beginn der siebziger Jahre hat zu einem kräftigen Preisschub geführt und gleichzeitig die Arbeitslosigkeit erhöht.

(2)     Die Verhandlungspartner beziehen neben Beschäftigungssituation und Inflation weitere Faktoren in die Lohnbildung ein, wie zum Beispiel die internationale Wettbewerbsfähigkeit auf den globalen Märkten.

(3)     Arbeitsmarktverträge enthalten zunehmend Nicht-Lohn-Elemente, wie zum Beispiel Arbeitszeiten, Gewinnbeteiligungen oder betriebliche Zusatzleistungen zur Rentenversicherung.

History          **Inflation und Arbeitslosigkeit**

### Milton Friedman und die Phillipskurve

Milton Friedman bestritt bereits 1968, zu einem Zeitpunkt als viele Ökonomen und Politiker an die ursprüngliche Phillipskurve glaubten, deren Existenz:
   „Phillips schrieb seinen Artikel für eine Welt, in der jedermann erwartete, dass die nominalen Preise stabil seien und in der diese Erwartungen unveränderlich aufrechterhalten würden, unabhängig davon, was mit den tatsächlichen Preisen und Löhnen geschah. Nehmen wir im Gegensatz dazu an, dass jedermann erwartet,

dass die Preise mit einer Rate von mehr als 75 % pro Jahr steigen - wie es beispielsweise die Brasilianer vor ein paar Jahren taten. Dann müssen die Löhne mit der gleichen Rate steigen, um die realen Löhne unverändert zu lassen. Ein Überschussangebot an Arbeit wird sich in einem weniger starken Anstieg der Nominallöhne widerspiegeln, nicht in einem absoluten Rückgang der Löhne." [...]

„Um meine Schlussfolgerung anders auszudrücken: Es gibt immer einen temporären Trade-off zwischen Inflation und Arbeitslosigkeit; es gibt keinen permanenten Trade-off. Der temporäre Trade-off leitet sich nicht aus der Existenz von Inflation per se ab, sondern aus der Existenz steigender Inflationsraten." [...]

„Sie werden fragen, wie lang ist „temporär" eigentlich? ... Ich kann, basierend auf eigenen Untersuchungen der empirischen Fakten, höchstens die persönliche Einschätzung wagen, dass der anfängliche Effekt einer höheren unerwarteten Inflationsrate etwa zwei bis fünf Jahre andauert, dass dieser anfängliche Effekt dann umgekehrt wird und dass die völlige Anpassung der Beschäftigung an die neue Inflationsrate solange dauert, wie die der Zinssätze, sagen wir, ein paar Jahrzehnte."

Quellen: Milton Friedman, The Role of Monetary Policy, 03/1968, American Economic Review, 581, S. 1-17, Deutsche Übersetzung aus Blanchard und Illing, 2004, S. 250.

### 9.3.4   Importierte Inflation

Preissteigerungen bei ausländischen Produkten können aufgrund der internationalen Handelsverflechtungen auf das Inland übertragen werden. Vor allem die Abhängigkeit von bestimmten Rohstoffen macht ein Land anfällig für den Inflationsimport. Prominentester Rohstoff ist dabei das Erdöl, bei dem zur Zeit die Preiselastizität sehr gering ist, weil sich dieser Rohstoff nur begrenzt durch andere Energiequellen ersetzen lässt. Der Erdölpreis stieg im Jahr 2007 um 57 %, gemessen in US $/Barrel[23]. Davon wurden ca 12 % durch den steigenden Euro-Kurs gegenüber dem US $ abgefedert, so dass netto etwa 45 % Preissteigerung zu verkraften waren. Diese finden sich in den höheren Preisen für Kraftstoffe, Heizöl und Kunststoffe wieder. Auch im Jahr 2008 ist eine Fortsetzung des Preisauftriebs auf dem Rohölmarkt zu beobachten. Nachdem die Preise zu Jahresbeginn am 3.1.2008 die Schwelle von 100 US $ je Barrel überschritten haben, betrug der Rohölpreis zur Jahresmitte bereits 160 US $ je Barrel.

Auch die Finanzmärkte können für Inflationsübertragung sorgen, wie dies am Beispiel der Krise um die US-Hypotheken-Papiere veranschaulicht wird (siehe dazu Abschnitt 14.3). Um größere Turbulenzen auf den Finanzmärkten zu verhindern haben die großen Zentralbanken, darunter die US Federal Reserve Bank und die EZB, in großem Umfang Zentralbankgeld in den Markt

---

[23]   Ein Barrel entspricht 159 Liter.

gebracht. Auf diese Weise wurden die Geschäftsbanken, denen kurzfristig ein wichtiges Refinanzierungsinstrument abhanden gekommen war, mit Liquidität versorgt. Mittelfristig wird dies zum Preisauftrieb führen, wenn die Zentralbanken nicht versuchen, die aufgeblähte Geldmenge wieder abzubauen. Die EZB hat gegen Ende Dezember 2007 mit dieser Gegensteuerung begonnen.

Innerhalb der Europäischen Währungsunion gibt es keine Möglichkeit der Bekämpfung von importierter Inflation. Daher sind die Einhaltung der Maastricht-Kriterien für die Haushaltsdisziplin (öffentliche Schulden kleiner als 60 % des BIP, Schuldenneuaufnahmen kleiner als 3 % des BIP, Inflationsrate maximal 1,5 Prozentpunkte über derjenigen der drei preisstabilsten Mitgliedsländer) und die aktive stabilitätsorientierte Geldpolitik der EZB (maximal 2 % Preissteigerung) wesentliche Eckpfeiler der gemeinsamen Stabilitätspolitik.

*Fazit 9.3:*     *Inflation ist aufgrund des starken Handels- und Finanzverflechtungen zunehmend ein internationales Problem, das internationale Lösungen verlangt. Die Hyperinflationen der Vergangenheit wären bei konzentriertem Verhalten der Zentralbanken und Koordinierung der Fiskalpolitik in den betroffenen Ländern vermeidbar gewesen.*

### 9.3.5   Mindestlohn

Die Stabilität kann auch dadurch gefährdet werden, dass die Inflexibilität der Löhne durch die Einführung von Mindestlöhnen weiter gesteigert wird. Diese monetaristische Sichtweise soll im folgenden Abschnitt näher untersucht werden.

Im Durchschnitt sind die Löhne in der Bundesrepublik seit dem Jahr 2000 real um 0,3 % gesunken. In manchen Berufszweigen mit geringer Qualifikation sind die Löhne sogar so stark nach unten gegangen, dass das Existenzminimum nicht mehr erreicht wird[24]. Dies hat zu einer Debatte um die Einführung von Mindestlöhnen geführt.

Im bestehenden Lohngefüge lässt sich der Mindestlohn auf drei Wegen verankern. Als erste Möglichkeit können Branchen, in denen die tarifgebundenen Unternehmen mindestens 50 % der vom Tarifvertrag betroffenen Arbeitnehmer beschäftigen einen Antrag auf Allgemeinverbindlicherklärung ihres Tarifvertrages einschließlich der darin vereinbarten unteren Lohngruppe

---

[24]   Die Bundesregierung hat das steuerfreie Existenzminimum für Ehepaare im Jahr 2008 auf 12.276 Euro, für Alleinstehende auf 7.140 Euro festgelegt. Dies entspricht ungefähr einem Stundenverdienst (bei Verheirateten) von 6,50 Euro.

stellen. Stimmt der Tarifausschuss, der aus je drei Vertretern der Arbeitgeberverbände und der Gewerkschaften besteht, dem Antrag zu, so sind die Vereinbarungen für alle Beschäftigten dieser Branche verbindlich - also auch für Beschäftigte tarifungebundener Unternehmen. Zwar können jederzeit höhere Löhne als vereinbart bezahlt werden, die Löhne müssen aber mindestens so hoch wie vereinbart sein.

Für den Fall, dass der Tarifausschuss kein Votum abgibt, oder die Befürworter wenigstens zwei der möglichen sechs Stimmen aufweisen, kann der Minister für Arbeit und Soziales ein Mindestlohn-Verordnungsverfahren einleiten, wonach die Zustimmung des Tarifausschusses dann nicht mehr notwendig ist. Allerdings muss der Minister, wie auch bei Zustimmung des Ausschusses, den Nachweis führen, dass der Mindestlohn „im öffentlichen Interesse geboten" erscheint.

Der zweite Weg bezieht sich auf ein frühes Gesetz aus den fünfziger Jahren, in dem die Mindestarbeitsbedingungen festgesetzt wurde. Danach soll ein unabhängiges Expertengremium analysieren, ob in einem weitgehend tariflosen Zustand Mindestlöhne als Mindestarbeitsbedingungen zur Geltung kommen müssen. Falls der aus sieben Experten bestehende Ausschuss zum Schluss kommt, dass ein Mindestlohn eingeführt werden muss, so entscheidet ein Fachausschuss über die Höhe des Mindestlohns. Diese Fachausschüsse sind paritätisch mit Vertretern der Arbeitgeber- bzw. Arbeitnehmerseite besetzt.

Eine dritte Möglichkeit zur Einführung eines Mindestlohns wäre ein eigenständiges Gesetz, das einen Mindestlohn für alle Branchen vorschreibt. Falls der Mindestlohn die Sicherung des Existenzminimums zum Ziel hat, gibt es keinen Grund, einen Mindestlohn nur für ausgewählte Branchen einzuführen. Durch ein solches Gesetz wäre auch eine sehr schwierige mögliche Abgrenzung der genauen Tätigkeiten einer Berufsgruppe nicht mehr notwendig - die Frage, ob beispielsweise die Verteiler von Werbeprospekten tatsächlich Briefzusteller sind (und somit einen Anspruch auf einen Mindestlohn bei Postdiensten haben) wäre dann obsolet. Der Mindestlohn müsste dann aus heutiger Sicht etwas oberhalb des Existenzminimums, also bei ca. sieben Euro pro Stunde liegen.

*Fazit 9.4:*      *Ein allgemeiner Mindestlohn in der Nähe des Existenzminimums kann die Stabilität nicht gefährden, weil die Löhne darunter zu Kompensationsleistungen des Staates führen müssten (z.B. in Form von Kombi-Löhnen). Branchenbezogene Mindestlöhne, die deutlich über dem Existenzminimum liegen, können Branchenmonopole stützen und so preistreibend wirken.*

| Praxis | Mindestlohn bei den Postdienstleistungen |
|--------|-------------------------------------------|

Mitte August 2007 beschlossen Spitzenpolitiker der Regierungsparteien, im Einvernehmen mit den Tarifvertragsparteien zu prüfen, inwieweit ein Mindestlohn bei den Postdienstleistungen eingeführt werden könne. ...

Anfang September verständigten sich der neugegründete Arbeitgeberverband Postdienste e.V., dessen Mitgliedsunternehmen hauptsächlich Töchter oder Ausgründungen der Deutschen Post AG sind, und die Dienstleistungsgewerkschaft ver.di auf einen Tarifvertrag zum Mindestlohn für „Briefdienstleister", der am 1. Oktober 2007 in Kraft getreten ist und frühestens zum 30. April 2010 gekündigt werden kann, es sei denn, bis Ende 2007 sei dem Antrag auf Erklärung der Allgemeinverbindlichkeit nicht entsprochen worden. Demnach erhalten „Briefzusteller" in Westdeutschland einen Mindestlohn in Höhe von 9,80 Euro (Ostdeutschland: 9,00 Euro), während für Beschäftigte in den Sortierzentralen und andere Hilfskräfte 8,40 Euro (Westdeutschland) beziehungsweise 8,00 Euro (Ostdeutschland) vereinbart wurden. Der Bundesminister für Arbeit und Soziales kündigte an, die nächsten Schritte zur Allgemeinverbindlicherklärung einzuleiten.

...

Besonders eklatant sticht die Absicht ins Auge, mit einem Mindestlohn die Deutsche Post AG und ihre Töchter und Ausgründungen von lästigem Konkurrenzdruck zu befreien. Sichtbarer Ausdruck für dieses Motiv ist das Bedauern des Arbeitgebers (!) Deutsche Post AG über einen aus ihrer Sicht zu niedrigen Tarifvertrag, weil der dort vereinbarte Mindestlohn noch unterhalb des betreffenden Haustarifs der Deutschen Post AG liege. Klagen über zu niedrige Tariflohnabschlüsse kamen bisher in der Regel von Seiten der Arbeitnehmer. Letztlich soll damit das Anfang 2008 entfallende Briefmonopol der Deutschen Post AG durch die Hintertür wieder eingeführt werden, wozu die nur für dieses Unternehmen, nicht aber für seine Konkurrenten geltende Befreiung von der Umsatzsteuer ebenfalls beiträgt, die als Ausgleich für die flächendeckende Bedienung auch schwerer erreichbarer Kunden dienen soll. Wettbewerber der Deutschen Post AG werden massiv bedrängt und verdrängt und neue Konkurrenten abgewehrt. Die Arbeitsplätze bei der Deutschen Post AG werden geschützt, die bei ihren Konkurrenten gefährdet und das Entstehen neuer erschwert. Im Gegenzug entrichten die Nutzer von Briefdienstleistungen einen erhöhten Preis. Worin vor diesem Hintergrund das gesetzlich vorgeschriebene „öffentliche Interesse" einer Allgemeinverbindlicherklärung der unteren Lohngruppe der Briefdienstleister bestehen soll, hat die Bundesregierung bisher nicht schlüssig dargelegt, sie kann es auch nicht, weil sie sich in erster Linie vor den Karren von Partikularinteressen spannen lässt. Daher rät der Sachverständigenrat dringend davon ab, die Pläne zur Einführung dieses Mindestlohns weiter zu verfolgen.

Quelle: Jahresgutachten zur Wirtschaftlichen Entwicklung 2007, S. 366-368

**Aufgaben zu Kapitel 9**

9.1    Kann es im keynes'schen Regime der Unterdrückten Inflation zu Multiplikatorprozessen kommen? Erläutern Sie, wie es oder warum es nicht zu einem solchen Prozess kommt

9.2    Erläutern Sie knapp die unterschiedlichen Inflationstheorien der Neoklassiker, Monetaristen und Keynesianer.

# 10 Internationaler Konjunkturzusammenhang

Kapitel 10 soll die zentralen ökonomischen Zusammenhänge aufzeigen, die zwischen leistungs- und finanzwirtschaftlich verflochtenen Ländern bestehen. Zu diesem Zweck wird zunächst ausgeführt, wie sich Änderungen des Volkseinkommens sowie des Preis- und Zinsniveaus auf die Zahlungsbilanz bzw. deren Teilbilanzen auswirken. Einkommen und Preise beeinflussen - ebenso wie der Wechselkurs - primär den Außenbeitrag, während sich Zinsänderungen primär in der Kapitalbilanz niederschlagen. Die Analyse derartiger Zahlungsbilanzeffekte wird jeweils mit einer Erörterung der grenzüberschreitenden Impulse verbunden, die von Veränderungen der genannten nationalen Wirtschaftsdaten ausgelöst werden. Anschließend werden die Wirkungen und Probleme von Wechselkursänderungen betrachtet. Insgesamt soll hierbei deutlich werden, in welch starkem Maße außenwirtschaftliche Faktoren die Wirtschaftslage eines Landes prägen können.

## 10.1 Einkommenseffekt und internationaler Konjunkturzusammenhang

Wir untersuchen im Folgenden, wie sich Änderungen des *Volkseinkommens* auf den *Außenbeitrag* des betreffenden Landes auswirken. Zur Vereinfachung nehmen wir zunächst an, dass das Preisniveau im In- und Ausland sowie der Wechselkurs konstant seien. Änderungen des Volkseinkommens und des Außenbeitrags beziehen sich damit immer auf *reale* Größen. Das Volkseinkommen stellt eine maßgebliche Determinante der Importnachfrage dar, die - zusammen mit den Exporten - den Außenbeitrag bestimmt. Der Außenbeitrag (gemessen in Inlandswährung) ist Teil der volkswirtschaftlichen Gesamtnachfrage und beeinflusst damit die Entwicklung des Volkseinkommens und der Beschäftigung.[25]

Als Ausgangspunkt nehmen wir eine Erhöhung der Staatsausgaben (expansive Fiskalpolitik) an, welche - so unterstellen wir - eine (multiplikative)

---

[25] Der Außenbeitrag (gemessen in Auslandswährung) ist darüber hinaus bedeutsam, weil er den Saldo der Devisenbilanz mitbestimmt.

Expansion des Volkseinkommens nach sich zieht.[26] Dieses Vorgehen ermöglicht es, unser eingangs definiertes Erkenntnisinteresse auf die Beobachtung der generellen Wirksamkeit der Konjunkturpolitik in offenen Volkswirtschaften auszudehnen. Es ergibt sich dabei folgendes Ablaufmuster:

o       Volkseinkommen steigt, z. B. aufgrund einer Erhöhung der Staatsausgaben.

⇨       Importe steigen und Außenbeitrag sinkt (unter der Annahme konstanter Exporte).

⇨       Volkseinkommen sinkt. Insgesamt bleibt aber ein Einkommensanstieg.

Wir sehen, dass eine autonome Erhöhung der Staatsausgaben eine Zunahme des Volkseinkommens bewirkt,[27] die von einer Abnahme des Außenbeitrags begleitet ist. Den gleichen Effekt auf das Einkommen und den Außenbeitrag würde auch eine autonome Erhöhung anderer Komponenten der Inlandsnachfrage wie des privaten Konsums oder der privaten Investitionen erzeugen.

Aufbauend auf diesem Ergebnis lässt sich nun die *konjunkturpolitische Effizienz* von Nachfragesteigerungen in offenen im Vergleich zu geschlossenen Volkswirtschaften bewerten. Dabei zeigt sich vor allem, dass die Expansion des Volkseinkommens in einer offenen Volkswirtschaft dadurch gedämpft wird, dass ein Teil der Nachfrage über Importe ins Ausland abfließt. Die damit verbundene Gefahr von Zahlungsbilanzproblemen (im Sinne eines Devisenbilanzdefizits) ist der Grund für den bei expansiver Konjunkturpolitik typischerweise virulenten Konflikt zwischen dem binnenwirtschaftlichen Ziel der Vollbeschäftigung und dem Ziel des außenwirtschaftlichen Gleichgewichts.

Bei den bisherigen Betrachtungen haben wir außer Acht gelassen, dass *Importe* des Inlands aus der Sicht des Auslands *Exporte* darstellen. Wenn also aufgrund einer Expansion des Volkseinkommens - bewirkt z. B. durch erhöhte Staatsausgaben - die Importe des Inlandes steigen, dann ist dies gleichbedeutend mit einer Zunahme der Exporte des Auslands. Zunehmende Exporte wirken sich aber ihrerseits expansiv auf den Außenbeitrag und das Volks-

---

[26]   Dass Staatsausgabenerhöhungen, z. B. aufgrund einer damit verbundenen Verdrängung privater Nachfrage (*crowding-out*), nicht zwangsläufig zu einem Anstieg des Volkseinkommens führen, sei der Vollständigkeit halber erwähnt.

[27]   Am Ende verbleibt per Saldo ein Anstieg des Volkseinkommens. Dies ergibt sich daraus, dass die primär dafür verantwortliche Staatsausgabenerhöhung größer ist als die einkommensinduzierte Importsteigerung. Letztere richtet sich nach der marginalen Importquote, die typischerweise kleiner als 1 ist. (In Deutschland dürfte diese Größe etwa bei 25 % liegen.)

einkommen im Ausland aus. Der hier angesprochene Wirkungsmechanismus wird auch als *internationaler Konjunkturzusammenhang* bezeichnet. Zusätzliche expansive Impulse können z. B. aus einer durch Devisenmarktinterventionen der Zentralbanken ausgelösten Zunahme des ausländischen Geld-angebots resultieren.

Der internationale Konjunkturzusammenhang zeigt, dass, weltwirtschaftlich gesehen, „große" (und liquiditätsstarke) Länder in Zeiten einer globalen Rezession eine Art „Lokomotiv-Funktion" übernehmen können, wenn sich die Konjunktur in diesen Ländern besser entwickelt als bei deren Handelspartnern. Selbstverständlich ist auch der umgekehrte Fall denkbar, in dem von einem Konjunkturabschwung in großen Ländern eine rezessive „Sogwirkung" ausgeht.

Es ist nun noch zu berücksichtigen, dass der Expansionsprozess im Ausland ebenfalls expansive *Rückwirkungen* auf das Inland auslöst. Denn wenn das ausländische Volkseinkommen steigt, werden auch die ausländischen Importe und mithin die inländischen Exporte zunehmen. Unter Berücksichtigung derartiger Rückwirkungen läßt sich der internationale Konjunkturzusammenhang schematisch skizzieren:

**Abbildung 10.1: Schematische Darstellung des internationalen Konjunkturzusammenhangs bei steigender Binnennachfrage**

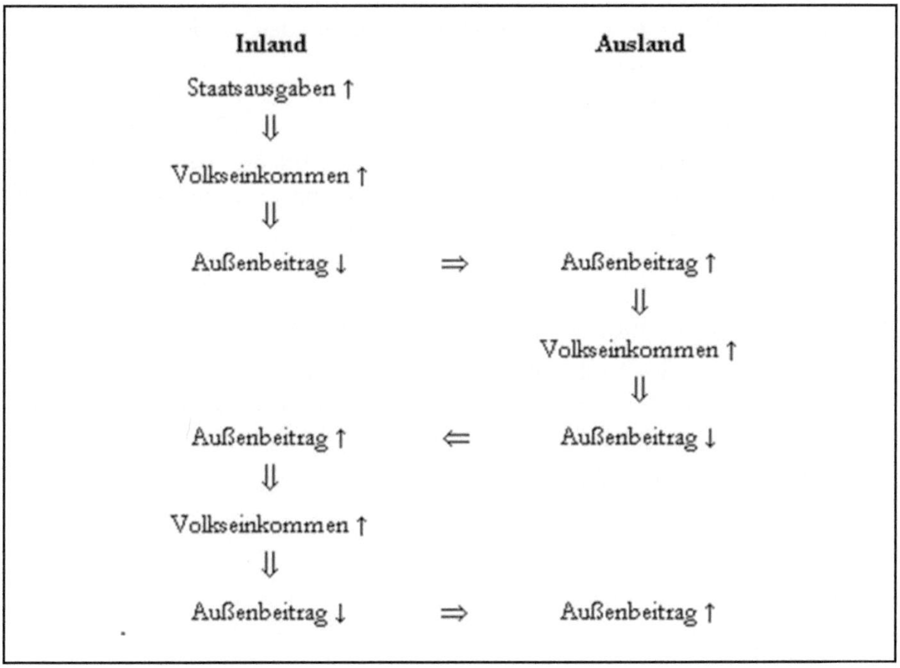

| Inland | | Ausland |
|---|---|---|
| Staatsausgaben ↑ | | |
| ⇓ | | |
| Volkseinkommen ↑ | | |
| ⇓ | | |
| Außenbeitrag ↓ | ⇒ | Außenbeitrag ↑ |
| | | ⇓ |
| | | Volkseinkommen ↑ |
| | | ⇓ |
| Außenbeitrag ↑ | ⇐ | Außenbeitrag ↓ |
| ⇓ | | |
| Volkseinkommen ↑ | | |
| ⇓ | | |
| Außenbeitrag ↓ | ⇒ | Außenbeitrag ↑ |

Am Ende dieser Kette von Anpassungsprozessen steht im Inland

- eine Erhöhung des Volkseinkommens, die aber stärker ausfällt als bei Vernachlässigung von Rückwirkungen aus dem Ausland sowie
- eine Abnahme des Außenbeitrags, die aber schwächer ausfällt als bei Vernachlässigung von Rückwirkungen aus dem Ausland [28]

und im Ausland

- eine Erhöhung des Volkseinkommens sowie
- eine Zunahme des Außenbeitrags.

Für den Fall, dass die inländischen Staatsausgaben sinken (also im Falle einer kontraktiven Fiskalpolitik) oder andere Komponenten der Inlandsnachfrage zurückgehen, gelten die hier abgeleiteten Zusammenhänge analog, jedoch mit umgekehrtem Vorzeichen: Das Volkseinkommen im In- und Ausland sinkt, während sich der Außenbeitrag des Inlands verbessert und gleichzeitig der des Auslands sich verschlechtert. Aus dieser Darstellung kann man erkennen, welch großes Konfliktpotential die Verfolgung nationaler wirtschaftspolitischer Zielsetzungen angesichts der weltwirtschaftlichen Verflechtung in sich birgt.

Wir haben bisher erörtert, wie sich das Volkseinkommen durch eine Variation einzelner Komponenten der *Inlands*nachfrage verändert und welche Effekte daraus für den inländischen Außenbeitrag sowie - grenzüberschreitend - für den Außenbeitrag und das Volkseinkommen des Auslands resultieren. Man kann sich nun aber auch vorstellen, dass der konjunkturelle „Anstoß" nicht von der Binnennachfrage, sondern von den *Exporten des Inlands* herrührt. Unter der Annahme konstanter Importe ändert sich dadurch der Außenbeitrag. Bedenkt man, dass die Exporte des Inlands den Importen des Auslands entsprechen, dann kann man die in Gang gesetzten Wirkungen im In- und Ausland wie in Abbildung 10.2 darstellen.

Fragt man nun danach, wie sich die beschriebene Exporterhöhung im Vergleich mit der Steigerung einer Komponente der Inlandsnachfrage (z. B. der Staatsausgaben) auswirkt, so ergibt sich für das Inland

- eine Erhöhung des Volkseinkommens, die aber schwächer ausfällt als bei einer gleich großen Erhöhung der Staatsausgaben (oder einer anderen Komponente der Inlandsnachfrage) sowie
- ein Anstieg des Außenbeitrags,

---

[28] Dies ist darauf zurückzuführen, dass der aus dem Ausland (rück-) wirkende positive Außenbeitragseffekt größer ist als die dadurch ausgelöste einkommensinduzierte Importsteigerung bzw. die damit verbundene negative Wirkung auf den Außenbeitrag.

und für das Ausland

- ein Rückgang des Volkseinkommens sowie
- ein Rückgang des Außenbeitrags.

**Abbildung 10.2: Schematische Darstellung des internationalen Konjunkturzu-**
**sammenhangs bei steigender Exportnachfrage**

| Inland | Ausland |
|---|---|
| Export (Außenbeitrag) ↑   ⟹ | Außenbeitrag ↓ |
| ⇓ | ⇓ |
| Volkseinkommen ↑ | Volkseinkommen ↓ |
| ⇓ | ⇓ |
| Außenbeitrag ↓ | Außenbeitrag ↑ |
| ↖   ↗ | |
| Außenbeitrag ↓ | Außenbeitrag ↑ |
| ⇓ | ⇓ |
| Volkseinkommen ↓ | Volkseinkommen ↑ |
| ⇓ | ⇓ |
| Außenbeitrag ↑ | Außenbeitrag ↓ |
| ↖   ↗ | |

Wir sehen also, dass über eine Erhöhung der Exporte das binnenwirtschaftliche Ziel der Konjunkturbelebung erreicht werden kann  - wenn auch mit geringerer Wirksamkeit als bei einer Steigerung der Inlandsnachfrage. *Gleichzeitig*
bewirkt diese Maßnahme eine Verbesserung der Außenwirtschaftsposition.
Exportförderung trägt also zur Realisierung mehrerer wirtschaftspolitischer
Ziele bei. Die Kehrseite einer solchen Strategie liegt indes darin, dass sie offenbar auf Kosten der ausländischen Handelspartner geht. Man bezeichnet
dies daher als „beggar my neighbour"-Politik. Insofern kann es nicht überra-
schen, wenn eine derartige Beschäftigungspolitik mit entsprechenden Ge-
genmaßnahmen (*Retorsionsmaßnahmen*) des Auslands beantwortet wird.[29]

---

[29]  Ein bekanntes Beispiel hierfür sind die Anfang der 30er Jahre während der Weltwirtschaftskrise durchgeführten „Abwertungswettläufe" der damaligen Goldblockländer.

*Fazit 10.1:*        *Bei festen Wechselkursen übertragen sich unterschiedliche Entwicklun-*
                     *gen der inländischen Konjunktur vom Inland auf das Ausland (bzw.*
                     *umgekehrt). Jede konjunkturpolitische Maßnahme wirkt folglich grenz-*
                     *überschreitend.*

## 10.2   Preiseffekt und direkter internationaler Preiszusammenhang

Wir betrachten nun den Einfluss der *Preise* bzw. deren Änderung auf den *Au-ßenbeitrag*. Dabei nehmen wir den Wechselkurs zunächst als konstant an. Wir unterstellen als Ausgangssituation, dass sich im Ausland Preissteigerungen er-geben, die aus einer Zunahme der Nachfrage resultieren, dass also etwa der konjunkturelle Aufschwung im Ausland früher eingesetzt hat als im Inland.

Die Ausführungen lassen sich anhand von Abbildung 10.3 nachvollziehen. Wir betrachten dort den Effekt einer Abwertung der Inlandswährung. Dies ist letztlich gleichbedeutend mit einem Preisanstieg im Ausland.[30]

**Abbildung 10.3: Inländischer Importmarkt in Inlandswährung**

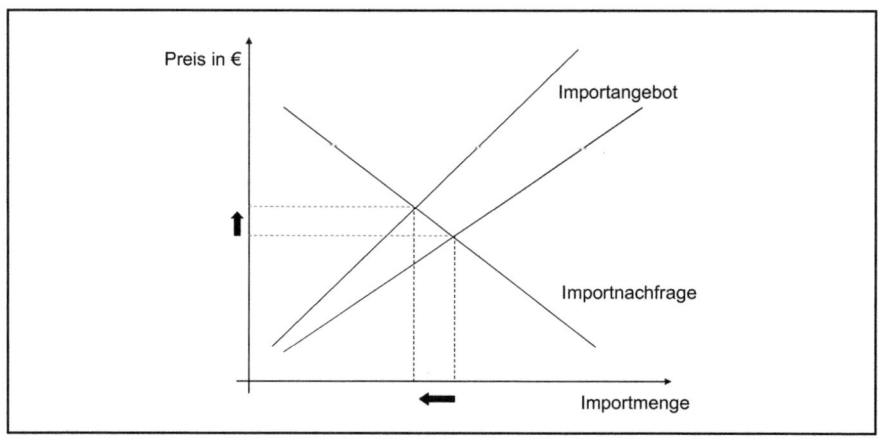

Für das Inland werden dadurch - bei unverändertem Wechselkurs - die Im-porte (relativ) teurer und die Nachfrage nach Importgütern wird sinken. Auf den Import*wert*, der als Produkt aus Importpreis und Importmenge definiert ist, wirken damit zwei gegenläufige Effekte. Die Richtung der Änderung des Importwertes hängt deshalb von der (Preis-) Elastizität der inländischen Im-

---

[30]   Eine Abwertung der Inlandswährung bedeutet eine Aufwertung der Auslandswährung und damit aus inländischer Sicht eine Verteuerung der ausländischen Güter.

portnachfrage ab. Bei elastischer Nachfrage ist der prozentuale Rückgang der Importmenge größer als der prozentuale Preisanstieg. In diesem Fall wird der Importwert per Saldo sinken.

Andererseits werden die inländischen Exporteure im Ausland höhere Preise durchsetzen können. Dieser Preisaufschlagsspielraum ergibt sich aus dem im Ausland gestiegenen Preisniveau, was eine verstärkte Hinwendung ausländischer Nachfrager zu inländischen Gütern bewirkt. Infolgedessen wird auch die inländische Exportmenge zunehmen. Das heißt, der Exportwert des Inlands wird steigen. Die Reaktion des Exportwerts ist also eindeutig.

Alles in allem verbessert sich unter den getroffenen Annahmen der Außenbeitrag des Inlands, während sich der Außenbeitrag des Auslands verschlechtert. Der geschilderte Wirkungsablauf kann vereinfacht wie folgt dargestellt werden (wobei wir von einem normalen Verlauf von Angebots- und Nachfragefunktion ausgehen):

o   Preise im Ausland steigen, z. B. im Verlauf eines Konjunkturaufschwungs.

⇨   Importpreise des Inlands steigen, während Importmenge sinkt. Bei hinreichend elastischer Importnachfrage sinkt der Importwert. Und: Exportmenge und Exportpreise des Inlands steigen. Dadurch steigt der Exportwert.

⇨   Außenbeitrag des Inlands steigt (Normalreaktion), während der Außenbeitrag des Auslands sinkt.

Wir haben bisher angenommen, dass die inländische Importnachfrage hinreichend elastisch auf Preissteigerungen reagiert. Dann führt ein Preisauftrieb im Ausland zweifelsfrei zu einem Anstieg des inländischen Außenbeitrags. Man spricht von einer *Normalreaktion* des Außenbeitrags. Es ist indes vorstellbar, dass eine Volkswirtschaft auf bestimmte Importgüter dringend angewiesen ist. Vor allem bei kurzfristiger Betrachtung werden z. B. Nahrungsmittel oder Rohstoffe, die importiert werden, bei Preiserhöhungen kaum substituierbar sein. Wenn nun das importierende Land diese Güter nicht oder nur teilweise durch andere Güter ersetzen bzw. - wenn wir die vereinfachende Annahme des Zwei-Länder-Falles aufgeben - nicht auf Lieferanten in anderen Ländern ausweichen kann, so wird die Reduktion der Importnachfrage bei einem Anstieg des Importpreises nur gering ausfallen. Es besteht dann die Möglichkeit, dass der Importwert zunimmt. Wenn diese Erhöhung des Importwertes größer ist als die gleichzeitige Zunahme des Exportwertes, dann sinkt der inländische Außenbeitrag. Unter den zwei genannten Bedingungen erscheint also auch eine *anomale* Reaktion des Außenbeitrags denkbar.

Im Folgenden analysieren wir nun, wie Preissteigerungen im Ausland auf das Inland *übertragen* werden können. Ursächlich für die (bei Normalreaktion eintretende) Verbesserung des inländischen Außenbeitrags waren die erhöhten Preise im Ausland. Vorher, so können wir annehmen, seien die Preise im

In- und Ausland - umgerechnet in die jeweilige Währung - gleich gewesen. Durch die Preiserhöhung im Ausland entstehen also Preisdifferenzen. Wir können davon ausgehen, dass es sich bei den von der Preiserhöhung betroffenen Gütern um *internationale Güter* handelt. Internationale Güter sind Güter, die sowohl grenzüberschreitend angeboten als auch im Heimatmarkt des Exportlandes abgesetzt werden. Hinzu kommen die unmittelbar mit den ex- und importierten Gütern konkurrierenden Produkte der jeweiligen Länder. *Nationale Güter* (wie insbesondere fast alle Dienstleistungen und Erzeugnisse des Baugewerbes) werden demgegenüber nur im Binnenmarkt produziert und abgesetzt; sie stehen auch nicht in einer unmittelbaren Konkurrenzbeziehung zu ex- und importierten Gütern.

Nach diesen Vorüberlegungen können wir festhalten, dass im Fall eines völlig freien internationalen Handels bei internationalen Gütern - zumindest wenn es sich um *homogene* Güter handelt und die Märkte vollständig *transparent* sind[31] - auf Dauer keine Preisdifferenzen haltbar sind, es sei denn in Höhe der Transaktionskosten. Wenn es solche Kosten nicht gibt, werden die nationalen Märkte zu *einem* vollkommenen Markt, dem *Weltmarkt*, verschmelzen. Auf diesem Markt gilt das „Gesetz der Unterschiedslosigkeit der Preise". Jevons *Law of Indifference* besagt, dass auf einem vollkommenen Markt nur ein einheitlicher Preis existieren kann. Für den hier betrachteten grenzüberschreitenden Handel bedeutet dies, dass die international gehandelten Güter zum gleichen Preis wie die jeweiligen Binnenhandelsmengen abgesetzt werden.

Der Grund liegt in der bei Preisdifferenzen einsetzenden Reaktion der Marktteilnehmer. Ausländische Nachfrager werden sich, wenn es solche Preisunterschiede gibt, dem Import inländischer Güter zuwenden, so dass die Güternachfrage im Inland steigt (während die Güternachfrage im Ausland sinkt). Andererseits werden inländische Anbieter ihr Güterangebot an Inländer einschränken, und das im Inland verfügbare Güterangebot sinkt, während das Güterangebot im Ausland steigt. Hinzu treten internationale Warenhändler, die Güter im Inland relativ billig ankaufen und diese gleichzeitig im Ausland relativ teuer verkaufen. Dieses Realisieren risikoloser Gewinne (*Arbitrage*) trägt zusätzlich dazu bei, dass Preisdifferenzen nivelliert werden: Die Güternachfrage (das Güterangebot) im Inland (Ausland) steigt, was im Inland preissteigernd (und im Ausland preisdämpfend) wirkt.

Wenn wir die bisher erörterten Preisanpassungsprozesse zusammenfassen, so stellen wir nun im Inland - ausgelöst durch den ursprünglichen Exportpreisanstieg - ein erhöhtes Preisniveau für die am Exportmarkt *und* am Binnenmarkt abgesetzten Güter fest. Des Weiteren ist auch das Importpreisniveau gestiegen. Dieser doppelte Preisanstieg pflanzt sich nun fort auf die mit

---

31  Man unterstellt in der theoretischen Analyse einen *vollkommenen Markt*.

den Export- und Importgütern unmittelbar konkurrierenden Güter des Inlands. Der Preisanstieg bleibt jedoch nicht auf den Bereich der internationalen Güter beschränkt. Dabei ist zu beachten, dass die Exportpreise nur dann nicht steigen, wenn das inländische Exportangebot vollkommen elastisch auf Preisänderungen reagiert. Ebenso steigen die Importpreise nur dann nicht, wenn die inländische Importnachfrage vollkommen elastisch ist.

Vielmehr besteht die Gefahr, dass sich die Inflation auch auf die nationalen Güter und damit auf das gesamte inländische Preisniveau ausbreitet. Eine solche „importierte Inflation" kann sich auf unterschiedlichen Wegen verbreiten. Erstens entsteht ein Kostendruck (*cost push*), wenn es sich bei den im Preis gestiegenen Gütern um Vorleistungen oder Vorprodukte (z. B. um Rohstoffe) handelt. Ein zusätzlicher Preisauftrieb bei den nationalen Gütern kann daraus resultieren, dass die Exportunternehmen aufgrund ihrer verbesserten Gewinnsituation ihre Produktion ausdehnen wollen und deshalb auch mehr Investitionsgüter sowie Vorleistungen und Arbeitskräfte nachfragen. Dadurch werden die Preise dieser Güter nachfragebedingt steigen (*demand pull*). Gleichzeitig dürfte die gestiegene Arbeitsnachfrage - auch in Anbetracht der bereits eingetretenen Zunahme der Verbraucherpreise - den Boden für erhöhte Lohnforderungen bereiten, die ihrerseits bei entsprechender Nachgiebigkeit der Arbeitgeber kostensteigernd wirken.

Insgesamt ergibt sich aus der obigen Darstellung, dass die ursprünglichen Preisauftriebstendenzen im Ausland auf das allgemeine Preisniveau im Inland übergreifen. Dieser durch die beschriebenen Anpassungsprozesse hervorgerufene Übertragungsvorgang wird als *direkter internationaler Preiszusammenhang* bezeichnet. Er bildet eine wesentliche Ursache für die *importierte Inflation*. Wir können den direkten internationalen Preiszusammenhang vereinfacht wie folgt skizzieren:

o      Preise im Ausland steigen.

⇨      Import- und Exportpreise des Inlands steigen.

⇨      Preise aller übrigen internationalen Güter im Inland steigen.

⇨      Preise aller nationalen Güter im Inland steigen.

Der direkte internationale Preiszusammenhang besteht im Übrigen unabhängig davon, ob der Außenbeitrag des Inlands infolge der Preiserhöhung im Ausland zunimmt, also im Fall der Normalreaktion, oder ob er abnimmt. Das heißt, auch bei einer anomalen Reaktion des Außenbeitrags besteht die Möglichkeit des (direkten) Inflationsimports.[32]

---

[32] Im Ausland kommt es dagegen aufgrund der oben erläuterten Arbitrage- und Anpassungseffekte zu einer Dämpfung des ursprünglichen Preisauftriebs. Insofern gilt der internationale Preiszusammenhang also auch in umgekehrter Richtung: Das Ausland *importiert* in unserem Beispiel sozusagen *Stabilität*.

Darüber hinaus ist klar, dass eine bei normaler Reaktion eintretende Zunahme des Außenbeitrags über die damit bewirkte Änderung der gesamtwirtschaftlichen Nachfrage zusätzliche expansive und damit auch inflatorische Impulse auslöst. Dieser *Saldeneffekt* war grundsätzlich schon bei der Analyse des internationalen Konjunkturzusammenhangs erkennbar. Schließlich müsste man noch daran denken, dass expansive Effekte auch aus einer Zunahme des *Geldangebots* - aufgrund von Devisenmarktinterventionen der Zentralbanken - resultieren können.[33]

*Fazit 10.2:*     *Bei festen Wechselkursen wirken unterschiedliche Inflationsraten grenzüberschreitend. Das preisstabilere Land erhält positive Impulse für seine Konjunkturentwicklung (bzw. umgekehrt). Gleichzeitig fördert die importierte Inflation aber auch den Preisauftrieb im preisstabileren Land.*

## 10.3   Zinseffekt und direkter internationaler Zusammenhang

Die Analyse konzentrierte sich bisher auf die Betrachtung grenzüberschreitender *Leistungstransaktionen*, insbesondere auf Güterkäufe bzw. -verkäufe. Der Ablauf stellte sich grundsätzlich stets gleich dar: Erhöhungen des Volkseinkommens oder der Preise in einem Land lösen grenzüberschreitende Leistungstransaktionen aus. Diese führen zu Veränderungen des *Außenbeitrags*.

Damit verbunden sind weiterreichende Impulse auf das Volkseinkommen oder die Preise des jeweils anderen Landes. Diese Impulse entstehen entweder durch Anpassungen des Außenbeitrags (im Falle von Einkommensänderungen) oder - dem vorgelagert - durch *direktes* Übergreifen auf die nationalen Parameter der Außenhandelspartner (im Falle von Preisänderungen).

Im Folgenden werden wir feststellen, dass dieses Ablaufschema ebenso im Falle von *Zinsänderungen* eintritt. Dies ist unmittelbar einzusehen, da auch der Zins ein Preis ist. Genauer: Der Zins ist der Preis für Geld bzw. Kapital und bildet sich aus dem Zusammenspiel von Kapitalangebot und -nachfrage. Als Finanzmarktpreis beeinflusst der Zins primär die finanziellen Dispositionen, also die *Finanztransaktionen* der Wirtschaftssubjekte.[34] Grenzüberschreitende

---

[33]   Inwieweit sich solche Expansionswirkungen in einem Anstieg des Preisniveaus oder in realwirtschaftlichem Wachstum niederschlagen, hängt vom bestehenden Auslastungsgrad des Produktionspotentials ab.

[34]   Finanzielle Vereinbarungen werden vielfach im Zusammenhang mit güterwirtschaftlichen Transaktionen getroffen (z. B. Kreditaufnahmen zur Importfinanzierung). Insofern beeinflusst der Zins indirekt auch die Leistungstransaktionen. Aus Gründen der Anschaulichkeit wollen wir diesen Zusammenhang indes nicht näher berücksichtigen.

Finanztransaktionen sind mit internationalen Kapitalströmen verbunden, die sich in der *Kapitalbilanz* niederschlagen.

Wir betrachten nun also zunächst den Einfluss der Zinsen bzw. deren Änderung auf die Kapitalbilanz. Da die Transaktionen der Zentralbank hierbei nur eine untergeordnete Rolle spielen, lassen wir die Devisenbilanz außer Acht. Unterstellt sei ein konstanter Wechselkurs. Damit klammern wir einen wesentlichen Einflussfaktor internationaler Kapitalbewegungen, nämlich das Risiko von Wechselkursänderungen, zunächst aus. Auch das Preisniveau sowie das Volkseinkommen im In- und Ausland werden als konstant angenommen.

Wir nehmen nun an, dass sich im Ausland das Zinsniveau erhöht, was z. B. als Folge einer restriktiven Geldpolitik auftreten kann. Um die dadurch in Gang kommenden Anpassungsprozesse nachvollziehen zu können, muss man sich zunächst klarmachen, auf welche Weise die Zinsen auf Höhe und Richtung internationaler Kapitalströme einwirken. Wir können davon ausgehen, dass jedes Wirtschaftssubjekt die Struktur seines Gesamtvermögens so auf den Kauf von Vermögenstiteln aufteilt, dass sein Gesamtnutzen - zu verstehen als (erwarteter) Ertrag unter Berücksichtigung des Risikos - maximiert wird. Diese Optimierungsentscheidung bedingt auch den Vergleich der (um Risikokosten bereinigten) Erträge, die bei einer Vermögensanlage im Inland oder im Ausland zu erzielen sind.

Steigt nun das Zinsniveau im Ausland im Vergleich zum Inlandszinsniveau, so werden die Vermögensbesitzer (bei gegebenem Risiko)[35] ihren Bestand an ausländischen Vermögenstiteln tendenziell zu Lasten ihrer inländischen Vermögenswerte aufstocken. Der Kapitalmarkt im Ausland wird gern bereit sein, dieses zusätzliche Kapital aufzunehmen, da es zu günstigeren Konditionen als im eigenen Land erhältlich ist. Die auf diese Weise bewirkten Vermögensumschichtungen entsprechen (aus Sicht des Inlands) Kapitalexporten und führen zu einer erhöhten Nachfrage nach ausländischer Währung. Das heißt, die Devisennachfrage steigt.

Vereinfacht lässt sich die Wirkungskette wie folgt darstellen:

o      Zinsniveau im Ausland steigt, z. B. aufgrund restriktiver Geldpolitik.

⇨      Kapitalexporte des Inlands steigen.

⇨      Devisennachfrage des Inlands nimmt zu.

Ähnlich wie im Fall des direkten internationalen Preiszusammenhangs wird sich nun der Zinsanstieg im Ausland auch auf das Inland übertragen. Ursache hierfür ist die bei Zinsdifferenzen (genauer: bei Differenzen in der Höhe der

---

[35]   Neben dem eingangs ausgeschlossenen Wechselkursrisiko sind hier weitere Risiken, insbesondere das Zinsänderungs-, Bonitäts- und das Länderrisiko zu beachten.

die Anlageentscheidung beeinflussenden Ertrags- und Risikogrößen) einsetzende *Zinsarbitrage*. Denn inländische Kapitalanbieter schränken ihre Kreditvergabe an Inländer ein, und das im Inland verfügbare Kapitalangebot sinkt (während das Kapitalangebot im Ausland steigt). Andererseits werden sich ausländische Kapitalnachfrager im Inland mit dem hier relativ billigen Kapital eindecken, so dass die Kapitalnachfrage im Inland steigt (während die Kapitalnachfrage im Ausland sinkt).

Es kommt hinzu, dass internationale Finanzdienstleister im Inland relativ billige Kredite aufnehmen und die Gelder gleichzeitig im Ausland relativ teuer anlegen können. Dadurch steigt die Kapitalnachfrage (das Kapitalangebot) im Inland (Ausland). Es versteht sich, dass dies nur unter völliger Freiheit des grenzüberschreitenden Kapitalverkehrs funktioniert. Infolgedessen werden die Zinsen im Inland dann nach oben (und im Ausland nach unten) tendieren. Dieser Effekt wird noch deutlicher, wenn man sich vorstellt, wie eine solche Vermögensumschichtung praktisch abläuft. So werden die Besitzer inländischer Wertpapiere versuchen, diese zu veräußern und anschließend durch höher verzinsliche ausländische Papiere zu ersetzen. Der Verkauf gelingt indes nur zu einem geringeren Kurs, was bedeutet, dass die (Effektiv-) Rendite steigt.

Typischerweise beginnt dieser Prozess bei den Geschäftsbanken: Nachdem (im hier angenommenen Fall einer restriktiven Geldpolitik) die ausländischen Geldmarktsätze gestiegen sind, werden die dortigen Kreditinstitute versuchen, sich auf dem inländischen Geldmarkt zu refinanzieren. Dadurch steigen die Geldmarktzinsen im Inland.

Diese Zinssteigerung wird sich nun - ähnlich wie im Fall von Preiserhöhungen auf den Gütermärkten - über alle Segmente des inländischen Finanzmarktes fortsetzen. Das heißt, auch auf den Bankeinlagen- und Bankkreditmärkten sowie den Kapitalmärkten werden sich die Zinsen nach oben bewegen.

Insgesamt ergibt sich, dass der ursprüngliche Zinsanstieg im Ausland auf das allgemeine Zinsniveau im Inland übergreift (wobei dies auf den Finanzmärkten in der Regel wesentlich rascher vonstatten geht als die Preisanpassung auf Gütermärkten). Man kann diesen Übertragungsvorgang als *direkten internationalen Zinszusammenhang* bezeichnen. In Anlehnung an den Begriff der importierten Inflation lässt sich hier von einer *importierten Kapitalverteuerung* sprechen.

Wir können den internationalen Zinszusammenhang somit vereinfacht darstellen:

o      Zinsniveau im Ausland steigt, z. B. aufgrund restriktiver Geldpolitik.

⇨      Kapitalangebot im Inland sinkt.

⇨      Kapitalnachfrage im Inland steigt.

⇨      Zinsniveau im Inland steigt.

*Fazit 10.3:*     *Bei festen Wechselkursen passen sich die Zinsniveaus grenzüberschreitend an. Es ist somit keine national autonome Geldpolitik möglich, wenn die festen Wechselkurse aufrechterhalten werden sollen.*

Der internationale Zinszusammenhang ist nicht nur bei festen Wechselkursen wirksam. Es besteht vielmehr die Möglichkeit einer direkten Zinsübertragung auch bei *flexiblen Wechselkursen*. Denn flexible Wechselkurse gewährleisten lediglich einen Ausgleich der Gesamtzahlungsbilanz (des Devisenbilanzsaldos). Sie verhindern *nicht* das Enstehehen eines Ungleichgewicht im internationalen Kapitalverkehr.

Es kann außerdem sein, dass sich durch zinsinduzierte Kapitalbewegungen überhaupt kein Ungleichgewicht am Devisenmarkt ergibt; dies wäre bei entsprechend gegenläufiger Entwicklung des Außenbeitrags der Fall. Es kommt dann auch zu keinen Wechselkursanpassungen.

Die letztgenannte Überlegung läßt schließlich auch einen direkten internationalen Preiszusammenhang bei flexiblen Wechselkursen möglich erscheinen, denn preisinduzierte Änderungen des Außenbeitrags können z. B. durch gegenläufige Entwicklungen in der Kapitalbilanz kompensiert werden, so dass keine (vollständige) Kompensation der Preisänderungen durch Wechselkursanpassungen erfolgt. Analog ist auch die Existenz eines direkten internationalen Konjunkturzusammenhangs als grundsätzlich unabhängig von dem bestehenden Wechselkursregime zu betrachten.[36] Allerdings besteht bei flexiblen Wechselkursen nach herrschender Meinung eine gute Chance, dass Störungen aus dem Ausland von der nationalen Stabilisierungspolitik wirksam bekämpft werden können.

## 10.4 Wechselkurseffekt, Inlandspreise und terms of trade

Wir haben bisher die drei wesentlichen Verbindungskanäle betrachtet, deren Existenz eine enge ökonomische Verzahnung zwischen dem In- und dem Ausland begründet. Durch den internationalen Konjunktur-, Preis- und Zinszusammenhang bestehen also *horizontale Interdependenzen* zwischen offenen Volkswirtschaften.

Der Wechselkurseffekt bezeichnet den Einfluss von *Wechselkursänderungen* auf den *Außenbeitrag*, wobei wir uns zunächst auf den Außenbeitrag in *Inlands-*

---

[36] Es gibt neben diesen Überlegungen einige Ansätze, die zeigen, dass flexible Wechselkurse die heimische Wirtschaft auch bei *unveränderten Kapitalbewegungen* nicht vollkommen gegen Auslandseinflüsse abschirmen können.

*währung* konzentrieren.[37] Um diesen Effekt genau zu erfassen, halten wir die Zinsen, das Einkommen sowie die Preise im Inland vorerst konstant. Wir werden aber sehen, dass Wechselkursänderungen letztlich sowohl das Inlandspreisniveau als auch das inländische Volkseinkommen nicht unberührt lassen.[38]

Der Wechselkurs ist der Preis, zu dem zwei Währungen ausgetauscht werden. Wir unterscheiden den Wechselkurs in *Preisnotierung*, z. B. 0,5 €/$ und den Wechselkurs in *Mengennotierung*, z. B. 2 $/€. Es ist üblich, den Wechselkurs in Mengennotierung zu verwenden.

Wie wirkt sich nun eine solche Wechselkursänderung auf den in Inlandswährung gemessenen inländischen Außenbeitrag aus? Man kann dies anhand von Abbildung 10.3 und mit Hilfe der folgenden Abbildung 10.4 nachvollziehen. Diese stellen jeweils den inländischen Importmarkt und den inländischen Exportmarkt dar.

**Abbildung 10.4: Exportmarkt in Inlands in Inlandswährung**

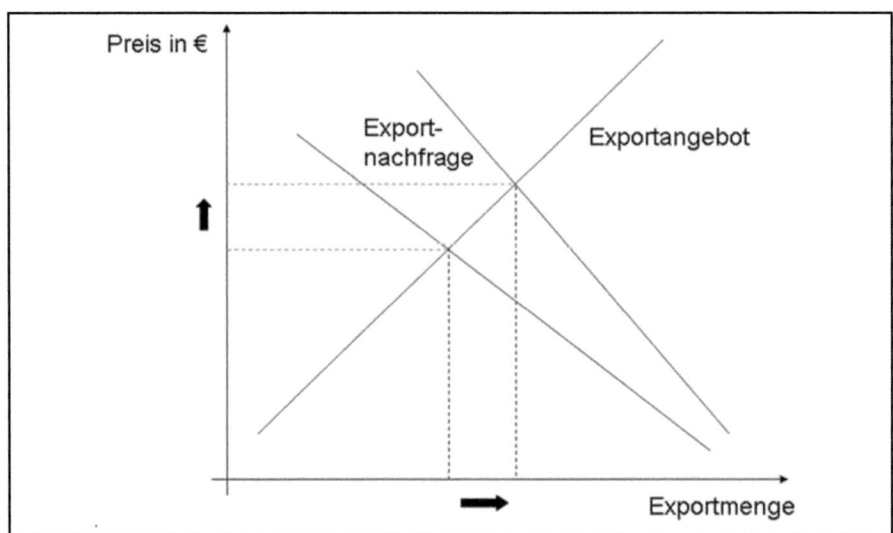

---

[37]  Dies entspricht der bisherigen Vorgehensweise, ist hier jedoch hervorzuheben, weil im Zusammenhang mit dem Wechselkurseffekt auch der Außenbeitrag *in Auslandswährung* eine wichtige Rolle spielt.

[38]  Von der Veränderung dieser beiden Parameter gehen wiederum *vertikale Wirkungen* auf das Zinsniveau aus.

Kommt es zu einer Abwertung der Inlandswährung gegenüber der Auslandswährung, so werden die Importe des Inlands - in Inlandswährung gerechnet - teurer. Dadurch geht die Importnachfrage zurück. Das heißt, wir haben hier - ähnlich wie schon bei der Betrachtung von Preissteigerungen - zwei entgegengesetzte Einflüsse auf den Importwert. Der Importwert ergibt sich als Produkt aus Preis und Menge der importierten Güter. Die Preissteigerung durch die Aufwertung der Auslandswährung wirkt so, dass sie den Importwert erhöht, und der durch die Preissteigerung bewirkte Mengenrückgang hat den Effekt, dass er den Importwert senkt. Es hängt also letztlich von der *Preiselastizität der Importnachfrage* ab, ob nach einer Abwertung der Inlandswährung der Importwert steigt oder sinkt. Bei hinreichend (preis-) elastischer Importnachfrage wird der Importwert (in Inlandswährung) per Saldo abnehmen.

Nun stellt sich die Frage, was auf dem *Exportgütermarkt* passiert. Hier kommt es zu einer Drehung der Export-Nachfragekurve nach oben. Die in Inlandswährung gemessene Kaufkraft der ausländischen Kunden steigt. Die ausländischen Abnehmer werden aus diesem Grund mehr Exportgüter nachfragen. Dadurch steigt anschließend deren Preis in Inlandswährung, aber auch die abgesetzte Menge steigt, so dass der Exportwert (in Inlandswährung) zunimmt.

Im Ergebnis wird - eine hinreichend preiselastische Importnachfrage vorausgesetzt - der inländische Außenbeitrag zunehmen, wenn die Inlandswährung abgewertet wird. Man nennt dies eine *normale* Reaktion des Außenbeitrags.

Um zu analysieren, wie stark der *Exportwert* zunimmt, muss man sich zunächst verdeutlichen, dass die inländischen Exporte den ausländischen Importen entsprechen. In einem Zwei-Länder-Beispiel entspricht also die inländische Exportnachfrage gerade der ausländischen Importnachfrage. Wenn diese auf die mit der Abwertung der Inlandswährung verbundene Verbilligung der inländischen Güter überhaupt nicht - also völlig preisunelastisch - reagiert, so wird der Exportwert (in Inlandswährung gemessen) unverändert bleiben.

In Abbildung 10.4 könnten wir dies in einer senkrecht verlaufenden Nachfragekurve darstellen. Der in Inlandswährung kalkulierende Exporteur sieht sich dann also keiner Mehrnachfrage gegenüber und erzielt bei gleichem Angebotspreis (in Inlandswährung) keine Umsatzsteigerung. Je flacher hingegen die Nachfragekurve am Exportmarkt ist, das heißt, je preiselastischer die ausländische Importnachfrage reagiert, desto mehr wird folglich der Exportwert zunehmen.

Fasst man nun die Erkenntnisse über die Reaktion des Import- und des Exportwertes zusammen, so lässt sich daraus allgemein folgende Aussage herleiten: Eine Abwertung der Inlandswährung wird um so eher zu einer Zunahme (Verbesserung) des Außenbeitrags (in Inlandswährung) führen, je elastischer die inländische Nachfrage nach Importgütern (aus dem Ausland) und je elastischer die ausländische Nachfrage nach Exportgütern (aus dem Inland) reagiert.

Umgekehrt nimmt die Wahrscheinlichkeit einer anomalen Reaktion des Außenbeitrags zu, je unelastischer die Nachfrage nach Import- und Exportgütern reagiert.[39] Diese Aussagen gelten gleichermaßen für die Reaktion des Außenbeitrags in *Auslandswährung*.

Die entsprechenden Zusammenhänge lassen sich anhand der beiden folgenden Abbildungen 10.5 und 10.6 nachvollziehen. Wie der Außenbeitrag, gemessen in ausländischen Währungseinheiten, reagiert, ist insofern wichtig, als hiervon die Vorgänge auf dem Devisenmarkt entscheidend beeinflusst werden.[40]

**Abbildung 10.5: Inländischer Importmarkt in Auslandswährung**

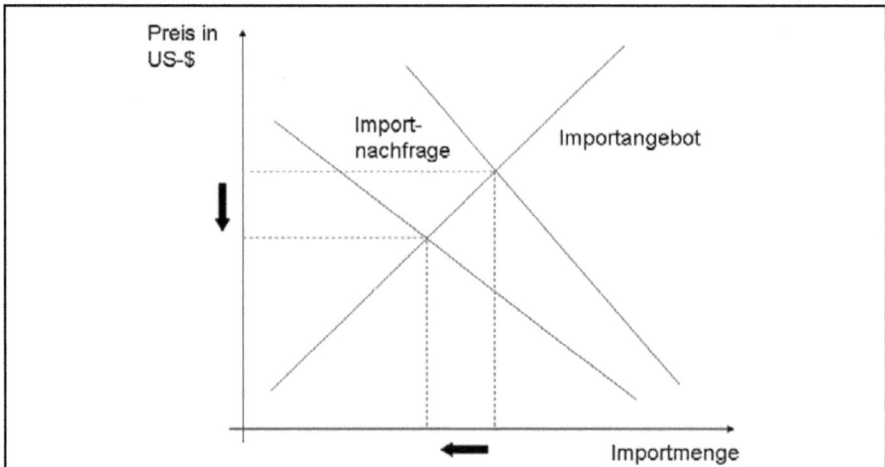

---

[39]  Die Voraussetzungen für eine solche Normalreaktion bei Wechselkursänderungen werden durch die *Marshall-Lerner-Bedingung* präzisiert. Diese unterstellt eine unendlich große Angebotselastizität auf dem Import- und Exportmarkt sowie einen in der Ausgangslage ausgeglichenen Außenbeitrag. Eine nicht nur unter diesen sehr restriktiven Annahmen geltende, sondern allgemein gültige Formel für die Reaktion des Außenbeitrags existiert in Gestalt der *Robinson-Bedingung*.

[40]  Genauer gesagt, ist eine normale Reaktion des Außenbeitrags in Auslandswährung die Voraussetzung für stabile Anpassungsvorgänge auf dem Devisenmarkt.

**Abbildung 10.6: Exportmarkt des Inlands in Auslandswährung**

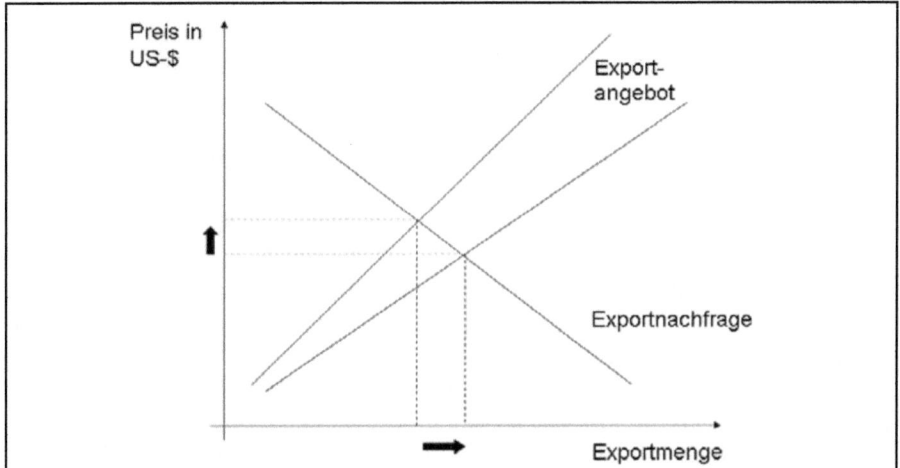

Der (in Inlandswährung gemessene) Außenbeitragseffekt einer Abwertung der Inlandswährung lässt sich für den Fall einer Normalreaktion mit dem folgenden Wirkungsablauf skizzieren (wobei wir von normal verlaufenden Angebots- und Nachfragekurven ausgehen):

o    Abwertung der Inlandswährung (Aufwertung der Auslandswährung)

⇨    Importpreise des Inlands steigen, während die Importmenge sinkt. Bei hinreichend elastischer Importnachfrage sinkt der Importwert. Und: Exportmenge und Exportpreise des Inlands steigen. Dadurch steigt der Exportwert.

⇨    Außenbeitrag des Inlands steigt (Normalreaktion).

Im Falle einer Aufwertung der Inlandswährung ergäbe sich unter den gleichen Bedingungen ein analoger Anpassungsprozess mit umgekehrtem Vorzeichen.

In beiden Fällen muss man sich vorstellen, dass z. B. eine Verschiebung der Wechselkurs-Relation nicht nur die Wettbewerbsposition der inländischen Unternehmen gegenüber dem Ausland beeinflusst. Vielmehr ändert sich auch die Konkurrenzlage auf Drittmärkten, und zwar bei all den Gütern, die in der aufgewerteten Auslandswährung fakturiert werden. Bei einer Aufwertung der Inlandswährung hätten die ausländischen Anbieter dort Preisvorteile im Wettbewerb.

Die Frage, ob der Außenbeitrag bei Wechselkursänderungen eher „normal" oder „anomal" reagiert, wird in der Literatur kontrovers beurteilt. Die *Elastizitätsoptimisten* gehen von hohen (absoluten) Werten für die Nachfrageelastizitäten bei Ex- und Importgütern und damit von einer Normalreaktion des Außenbeitrags aus. Hierfür spricht auch, dass der Anteil relativ preiselastischer verarbeiteter Produkte am Welthandel im Vergleich zu dem der relativ preisunelastischen Rohstoffe in den letzten Jahrzehnten gestiegen ist.

Allerdings gibt es auch Hinweise für das Auftreten anomaler Außenbeitragsreaktionen. Insbesondere auf kürzere Sicht erscheint ein derartiger *Elastizitätspessimismus* durchaus gerechtfertigt. Der wichtigste Grund dafür liegt in der Zeitverzögerung, mit der die Ex- und Importmengen auf veränderte Wechselkurse reagieren.

So bedeutet eine Abwertung für das davon betroffene Land eine schlagartige Erhöhung der Importpreise. Die Importeure werden daraufhin nicht in jedem Fall sofort ihre nachgefragte Menge einschränken können. Hinderlich wirken dabei etwa längerfristig geschlossene Lieferverträge oder möglicherweise auch die Tatsache, dass die im Preis gestiegenen Importgüter nicht so einfach durch andere aus dem Inland oder (im Mehr-Länder-Fall) einem preisgünstigeren fremden Land stammende Produkte zu ersetzen sind. Letzteres macht unter Umständen sogar Produktionsumstellungen im Inland notwendig. Das heißt, die Nachfrageelastizität der Importe ist in solchen Fällen über eine mehr oder weniger lange Zeitspanne (je nach Flexibilität des Landes) relativ gering.

Eine ähnliche Überlegung lässt sich auch für die Exportseite anstellen. Zwar werden nach einer Abwertung die inländischen Güter im Ausland (in der dortigen Währung) billiger, wenn wir unveränderte Angebotspreise in Inlandswährung unterstellen. Die Frage ist aber, wie rasch die ausländischen Importeure ihre nachgefragte Menge ausdehnen können oder wollen. Auch hier ist deshalb jedenfalls zunächst eine relativ geringe Nachfrageelastizität denkbar, so dass der Preisaufschlagsspielraum für die inländischen Exporteure gering ist.

Alles in allem würde in dem betrachteten Fall der Importwert zunehmen, während der Exportwert nicht oder nur wenig steigt. Die Folge wäre, dass sich der Außenbeitrag bei einer Abwertung verschlechtert und damit „anomal" reagiert. Erst die fortschreitende Anpassung der Import- und Exportmengen ermöglicht eine „normale" Reaktion, das heißt eine Verbesserung, des Außenbeitrags.

Der so charakterisierte Wirkungsablauf wird durch den *J-Kurven-Effekt* beschrieben. Abbildung 10.7 illustriert den J-förmigen Verlauf, den die Entwicklung des Außenbeitrags als Folge einer Abwertung nehmen kann. Wir gehen dabei von einem in der Ausgangssituation bestehenden Außenbeitragsdefizit aus.

**Abbildung 10.7: J-Kurve: Typische Reaktion des Außenbeitrags auf eine Abwertung**

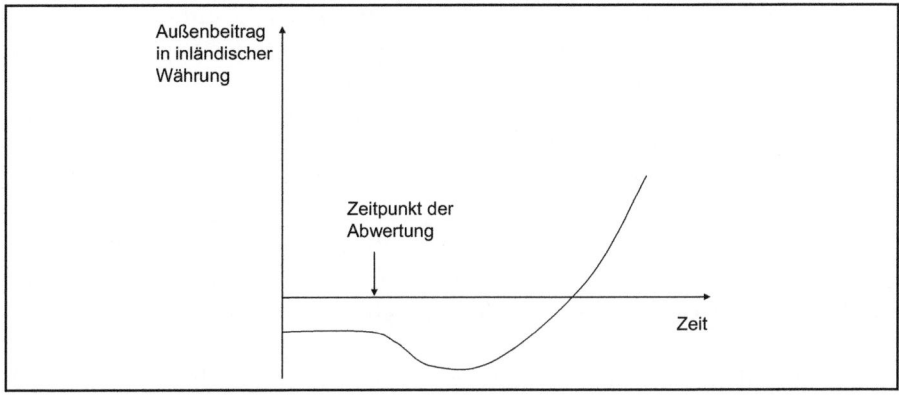

Wir haben gesehen, dass bei einer Abwertung der Inlandswährung normalerweise sowohl die Import- als auch die Exportgüterpreise - jeweils in inländischer Währung - ansteigen. Dies entspricht aber exakt der Wirkung eines direkten Anstiegs der Auslandspreise, wie wir sie bereits unter dem Stichwort des direkten internationalen Preiszusammenhangs behandelt haben. Entsprechend kommt es nun im Inland zu einer sich über alle Bereiche des Gütermarktes fortsetzenden Preiserhöhung.

Es ist also insgesamt damit zu rechnen, dass sich die durch eine Abwertung der Inlandswährung einstellende Erhöhung der Export- und Importgüterpreise auf die gesamte Volkswirtschaft ausweitet und so eine allgemeine Erhöhung des inländischen Preisniveaus bewirkt. Dadurch wird die internationale Wettbewerbsposition des Inlands nachhaltig geschwächt. Dies relativiert die Erfolgsaussichten des Versuchs, über Abwertungen eine Verbesserung der Zahlungsbilanzsituation zu erreichen.[41]

*Fazit 10.4:*      *Der Versuch, in einem Festkurssystem durch Änderung von Wechselkursen konjunkturpolitische Wirkungen zu erzielen, ist problematisch, weil hierdurch auch immer die internationale Wettbewerbsfähigkeit des Landes beeinflusst wird.*

Vor dem Hintergrund der geschilderten Problematik des Preiseffekts - sowie in Anbetracht einer möglicherweise anomalen Reaktion des Außenbeitrags -

---

[41] Im Bild der J-Kurve würde die hier geschilderte dämpfende Wirkung auf den Außenbeitrag zu einer Verkürzung der nach oben gerichteten Linie und einem anschließend abwärts verlaufenden Entwicklungspfad führen.

stoßen Abwertungen auch als Instrument der Beschäftigungspolitik überwiegend auf Skepsis.[42]

Neben dem - mikroökonomisch zu begründenden - Einfluss auf das Inlandspreisniveau (und damit letztlich auf den Außenbeitrag) gehen von Wechselkursänderungen weiterhin Fernwirkungen in makroökonomischer Hinsicht aus. Diese haben ihren Ursprung in der durch Wechselkursänderungen ausgelösten Anpassung des (nominalen) *Außenbeitrags*. Damit verbunden ist eine Änderung der volkswirtschaftlichen Gesamtnachfrage, die sich wiederum in einer Änderung des *realen Inlandsprodukts* sowie des *Preisniveaus* niederschlägt. Dadurch kommt es aber zu „Rückkopplungseffekten" auf den Außenbeitrag. Selbst bei ursprünglich normaler Reaktion des Außenbeitrags ist deshalb keineswegs sichergestellt, wie sich der Außenbeitrag *insgesamt gesehen* entwickelt.

Ergänzend zu der bisherigen Analyse fragen wir nun nach der Wirkung einer Wechselkursänderung auf die *terms of trade*. Die terms of trade bezeichnen das Verhältnis der Exportgüterpreise zu den Importgüterpreisen (in Inlandswährung). Im angenommenen Fall einer Abwertung der heimischen Währung steigen aber typischerweise sowohl die Export- als auch Importgüterpreise. Deshalb ist die Wirkung einer Abwertung auf die terms of trade zunächst unklar. Sie hängt davon ab, wie stark sich die Exportpreise im Vergleich zu den Importpreisen erhöhen. Die Exportpreise werden umso stärker zunehmen, je höher die Mehrnachfrage des Auslands (aufgrund der abwertungsbedingten Verbilligung der inländischen Güter) ausfällt, das heißt je elastischer die Exportnachfrage ist.

Die Importpreise werden umso weniger steigen, je stärker die Nachfrage des Inlands (aufgrund der abwertungsbedingten Verteuerung der ausländischen Güter) zurückgeht, das heißt je elastischer die Importnachfrage ist.

*Fazit 10.5:*     *Die terms of trade werden sich aus der Sicht des abwertenden Landes um so eher verbessern, je größer die Nachfrageelastizitäten für Export- und Importgüter sind. Da diese Bedingung mit den Voraussetzungen für eine Normalreaktion des Außenbeitrags übereinstimmt, lässt sich*

---

[42]   Man kann häufig beobachten, dass Abwertungen in dem betreffenden Land abgelehnt und der jeweiligen Regierung als politische Niederlage angerechnet werden. Denn eine (erzwungene) Abwertung ist regelmäßig die Folge eines über längere Zeit defizitären Außenbeitrags, welcher seinerseits anzeigt, dass das Land im Vergleich zu seiner Absorption zu wenig produziert. Ein solches Land gilt als „schwach". Eine Abwertung zielt nun auf eine fühlbare Drosselung der Absorption, da durch die Verteuerung der Auslandsgüter (für sich allein genommen) das „kaufkraftmäßige" Volkseinkommen der Bevölkerung - sozusagen als Folge überhöhten Konsums - reduziert wird.

*folgern: Die terms of trade des abwertenden Landes werden sich im Falle einer „normalen" Reaktion des Außenbeitrags tendenziell verbessern, während im Falle einer „anomalen" Reaktion tendenziell mit einer Verschlechterung zu rechnen ist.*

**Aufgaben zu Kapitel 10**

10.1   Analysieren Sie die Wirkung von Wechselkursänderungen auf den Außenbeitrag.

10.2   Aus welchen Gründen sind Abwertungen als Instrument der Beschäftigungspolitik skeptisch zu beurteilen? Differenzieren Sie zwischen mikroökonomischen und makroökonomischen sowie zwischen kurzfristigen und langfristigen Wirkungen von Währungsabwertungen.

10.3   Definieren Sie den Zusammenhang zwischen einer Änderung des Wechselkurses und den terms of trade eines Landes. Was bedeutet es, wenn sich die terms of trade verändern?

# 11    Währungssysteme und Währungspolitik

Die Ausführungen im 11. Kapitel beziehen sich auf die Wirkungsmechanismen nationaler wirtschaftspolitischer Maßnahmen in unterschiedlichen Währungssystemen. Um diese zu verstehen, bedarf es einiger grundlegender Erläuterungen. Es werden die wichtigsten Elementen des internationalen Währungsgeschehens sowie die Funktionsmerkmale eines Systems grundsätzlich fester bzw. flexibler Wechselkurse betrachtet. Kapitel 11.5 setzt sich mit dem Currency Board-System als einer speziellen Variante des Fixkurs-Systems auseinander.

## 11.1    Funktionsmerkmale unterschiedlicher Währungssysteme

Die mit grenzüberschreitenden Leistungs- und Finanztransaktionen verbundenen Zahlungen können in inländischer Währung oder in ausländischer Währung erfolgen. Bei Zahlung in ausländischer Währung handelt es sich um Devisenzahlungen, das heißt, die verwendeten Zahlungsmittel sind *Devisen*. Darunter fallen

- täglich fällige Guthaben (Währungskonten) bei ausländischen Kreditinstituten sowie
- Schecks und Wechsel, die auf ausländische Währungen lauten und im Ausland zahlbar sind.[43]

Für den internationalen Zahlungsverkehr sind vor allem die von inländischen Kreditinstituten unterhaltenen täglich fälligen (Sicht-) Guthaben bei ausländischen Kreditinstituten bedeutsam. Nach Art und Umfang der Konvertierbarkeit (Konvertibilität) der Devisen unterscheidet man:

(1)    frei konvertierbare Devisen,

(2)    beschränkt konvertierbare Devisen und

(3)    nicht konvertierbare Devisen.

(1)    frei konvertierbare Devisen

Diese auch „Hartwährungen" genannten Devisen werden von der Zentralbank des Währungslandes unbeschränkt in jede andere Währung umge-

---

43    Noten und Münzen in ausländischer Währung werden als *Sorten* bezeichnet.

tauscht. Völlig frei konvertierbar sind praktisch nur die führenden internationalen Währungen.

(2)    beschränkt konvertierbare Devisen

Man spricht auch von „Weichwährungen". Sie werden von der Zentralbank des Währungslandes nicht unbeschränkt in andere Währungen umgetauscht.

(3)    nicht konvertierbare Devisen

Diese unterliegen der „Devisenbewirtschaftung" (Devisenzwangswirtschaft), welche unter anderem auf mengenmäßigen Ablieferungspflichten und Zuteilungsregelungen basiert. Dadurch wird der internationale Handel offenkundig stark behindert. Die oftmals daraus folgenden Ausweichreaktionen der Ex- und Importeure führen dann zu immer weitergehenden Restriktionsmaßnahmen, so dass am Ende vielfach nur noch Tauschgeschäfte (barter trade) möglich sind.

Der Austausch von Devisen in heimische Währung bzw. umgekehrt von heimischer Währung in Devisen erfolgt am *Devisenmarkt*. Der Devisenmarkt ist nicht börsenmäßig organisiert; die Transaktionen werden meist „online" zwischen den Händlern der Kreditinstitute bzw. der teilnehmenden (Groß-) Unternehmen abgewickelt. Nach der Verfügbarkeit der gehandelten Devise unterscheidet man zwischen dem Kassamarkt und dem Terminmarkt.

(1)    Devisenkassamarkt

Auf dem Kassamarkt werden die verkauften bzw. erworbenen Devisen spätestens zwei Tage nach Vertragsabschluss zur Verfügung gestellt.

(2)    Devisenterminmarkt

Auf dem Terminmarkt findet typischerweise die Bereitstellung der Devisen und die Zahlung des Gegenwerts erst zu einem späteren Zeitpunkt statt, häufig erst nach einem oder mehreren Monaten. Der genaue Zahlungstermin sowie der Gegenwert (Kurs) werden allerdings zum Zeitpunkt des Geschäftsabschlusses festgelegt.

Aus dem Angebot an und der Nachfrage nach Devisen ergibt sich der *Devisenkurs* (Wechselkurs), der entweder ein *Kassakurs* oder ein *Terminkurs* sein kann. Im Devisenhandel werden die Wechselkurse meist in Mengennotierung angegeben. Mengennotierungen zeigen, wie viele Einheiten (welche Menge) einer ausländischen Währung für eine Einheit inländischer Währung erhältlich ist.

Der Devisenhandel vollzieht sich im Rahmen einer internationalen Geldordnung, die man als *internationales Währungssystem* bezeichnen kann. Unter dem Begriff des internationalen Währungssystems verstehen wir die Gesamtheit der Regeln, nach denen die Wirtschaftssubjekte eines Landes die Bezahlung ihres internationalen Güter- und Kapitalverkehrs in unterschiedlichen Währungen durchführen können.

Währungssysteme lassen sich hauptsächlich durch zwei Kriterien kennzeichnen:

(1)   Grad der Freizügigkeit

(2)   Wechselkursregime

(1)   Grad der Freizügigkeit grenzüberschreitender Zahlungen.

In einem Währungssystem mit *freier Konvertierbarkeit* können sowohl Inländer die Währung ihres Landes unbeschränkt in jede andere Währung umwechseln (Inländerkonvertibilität) als auch Ausländer die betreffende Devise gegen jede andere Währung eintauschen (Ausländerkonvertibilität). Wie die Unterscheidung der Devisenarten gezeigt hat, gibt es von diesem Ideal völliger Freiheit abgestufte Abweichungen. So kann die Konvertierbarkeit auf bestimmte Verwendungszwecke, Länder oder Personen beschränkt werden.

In einem System der *Devisenbewirtschaftung* ist die Konvertierbarkeit hingegen völlig aufgehoben. Hier legt der Staat die Preise für die jeweiligen ausländischen Zahlungsmittel fest. Einen Devisen*markt* gibt es dann praktisch nicht. Vielmehr dürfen Ankauf und Verkauf von Devisen nur über dafür zuständige Behörden zu offiziellen Kursen geschehen. Typischerweise sind die Währungen solcher Länder oftmals überbewertet, so dass der Handel regelmäßig auf den „Schwarzmarkt" ausweicht.

(2)   Wechselkursregime

Währungssysteme mit (mehr oder weniger) freier Konvertibilität können weiterhin nach dem gewählten Wechselkursregime unterschieden werden.

In einem Währungssystem mit *frei flexiblen Wechselkursen* bilden sich die Devisenkurse völlig ungehindert aus dem Zusammenspiel von Angebot und Nachfrage der Marktteilnehmer am Devisenmarkt. Dieser idealtypische Fall ist in der Realität letztlich so gut wie nie anzutreffen.

Wesentlich häufiger wird demgegenüber das Währungssystem mit flexiblen Wechselkursen und *managed floating* praktiziert. Es ist durch fallweise Eingriffe der Währungsbehörden gekennzeichnet. Beispielsweise besteht ein solches System faktisch im Verhältnis der weltweit führenden Währungen US-Dollar, Japanischer Yen und Euro.

Daneben existiert in mehreren Regionen der Welt ein Währungssystem mit *stufenflexiblen Wechselkursen* (anpassungsfähige Festkurse). In diesem System „relativ fester" Devisenkurse wird jeweils ein bestimmtes Austauschverhältnis zu den Währungen anderer Staaten festgelegt. Man spricht hier auch von *Leitkursen* oder *Paritätskursen*. Dabei gibt es zwar einen freien Devisenmarkt, auf dem sich die Kurse nach Angebot und Nachfrage bilden. Der Staat setzt Höchst- und Niedrigstkurse fest, bis zu denen der Marktkurs vom Leitkurs abweichen darf. Spätestens bei Erreichen des Höchst- oder Niedrigstkurses sind die Zentralbanken der beteiligten Länder dazu verpflichtet einzugreifen. Die Höchst- und Niedrigstkurse heißen daher auch (obere bzw. untere) *Interventionspunkte*. Die Eingriffe (Interventionen) bestehen darin, dass die Zentralbank des Schwachwährungslandes die Währung des Starkwährungslandes *ver*kauft, während umgekehrt die Zentralbank des Starkwährungslandes die Währung des Schwachwährungslandes *an*kauft. Dadurch kommt es zu einem zusätzlichen Angebot der starken Währung und einer zusätzlichen Nachfrage nach der schwachen Währung. Die Folge ist eine Stabilisierung des Marktkurses, wodurch dieser wieder näher an den Leitkurs gerückt wird.

Die bekanntesten Beispiele für ein solches System sind das Bretton-Woods-System (1944 - 1973) sowie das von 1979 bis 1998 bestehende Europäische Währungssystem. In beiden Systemen waren zwischen je zwei Währungen Leitkurse mit einer Schwankungsbreite festgelegt. Das gleiche Prinzip gibt es im Wechselkursmechanismus II (WKM II), dem Nachfolgesystem des Europäischen Währungssystems. Am WKM II nehmen der Euro sowie die Währungen derjenigen EU-Länder teil, die beabsichtigen, der Europäischen Währungsunion beizutreten. Systeme stufenflexibler Wechselkurse ermöglichen es, dass im Fall länger anhaltender und deutlicher Abweichungen vom Leitkurs Anpassungen (Realignments) vorgenommen werden, so dass die Zielzone den Marktgegebenheiten angepasst wird. Im WKM II ist die Bandbreite allerdings mit +/- 15 % so breit angelegt, dass bisher keine Realignments notwendig wurden.

In einem System mit absolut *festen Wechselkursen* ist der Wechselkurs grundsätzlich unwiderruflich fixiert. Beispiel hierfür war das vor dem Ersten Weltkrieg (und teilweise auch noch bis in die 20er Jahre) praktizierte System der Goldwährung. Unter den gleichzeitigen Voraussetzungen einer uneingeschränkten Konvertibilität der Währungen sowie völliger Freiheit des Kapitalverkehrs entspricht ein derartiges System einer *Wechselkursunion*. Diese kann eine Vorstufe zu einer *Währungsunion* sein, in der nur noch eine gemeinsame *einheitliche* Währung existiert. Hinsichtlich der ökonomischen Konsequenzen ist eine Wechselkursunion mit einer Währungsunion gleichzusetzen.

## 11.2    Gleichgewicht am Devisenmarkt

Bei der folgenden Analyse der Anpassungsvorgänge, die auf dem Devisenmarkt stattfinden, beschränken wir uns auf den *Devisenkassamarkt*. Wie entstehen Devisenangebot und Devisennachfrage? Nehmen wir als Beispiel für den Zwei-Länder-Fall den Handel des US-$ in Euro, so resultiert das Dollarangebot offensichtlich zum Teil aus den Erlösen europäischer Exporteure von Waren-, Dienst- und Faktorleistungen in die USA. Die europäischen Lieferanten wollen die erhaltenen US-$ in Euro umtauschen. Auch wenn die

Fakturierungswährung nicht auf US-$, sondern auf einheimische Währungseinheiten lautet, kommt es zu einem Dollarangebot. Nur bieten dann nicht die Exporteure, sondern die amerikanischen Importeure US-$ an, um sich die benötigten Euro zu beschaffen.

Die Dollarnachfrage resultiert teilweise aus den Aufwendungen europäischer Importeure von Waren-, Dienst- und Faktorleistungen aus den USA. Die Abnehmer in der Europäischen Währungsunion brauchen US-$ zur Bezahlung ihrer Importrechnung. Typischerweise wird auch bei den Importen insgesamt häufig in Euro fakturiert.[44] In diesem Fall fragen nicht die Importeure, sondern die amerikanischen Exporteure US-$ nach.

Bisher haben wir lediglich die Güterexporte und -importe als Bestimmungsgründe für das Dollarangebot und die Dollarnachfrage herangezogen. Für den weitaus größeren Teil des Devisenaufkommens zeichnen indes die Kapitaldisponenten verantwortlich: Wenn amerikanische Anleger auf Euro lautende Wertpapiere erwerben, so stellt dies aus inländischer Sicht einen (positiven) *Kapitalimport* dar. Damit verbunden ist eine Zunahme des Dollarangebots. Denn die US-Anleger werden US-$ anbieten, um sich die zur Anlage benötigten Euro zu beschaffen.[45] Umgekehrt bildet der Erwerb von auf US-$ lautenden Wertpapieren durch inländische Anleger aus der Sicht des Inlands einen (positiven) *Kapitalexport*, der zu einer erhöhten Dollarnachfrage führt. Die inländischen Anleger werden Euro anbieten, um in den Besitz der zur Anlage benötigten US-$ zu gelangen.[46] Anzumerken ist an dieser Stelle noch, dass derartige Finanztransaktionen ebenso wie der Zahlungsvorgang bei Leistungstransaktionen in der Regel von den Banken abgewickelt werden, und zwar entweder auf Rechnung ihrer Nichtbankkunden oder auf Rechnung der Banken selbst (Eigenhandel).

Als Antwort die Frage, wie Devisenangebot und Devisennachfrage entstehen, können wir nun festhalten: Das Devisenangebot wird durch den - in Auslandswährung gemessen - Wert der inländischen Exporte und Kapital-

---

[44]  Entscheidend für die Frage, in welcher Währung fakturiert wird, ist die Verhandlungsposition des Außenhandelsunternehmens. Eine Fakturierung in heimischer Währung ist aus Sicht der inländischen Ex- bzw. Importeure deshalb günstig, weil dadurch das Wechselkursrisiko vollständig auf den ausländischen Vertragspartner abgewälzt wird.

[45]  Zu einem Dollarangebot (bzw. einer Euro-Nachfrage) kommt es auch, wenn inländische Wertpapierbesitzer auf US-$ lautende Anlagen verkaufen. Dies entspricht aus inländischer Sicht einem negativen Kapitalexport.

[46]  Zu einer Dollarnachfrage (bzw. einem Euro-Angebot) kommt es auch, wenn amerikanische Wertpapierbesitzer auf Euro lautende Anlagen verkaufen. Dies entspricht aus inländischer Sicht einem negativen Kapitalimport.

importe bestimmt, während die Devisennachfrage von dem - in Auslandswährung gemessenen - Wert der inländischen Importe und Kapitalexporte
abhängt. Die Differenz zwischen dem - so definierten - marktmäßigen Devisenangebot und der marktmäßigen Devisennachfrage bildet den *Saldo der Devisenbilanz*.[47] Dieser ist das Ergebnis der Interventionen der Zentralbank zum
Ausgleich des Devisenmarktes. Interventionen bestehen mithin aus Devisen-
ankäufen und -verkäufen, wodurch sich die *Währungsreserven* (Netto-
Auslandsaktiva) der Zentralbank verändern. Man kann nun die Güterexporte
und -importe zum Außenbeitrag saldieren. Kapitalimporte und Kapitalexporte ergeben (saldiert) die Nettokapitalimporte. Dabei bedeutet ein positiver
Wert, dass netto Kapital importiert wurde. Entsprechend weist ein negativer
Wert auf einen Überhang der Kapitalexporte hin (negative Nettokapitalimporte). Insgesamt ergibt sich dann der Saldo der Devisenbilanz als Summe
aus dem Außenbeitrag und den Nettokapitalimporten.

Die genannten Quellen von Devisenangebot und Devisennachfrage (ohne
die Transaktionen der Zentralbank) sowie ihr Zusammenhang mit dem Devisenbilanzsaldo können schematisch dargestellt werden.

(11.1)  Saldo der Devisenbilanz
        = Devisenangebot - Devisennachftage
        = (Exportwert + Kapitalimporte) - (Importwert + Kapitalexporte)
        = Außenbeitrag + Nettokapitalimporte

Wir müssen nun, um das Angebot und die Nachfrage am Devisenmarkt in
Abhängigkeit vom *Wechselkurs* darzustellen, noch analysieren, wie die ermittelten Bestimmungsfaktoren des Devisenangebots und der Devisennachfrage
auf Wechselkursänderungen reagieren. Dabei wollen wir uns zunächst auf die
Reaktion des Export- und Importwertes, das heißt des Außenbeitrags, beschränken. Typischerweise kommt es hier auf den Außenbeitrag in ausländischen Währungseinheiten an. Wir greifen deshalb auf die im vorangegangenen Kapitel durchgeführte Analyse des Wechselkurseffekts zurück. Wir betrachten den Wechselkurs in Preisnotierung. Abbildung 10.4 zeigt, dass der
Exportwert in US-$ mit steigendem Wechselkurs, also bei einer Euro-
Abwertung, zunimmt. Voraussetzung hierfür ist, dass die Exportnachfrage
hinreichend elastisch ist. In diesem Fall erhöht sich also das Angebot der
Auslandswährung mit steigendem Wechselkurs. Wie Abbildung 10.3 zeigt,
geht der Importwert in US-$ bei einer Euro-Abwertung zurück.[48] Das heißt,

---

[47] Devisenangebot und Devisennachfrage, die aus unentgeltlichen Übertragungen resultieren,
bleiben hier und in den folgenden Betrachtungen unberücksichtigt.

[48] Nur bei völlig preisunelastischer Importnachfrage bleibt der Importwert konstant.

die Nachfrage nach ausländischer Währung wird mit steigendem Wechselkurs sinken. Wir können damit die Konstellation am Devisenmarkt in Abbildung 11.1 darstellen.

**Abbildung 11.1: Angebot und Nachfrage auf dem Devisenmarkt**

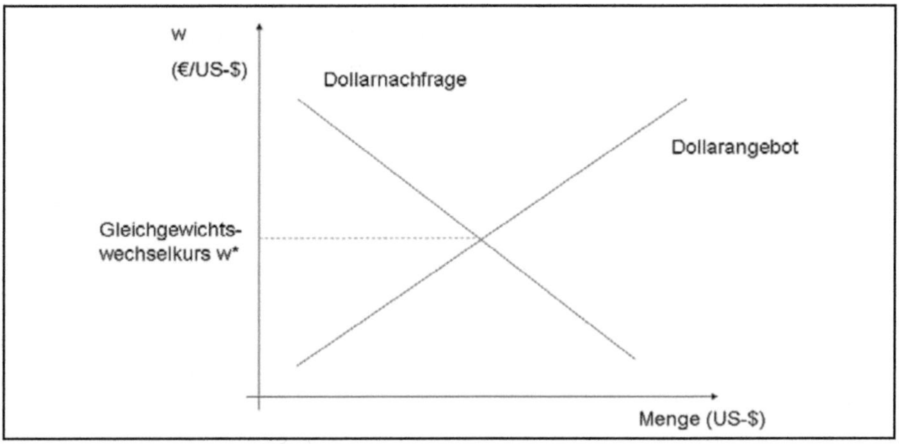

Im Schnittpunkt von Angebot und Nachfrage ergibt sich der *Gleichgewichtswechselkurs*. Bei diesem Kurs sind das Angebot an ausländischer Währung und die Nachfrage nach ausländischer Währung gleich groß.[49] Der Devisenmarkt befindet sich „im Gleichgewicht". Bei der Konstellation, die in Abbildung 11.1 dargestellt wird, handelt es sich offensichtlich um ein *stabiles* Gleichgewicht. Abweichungen vom Gleichgewicht lösen einen Anpassungsprozess aus, der zum Gleichgewicht zurückführt: Liegt der Wechselkurs z. B. oberhalb von w*, so besteht ein Angebotsüberschuss. Dieser bewirkt ein Sinken des Wechselkurses. Umgekehrt existiert bei einem Wechselkurs unterhalb von w* ein Nachfrageüberschuss, der zu einem Anstieg des Wechselkurses führt.

*Fazit 11.1:*       *Bei flexiblen Wechselkursen und einer hinreichenden Elastizität der Exportnachfrage in Bezug auf Wechselkursänderungen bewirken Anpassungsprozesse ein Devisenmarkt-Gleichgewicht.*

Die bisherigen Überlegungen haben unterstellt, dass die Exportnachfrage hinreichend elastisch auf eine Wechselkursänderung reagiert. Ist die Elastizität der Exportnachfrage hingegen kleiner als Eins, reagiert die Exportnach-

---

49   Es sei hier daran erinnert, dass im Marktmodell - von den Marktteilnehmern im vorhinein - *geplante* Größen betrachtet werden.

frage also *unelastisch*, dann wird der Exportwert in ausländischer Währung bei einer Abwertung der inländischen Währung nicht steigen, sondern sinken. Das heißt, das Angebot an ausländischer Währung geht mit steigendem Wechselkurs zurück. Grafisch äußert sich dies in einer Krümmung der Angebotskurve (vgl. Abbildung 11.2).

**Abbildung 11.2: Instabilität des Devisenmarkt-Gleichgewichts**

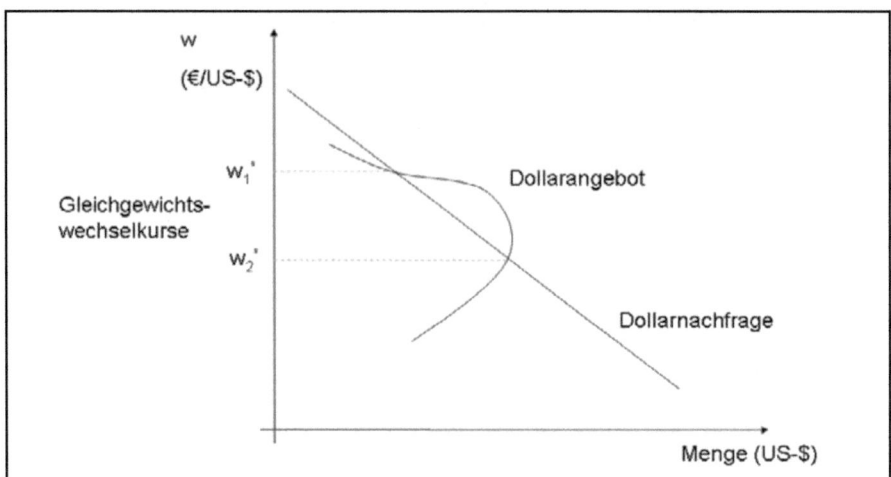

Man sieht, dass in diesem Fall ein entstehendes Devisenmarkt-Gleichgewicht auch *labil* sein kann: Bei einem Wechselkurs oberhalb von $w_2^*$ besteht ein Nachfrageüberschuss, der den Wechselkurs ansteigen lässt. Zwischen $w_2^*$ und $w_1^*$ existiert ein Angebotsüberschuss, und der Wechselkurs sinkt. Abweichungen vom Gleichgewicht $w_2^*$ führen hier also dazu, dass sich der Kurs noch weiter vom (früheren) Gleichgewichtskurs entfernt und sich das Ungleichgewicht eventuell noch verstärkt. Eine Abwertung der inländischen Währung (w steigt) bewirkt, ausgehend vom Gleichgewichtskurs $w_2^*$, also einen Nachfrageüberschuss nach Devisen. Da dieser Nachfrageüberschuss auf eine Verschlechterung des (vorher ausgeglichenen)[50] Außenbeitrags zurückgeht, heißt dies, dass im Fall des labilen Gleichgewichts offenbar eine *anomale Reaktion* des Außenbeitrags vorliegt.

---

[50]   Der Außenbeitrag ist bei $w_2^*$ ausgeglichen, da das aus dem Exportwert in ausländischer Währung entstehende Devisenangebot genau der aus dem Importwert in ausländischer Währung resultierenden Devisennachfrage entspricht. Bei dieser Betrachtung sind Kapitalbewegungen als Bestimmungsgründe für Devisenangebot und Devisennachfrage noch nicht berücksichtigt.

Nachdem wir die Konsequenzen einer anomalen Reaktion des Außenbeitrags für den Devisenmarkt skizziert haben, erweitern wir die Betrachtung.
Während wir uns bisher auf das Devisenangebot und die Devisennachfrage
beschränkten, die aus Güterein- und -ausfuhren resultierten, berücksichtigen
wir nun auch *internationale Kapitalbewegungen*. Diese haben auf dem Devisenmarkt eine überragende Bedeutung.

Grundsätzlich lassen sich internationale Kapitalbewegungen leicht in die
Darstellung des Devisenmarkt-Modells in Abbildung 11.1 integrieren: Kapitalimporte führen zu einem zusätzlichen Devisenangebot, und Kapitalexporte
führen zu einer zusätzlichen Devisennachfrage. In Abbildung 11.1 äußert sich
ein Kapitalimport (Kapitalexport) in einer Rechtsverschiebung der Angebotskurve (Nachfragekurve). Es bleibt indes die Frage, ob die Kapitalbewegungen
den Devisenmarkt eher stabilisierend oder eher destabilisierend beeinflussen.
Diese Frage werden wir im folgenden Abschnitt nochmals aufgreifen.

Unabhängig von den noch zu klärenden Problemen, lässt sich nun feststellen, dass es in einem Währungssystem mit völlig *flexiblen Wechselkursen*, in dem
die Zentralbanken am Devisenmarkt nicht intervenieren, zu einem Ausgleich
von Devisenangebot und Devisennachfrage unter den Marktteilnehmern
kommen muss. Andernfalls gibt es keine internationalen Kauf- bzw. Verkaufskontrakte. Bei den Teilnehmern am Devisenmarkt handelt es sich primär um Außenhandelsunternehmen[51] und um Kapitalanleger bzw. Kreditnehmer. Das heißt, wenn z. B. mehr Güter exportiert (Devisenangebot) als
importiert (Devisennachfrage) werden, dann muss mehr Kapital exportiert als
importiert werden. Oder anders: Wenn der Außenbeitrag größer als Null ist,
müssen die Nettokapitalimporte kleiner als Null sein (Nettokapitalexporte),
und zwar in - absolut gesehen - gleichem Umfang. Der inländische Einnahmeüberschuss aus Leistungstransaktionen muss durch Kapitalexporte im
Rahmen von Finanztransaktionen ins Ausland „zurückfließen". Umgekehrt
muss ein Importüberschuss im Güterbereich durch Nettokapitalimporte finanziert werden. Es muss also immer gelten:

(11.2)    Außenbeitrag + Nettokapitalimporte = 0

Im Fall flexibler Wechselkurse ist der  *Devisenbilanzsaldo* folglich *gleich Null*.
Das heißt, die Währungsreserven der Zentralbank bleiben unverändert. Man
bezeichnet diese Situation auch als *außenwirtschaftliches Gleichgewicht* oder spricht
von einer *ausgeglichenen Zahlungsbilanz*.

---

51    Eine nicht zu unterschätzende Rolle spielt zudem der Auslandstourismus.

*Fazit 11.2:*        *Bei flexiblen Wechselkursen ist der Devisenbilanzsaldo gleich Null.*
*Die Währungsreserven der Zentralbank bleiben unverändert.*
*Die Reaktion der Güterexporte und -importe bewirkt bei flexiblen*
*Wechselkursen eine Tendenz zum Gleichgewicht.*

## 11.3    Der Ausgleichsmechanismus flexibler Wechselkurse

Nachdem wir das Gleichgewicht auf dem Devisenmarkt erläutert haben, fragen wir uns nun, was passiert, wenn dieses Gleichgewicht gestört wird. Wir unterstellen dabei, dass das im Ausgangsstadium bestehende Gleichgewicht stabil und der Wechselkurs voll flexibel sei.

Wir nehmen die Handelsbeziehungen zwischen dem Euro-Gebiet und den USA als Beispiel für den Zwei-Länder-Fall und gehen davon aus, dass die inländische Nachfrage nach Importgütern aus den USA zunimmt. Dieser Anstieg sei - annahmegemäß - nicht durch den Wechselkurs, sondern exogen bewirkt, also z. B. aufgrund einer erhöhten Vorliebe der Inländer für ausländische Waren oder Auslandsreisen. Dadurch steigt die Dollarnachfrage, was sich grafisch in einer Rechtsverschiebung der Nachfragekurve niederschlägt (vgl. Abbildung 11.3). Beim ursprünglichen Gleichgewichtskurs $w^*_1$ entsteht eine *Überschussnachfrage* nach US-\$, das heißt ein *Devisenbilanzdefizit*. Man kann auch sagen: Der in US-\$ gemessene Außenbeitrag verschlechtert sich, und bei gegebenen Nettokapitalimporten wird der Devisenbilanzsaldo negativ. Die Folge ist ein Anstieg des Wechselkurses und damit eine Euro-Abwertung. Eine Euro-Abwertung zieht - unter den hier gegebenen Bedingungen - eine Zunahme des US-\$-Exportwertes und eine Abnahme des US-\$-Importwertes nach sich. Damit steigt das Dollarangebot, während die Dollarnachfrage sinkt.

Die Abwertungstendenz und der damit verbundene Anpassungsprozess dauern so lange an, bis der Devisenmarkt ein neues Gleichgewicht bei dem höheren Kurs $w_2^*$ erreicht hat: Außenbeitrag und Nettokapitalimporte entsprechen sich wieder, und der Devisenbilanzsaldo ist Null. Dieser Vorgang wird als *Zahlungsbilanz-Ausgleichsmechanismus flexibler Wechselkurse* oder kurz als *Wechselkursmechanismus* bezeichnet. Er besteht darin, dass Ungleichgewichte auf dem Devisenmarkt Wechselkursänderungen auslösen; die dadurch bewirkte Anpassung von Exporten und Importen bringt den Devisenmarkt wieder ins Gleichgewicht.

Es wäre allerdings unrealistisch zu glauben, dass die geschilderte *automatische Stabilisierung der Zahlungsbilanz* immer sofort - also unmittelbar nachdem das Ungleichgewicht entstanden ist - stattfindet. Vielmehr haben wir bei der Analyse des Wechselkurseffektes bereits darauf hingewiesen, dass die mengenmäßige Reaktion der Ex- und Importeure eine (je nach Flexibilität) mehr oder weniger lange Zeitspanne in Anspruch nimmt.

**Abbildung 11.3: Störung eines Devisenmarkt-Gleichgewichts**

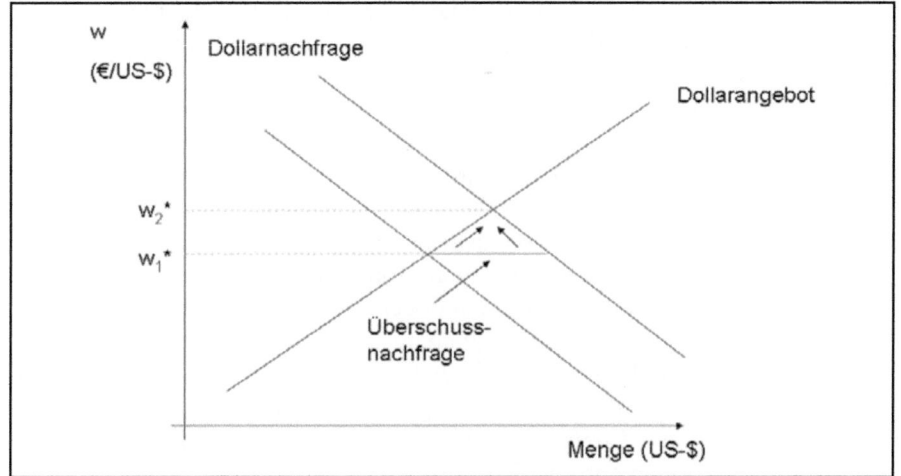

Wie der *kurzfristige* Devisenbilanzausgleich zustande kommt, erkennt man, wenn man die Existenz *internationaler Kapitalbewegungen* in die Betrachtung mit einbezieht. Derartige Kapitalbewegungen entstehen schon bei der Bezahlung bzw. Finanzierung der Güterexporte und -importe. In dem Bestreben, die Ausgestaltung dieser Kapitalströme, also die *terms of payment*, zu optimieren, spielen für die Außenhandelsunternehmen u. a. *Wechselkurserwartungen* eine entscheidende Rolle.

Betrachten wir noch einmal unser Beispiel: Nehmen wir an, dass eine Überschussnachfrage nach US-$ entstanden sei, aber aufgrund von „Starrheiten" die Export- bzw. Importmengen nicht in nennenswertem Umfang auf die dadurch ausgelöste Abwertungstendenz des Euro reagierten.[52] Es erscheint plausibel, dass sich ab einem bestimmten niedrigeren Euro-Kurs die Erwartung einer Umkehrung dieses Abwertungstrends einstellt. Vermuten die Außenhandelsunternehmen entsprechend eine in Zukunft eintretende Euro-Aufwertung, so wird das Finanzmanagement eine Anpassung der terms of payment anstreben. Und zwar werden bei Fixierung der Exportverträge in Euro die amerikanischen Abnehmer vermehrt Vorauszahlungen leisten. Bei Fakturierung in US-$ werden die inländischen Lieferanten die von ihnen gewährten Zahlungsziele verkürzen.[53]

---

[52]   Es ergäbe sich hier auf kurze Sicht eine „anomale" Reaktion des Außenbeitrags und somit eine *labile* Devisenmarktsituation.

[53]   Die inländischen Importeure werden versuchen, Zahlungen „auf Ziel" zu vereinbaren.

In beiden Fällen kommt es aus der Sicht des Inlands zu einem *Kapitalimport*. Das damit verbundene zusätzliche US-$-Angebot wirkt tendenziell in Richtung eines Devisenbilanzausgleichs. (In Abbildung 11.3 verschiebt sich die Angebotskurve nach rechts.)

Neben den direkt an Güterexporte und -importe gekoppelten Kapitalströmen haben Kapitalbewegungen im Rahmen „reiner" Finanztransaktionen (*Portfolioinvestitionen*) auf dem Devisenmarkt immense Bedeutung: Entsteht z. B. eine Aufwertungserwartung für den Euro, so werden internationale Kapitaldisponenten heute zum (noch) niedrigeren Kurs Euro (gegen ihre eigene Währung) kaufen, um sie später zu einem höheren Kurs wieder zu verkaufen. Aus der Sicht des Inlands ergeben sich dabei heute spekulative Kapitalimporte und damit ein zusätzliches Angebot an ausländischer Währung.

Zusammenfassend können wir festhalten, dass ein Ausgleich des Devisenmarktes *längerfristig* über den Zahlungsbilanz-Ausgleichsmechanismus erfolgt, während für den *kurzfristigen* Ausgleich Spekulationsgeschäfte und andere Kapitaltransaktionen entscheidend sind.

Bei den bisher betrachteten Anpassungsprozessen haben wir implizit unterstellt, dass die auf der Basis von Wechselkurserwartungen in Gang gesetzten spekulativen Kapitalbewegungen *stabilisierend* wirken. Wie unser Beispiel zeigte, *dämpfen* solche Kapitalströme die Kursschwankungen. Als gravierender Einwand gegen ein Währungssystem mit flexiblen Wechselkursen wird indes oft vorgebracht, dass spekulative Kapitalbewegungen die Abwertungs- oder Aufwertungstendenz einer Währung weiter verschärfen können. Eine derartige *destabilisierende* Spekulation würde einer Anpassung an den Gleichgewichtskurs entgegenwirken und so die Kursschwankungen „übertreiben".

Wenn die Märkte kein Vertrauen in eine baldige Verbesserung der Zahlungsbilanzsituation eines Landes setzen, kann z. B. eine Abwertung zu der Erwartung weiterer Abwertungen führen. Ausländer werden dann ihre Bestände an der betreffenden Währung verkaufen, evtl. auch um sie später (zu einem dann noch niedrigeren Kurs) wieder zurückzukaufen. (In Abbildung 11.3 verschiebt sich die Angebotskurve nach links.) Inländer werden hingegen als stabiler eingeschätzte Währungen nachfragen. (In Abbildung 11.3 verschiebt sich die Nachfragekurve nach rechts.) Insgesamt entsteht dadurch eine zusätzliche Überschussnachfrage nach Devisen (Überschussangebot an der unter Abwertungsdruck stehenden Währung), die zu einer weiteren Entfernung vom (ursprünglichen) Gleichgewichtskurs führt.

Marktwirtschaftlich orientierte Ökonomen befürworten flexible Wechselkurse, weil sie davon ausgehen, dass die Gefahr gravierender spekulativ bedingter Kursschwankungen als recht gering einzuschätzen ist. Dies lässt sich damit begründen, dass eine destabilisierende Spekulation in letzter Konsequenz immer verlustbringend sein muss. Insofern könnte eine destabilisierende Spekulation in der Tat nur vorübergehend auftreten, da die Spekulanten bei Verlusten auf Dauer aus dem Markt ausscheiden.

In einem System flexibler Wechselkurse *muss* sich also der Wechselkurs *letztlich immer* so einstellen, dass Devisenangebot und Devisennachfrage der Marktteilnehmer ohne Eingreifen der Zentralbank zum Ausgleich kommen. Deshalb treten auch keine interventionsbedingten Devisenzuflüsse oder - abflüsse auf. Diese „Isolierung" der Volkswirtschaft gegen Devisenströme bedeutet zwar nicht, dass die heimische Wirtschaft im Fall flexibler Wechselkurse vollkommen immun gegen jede Art von Auslandseinflüssen wäre. Sie begründet allerdings einen gewissen *Abschirmungseffekt*, der sich in drei Tatbeständen niederschlägt. Und zwar ist bei flexiblen (im Vergleich zu festen) Wechselkursen

- mit einer höheren Effektivität der nationalen Wirtschaftspolitik (und insbesondere der Geldpolitik) zu rechnen;
- eine Unterordnung binnenwirtschaftlicher Ziele unter das Ziel des außenwirtschaftlichen Gleichgewichts grundsätzlich nicht notwendig und schließlich
- kein (so starkes) Übergreifen wirtschaftlicher Entwicklungen im Ausland auf die nationale Wirtschaft zu erwarten.

Man spricht in diesem Zusammenhang von einer durch flexible Wechselkurse ermöglichten *Autonomie* der nationalen Stabilisierungspolitik.

*Fazit 11.3:*     *Internationale Kapitalbewegungen wirken bei flexiblen Wechselkursen i. d. R. stabilisierend. Spekulative Kapitalbewegungen können sich bei flexiblen Wechselkursen nur kurzfristig destabilisierend auswirken.*

## 11.4    Geldangebotseffekte und Neutralisierungspolitik bei festen Wechselkursen

In den vorangegangenen Abschnitten haben wir ein System völlig flexibler Wechselkurse unterstellt, in dem die Zentralbanken nicht am Devisenmarkt eingreifen. Hier muss es unter den übrigen Marktteilnehmern zu einem Ausgleich von Devisenangebot und Devisennachfrage kommen. Der Devisenbilanzsaldo ist dann gleich Null.

Nun gibt es das System völlig frei beweglicher Wechselkurse in der Realität kaum. Vielmehr besitzen die Zentralbanken der großen Industrieländer auch in Systemen prinzipiell flexibler Wechselkurse durchaus eine gewisse Vorstellung darüber, wie stark die beteiligten Währungen gegeneinander höchstens schwanken sollten. Teilweise existieren dazu auch mehr oder weniger offizielle Übereinkünfte (*agreements*).

Über- bzw. unterschreiten die Wechselkurse bestimmte als „schädlich" erachtete Marken, so werden die Zentralbanken geneigt sein zu intervenieren („managed floating"). Ebenso wenig wie das System völlig flexibler Wechselkurse wird andererseits das idealtypische System absolut fester Wechselkurse praktiziert. Auch hier existieren Mischformen, insbesondere das System anpassungsfähiger Festkurse. Offensichtlich beinhalten also die in der Praxis der internationalen Währungspolitik am häufigsten vorkommenden Wechselkurssysteme sowohl Elemente aus dem System völlig flexibler als auch aus dem System völlig fester Wechselkurse. Der Unterschied besteht lediglich in der jeweiligen Gewichtung dieser Elemente. Das bedeutet, dass sich die Funktionsweise der *realisierten* Systemformen aus den beiden *theoretischen* Extremformen ableiten lässt. Aus diesem Grund wollen wir auch in der weiteren theoretischen Analyse jeweils die genannten idealtypischen Systemalternativen diskutieren, die sich sozusagen als „Gegenpole" gegenüberstehen.

Das System (völlig) fester Wechselkurse ist dadurch gekennzeichnet, dass die Zentralbanken am Devisenmarkt *intervenieren*. In diesem Fall kann bei den übrigen Marktteilnehmern ein Angebots- oder Nachfrageüberschuss bestehen bleiben. Tritt dieser Fall ein, gleichen sich also Devisenangebot und Devisennachfrage der Außenhändler und Kapitaldisponenten nicht aus, dann gilt

(11.3)    Außenbeitrag + Nettokapitalimport    < oder >    0

Das heißt, der Devisenbilanzsaldo ist positiv (Devisenbilanzüberschuss) bzw. negativ (Devisenbilanzdefizit). In Abbildung 11.1 treten diese Situationen bei einem Wechselkurs oberhalb bzw. unterhalb von $w^*$ auf. Die Zentralbank kauft dann (mit heimischer Währung) die „überschüssigen" Devisen auf bzw. gibt die „fehlenden" Devisen (gegen heimische Währung) an den Markt ab. Dadurch vermeidet sie eine Aufwertung bzw. Abwertung der Inlandswährung. Gleichzeitig kommt es im Umfang der Interventionsmasse zu einer Erhöhung bzw. Verminderung ihrer Währungsreserven.

Die als Transaktionspartner der Zentralbank fungierenden Geschäftsbanken verzeichnen entsprechend eine Zunahme bzw. Abnahme ihrer - auf Zentralbankkonten gehaltenen - Überschussreserven (in heimischer Währung). Sie erhalten damit die Möglichkeit für eine (zusätzliche) Ausdehnung ihres Kreditvolumens bzw. werden in ihren Kreditvergabemöglichkeiten eingeschränkt. In der Folge wird die inländische Geldmenge expansiv bzw. kontraktiv beeinflusst.

Mit diesen Betrachtungen haben wir die Kernproblematik eines Systems fester Wechselkurse skizziert. Sie liegt darin, dass Interventionen zur Stabilisierung des Wechselkurses - zu denen die Zentralbank in einem solchen System verpflichtet ist - die Entwicklung der inländischen Geldmenge beeinflussen können. Wir werden diesen Zusammenhang noch eingehend erörtern. Zuvor werden wir jedoch nochmals genau nachvollziehen, über welche Stationen die durch grenzüberschreitende Geschäfte ausgelösten Devisenströme die *Währungsreserven* der Zentralbank bzw. die *Überschussreserven* des Geschäftsbankensystems erreichen.

Die Vorgänge lassen sich aus den Bilanzen der beteiligten Banken ablesen. Unterstellen wir in einem Beispiel eine Warenlieferung von Deutschland in die USA mit einem Rechnungsbetrag von 100 Mio. US-$. Wenn der inländische Exporteur über kein eigenes Dollarkonto verfügt, schaltet er seine Bank ein, die ein Konto bei ihrer amerikanischen Korrespondenzbank unterhält. Wir nehmen an, dass die amerikanische Bank gleichzeitig die Hausbank des US-Importeurs ist und bezeichnen sie als Bank A. Die Bank des inländischen Exporteurs sei Bank B. Bei einem Eurokurs von 1,60 US-$ ergeben sich nach der Überweisung folgende Buchungen.

- Bank A (USA):
  Das Guthaben des US-Importeurs nimmt um 100 Mio. US-$ ab; das Guthaben von Bank B nimmt um 100 Mio. US-$ zu.
  Aus der Sicht von Bank A ist dies ein Passivtausch.

- Bank B (Eurogebiet):
  Das Guthaben bei Bank A nimmt um 62,5 Mio. Euro zu; das Guthaben des inländischen Exporteurs nimmt um 62,5 Mio. Euro zu.
  Aus der Sicht von Bank B nehmen Forderungen und Verbindlichkeiten zu.

Offenbar schlägt sich der Devisenstrom von 100 Mio. US-$ in einem US-$-Guthaben der inländischen Bank B bei der US-Bank A nieder. Die Gutschrift des in Euro umgerechneten Betrages erhöht das (Sicht-) Guthaben des inländischen Exporteurs und bedeutet insofern eine Erhöhung der Euro-Geldmenge. Das Girokonto des amerikanischen Importeurs wird dagegen belastet, so dass dadurch - isoliert betrachtet - die Geldmenge in den USA sinkt.[54]

Wenn nun die inländische Bank B keinen Kunden hat, der ihren Dollarbestand für Importe aus den USA oder Kapitalanlagen in US-Dollar benötigt und die Bank auch selbst keine lukrative Verwendung dafür sieht, wird sie den US-$-Betrag am *Devisenmarkt* anbieten. Angenommen der Erwerber dieser US-$ sei eine andere inländische Bank C, so erfolgt die Euro-Verrechnung in der Weise, dass das Euro-Konto von Bank C belastet und der Betrag dem Euro-Konto von Bank B gutgeschrieben wird.

Der Dollarverkauf führt also bei der US-Bank A lediglich zu einer Umbuchung des US-$-Betrages vom Konto der Bank B auf das Konto der Bank C. Im Inland kommt es, wenn die Transaktion der Banken B und C über ihre Konten bei der Zentralbank abgewickelt wird, zu einem Austausch von Zent-

---

[54]  Dass die aufgrund dieses Zahlungsstroms bewirkte Zu- bzw. Abnahme der Geldmenge *keine* fundamentale Änderung der monetären Situation in den beiden Ländern bedeutet, wird im Folgenden deutlich werden.

ralbankguthaben. Die Überschussreserven der Bank B steigen und die der Bank C sinken.

Führen wir das Beispiel fort und nehmen wir an, die Bank C fände auf dem Devisenmarkt *keinen* Abnehmer für ihren Dollarbestand. Es drohte dann durch das Überangebot an US-$ ein Absinken des Dollarkurses. Um eine Euro-Aufwertung zu verhindern, kaufe nun die *Europäische Zentralbank* die „überschüssigen" US-$ an, wodurch ihre Währungsreserven zunehmen.

Durch den US-$-Ankauf der Zentralbank wird die *Liquidität des inländischen Geschäftsbankensystems* erhöht, genauer: die Menge an Zentralbankgeld, über das die inländischen Banken in Form von Überschussreserven verfügen. Die inländischen Geschäftsbanken können daraufhin ihr Kreditvolumen ausdehnen, was sich in einem Zuwachs des Geldvolumens niederschlägt. Der Zusammenhang zwischen Überschussreserven und Kreditvergabe erklärt sich dadurch, dass eine Kreditausweitung den Rückgriff auf Zentralbankgeld in Form von Überschussreserven erforderlich macht. Denn nur so kann der mit der Kreditvergabe verbundene Bedarf an Bargeld gedeckt sowie die auf Bankeinlagen bestehende Mindestreservepflicht erfüllt werden.

Bei der US-amerikanischen Bank hat wiederum lediglich der Inhaber des Dollar-Guthabens gewechselt. Aus Rentabilitätsgründen wird die Europäische Zentralbank die ihren Währungsreserven hinzugefügten US-$ vielleicht weiterhin im amerikanischen Geschäftsbankensystem belassen. Es kann aber auch sein, dass sie es vorzieht, ihr Dollar-Guthaben bei der amerikanischen Notenbank zu halten.

Durch die Übertragung des Dollarbestandes der Europäischen Zentralbank von Bank A auf die Federal Reserve Bank verschlechtert sich die Liquiditätsausstattung des amerikanischen Geschäftsbankensystems: Den Geschäftsbanken wird Zentralbankgeld entzogen, wodurch das Kredit- und Geldvolumen in den USA kontraktiv beeinflusst wird.

*Fazit 11.4:*     *Transaktionen der Geschäftsbanken mit inländischen Nichtbanken führen zu Änderungen der Geldmenge innerhalb des von der Zentralbank vorgegebenen Geldschöpfungspotentials. Nur wenn die Zentralbank als Transaktionspartner der inländischen Geschäftsbanken (und Nichtbanken) auftritt ändert sich die inländische Geldmenge.*

Die Problematik, inwieweit die interventionsbedingte Veränderung (hier: Erhöhung) der Währungsreserven im Inland eine Änderung der Geldmenge (in Händen der inländischen Nichtbanken) bewirken kann, wird üblicherweise im Rahmen des *Geldbasis-Konzepts* erörtert.

Die monetäre Basis ist ein Geldaggregat, das der in einer Volkswirtschaft vorhandenen Menge an *Zentralbankgeld* entspricht. Die „Entstehung" der monetären Basis ist deshalb aus der Aktivseite der Zentralbankbilanz ersichtlich, so wie wir es in Kapitel 8.2 dargestellt haben.

Die Geldbasis bzw. das durch sie gemessene Zentralbankgeld resultiert aus

- dem Ankauf von Devisen durch die Zentralbank,
- den Zentralbankkrediten an Geschäftsbanken sowie
- (ggf.) der Nettoverschuldung des Staates bei der Zentralbank.

Die beiden letztgenannten Entstehungsfaktoren kann man zur *heimischen Komponente* der monetären Basis zusammenfassen. Man sieht, dass die Geldbasis vom Umfang der heimischen, also einer der Kontrolle der Zentralbank unterliegenden, Komponente abhängt. In offenen Volkswirtschaften kommt aber eine *internationale Komponente* in Gestalt der Währungsreserven hinzu, welche die - bei fest vereinbarten Wechselkursen von der Zentralbank nicht zu kontrollierende - Zahlungsbilanzentwicklung widerspiegelt.

Der Ankauf von Devisen durch die Geschäftsbanken führt also *unmittelbar* zu einer Erhöhung der inländischen Geldmenge. Wir hatten diesen Aspekt im Zusammenhang mit dem Beispiel eines Warenexports in die USA erkannt und dabei darauf hingewiesen, dass dies keine fundamentale Änderung der monetären Gesamtsituation bedeutet. Der Grund für dieses Urteil liegt darin, dass der Erwerb von Auslandsaktiva durch die Geschäftsbanken genauso wie eine Kreditvergabe einen *Bedarf* an Zentralbankgeld auslöst. Dieser ergibt sich aus dem zusätzlichen Bargeldumlauf sowie der Mindestreservepflicht auf die Einlagen der Nichtbanken.

Im Ergebnis sinken also die Überschussreserven der Kreditinstitute. Betrachtet man nur den bei der ankaufenden Bank eintretenden Anfangseffekt, so benötigt diese sofort Überschussreserven im vollen Gegenwert des Devisenbetrages. Denn die Bank muss damit rechnen, dass der Verkäufer der Devisen in vollem Umfang über den erhaltenen Gegenwert in inländischer Währung verfügt. Das bedeutet, dass der Ankauf von Devisen durch Kreditinstitute *keine zusätzliche* Erhöhung der Geldmenge bewirkt. Vielmehr verengt sich dadurch der Liquiditätsspielraum der Geschäftsbanken für alternative Arten der Geldschaffung, z. B. auf dem Wege der Kreditvergabe.[55]

Kreditinstitute können ihrerseits den von ihnen erworbenen Devisenbestand an die Zentralbank verkaufen. Dadurch werden die Überschussreserven wieder „aufgefüllt", und entsprechend steigt ihre Fähigkeit zur Schaffung von Geschäftsbankengeld auf das ursprüngliche Niveau. Das heißt, dass die durch den Devisen*an*kauf der Geschäftsbanken bewirkte Geldmengenexpansion

---

[55] Bei vollständiger Auslastung des Geldschöpfungsmultiplikators entspricht der Rückgang der Überschussreserven im gesamten *Geschäftsbankensystem* ebenfalls dem Betrag der ursprünglich angekauften Devisen. Dies folgt aus der Tatsache, dass der Geldschöpfungsprozess dann sein Ende findet, wenn die für den Devisenankauf aufgewendeten Überschussreserven vollständig in Bargeld und Mindestreserve gebunden sind.

erst durch den anschließenden Devisen*ver*kauf an die Zentralbank zu einer *zu-sätzlichen* Geldmengenausweitung führt.

Verallgemeinernd kann man sagen: Transaktionen der Geschäftsbanken mit inländischen Nichtbanken führen zu Änderungen der Geldmenge *inner-halb* des von der Zentralbank vorgegebenen Geldschöpfungspotentials. An-ders ist es, wenn die *Zentralbank als Transaktionspartner* der inländischen Ge-schäftsbanken (und Nichtbanken) auftritt. In diesem Fall ändert sich der *Umfang* des Geldschöpfungspotentials und damit das maximal mögliche Geldvolumen in einer Volkswirtschaft.

*Fazit 11.5:*    *Die beschriebenen Beziehungen führen dazu, dass in einem System fes-ter Wechselkurse die Kontrolle über die inländische Geldmengenent-wicklung ständig gefährdet ist. Feste Wechselkurse bedeuten, dass der Zahlungsbilanzausgleichsmechanismus flexibler Wechselkurse außer Kraft gesetzt wird.*

Das heißt, die Devisenbilanz wird normalerweise einen positiven oder einen negativen Saldo aufweisen. Daraufhin *muss* die Zentralbank, um den Wechsel-kurs stabil zu halten, intervenieren: Sie *muss* ein eventuelles Überangebot an Devisen zu dem festgelegten Kurs ankaufen bzw. eine eventuelle Übernach-frage nach Devisen durch eine entsprechende Devisenabgabe decken. Da-durch ändern sich die Währungsreserven sowie (ceteris paribus) die inländi-sche Geldbasis und damit das Geldangebot.

Um einer solchen - außenwirtschaftlich bewirkten - Änderung des Geldan-gebots entgegenzuwirken, bleibt der Zentralbank die Möglichkeit, die *heimische Komponente* der Geldbasis „anzupassen": Durch den Einsatz ihres geldpoliti-schen Instrumentariums kann die Zentralbank z. B. versuchen, das durch den Devisenankauf entstandene „Zuviel" an Geld wieder abzuschöpfen und so den Einfluss von Devisenbewegungen auf die Geldbasis zu „neutralisieren". Man bezeichnet eine derart motivierte Geldpolitik deshalb auch als *Neutrali-sierungspolitik.* Eine „erfolgreiche" Neutralisierungspolitik bedeutet, dass es der Zentralbank gelingt, die Änderung der Währungsreserven durch eine gegen-läufige Änderung der heimischen Komponente genau auszugleichen. Mit steigendem Volumen und zunehmender Volatilität der Devisenbewegungen wird diese Aufgabe indes immer schwieriger.

Die Kontrolle der Geldmengenexpansion wird letztlich auch dadurch er-schwert, dass die Neutralisierungspolitik oftmals die oben erwähnten freien Liquiditätsreserven der Geschäftsbanken unverändert lässt. Dies ist z. B. der Fall, wenn die Kreditinstitute dazu veranlasst werden, einen interventionsbe-dingten Zustrom an Zentralbankgeld dafür zu verwenden, um Refinanzie-rungskredite der Zentralbank zurückzuzahlen oder von der Zentralbank Geldmarktpapiere zu erwerben. Dadurch verringern sich zwar die Über-schussreserven der Banken, andererseits steigt jedoch ihr Bestand an zentralbankfähigen Aktiva. Ein größerer Bestand an Geldmarktpapieren ist, soweit seitens der Zentralbank eine Ankaufszusage besteht, als potentielles Zentralbankgeld zu betrachten. Aus dieser Position der Sicherheit heraus kann für die Banken durchaus ein Anreiz zu verstärkter Kreditvergabe bzw. Geldschaffung entstehen.

Welche *Konsequenzen* hat es nun, wenn im System fester Wechselkurse die Neutralisierungspolitik nicht erfolgreich ist oder gar nicht erst versucht wird? Es kommt dann zu Änderungen der monetären Basis. Ausgehend von einem Devisenbilanzüberschuss (Überschussangebot an Devisen) wird das inländische Geldangebot steigen. Als Folge sinken *erstens* die Zinsen. Davon gehen *zweitens* expansive Impulse auf das reale Inlandsprodukt (Volkseinkommen) aus. *Drittens* tendieren dabei auch die Preise nach oben. Alles zusammen führt normalerweise zu einer Verminderung des Außenbeitrags ebenso wie zu verstärkten Nettokapitalexporten bzw. rückläufigen Nettokapitalimporten. Auf Dauer wird somit das ursprüngliche Überschussangebot am Devisenmarkt auch ohne gezielte wirtschaftspolitische Maßnahmen beseitigt, indem sich die inländischen Parameter Einkommen, Preise und Zinsen anpassen. Der gleiche Zusammenhang gilt mit umgekehrtem Vorzeichen für den Fall eines Devisenbilanzdefizits (Überschussnachfrage nach Devisen): Das Geldangebot sinkt und in der Folge steigen die Zinsen; Inlandsprodukt und Preise werden kontraktiv beeinflusst. Diesen Zusammenhang bezeichnet man auch als *Geldmengenmechanismus*.

Im *System flexibler Wechselkurse* verlaufen die Anpassungsmechanismen indes genau entgegengesetzt. Bei einem Überschussangebot an Devisen kommt es zu einer Aufwertung der heimischen Währung. Die dadurch im Normalfall bewirkte Verschlechterung des Außenbeitrags führt zum Ausgleich der Devisenbilanz.[56] Gleichzeitig entsteht aber ein kontraktiver Effekt auf das Inlandsprodukt und die Preise des Inlands. Entsprechend bewirkt eine Überschussnachfrage nach Devisen eine Abwertung der heimischen Währung. Davon gehen - über eine Verbesserung des Außenbeitrags - expansive Impulse auf das Inlandsprodukt und die Preise des Inlands aus, während der Devisenmarkt ins Gleichgewicht gebracht wird.

Anhand dieser Überlegungen können wir jetzt den *zentralen Unterschied* zwischen einem System fester und einem System flexibler Wechselkurse präzisieren. Er besteht darin, dass der bei flexiblen Kursen automatisch sichergestellte Ausgleich der Devisenbilanz das heimische Geldangebot von Auslandseinflüssen isoliert.[57] Andererseits bewirkt die Wechselkursänderung eine Anpas-

---

[56] Wie bereits erwähnt gilt dieser Mechanismus in der Praxis vermutlich nur auf längere Sicht. Der kurzfristige Ausgleich wird durch stabilisierende Kapitalbewegungen bewirkt.

[57] Genau genommen bleibt bei flexiblen Kursen die Geldbasis unbeeinflusst.

sung des Außenbeitrags und dadurch eine *Verschiebung* der Güternachfrage. Daraus resultieren normalerweise sowohl Effekte auf das reale Einkommen als auch auf das Preisniveau.

## 11.5    Currency Board-System

Das Currency Board-System ist eine spezielle mechanistische Form des Systems fester Wechselkurse. Es wird häufig von Weichwährungsländern gewählt, die die Solidität ihrer Geldpolitik international deutlich machen möchten. Beispiele hierfür sind etwa Argentinien, das vor dem Hintergrund einer Hyperinflation 1991 ein Currency Board-System einführte, oder Estland und Lettland, die nach der staatlichen Unabhängigkeit über keine geldpolitische Erfahrung verfügten. Zurzeit existiert ein Euro-basiertes Currency Board-System in Bosnien-Herzegowina.

In diesem System wird von einer Zentralbankgeld emittierenden Behörde (Currency Board) ein Wechselkurs gegenüber einer bestimmten Fremdwährung (Ankerwährung) bekannt gegeben. Zu diesem Festkurs verkauft das Currency Board dann heimische Währung (Zentralbankgeld) gegen Hereinnahme der Ankerwährung an die Geschäftsbanken. Das heißt, neues Zentralbankgeld gelangt nur im Austausch gegen die Ankerwährung in das Bankensystem. Jegliche Geldbeschaffung über den Erwerb von Inlands-Aktiva ist dem Currency Board gesetzlich untersagt. Die monetäre Basis ist deshalb (bei dieser idealtypischen Form eines Currency Board-Systems) in vollem Umfang durch Währungsreserven gedeckt. In der Realität ist sicherlich auch eine Teildeckung vorstellbar. Die Zentralbankgeld ausgebende Behörde muss nicht unbedingt die Zentralbank selbst sein. Die Hauptfunktion des Currency Board ist ohnehin automatisiert und durch rechtliche Regeln festgelegt.

Das mit der Installation eines Currency Board verfolgte Ziel besteht im Wesentlichen darin, die Glaubwürdigkeit der Geldstabilität aus dem Land der Ankerwährung zu importieren. Der Regierung bzw. Notenbank des Currency Board-Landes steht nach der Einführung dieses Systems die Option einer inflationstreibenden expansiven Geld- oder Fiskalpolitik nicht mehr offen: Die Geldschöpfung ist auf das Volumen der verfügbaren, von dem Land über Güterexporte verdienten oder als Kapitalimporte angezogenen, Ankerwährung begrenzt. Da das Currency Board keine Schuldtitel des Staates erwerben kann, ist insbesondere eine Monetisierung staatlicher Budgetdefizite - typischerweise eine Hauptursache von Inflation und Abwertung - ausgeschlossen.

Neben den Schranken, die der Geld- und Fiskalpolitik dadurch auferlegt sind, besteht ein weiterer großer Vorteil des Currency Board-Systems darin, dass der Zentralbank bzw. dem Currency Board bei einem spekulativen Angriff auf die Inlandswährung niemals die (Fremd-)Währungsreserven ausgehen können. Wenn Spekulanten die heimische Währung anbieten und Devisen nachfragen, geht die inländische Geldmenge zurück. Die Geschäftsbanken müssen, um das notwendige Zentralbankgeld für den Ankauf der Devisen vom Currency Board zu generieren, ihre Kreditvergabe einschränken bzw. Kredite kündigen. Bei einer vollständigen Devisendeckung der Geldbasis bzw. der Zentralbankgeldmenge sind die Devisenreserven des Currency Board erst erschöpft, wenn die inländische Geldmenge auf Null gesunken ist.

Das Currency Board-System hat aber auch Nachteile. Die Kehrseite des beschränkten geld- und fiskalpolitischen Handlungsspielraums besteht darin, dass das Currency Board den Geschäftsbanken nicht nach Bedarf Zentralbankgeld zur Verfügung stellen kann. Denn dadurch würde die Geldbasis zumindest vorübergehend über die von den Währungsreserven gesetzte Grenze hinaus ansteigen. Da die Bankensysteme von Entwicklungs- oder Schwellenländern erfahrungsgemäß anfällig für Vertrauenskrisen sind - und damit auch für einen Run auf die Banken, kann in solchen Fällen die Regierung unter Druck geraten, eine durch das Currency Board realisierte Wechselkursbindung an die Ankerwährung aufzugeben. Die Folge ist dann eine (meist sehr deutliche) Abwertung der heimischen Währung und ein Anstieg der Inlandszinsen.

Da als Ankerwährung meist, je nach Region, der US-Dollar oder der Euro gewählt werden, bezeichnet man diese Politik auch als Dollarisierung oder Euroisierung. Wenn ein Land vollkommen auf eine eigene Währung verzichtet und stattdessen zum Beispiel den US-Dollar oder den Euro verwendet, unterwirft es sich vollkommen der Geldpolitik des betreffenden Währungsraums. Die Geldversorgung des Landes erfolgt dann durch die US-amerikanische oder die Europäische Zentralbank.

So haben in Europa etwa die Regierungen von Andorra und Montenegro den Euro einseitig zum gesetzlichen Zahlungsmittel erklärt. In Monaco, San Marino sowie im Vatikanstaat ist der Euro aufgrund bilateraler Vereinbarungen offizielle Währung. Ecuador hat während seiner Finanzkrise 1999/2000 die heimische Währung abgeschafft und den US-Dollar als gesetzliches Zahlungsmittel etabliert. Dieser vollständige Verzicht auf geldpolitische Souveränität scheint durchaus geeignet, bei einer Weichwährung auf Stabilität hinzuwirken.

Dass dieses Instrument allerdings erhebliche Risiken birgt, zeigte die Argentinienkrise. Argentinien führte 1991 ein Currency Board mit einem festgelegten Wechselkurs zum US-Dollar von 1:1 ein und etablierte später auch den US-Dollar als gesetzliches Zahlungsmittel. Es gelang dadurch, die argentinische Inflationsrate innerhalb von sechs Jahren von 172 % auf 0,2 % zurückzuführen. Gleichzeitig stieg jedoch die Arbeitslosenquote von 6,3 % um 16,3 %. Gerade in einem politisch instabilen Entwicklungs- oder Schwellenland ist ein solcher extrem stabilitätsorientierter Kurs auf die Dauer politisch kaum durchzuhalten.

*Fazit 11.6:*   *Ein Currency Board bedeutet den vollständigen Verzicht auf geldpolitische Souveränität. Dieses System ist geeignet, um den Stabilitätswillen eines Landes nach außen zu signalisieren. Es bringt allerdings erhebliche innenpolitische Risiken mit sich.*

## Aufgaben zu Kapitel 11

11.1 Wann spricht man von einer erfolgreichen Neutralisierungspolitik? Welche Folgen hat es, wenn im System fester Wechselkurse keine Neutralisierungspolitik betrieben wird?

11.2 Was versteht man unter dem Zahlungsbilanzausgleichsmechanismus? Welche Rolle spielen dabei internationale Kapitalbewegungen?

11.3 Was versteht man unter destabilisierender Spekulation?

# 12    Wirtschaftspolitik bei festen und flexiblen Wechselkursen

Kapitel 12 befasst sich mit der Effektivität und den grenzüberschreitenden Wirkungen der Wirtschaftspolitik. Nach der Analyse der einzelnen Politikbereiche werden in Kapitel 12.5 Konflikte betrachtet, die bei festen Wechselkursen zwischen binnen- und außenwirtschaftlichen Zielen auftreten können. Kapitel 12.6 vergleicht die Eignung der verschiedenen Wechselkursregimes. Dabei werden auch die wesentlichen Eigenschaften einer Währungsunion diskutiert.

## 12.1    Außenwirtschaftliche Komponenten im keynesianischen Modell

Auf der Basis der bisher behandelten grundlegenden Zusammenhänge wenden wir uns nun einer eingehenderen Analyse wirtschaftspolitischer Maßnahmen in offenen Volkswirtschaften zu. Dabei beschränken wir uns auf den Fall des *kleinen Landes*: Ein kleines Land unterliegt einerseits ganz massiv dem Einfluss der internationalen Wirtschaftsentwicklung. Andererseits gehen von der Binnenwirtschaft des kleinen Landes selbst keine fühlbaren Wirkungen auf das Ausland aus. Bei der Analyse wirtschaftspolitischer Maßnahmen des kleinen Landes müssen deshalb auch keine dadurch eventuell ausgelösten Rückwirkungen aus dem Ausland einbezogen werden.

Wir können dabei auf die im fünften Kapitel dargestellte Analyse der Bedingungen eines gesamtwirtschaftlichen Gleichgewichts zurückgreifen, indem wir diese durch die außenwirtschaftlichen Komponenten erweitern. Die außenwirtschaftlichen Nachfragekomponenten beeinflussen die Lage der IS-Kurve. Eine Erhöhung der Exporte - beispielsweise durch einen Einkommensanstieg im Ausland - verschiebt die Kurve des Gütermarktgleichgewichts im IS-LM-Modell nach rechts. Eine Rechtsverschiebung der IS-Kurve resultiert auch aus einer Abwertung der Inlandswährung. Der Rückgang des Wechselkurses senkt die terms of trade und erhöht damit die Differenz zwischen Exporten und Importen. Exogene Nachfrageimpulse bewirken hingegen eine geringere Verschiebung der IS-Kurve und schränken beispielsweise die Effizienz fiskalpolitischer Maßnahmen ein. Die Einkommenserhöhung, die durch den exogenen Nachfrageimpuls ausgelöst wird, erzeugt zugleich eine zusätzliche Nachfrage nach ausländischen Gütern und führt demzufolge zu einem inländischen Nachfrageausfall.

Internationale Kapitalbewegungen resultieren aus dem An- bzw. Verkauf von international gehandelten Vermögenstiteln. Die Aufteilung eines Vermögensbestandes auf in- und ausländische Vermögensarten hängt aus Sicht der Anleger wesentlich von den Zinsdifferenzen zwischen Inland und Ausland ab. Je höher die im Inland zu erzielende Rendite ist, desto geringer wird die Bereitschaft inländischer Anleger sein, Kapital im Ausland anzulegen, und desto breiter ist zugleich der Kapitalzufluss aus dem Ausland.

Die Anlageentscheidungen hängen aber nicht nur von den Renditeunterschieden ab, sondern bei Vermögenstiteln, die in unterschiedlichen Währungen denominiert sind sowie von der erwarteten Wechselkursentwicklung während des gewünschten Anlagezeitraums. Bei einer Vermögensanlage in Fremdwährungen unterliegen sowohl das eingesetzte Kapital als auch mögliche Dividenden- bzw. Zinszahlungen während der Anlagedauer einem Wechselkursänderungsrisiko. Bei einer Abwertung der Fremdwährung reduziert sich aus Sicht eines inländischen Anlegers die Rendite und umgekehrt.

Bestehen keine Erwartungen über Wechselkursänderungen, kann man bei einem vorgegebenen ausländischen Zinsniveau $i^a$ davon ausgehen, dass der nominale Nettokapitalimport NK (Saldo der Kapitalbilanz) mit dem inländischen Zinsniveau steigt:

$$(12.1) \quad NK = NK(i) \text{ mit } \frac{\partial NK}{\partial i} > 0$$

Die Zinsreagibilität internationaler Kapitalbewegungen hängt vom Substitutionsgrad zwischen den in- und ausländischen Vermögenstiteln ab. Sind die in- und ausländischen Vermögenstitel (wie beispielsweise Staatsanleihen) vollständige Substitute und existieren keine Wechselkursänderungserwartungen, existiert nur ein Markt für Vermögenstitel. Auf diesem Markt etabliert sich dann ein einheitlicher Kurs und damit eine einheitliche Verzinsung für Vermögenstitel mit den gleichen Ausstattungsmerkmalen, aber unterschiedlicher Währungsdenominierung. Passen sich die Vermögensmärkte bei auftretenden Ungleichgewichten sehr schnell wieder an ihre Gleichgewichtskonstellationen an, haben Zinsdifferenzen zwischen In- und Ausland keinen dauerhaften Bestand. Bei Betrachtung eines kleinen Landes folgt außerdem, dass das inländische Zinsniveau durch das exogen gegebene Zinsniveau im Ausland bestimmt ist ($i = i^a$).

Sind die in- und ausländischen Vermögenstitel hingegen unvollständige Substitute, weil sie aus Sicht der Marktteilnehmer beispielsweise unterschiedliche Risiken aufweisen, können sich dauerhafte Zinsdifferenzen zwischen In- und Ausland ergeben. Verbleibende Zinsunterschiede lassen sich aber nicht nur mit einer unvollständigen Substitution zwischen den Vermögenstiteln begründen, sondern können auch das Ergebnis einer mangelnden Kapitalmobilität sein, die aus vorhandenen Kapitalverkehrsbeschränkungen resultiert.

Wenn wir den im elften Kapitel dargestellten Zusammenhang zwischen dem Saldo der Leistungsbilanz und dem Saldo der Kapitalbilanz als Gleichung schreiben, ergibt sich für den Devisenbilanzsaldo Z:

$$(12.2) \quad Z = P \: Ex \: (Y^a, t) - w \: P^a \: Im \: (Y, t) + NK \: (i)$$

In dieser Form kann man das Zahlungsbilanzgleichgewicht als dritte Gleichgewichtsbedingung in das IS-LM-System aufgenehmen. Ob überhaupt ein Zahlungsbilanzungleichgewicht - also ein Devisenbilanzsaldo - entsteht, hängt allerdings von der Ausgestaltung des Wechselkurssystems ab.

Wir haben im elften Kapitel dargestellt, dass die beteiligten Zentralbanken in einem System fester Wechselkurse verpflichtet sind, die vereinbarten Wechselkurse durch Interventionen auf den Devisenmärkten abzusichern. Bei Devisenmarktinterventionen der inländischen Notenbank entstehen Salden in der Devisenbilanz, die sich in einer Zu- oder Abnahme der Währungsreserven der Notenbank niederschlagen. Vorhandene Devisenreserven sind zugleich eine Entstehungskomponente der inländischen Zentralbankgeldmenge. Der Ankauf von Fremdwährung erhöht die inländische Geldmenge, die Abgabe von Devisen reduziert die inländische Geldmenge. Salden in der Devisenbilanz verändern somit unmittelbar die inländische Geldversorgung.

In einem System flexibler Wechselkurse passt sich der Wechselkurs so lange an, bis sich Leistungsbilanzsaldo und Kapitalbilanzsaldo gerade ausgleichen. Mit anderen Worten, der Devisenbilanzsaldo verschwindet.

Die Zahlungsbilanz kann nun als zusätzliche Kurve in das IS-LM-System integriert werden. Die ZZ-Kurve des Zahlungsbilanzgleichgewichts charakterisiert alle (Y,i)-Kombinationen, bei denen der Devisenbilanzsaldo null ist. Nach dem Grad der Kapitalsubstitution lassen sich wiederum zwei Konstellationen unterscheiden.

Bei unvollkommener Kapitalmobilität kann sich das inländische Zinsniveau teilweise von der Zinsentwicklung im Ausland lösen. Damit wird der Zins zu einer endogenen Variable, und die ZZ-Kurve des Zahlungsbilanzgleichgewichts hat eine positive Steigung. Sie kann generell steiler oder flacher als die LM-Kurve des Geldmarktgleichgewichts verlaufen. Man kann davon ausgehen, dass die Zinsreagibilität auf realen Märkten hoch ist. Deshalb wird im Folgenden unterstellt, dass der Neigungsgrad der ZZ-Kurve geringer ausfällt als die Steigung der LM-Kurve. Dies ist dann gewährleistet, wenn die Kapitalströme eine hinreichende Zinselastizität aufweisen. Je höher die Zinsreagibilität ausfällt, desto kleiner ist die Steigung der ZZ-Kurve und umgekehrt.

**Abbildung 12.1: Zahlungsbilanzgleichgewichte bei unvollkommener Kapital-substitution**

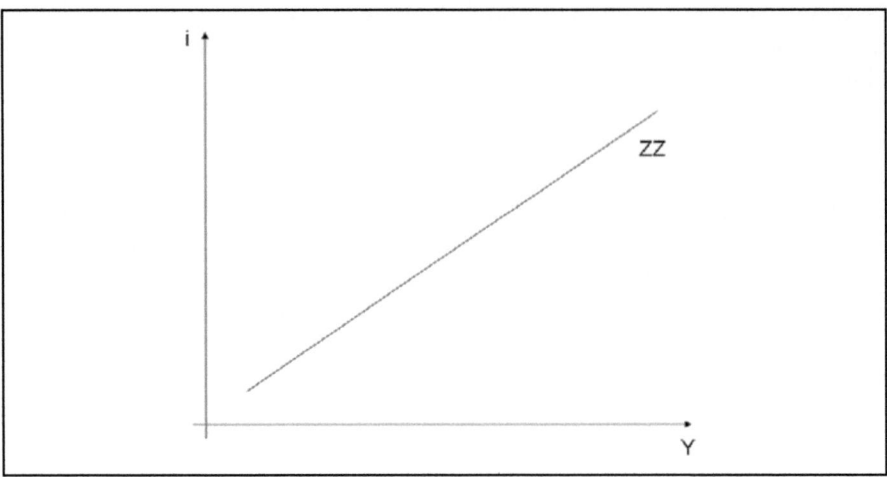

Alle Punkte auf der ZZ-Kurve stellen ein außenwirtschaftliches (externes) Gleichgewicht der Volkswirtschaft sicher. Dagegen garantiert lediglich eine einzige Kombination von Zinssatz und Einkommen, nämlich der Schnittpunkt von IS- und LM-Kurve, das inländische (interne) Gleichgewicht. Ein simultanes gesamtwirtschaftliches Gleichgewicht liegt nur vor, wenn der Schnittpunkt von IS- und LM-Kurve mit einem Punkt auf der ZZ-Kurve zusammenfällt und sich damit die drei Kurven in einem Punkt schneiden.

**Abbildung 12.2: Gesamtwirtschaftliches Gleichgewicht bei unvollkommener Kapitalsubstitution**

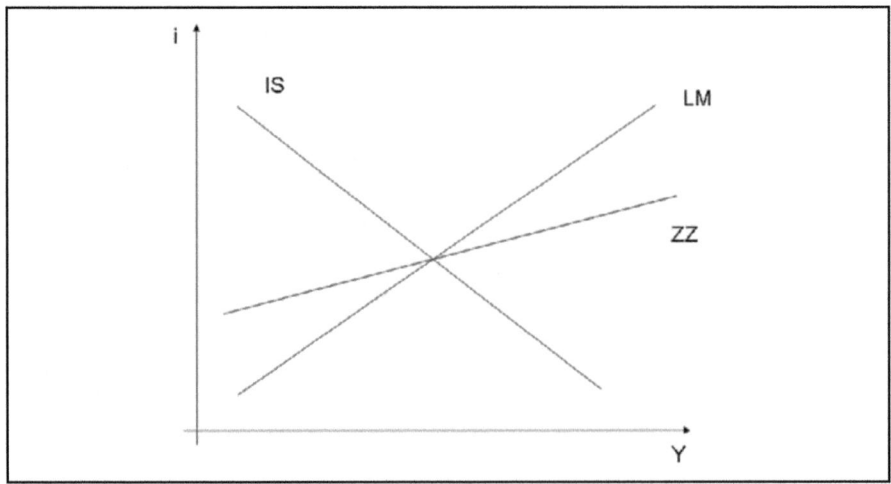

Fallen internes und externes Gleichgewicht auseinander, werden über die Zahlungsbilanz immer Anpassungsprozesses ausgelöst, die das gesamtwirtschaftliche Gleichgewicht wieder herstellen. In Abbildung 12.3 gibt $Y_1$ das interne Gleichgewicht, $Y_2$ das externe Gleichgewicht wieder. Das Bild zeigt, dass die binnenwirtschaftliche Nachfrage $Y_1$ zu gering ist, um ein außenwirtschaftliches Gleichgewicht zu erhalten. Die Folge ist ein Exportüberschuss.

**Abbildung 12.3: Internes und externes Gleichgewicht**

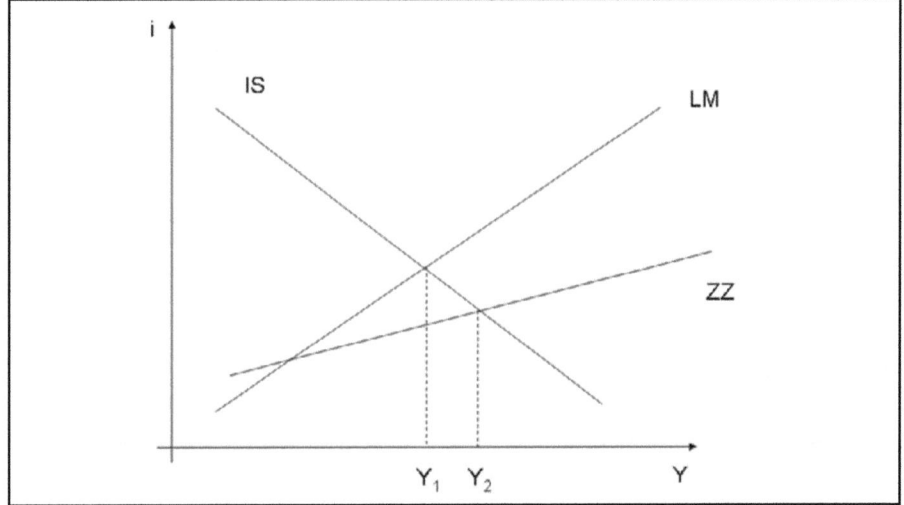

Die Anpassungsprozesse sind dabei von der Ausgestaltung des Wechselkurssystems abhängig. Im IS-LM-Diagramm lassen sich zwei Mechanismen unterscheiden. Befindet sich die Zahlungsbilanz in einem System fester Wechselkurse im Ungleichgewicht, gerät der Wechselkurs unter Druck und die Notenbanken müssen an den Devisenmärkten intervenieren. Folglich ändert sich die inländische Geldmenge und damit auch die Lage der LM-Kurve.

Interveniert die Notenbank bei einem Zahlungsbilanzüberschuss zugunsten der Fremdwährung, um eine Aufwertung der Inlandswährung zu verhindern, so erhöht sie das Geldangebot und verschiebt die LM-Kurve nach rechts. IS- und ZZ-Kurve bleiben durch die Devisenmarktinterventionen unberührt.

Ist die Zahlungsbilanz im System flexibler Wechselkurse im Ungleichgewicht, reagiert der Wechselkurs und es kommt zu einer Veränderung des Leistungsbilanzsaldos. Bei unvollkommener Kapitalsubstitution beeinflusst diese Veränderung des Leistungsbilanzsaldos die Kurve des Zahlungsbilanzgleichgewichts. Bei allen Kombinationen von Zinssatz und Einkommen auf der ZZ-Kurve führt die Aufwertung zu einer Abnahme des Leistungsbilanzsaldos und damit zu einem Zahlungsbilanzdefizit. Damit die Zahlungsbilanz

wieder ins Gleichgewicht kommt, muss über Zinssteigerungen der Kapitalimport erhöht bzw. über Einkommenssenkungen die Importnachfrage zu-
rückgedrängt werden. Aus diesem Grund verschiebt sich die ZZ-Kurve des
außenwirtschaftlichen Gleichgewichts nach links oben.

**Abbildung 12.4: Anpassung des internen Gleichgewichts an das externe
Gleichgewicht bei festen Wechselkursen**

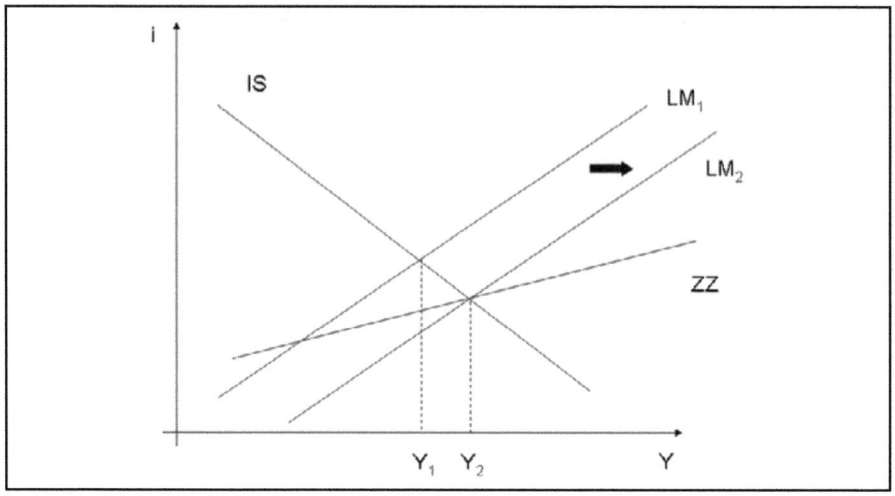

**Abbildung 12.5: Anpassung des externen Gleichgewichts an das interne
Gleichgewicht bei flexiblen Wechselkursen**

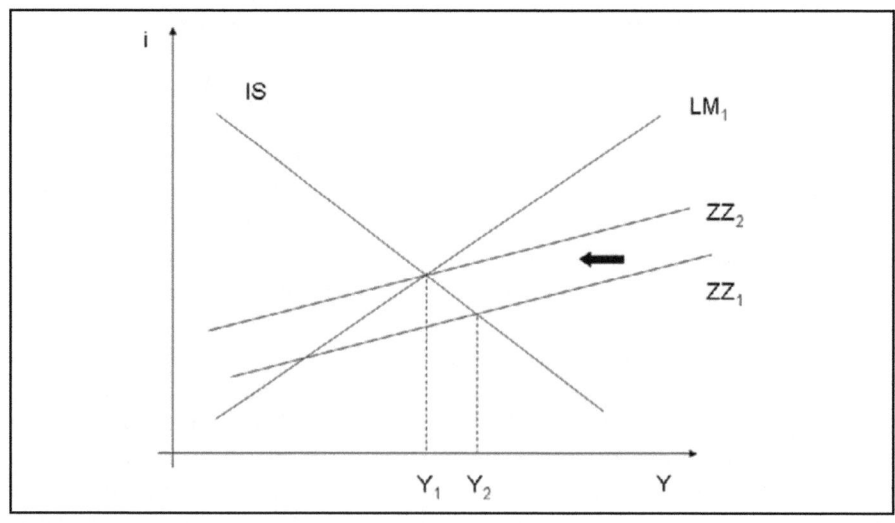

Wenn wir die Effizienz geld- und fiskalpolitischer Maßnahmen in den beiden unterschiedlichen Wechselkurssystemen analysieren, können wir auf die Darstellung im sechsten Kapitel (Abbildung 6.1) zurückgreifen.

*Fazit 12.1:*     *Bei festen Wechselkursen passt sich das binnenwirtschaftliche Gleichgewicht dem außenwirtschaftlichen an. Bei flexiblen Wechselkursen ist es umgekehrt: Das außenwirtschaftliche Gleichgewicht passt sich dem binnenwirtschaftlichen an.*

## 12.2 Effektivität der Geldpolitik

Eine expansive Geldpolitik verschiebt in einer geschlossenen Volkswirtschaft die Kurve des Geldmarktgleichgewichts. In einer offenen Volkswirtschaft mit *festen Wechselkursen* werden die ausgelösten Zinssenkungen (Liquiditätseffekt) aber durch einen sofort einsetzenden Kapitalexport verhindert. Der Kapitalexport führt zu einem Druck auf die inländische Währung und die Notenbank ist verpflichtet, zugunsten der eigenen Währung an den internationalen Devisenmärkten zu intervenieren. Die Interventionsmaßnahmen führen zu einem Rückgang der inländischen Geldmenge, so dass die originäre Geldmengenausweitung vollständig neutralisiert wird. Die Lage der LM-Kurve bleibt unverändert; geldpolitische Maßnahmen in einer offenen Volkswirtschaft mit festen Wechselkursen sind also völlig wirkungslos.

Bei *flexiblen Wechselkursen* bewirkt eine expansive Geldpolitik kurzfristig ein höheres gesamtwirtschaftliches Einkommen und einen Zinsrückgang, was zu einem Zahlungsbilanzdefizit führt. Die Notenbank muss Stützungskäufe zugunsten der eigenen Währung durchführen und neutralisiert den ursprünglich beabsichtigten expansiven Effekt der Geldpolitik. Bei vollkommener Kapitalsubstitution oder geringer Zinselastizität der Kapitalströme kann durch eine einmalige geldmengenpolitische Maßnahme keine nachhaltige Wirkung auf das Inlandsprodukt erzielt werden. Im Falle der unvollkommenen Kapitalsubstitution besteht für die Notenbank aber die Möglichkeit, das inländische Zinsniveau dauerhaft zu senken und damit Nachfrageimpulse zu setzen. Dies kann die Notenbank erreichen, wenn sie in jeder Periode Fremdwährung mit dem von ihr selbst geschaffenen Geld aufkauft und damit zahlungsbilanzbedingte Geldmengenabflüsse überkompensiert. Dieser Mechanismus setzt allerdings voraus, dass das Ausland permanent bereit ist, die Währung des Landes anzunehmen. Sind die ausländischen Marktteilnehmer dazu nicht bereit, ist die Geldpolitik auch bei einer begrenzten Kapitalsubstitution im System fester Wechselkurse unwirksam.

Diese Abläufe lassen sich schematisch folgendermaßen darstellen: Expansive geldpolitische Maßnahmen (Erhöhung des Geldangebots) führen tendenziell zu einem Devisenbilanzdefizit (DD). Umgekehrt wirken kontraktive geldpolitische Maßnahmen in Richtung eines Devisenbilanzüberschusses (DÜ). Ausschlaggebend dafür ist der *Geldmengenmechanismus*. Die entsprechenden Anpassungsreaktionen lassen sich schematisch darstellen. Ausgangspunkt sei eine Erhöhung der Geldbasis (B), bewirkt z. B. über den Ankauf von Geldmarktpapieren durch die Zentralbank:[58]

$$
\boxed{\mathbf{B}\!\uparrow} \quad \Rightarrow \quad z\downarrow \quad \Rightarrow \quad \mathrm{K}\downarrow \quad \Rightarrow \quad \boxed{\mathrm{DD}}
$$
$$
\Rightarrow \mathbf{Y_r}\!\uparrow, \mathbf{P}\!\uparrow \quad \Rightarrow \quad (X - M)\downarrow \quad \Rightarrow
$$

Die Geldbasiserhöhung senkt annahmegemäß den Zinssatz, wodurch (im Normalfall) das reale Volkseinkommen und - je nach gesamtwirtschaftlicher Kapazitätsauslastung - das Preisniveau expansiv beeinflusst werden. Die Zinssenkung schmälert ihrerseits die Kapitalimporte; der Anstieg von Einkommen und Preisen verschlechtert den Außenbeitrag. Beides wirkt zusammen in Richtung eines Defizits der Devisenbilanz (Überschussnachfrage nach Devisen).

Der weitere Verlauf ist nun vom Wechselkurssystem abhängig. In einem System *fester* Wechselkurse verkauft die Zentralbank im Rahmen ihrer Interventionspflicht Devisen zur Deckung der Überschussnachfrage, wodurch die Währungsreserven (R) sinken. Im gleichen Umfang vermindert sich die Geldbasis, es sei denn, die Zentralbank neutralisiert diesen Effekt durch eine (nochmalige) Ausweitung der heimischen Komponente. Eine dauerhaft erfolgreiche Neutralisierungspolitik würde indes letztlich zum völligen Verlust der Währungsreserven und damit international zur Illiquidität des Landes führen. Die - bei Aufgabe der Neutralisierungspolitik - zu verzeichnende Reduktion der Geldbasis lässt nun die Zinsen wieder steigen. Daraufhin geht das reale Inlandsprodukt (Volkseinkommen) zurück und das Preisniveau sinkt. Diese Entwicklung hält an, bis das Defizit in der Devisenbilanz beseitigt ist. Der Rückgang der Geldbasis ist dann genauso groß wie ihr ursprünglicher Anstieg.[59] Insgesamt kann man deshalb nun festhalten, dass geldpolitische Maßnahmen im Falle fester Wechselkurse ohne Neutralisierungspolitik längerfristig *ohne Wirkung* auf das (nominale) Inlandsprodukt (und das Zinsniveau) bleiben. Die Reaktionskette kann vereinfacht wie folgt dargestellt werden:

---

[58]  Der in der Darstellung gezeigte Anstieg von $Y^r$ und P ist als „Nettoeffekt" *nach* Berücksichtigung der Außenbeitragsverschlechterung zu interpretieren.

[59]  Vorausgesetzt wird hierbei, dass die Beziehung zwischen der Geldbasis und den Zielgrößen (Zinsen, Inlandsprodukt und Preisniveau) *stabil* ist.

o Ausgangssituation ist ein Devisenbilanzdefizit (DD)

⇨ Währungsreserven ↓

⇨ Geldbasis ↓

⇨ Zinsen ↑

⇨ reales Volkseinkommen und Preisniveau ↓

Im System *flexibler* Wechselkurse äußert sich die infolge einer expansiven Geldpolitik entstehende Übernachfrage nach Devisen in einem Anstieg des Wechselkurses (Abwertung der Inlandswährung). Daraufhin verbessert sich normalerweise der Außenbeitrag. Wir gehen vereinfachend davon aus, dass die Anpassung des Außenbeitrags *unverzögert* stattfindet, und dass die Kapitalbewegungen von der Wechselkursänderung unbeeinflusst bleiben. Der Anstieg des Außenbeitrags wird dann das ursprüngliche Devisenbilanzdefizit genau ausgleichen. Wir haben dies als *Zahlungsbilanzausgleichsmechanismus* flexibler Wechselkurse bezeichnet. Die Zunahme des Außenbeitrags wirkt gleichzeitig expansiv auf das reale Volkseinkommen und das Preisniveau.

o Ausgangssituation ist ein Devisenbilanzdefizit (DD)

⇨ Wechselkurs ↑

⇨ Außenbeitrag ↑

⇨ reales Volkseinkommen und Preisniveau ↑

Im Falle einer restriktiven Geldpolitik gelten die Zusammenhänge analog, so dass sich das folgende Fazit ergibt: Geldpolitische Maßnahmen haben bei *flexiblen* Wechselkursen im Vergleich zu festen Wechselkursen eine   *stärkere Durchschlagskraft* auf das (nominale) Inlandsprodukt. Denn sie werden durch die ausgelöste Wechselkursänderung (Abwertung bei einer expansiven, Aufwertung bei einer restriktiven Geldpolitik) unterstützt.

 Bei *festen* Wechselkursen (ohne Neutralisierungspolitik) wird die Wirkung der Geldpolitik dagegen durch die interventionsbedingte Änderung der Währungsreserven vollständig kompensiert bzw. „unterlaufen". Allein im Fall einer erfolgreichen Neutralisierung der Reserveänderung kann Geldpolitik die gesamtwirtschaftlichen Ziele hier nachhaltig beeinflussen. Dies ist indes liquiditätsmäßig auf Dauer nur realisierbar, wenn es sich um einen Devisenbilanzüberschuss handelt (z. B. infolge einer restriktiven Geldpolitik).

 Die Unterlegenheit eines Systems fester Wechselkurse fällt besonders auf, wenn der *Transmissionsprozess* der Geldpolitik „blockiert" ist. In Rezessionszeiten ist es beispielsweise möglich, dass Zinssenkungen das reale Volkseinkommen und das Preisniveau  *nicht* erhöhen - etwa weil die Investoren aufgrund pessimistischer Erwartungen nicht auf Zinsänderungen reagieren. Im Fall fester Wechselkurse könnte die Geldpolitik dann selbst bei erfolgreicher Neutralisierung des (zinsinduzierten) Geldabflusses keine Konjunkturerholung bewirken. Im Fall flexibler Wechselkurse käme es dagegen über die ab-

wertungsbedingte Verbesserung des Außenbeitrags zu einem „exogenen"
Nachfrageanstieg und damit zum konjunkturellen Aufschwung.

*Fazit 12.2:    Bei festen Wechselkursen bleibt eine national autonome Geldpolitik
wirkungslos. Bei flexiblen Wechselkursen wirkt die Geldpolitik. Sie
wird von der durch die Geldpolitik verursachten Wechselkursänderung
unterstützt.*

## 12.3    Effektivität der Fiskalpolitik

Eine expansive Fiskalpolitik erhöht die Gesamtnachfrage und verschiebt die
ursprüngliche IS-Kurve nach rechts. Bei einer unveränderten Geldmenge
steigt nun das inländische Zinsniveau.

Die expansive Fiskalpolitik löst bei *flexiblen Wechselkursen* über einsetzende
Zinssteigerungen einen Anstieg der Kapitalimporte aus, die letztlich einen
Zinsunterschied zwischen den Ländern verhindern. Im Gegensatz zum System fester Wechselkurse kommt es jetzt aber zu einer Aufwertung der Inlandswährung, die Exporte verteuert und Importe verbilligt. Dadurch sinkt
insgesamt die Nachfrage nach inländischen Gütern. Die Fiskalpolitik verdrängt mithin über die Veränderung des Wechselkurses private Nachfrage.
Dies ist eine weitere Form des Crowding-out-Effekts. Im vorliegenden Fall
wird die Leistungsbilanz genau in Höhe des Fiskalimpulses verschlechtert,
weil der inländische Zinssatz sich nicht vom ausländischen Zinsniveau lösen
kann. Das System flexibler Wechselkurse bewirkt somit einen vollständigen
Crowding-out-Effekt. Im Ergebnis ist die Fiskalpolitik in einem System flexibler Wechselkurse völlig wirkungslos.

Bei einer expansiven Fiskalpolitik fragt der Staat ausschließlich inländische
Güter nach. Aus diesem Grund steigt das binnenwirtschaftliche Gleichgewicht, während die ZZ-Kurve des externen Gleichgewichts unverändert
bleibt. Demzufolge steigen der Zinssatz und das gesamtwirtschaftliche Einkommen entlang der LM-Kurve. Zins- und Einkommensanstieg führen allerdings zu einem Zahlungsbilanzüberschuss, da die ZZ-Kurve annahmegemäß
flacher verläuft als die LM-Kurve des Geldmarktgleichgewichts und sich deshalb IS- und LM-Kurve oberhalb der Kurve des außenwirtschaftlichen
Gleichgewichts schneiden. Um eine Aufwertung der Inlandswährung zu verhindern, muss die Zentralbank bei *festen Wechselkursen* zugunsten der Auslandswährung intervenieren. Die Stützungskäufe führen mithin zu einer Ausweitung der Geldmenge und flankieren somit den Nachfrageanstieg der
expansiven Fiskalpolitik.

Die Ausdehnung der Geldmenge verschiebt die LM-Kurve zunächst kurzfristig nach rechts. Das entstehende interne Gleichgewicht ist aber nicht stabil, weil weiterhin ein Zahlungsbilanzüberschuss existiert. Die Notenbank

wird in der Folgezeit weiterhin Stützungsmaßnahmen zugunsten der ausländischen Währung vornehmen. Dementsprechend wandert die LM-Kurve von Periode zu Periode nach rechts, bis sich ein neues gesamtwirtschaftliches Gleichgewicht etabliert. Der Staat könnte den Anpassungsprozess beschleunigen, wenn er seine expansive Fiskalpolitik direkt durch eine expansive Geldpolitik flankiert (*Policy Mix*) und damit sofort auch das außenwirtschaftliche Gleichgewicht sicherstellt.

Die Fiskalpolitik ist umso effizienter, je flacher die ZZ-Kurve verläuft, und erreicht ihren höchsten Wirkungsgrad bei vollkommener Kapitalsubstitution. Je steiler die ZZ-Kurve verläuft, desto geringer ist auch die Effizienz der Fiskalpolitik. Zinsunterschiede zwischen den beteiligten Ländern führen zu relativ geringen Kapitalbewegungen. Aufgrund der begrenzten Zahlungsbilanzüberschüsse fallen auch die Stützungskäufe und damit die expansiven monetären Impulse relativ gering aus. Verläuft die ZZ-Kurve steiler als die Kurve des Geldmarktgleichgewichts und schneiden sich die neue IS-Kurve und die LM-Kurve unterhalb der ZZ-Kurve, entsteht bei einer expansiven Fiskalpolitik sogar ein Zahlungsbilanzdefizit. In diesem Fall wäre die Notenbank gezwungen, Stützungskäufe zugunsten der eigenen Währung einzuleiten, und die Wirkung der Fiskalpolitik wird durch die restriktive Geldpolitik konterkariert.

Je geringer die Zinsreagibilität der Kapitalströme ausfällt, desto geringer ist auch die erforderliche Aufwertung, um die zusätzlichen Kapitalimporte über die Leistungsbilanz auszugleichen. Mit anderen Worten: mit abnehmender Zinselastizität der Kapitalbewegungen steigt die Effizienz der Fiskalpolitik an. Verläuft die ZZ-Kurve steiler als die LM-Kurve des Geldmarktgleichgewichts, wird sogar eine Abwertung ausgelöst, die den expansiven Fiskalimpuls zusätzlich flankiert. In diesem Fall erhält man genau das entgegengesetzte Ergebnis im Vergleich mit einem Festkurssystem. Dort ist die Fiskalpolitik umso ineffizienter, je steiler die Kurve des außenwirtschaftlichen Gleichgewichts verläuft. Eine abnehmende Zinselastizität der Kapitalströme reduziert bei festen Wechselkursen das Ausmaß der expansiven monetären Impulse infolge von Stützungsmaßnahmen.

Auch hier können wir die Abläufe schematisch als Wirkungsketten darstellen. Expansive fiskalpolitische Maßnahmen, wie z. B. eine (meist kreditfinanzierte) Erhöhung der Staatsausgaben (G), sind typischerweise von steigenden Zinsen begleitet. Wenn sich der direkte Nachfrageeffekt durchsetzt, nimmt gleichwohl das reale Inlandsprodukt zu und das Preisniveau steigt. Daraus resultieren nun gegenläufige Wirkungen auf die Devisenbilanz: Steigende Zinsen induzieren Nettokapitalimporte und damit ein Überangebot an Devisen. Steigende (Real-) Einkommen und Preise induzieren Güterimporte und damit eine Überschussnachfrage nach Devisen. Über den Endeffekt entscheidet die

Zinselastizität der internationalen Kapitalbewegungen. Bei „großer" Zins-elastizität ist per Saldo ein Überschussangebot an Devisen zu erwarten.[60] Der gezeigte Anstieg von $Y_r$ und P ist als „Nettoeffekt" nach Berücksichtigung der Außenbeitragsverschlechterung zu interpretieren.

$$\boxed{G \uparrow} \quad \Rightarrow \quad z \uparrow \quad \Rightarrow \quad K \uparrow \quad \Rightarrow \quad \boxed{D\ddot{U}}$$
$$\Rightarrow \quad Y_r \uparrow, P \uparrow \quad \Rightarrow \quad (X - M) \downarrow \quad \Rightarrow$$

Für die weitere Analyse des in Gang gesetzten Anpassungsprozesses ist nun erneut eine Unterscheidung nach dem Wechselkursregime erforderlich. Die vereinfachten Reaktionsketten können wie folgt dargestellt werden.

Regime fester Wechselkurse:

o    Ausgangssituation ist ein Devisenbilanzüberschuss (DÜ)

⇨    Währungsreserven ↑

⇨    Geldbasis ↑

⇨    Zinsen ↓

⇨    reales Volkseinkommen und Preisniveau ↑

Regime flexibler Wechselkurse

o    Ausgangssituation ist ein Devisenbilanzüberschuss (DÜ)

⇨    Wechselkurs ↓

⇨    Außenbeitrag ↓

⇨    reales Volkseinkommen und Preisniveau ↓

Im System *fester* Wechselkurse werden, sofern die Zentralbank keine Neutrali-sierungspolitik betreibt, expansive Geldangebotseffekte ausgelöst. Im System *flexibler* Wechselkurse kommt es zu einer Aufwertung der Inlandswährung mit kontraktiven Wirkungen.

Wenn die Zinselastizität der Kapitalbewegungen „klein" ist, wird der Rückgang des Außenbeitrags (absolut) größer ausfallen, als die Zunahme der Kapitalimporte. Das heißt, es entsteht eine Überschussnachfrage nach Devi-sen.

Im System *fester* Wechselkurse resultieren daraus kontraktive, im System *flexibler* Wechselkurse dagegen expansive Effekte auf das Inlandsprodukt. Die prinzipiell gleichen Überlegungen gelten analog für den Einsatz kontraktiver fiskalpolitischer Maßnahmen.

---

[60]    Ein Überschussangebot tritt auf, wenn der durch die Zinserhöhung ausgelöste Kapi-talzustrom (absolut) größer ist als die nominelle Außenbeitragsverschlechterung.

Einen zusammenfassenden Überblick der Ergebnisse liefert Abbildung 12.6.

**Abbildung 12.6: Effektivität der Fiskalpolitik bei festen und flexiblen Wechselkursen**

| Wechselkurse | Zinselastizität der Kapitalbewegungen | |
|---|---|---|
| | groß | klein |
| fest | hoch | niedrig |
| | Effektivität der Fiskalpolitik | |
| flexibel | niedrig | hoch |

Während sich für die Effektivität geldpolitischer Maßnahmen eindeutig ein System flexibler Wechselkurse als überlegen herausgestellt hat, ist dies für die Fiskalpolitik offensichtlich differenzierter zu sehen. Hier erweisen sich flexible Wechselkurse nur dann als günstiger im Hinblick auf die Wirksamkeit von Stabilisierungspolitik, wenn die Zinselastizität der Kapitalbewegungen „klein" ist, also z. B. wenn Kapitalverkehrsrestriktionen existieren.

Reagieren die Kapitalströme hingegen vergleichsweise stark auf Zinsänderungen - und das erscheint unter den heutigen Bedingungen auf den internationalen Finanzmärkten eher realistisch - dann ist die Durchschlagskraft der Fiskalpolitik bei festen Wechselkursen höher einzustufen. Durch derartige Überlegungen lassen sich die teilweise unterschiedlichen Präferenzen der nationalen Zentralbanken und Regierungen hinsichtlich der Wahl der geeigneten Wechselkursregimes erklären.

*Fazit 12.3:*     *Bei festen Wechselkursen erzielt eine national autonome Fiskalpolitik die gewünschten Wirkungen.*
*Bei flexiblen Wechselkursen führt expansive Fiskalpolitik bei niedriger Zinselastizität der Kapitalbewegungen zu einer kontraktiven Wirkung der Wechselkursänderung. Ist hingegen die Zinselastizität der Kapitalbewegungen hoch, wird expansive Fiskalpolitik durch die induzierte Wechselkursänderung unterstützt.*

## 12.4  Effektivität der Wechselkurspolitik

Die bisherigen Ausführungen haben gezeigt, dass im System *fester Wechselkurse* die Geldpolitik (ohne Neutralisierung) nicht in der Lage ist, das nominale Inlandsprodukt dauerhaft zu beeinflussen. Bei geringer Kapitalreagibilität bleibt zudem der konjunkturpolitische Effekt der Fiskalpolitik nur schwach. Wenn die Kapitaldisponenten überhaupt nicht auf Zinsänderungen reagieren, ist

auch die Wirkung der Fiskalpolitik gleich Null. Als konjunkturpolitische Maßnahme bietet sich in solchen Fällen eine Neufestsetzung der Paritäten in
Form einer Abwertung der Inlandswährung an. Dadurch verbessert sich
normalerweise der Außenbeitrag. In der Folge steigt das reale Inlandsprodukt
und - je nach gesamtwirtschaftlicher Kapazitätsauslastung - auch das Preisniveau. Parallel dazu ergibt sich eine Erhöhung des *Zinsniveaus.*

Die Abwertung entspricht gewissermaßen einer Reduktion des „kauf-
kraftmäßigen" Geldangebots für den Erwerb ausländischer Güter. In dieser
Hinsicht kommt es also zu vergleichbaren Effekten wie bei einer restriktiven
Geldpolitik. Durch den Zinsanstieg werden nun Kapitalimporte angezogen.[61]

Auch bei nur wenig zinselastischen oder gar völlig zinsunelastischen Kapitalbewegungen verändert sich der Devisenbilanzsaldo *insgesamt* in Richtung
eines Überschusses. Die schematische Darstellung verdeutlicht die Zusammenhänge nochmals.

$$\boxed{\quad w \uparrow \quad} \quad \Rightarrow \quad \begin{array}{c} (X - M) \uparrow \Rightarrow \\ \Downarrow \\ Y_r \uparrow, P \uparrow \\ \Rightarrow z \uparrow K \uparrow \Rightarrow \end{array} \quad \boxed{\quad D\ddot{U} \quad}$$

Betreibt die Zentralbank keine (erfolgreiche) Neutralisierungspolitik, so
schlägt sich der interventionsbedingte Anstieg der Währungsreserven in einer
Zunahme der Geldbasis nieder, wodurch die Zinsen sinken und das nominale
Inlandsprodukt weiter expandiert:

o        Ausgangssituation ist ein Devisenbilanzüberschuss (DÜ)

⇨        Währungsreserven ↑

⇨        Geldbasis ↑

⇨        Zinsen ↓

⇨        reales Volkseinkommen und Preisniveau ↑

Diese Entwicklung hält an, bis das Überangebot an Devisen wieder abgebaut
ist.

Alles in allem bleibt damit festzuhalten, dass in bestimmten Fällen, in denen geld- und fiskalpolitische Instrumente versagen, offenbar durch eine
Abwertung eine Anregung der Wirtschaftsaktivität erreicht werden kann. Allerdings sei an dieser Stelle an *drei Problempunkte* erinnert, die wir bereits ange-
sprochen haben.

---

[61]   Wir gehen davon aus, dass die Zinssteigerung *nicht* zu einer nachhaltigen Dämpfung des
durch die Außenbeitragsverbesserung in Gang gesetzten Wachstums des Inlandsprodukts
führt.

- Es handelt sich dabei erstens um die nach einer Abwertung zu befürchtenden „Fernwirkungen" in Form des *Inflationsimports* und der damit verbundenen Erosion der internationalen Wettbewerbsfähigkeit.
- Zweitens sind wir davon ausgegangen, dass der Außenbeitrag auf eine Wechselkursänderung *normal* reagiert.
- Drittens haben wir die Existenz *spekulativer* internationaler Kapitalbewegungen völlig vernachlässigt.

Der erste Aspekt fällt in den Bereich der mikroökonomischen Analyse und wird deshalb hier nicht weiter berücksichtigt. Die zweite und dritte Annahme haben wir auch den makroökonomischen Betrachtungen zur Effektivität der Geld- und Fiskalpolitik zugrunde gelegt.

Grundsätzlich unproblematisch erscheint eine nur vorübergehend anomale Außenbeitragsreaktion, wie wir sie in Gestalt des J-Kurven-Effekts gesehen haben. Auch eine auf längere Sicht eintretende Anomalie, die durch *Rückkopplungseffekte* infolge von Einkommensänderungen zustande kommt, ändert die bisherigen (kürzerfristig gültigen) Analyseergebnisse nicht auf entscheidende Art und Weise.

Gravierende Konsequenzen für die Beurteilung der Wirkung von Geld-, Fiskal- und Wechselkurspolitik könnten sich lediglich im Fall einer vergleichsweise raschen und *dauerhaft* anomalen Reaktion des Außenbeitrags ergeben. Ähnlich lässt sich für den Fall spekulativer Kapitalbewegungen argumentieren: *Stabilisierende* Kapitalbewegungen stören die beobachteten Wirkungsabläufe nicht. Dagegen können destabilisierende Kapitalbewegungen zu grundsätzlich anderen Ergebnissen führen, wenn sie nicht nur das Ausmaß von Wechselkursanpassungen erhöhen, sondern (auch) deren *Richtung* ändern.

*Fazit 12.4:*     *Wird Wechselkurspolitik in einem Festkurssystem als Instrument der Konjunkturpolitik eingesetzt, ist mit unerwünschten Nebenwirkungen zu rechnen. Hierzu gehören importierte Inflation und spekulative Kapitalbewegungen.*

## 12.5   Zielkonflikte bei festen Wechselkursen

Bei der Beurteilung wirtschaftspolitischer Maßnahmen im *System fester Wechselkurse* haben wir bisher unterstellt, dass die beteiligten Zentralbanken eine Neutralisierungspolitik entweder gar nicht versuchen oder nicht erfolgreich durchführen. Die Plausibilität dieser Annahme war im Falle von Devisenbilanz-Defiziten offenkundig: Erfolgreiche Neutralisierungspolitik verhindert einen Abbau des Defizits über den Geldmengenmechanismus. Die dann notwendigen fortgesetzten Interventionen führen zum Verlust der Devisenreserven. Wenn auch die internationalen Kreditlinien erschöpft (sowie etwaige Goldbestände veräußert) sind, ist eine weitere *Zahlungsbilanzfinanzierung* nicht mehr möglich. Das Land steht dann vor einem „Liquiditätsproblem".

Diese Situation wird in der Praxis noch dadurch verschärft, dass es oft zu massiven spekulativen Kapitalbewegungen gegen die Währung des Defizitlandes kommt. Die mögliche Folge ist eine *Zahlungsbilanzkrise*, die dann eine drastische Änderung der Paritäten erzwingt.

Eine dauerhafte Neutralisierungspolitik stößt indes auch in Ländern mit Devisenbilanz-*Überschüssen* an Grenzen. Zwar sehen sich Überschussländer keinem Liquiditätsproblem gegenüber, da sie die für den Devisenankauf notwendige eigene Währung prinzipiell unbegrenzt produzieren können. Gemessen am marktmäßig „richtigen" Wechselkurs (im Sinne eines Devisenbilanzausgleichs), kaufen diese Länder aber offenbar zu teuer im Ausland ein, während sie ihre Güter zu billig exportieren.[62] Man könnte sagen, sie „verschenken" einen Teil ihres Inlandsprodukts. Des Weiteren sinkt der Wert der erhaltenen bzw. angekauften Devisenreserven bei inflationären Entwicklungen im Heimatland der betreffenden Währung bzw. im Fall einer (letztlichen) Abwertung der Devise.[63]

Damit können wir festhalten, dass ein Defizitland eine Neutralisierungspolitik auf Dauer nicht durchhalten *kann*, während ein Überschussland dies liquiditätsmäßig zwar könnte, in der Regel aber nicht *will*. Nicht selten scheitert zudem eine Neutralisierung von Devisenzuflüssen gerade bei gesamtwirtschaftlichen Kapazitätsengpässen (und entsprechend großer Kreditnachfrage) an Ausweichreaktionen der Geschäftsbanken. Die Folge können teilweise unkontrollierbare Preissteigerungen sein.

Im System fester Wechselkurse ergibt sich daraus die mehr (für Defizitländer) oder weniger (für Überschussländer) zwingende Notwendigkeit, ein bestehendes Zahlungsbilanzungleichgewicht mit wirtschaftspolitischen Mitteln zu beseitigen. Man spricht auch vom „Diktat der Zahlungsbilanz": Primäres Ziel der Wirtschaftspolitik ist die *Zahlungsbilanzkorrektur* („Adjustment"). Sie geschieht am konsequentesten dadurch, dass das Defizitland eine kontraktive und das Überschussland eine expansive Geld- und Fiskalpolitik verfolgen. Das heißt, dass im Defizitland (Überschussland) das Zinsniveau nach oben (unten) und das Preisniveau sowie das Realeinkommen nach unten (oben)

---

[62]    Die so verstandene Unterbewertung der Inlandswährung wirkt auf der Importseite wie ein Schutzzoll und auf der Exportseite wie eine Subvention.

[63]    Schließlich müssen Überschussländer noch befürchten, dass im Ausland einschneidende Restriktionsmaßnahmen - z. B. in Form von Importkontrollen - ergriffen werden, von denen evtl. schmerzhafte Rückwirkungen auf das Inland ausgehen.

„gedrückt" werden muss. Dadurch sollen im Defizitland (Überschussland) die Nettokapitalimporte und der Außenbeitrag steigen (sinken).

Offensichtlich ergibt sich bei einer solchen Politik ein *Zielkonflikt*, wenn im Defizitland Unterbeschäftigung bzw. im Überschussland Vollbeschäftigung (das heißt drohende Kosten- und Preissteigerungen) herrschen.[64] Zur Lösung dieses Konflikts zwischen binnen- und außenwirtschaftlichen Zielen bietet sich der *koordinierte Einsatz* der Geld- und Fiskalpolitik an (Policy Mix).

Damit kann versucht werden, den Devisenbilanzausgleich zu erreichen, *ohne* die binnenwirtschaftlichen Ziele der Stabilisierungspolitik aufzugeben. Beispielsweise könnte das Defizitland eine kontraktive Geldpolitik mit einer expansiven Fiskalpolitik kombinieren. Die Geldpolitik wirkt dann zinserhöhend und zieht so Nettokapitalimporte an. Die Fiskalpolitik könnte den kontraktiven Beschäftigungseffekt der Zinserhöhungen ausgleichen. Der Devisenbilanzausgleich käme hier über die Nettokapitalbewegungen zustande. Es ist indes unwahrscheinlich, dass eine solche Politik - wenn sie überhaupt durchführbar ist - auf Dauer ein Gleichgewicht der Devisenbilanz gewährleistet. Zu befürchten ist vielmehr, dass bei einer fortwährenden Verschlechterung des Außenbeitrags Abwertungserwartungen entstehen, welche die notwendigen Kapitalimporte bremsen bzw. sogar Kapitalabflüsse auslösen. Ähnliche Überlegungen kann man - unter bestimmten Annahmen - für ein Überschussland anstellen.

Alles in allem folgt, dass die in ein System (grundsätzlich) fester Wechselkurse eingebundenen Länder typischerweise ihre binnenwirtschaftlichen Ziele außenwirtschaftlichen Erfordernissen *unterordnen* müssen. Die einzige *innerhalb* des Systems verfügbare Alternative besteht in einer fallweisen Paritätsänderung (Realignment). Soll dies vermieden werden - und will man auch keine Freigabe der Wechselkurse - so bleibt letztlich nur die Anpassung. Daraus folgt unmittelbar, dass ein System fester Wechselkurse auf Dauer nur unter der Voraussetzung erfolgreich bestehen kann, dass die nationalen Wirtschaftpolitiken aufeinander abgestimmt sind und auf ökonomische *Konvergenz* abzielen.

*Fazit 12.5:*     *Das „Diktat der Zahlungsbilanz" wirkt sowohl in Überschuss- als auch in Defizitländern. Bei Defizitländern erzwingt Devisenknappheit eine Ausrichtung der Wirtschaftspolitik an außenwirtschaftlichen Erfordernissen. Bei Überschussländern wäre es ökonomisch nicht vernünftig, dauerhaft Leistungsbilanzüberschüsse zu realisieren.*

---

[64] Eine *Zielharmonie* liegt vor, wenn im Defizitland Vollbeschäftigung bzw. im Überschussland Unterbeschäftigung herrschen.

## 12.6　Währungspolitische Alternativen im Vergleich

Nachdem wir die Effektivität der einzelnen Bereiche der Stabilisierungspolitik erörtert haben, wollen wir abschließend die Stärken und Schwächen eines Systems grundsätzlich fester bzw. (völlig) flexibler Wechselkurse gegeneinander abwägen. Ein solcher Vergleich kann anhand von zwei Kriterien angestellt werden. Erstens lässt sich fragen, inwieweit ein Wechselkursregime die aus *nationaler* Sicht angestrebten Zielsetzungen unterstützt. Hierbei steht die Autonomie der Stabilisierungspolitik im Vordergrund. Zweitens ist von Bedeutung, inwieweit ein Wechselkursregime der Funktionsfähigkeit des *internationalen* Handels zuträglich ist.

Die Zielsetzung einer möglichst autonomen nationalen Stabilisierungspolitik ist grundsätzlich in einem System flexibler Wechselkurse am besten realisierbar. Denn freie Wechselkurse entheben die Wirtschaftspolitik der Notwendigkeit einer Zahlungsbilanzkorrektur mit eventuell unerwünschten binnenwirtschaftlichen Folgen. Der „Abschirmungseffekt" gegenüber Auslandseinflüssen ist indes keineswegs vollständig: Es entstehen Nachfrageeffekte durch wechselkursbedingte Änderungen des Außenbeitrags, wobei hier auch die Möglichkeit anomaler Reaktionen des Außenbeitrags zu bedenken ist. Zudem werden - wenn auch in abgeschwächtem Umfang - „direkte" grenzüberschreitende Einkommens-, Preis- und Zinszusammenhänge wirksam.

Schließlich existiert die Gefahr der „Abwertungs-Inflations-Spirale": Eine Übernachfrage nach Devisen löst eine Abwertung der Inlandswährung aus. Dadurch steigen im Inland die Kosten und Preise, was sich wiederum (tendenziell) in einem Devisenbilanzdefizit niederschlägt und so eine weitere Abwertung induziert. Das heißt, es kommt zu einer anhaltenden Aufwärtsbewegung von Devisenkurs und Preisen. Dieser Prozess kann noch durch Kapitalexporte verstärkt werden, die aufgrund des Wertverlustes der heimischen Währung getätigt werden.

Hierzu ist anzumerken, dass ein fortdauernder Inflationsprozess grundsätzlich nur bei zunehmendem Geldangebot möglich ist. Gerade im System flexibler Wechselkurse liegt jedoch die Kontrolle der Geldschöpfung ausschließlich in Händen der nationalen Währungsbehörde. Der oben beschriebene Kaufkraftverlust wäre damit nicht der Wechselkursflexibilität, sondern in erster Linie einer inflatorischen nationalen Geldpolitik anzulasten. Ähnlich lässt sich auch bezüglich des Außenbeitragseffekts sowie der Möglichkeit direkter Auslandseinflüsse im System flexibler Wechselkurse argumentieren: Sofern sich aus diesen Gründen „Störungen" der binnenwirtschaftlichen Zielrealisierung ergeben, bieten flexible Wechselkurse die besten Voraussetzungen für einen Ausgleich durch die nationale Stabilisierungspolitik.

In einem System *fester* Wechselkurse ist eine autonome nationale Stabilisierungspolitik letztlich nicht möglich. Bei Unterschieden zwischen der geld- und fiskalpolitischen Wirkungsrichtung in den beteiligten Staaten entstehen Devisenmarktungleichgewichte. Diese erzwingen entweder eine Zahlungsbilanzkorrektur, welche in der Regel nur durch eine Anpassung der einzelstaatlichen Wirtschaftspolitiken gelingt.

Wird die Anpassung allein von dem Land mit Devisenbilanzdefiziten vollzogen, so wäre dies als positiver „Erziehungseffekt" fester Wechselkurse zu werten. Denkbar ist jedoch auch der umgekehrte Fall, in dem z. B. ein preisstabiles Land vor der Inflationspolitik seiner Nachbarn „kapituliert".

Demgegenüber können *flexible* Wechselkurse im günstigsten Fall einen „Währungswettbewerb" bewirken: Die Währung des preisstabilen Landes wird aufgewertet und gewinnt so international als Reservewährung, Zahlungsmittel und Recheneinheit an Bedeutung. Teilweise verdrängt sie sogar nationale Währungen. Die Dominanz der wertstabilen Währung wird schließlich so groß, dass andere Länder ihre Stabilisierungspolitik dauerhaft an der Politik des preisstabilen Landes ausrichten.

Es ist andererseits zu bedenken, dass eine Aufwertung die gesamtwirtschaftliche Nachfrage im aufwertenden Land tendenziell dämpft. Allgemein können starke Wechselkursschwankungen gravierende Beschäftigungsschwankungen (hauptsächlich) in den Exportindustrien der betroffenen Länder hervorrufen.

Ungleichgewichte in der Devisenbilanz können im Fall *anpassungsfähiger Festkurssysteme* auch durch Paritätsänderungen beseitigt werden. Allzu häufige Realignments widersprechen indes dem Grundgedanken fester Wechselkurse. Erfolgt die Wechselkursanpassung zudem noch „zu spät", so werden spekulative Kapitalströme von immensen Ausmaßen in Gang gesetzt. Dies verstärkt bestehende Devisenmarktungleichgewichte. Die dann unausweichliche Änderung der Paritäten gibt der Spekulation Recht und „belohnt" sie mit Gewinnen.

Dagegen werden Außenhändler und Kapitaldisponenten, die - systemkonform - auf der Basis fester Wechselkurse kalkulierten, teilweise mit Kursverlusten „bestraft". Fallweise Anpassungen der Leitkurse können weiterhin - ebenso wie im System flexibler Wechselkurse - Beschäftigungsschwankungen erzeugen. Sprunghafte, markante Kursverschiebungen wirken sich sogar besonders negativ aus.

Hinsichtlich der Funktionsfähigkeit des internationalen Handels erscheint ein System *flexibler* Wechselkurs insofern vorteilhaft, als hier - zumindest unter dem Liquiditätsaspekt - keine Veranlassung zu dirigistischen Eingriffen in den grenzüberschreitenden Güter- und Kapitalverkehr besteht. Die Gefahr derartiger Eingriffe erscheint in einem System fester Kurse wesentlich größer.

Andererseits können sich die bei flexiblen Wechselkursen eventuell beträchtlichen Kursschwankungen bremsend auf den Außenhandel auswirken, da sie die Kalkulation für Exporteure und Importeure erheblich erschweren. Dieses Problem ist nicht zu unterschätzen. Wie wir bereits dargestellt haben, haben die reinen Finanztransaktionen am Devisenmarkt ein starkes Übergewicht gegenüber den Warenhandelsströmen. Bedeutsam sind insbesondere die kurzfristigen, spekulativ motivierten Kapitalbewegungen, die - über Erwartungsänderungen - sehr sensibel auf kleinste Änderungen der wirtschaftlichen Rahmendaten reagieren.

Dadurch kann es zu völlig „untypischen" Wechselkursreaktionen kommen. Beispielsweise ist es durchaus denkbar, dass sich bei einer Ausweitung des amerikanischen Außenbeitragsdefizits, verursacht durch einen starken, von Inflation begleiteten Anstieg der US-Konjunktur, der US-Dollar nicht, wie im Modell vorgegeben, abwertet, sondern ganz im Gegenteil *aufwertet*. Der Grund hierfür könnte z. B. sein, dass internationale Kapitalanleger hohe Dividenden-Ausschüttungen von US-Unternehmen erwarten. Es läge dann ein Sonderfall „destabilisierender" Kapitalbewegungen vor.[65]

Wie schon erwähnt, gibt es indes gute Argumente dafür, dass der Fall destabilisierender Spekulation lediglich vorübergehend relevant sein dürfte. Zur Absicherung von Wechselkursrisiken können die Außenhändler zudem auf eine breite Palette von Kurssicherungsinstrumenten zurückgreifen. Damit sind jedoch teilweise erhebliche Kosten verbunden.

Systeme grundsätzlich fester Wechselkurse bieten in dieser Hinsicht eine größere Sicherheit, die allerdings nur in währungspolitisch einigermaßen ruhigen Zeiten vollständig gewährleistet ist. Die Gefahr fallweiser Paritätsänderungen kann allein durch die Schaffung einer *Währungsunion* gebannt werden.

Eine Währungsunion bildet die höchste Stufe der Währungsintegration. Der Prozess der währungspolitischen Integration beginnt mit der Schaffung eines *Währungsverbundes*, wie wir ihn unter der Bezeichnung „anpassungsfähiges Festkurssystem" behandelt haben. Ein Beispiel hierfür ist das Europäische Währungssystem.

Die nächste, intensivere Form der monetären Integration ist die *Wechselkursunion*. Hier gibt es keine Bandbreiten mehr, die Wechselkurse sind völlig starr. Typischerweise sind die Währungen der beteiligten Länder uneinge-

---

[65] Die beschriebene Entwicklung könnte auch die normalerweise wirksamen Auslandseinflüsse gravierend verändern: Der Nachfrageeffekt durch wechselkursbedingte Außenbeitragsänderungen würde sich „umdrehen". Ein auch bei flexiblen Wechselkursen existenter gleichgerichteter internationaler Konjunktur- und Preiszusammenhang würde durch die Wechselkursänderung verstärkt. Beim internationalen Zinszusammenhang ergäbe sich entsprechend bei destabilisierenden Kapitalbewegungen ein gegenläufiger Effekt: Steigende Auslandszinsen induzieren Kapitalimporte des Inlandes, infolgedessen sich die Auslandswährung abwertet, während die Inlandszinsen *sinken*.

schränkt konvertibel, und es herrscht völlige Freiheit des Kapital- und Zahlungsverkehrs. Eine Wechselkursunion kann man auch als „Quasi-Währungsunion" bezeichnen. Es handelt sich um die Vorstufe einer unwiderruflichen Währungsunion, in der es nur noch *eine* gemeinsame Währung für alle beteiligten Länder gibt.

Die Währungsunion hat sowohl aus einzelwirtschaftlicher als auch aus gesamtwirtschaftlicher Sicht einige *Vorteile*.

- Aus *einzelwirtschaftlicher* Sicht ist zunächst die sichere Kalkulationsbasis von Bedeutung. Ferner reduzieren sich die Transaktionskosten. Letzteres ist die Folge des Wegfalls von Kurssicherungs- und Umtauschkosten sowie verminderter Kosten der grenzüberschreitenden Zahlungsverkehrsabwicklung. Ebenso dürften sich die Emissionskosten bei der Begebung internationaler Anleihen verringern. Generell verbreitert der bessere Zugang zu den verschiedenen nationalen Finanzmärkten des einheitlichen Währungsraums sowohl die Finanzierungs- als auch die Geldanlagemöglichkeiten.

- Der vergrößerte Finanzraum hat auch aus *gesamtwirtschaftlicher* Sicht Vorteile. Sie äußern sich in einer erhöhten Resistenz gegenüber exogenen währungspolitischen Schockeinwirkungen. Beispielsweise wird ein - aus welchen Gründen auch immer auftretender - Kapitalzustrom den gegenüber Drittländern gültigen Wechselkurs eines großen Währungsraums nur relativ wenig verändern. *Innerhalb* des Währungsraums wird die Allokation des zugeströmten Kapitals erleichtert. Damit werden sich die Bewegungen der nationalen Finanzmarktpreise (Kurse bzw. Zinsen) in Grenzen halten. Dies wiederum erhöht die Sicherheit für Kapitalgeber und -nehmer, was sich (wegen der verminderten Risikoprämie) tendenziell zinsermäßigend und damit wachstumsfördernd auswirkt.

Andererseits sind die ökonomischen *Konsequenzen* einer Währungsunion erheblich. Sie resultieren aus dem „Diktat der Zahlungsbilanz", wie wir es bei der Diskussion anpassungsfähiger Festkurse kennengelernt haben. Im Fall einer Währungsunion (und auch schon in einer Wechselkursunion) akzentuiert sich dieses Diktat noch. Denn der Weg einer Wechselkursanpassung steht nicht mehr offen.

Es kommt hinzu, dass bei einer einheitlichen Währung (oder auch schon bei unabänderlichen Paritäten) Unterschiede in dem Niveau und der Entwicklung der nationalen ökonomischen Parameter (das heißt vor allem des Einkommens, der Preise und des Zinsniveaus) stärker hervortreten. Die Markttransparenz nimmt zu, und damit erhöht sich die Wettbewerbsintensität zwischen den beteiligten Ländern.

Diese Problematik sei an einem Beispiel erläutert. Nehmen wir an, es ergäben sich zwischen zwei Ländern, z. B. aufgrund unterschiedlicher stabilitätspolitischer Ausrichtung, Diskrepanzen in den Inflationsraten. Die Folge wären steigende Exporte des preisstabilen in das inflationäre Land. Die Beschäftigung des preisstabilen Landes würde zu- und die des inflationären Landes würde abnehmen.

Die Folge wäre, dass es im Fall einer *Wechselkursunion* zu Devisenmarktinterventionen käme, in einer *Währungsunion* müssten an die Stelle von Interventionen direkte Nettozahlungen des preisstabilen (beschäftigungsstarken) an das inflationäre (beschäftigungsschwache) Land treten. Die Ungleichgewichtssituation wäre allerdings aus mehreren Gründen auf Dauer nicht durchzuhalten. In einer Wechselkursunion bekäme das inflationäre Land Liquiditätsprobleme. Dem ließe sich durch Vereinbarung unbegrenzter Kreditmöglichkeiten entgegenwirken. Das preisstabile Land müsste dann Teile seiner Produktion an das inflationäre Land quasi „verschenken". Im Fall einer Währungsunion würde das preisstabile Land über den Finanzmitteltransfer den *Anspruch* auf Teile seines Inlandsprodukts an das inflationäre Land abgeben.

Alles in allem wird es deshalb längerfristig zu einer Angleichung der Wirtschaftsentwicklung kommen müssen. Dies kann *erstens* durch eine Annäherung der vorher unterschiedlichen nationalen Stabilisierungspolitik erfolgen. (In einer Währungsunion betrifft dies in erster Linie die Fiskalpolitik, da die Geldpolitik hier typischerweise schon vereinheitlicht ist.) *Zweitens* wirken die Marktkräfte ausgleichend. In Folge der sinkenden Beschäftigung bzw. Nachfrage werden die Preise in dem inflationären Land zurückgehen, während die Preise in dem stabilen Land bei steigender Beschäftigung bzw. Nachfrage zunehmen.

Beide genannten Mechanismen laufen auf eine „mittlere" Inflationsrate - bei tendenzieller Unterbeschäftigung im inflationären bzw. Überbeschäftigung im preisstabilen Land - hinaus. Das heißt, es entsteht ein Ergebnis, das der Intention beider Partner zuwiderläuft.

Die Überlegungen zeigen, dass eine Währungsunion (genauso wie eine Wechselkursunion) nur unter bestimmten *Voraussetzungen* mit den stabilisierungspolitischen Zielsetzungen der beteiligten Länder vereinbar ist. Diese Voraussetzungen bestehen darin, dass

- entweder die Wettbewerbsfähigkeit der Partnerstaaten sich soweit entspricht, dass ein Ausgleich durch Wechselkursanpassungen nicht erforderlich ist,
- oder andere marktmäßige Ausgleichsmechanismen existieren, die an die Stelle einer Wechselkursanpassung treten.

Man sagt, dass Länder, bei denen diese Voraussetzungen gegeben sind, einen *optimalen Währungsraum* bilden.

Die (preisliche) Wettbewerbsfähigkeit eines Landes wird maßgeblich durch die Lohnstückkosten bestimmt. Hinzu treten weitere Einflussfaktoren, vor allem aus dem Bereich der Geld- und Fiskalpolitik (Zinsen, Steuern, Sozialabgaben, Subventionen usw.). Länder mit einer ähnlichen Entwicklung auf diesen Feldern sind deshalb für eine Währungsunion (oder Wechselkursunion) besonders gut geeignet.

Diskrepanzen in der nationalen Wettbewerbsposition können bei hinreichender Mobilität der Produktionsfaktoren Arbeit und Kapital bewältigt werden. In unserem Beispiel würden dann - unter gegebenen sonstigen Bedingungen - die im inflationären Land freigesetzten Arbeitskräfte in das preisstabile Land wandern. Grundsätzlich werden sich die Produktionsfaktoren dorthin bewegen, wo sie die für sich jeweils günstigsten ökonomischen Konstellationen vorfinden.

Währungspolitische Integration führt damit zu einem intensivierten Standort-Wettbewerb, in dessen Verlauf die Konkurrenzfähigkeit des Währungsraumes gegenüber Drittländern insgesamt zunimmt.

Die geschilderte Entwicklung setzt eine hinreichende *Faktormobilität* voraus. Diese ist beim Faktor Arbeit nicht unbedingt gegeben. Dagegen ist der Faktor Kapital weitaus beweglicher. Dies gilt für Sachkapital (ausländische Direktinvestitionen), in geradezu perfekter Weise jedoch für Finanzkapital. Gerade in einer Währungsunion - also bei nur *einer* gemeinsamen Währung - ist mit einer hohen Elastizität der Kapitalbewegungen zu rechnen, die faktisch gleiche Zinsniveaus in den beteiligten Ländern erzwingt.

Daraus folgt, dass es in einer Währungsunion keine nationale Zuständigkeit mehr für die Geldpolitik (und ebenso nicht für die Wechselkurspolitik gegenüber Drittländern) gibt. Eine *einheitliche Geldpolitik* sieht sich aber großen Problemen gegenüber, wenn es darum geht, welche geldpolitische Strategie für die Währungsunion zu verfolgen ist und welche geldpolitischen Instrumente eingesetzt werden sollen.

Schwierigkeiten bereiten in diesem Zusammenhang die typischerweise oftmals heterogenen Finanzmarktstrukturen und -kulturen, was sich in nationalen Unterschieden bei der Geldnachfrage niederschlägt. Damit verbunden sind Abweichungen in der Funktionsfähigkeit des geldpolitischen Transmissionsmechanismus. Das heißt, ein und dieselbe geldpolitische Maßnahme kann regional ganz verschiedene Auswirkungen haben. Beispielsweise werden in Großbritannien überwiegend kurzfristige oder variabel verzinsliche Schuldbeziehungen vereinbart. Zinspolitische Maßnahmen greifen deshalb, anders als etwa in Deutschland, vielfach direkt in *bestehende* Kreditbeziehungen ein. Folglich wirkt Geldpolitik in Großbritannien sehr viel unmittelbarer auf die Ausgabenentscheidungen der Wirtschaftsteilnehmer.

Die Annäherung der Finanzmarktstrukturen und -kulturen ist damit - neben einer Vielzahl organisatorischer Bedingungen - für die Funktionsfähigkeit einer einheitlichen Geldpolitik in einem großen Währungsraum von entscheidender Bedeutung.

*Fazit 12.6:*      *Nur flexible Wechselkurse ermöglichen eine national autonome Stabilisierungspolitik. Festkurssysteme sind daher nur zwischen Ländern*

*sinnvoll, deren wirtschaftliche Leistungsfähigkeit und Entwicklung als dauerhaft gleich oder zumindest ähnlich angesehen werden kann. Diese Konvergenz muss vor Einrichtung des Festkurssystems gegeben sein.*
*Eine Währungsunion als letzte Stufe der Währungsintegration. ist für Länder sinnvoll, die einen optimalen Währungsraum bilden. Ist dies nicht der Fall, müssen die unerwünschten Anpassungsprozesse durch interne Finanztransfers ausgeglichen werden.*

## Aufgaben zu Kapitel 12

12.1    Was versteht man unter dem Diktat der Zahlungsbilanz? In welcher Weise unterliegen in einem System fester Wechselkurse Länder mit einem Devisenbilanzdefizit diesem Diktat, in welcher Weise Länder mit einem Devisenbilanzüberschuss?

12.2    Warum sollten die in einer Währungsunion zusammengeschlossenen Länder neben der Geldpolitik auch auf eine autonome Fiskalpolitik verzichten?

12.3    Unter welchen Voraussetzungen ist eine Währungsunion auch hinsichtlich der stabilisierungspolitischen Ziele der beteiligten Staaten positiv zu beurteilen?

# 13 Bestimmungsfaktoren der Wechselkursentwicklung

Das 13. Kapitel befasst sich mit der Frage, welche Größen den Wechselkurs maßgeblich beeinflussen. Das Konzept des effizienten Marktes (Kapitel 13.1) ist in diesem Zusammenhang als Hilfsmittel zur Beurteilung von Märkten zu sehen. Vor diesem Hintergrund wird in den folgenden Abschnitten der Einfluss fundamentaler Größen auf die Wirtschaftsentwicklung erörtert. Die Kapitel 13.5. und 13.6 behandeln vor allem die Frage, inwieweit diese ökonomischen Größen geeignet sind, tatsächlich beobachtbare Wechselkursschwankungen zu erklären. Ferner werden neuere Ansätze betrachtet, die die Erwartungen der Marktteilnehmer als zentral ansehen.

## 13.1 Effizienz von Devisenmärkten

Die Frage, welche Einflussgrößen für die künftige Entwicklung von Wechselkursen maßgeblich sind, ist u. a. von Bedeutung, wenn international tätige Unternehmen durch entsprechende Prognosen abschätzen wollen, welchen Risiken sie durch mögliche Wechselkursänderungen ausgesetzt sind. Zu diesem Problem gibt es eine Vielzahl von Untersuchungen. Zunächst ist die Frage zu klären, ob Devisenmärkte in der Realität als effiziente Märkte angesehen werden können.

Devisenmärkte erscheinen zunächst gleichsam als Ebenbild des Idealtyps der vollständigen Konkurrenz. Am Handel nehmen sehr viele Anbieter und sehr viele Nachfrager teil, es herrscht vollständige Markttransparenz durch ein gut ausgebautes Kommunikationssystem, das gehandelte Gut ist homogen und es existieren auch keine persönlichen Präferenzen.

Kritisch ist im Vergleich zwischen dem Modell der vollständigen Konkurrenz und real existierenden Finanzmärkten stets der Aspekt der Informationsverarbeitung. Der Begriff der *Markteffizienz* (auch als *Informationseffizienz* bezeichnet) bezieht sich daher ausschließlich auf diesen Punkt. Es handelt sich bei diesem Effizienzaspekt also um einen Bestandteil des vollkommenen Marktes. Man spricht von einem effizienten Finanzmarkt, wenn die Kurse zu jeder Zeit alle verfügbaren Informationen vollständig wiedergeben.

Der Gedanke der Markteffizienz beruht auf der Überlegung, dass ein Wechselkurs sich auf der Basis bestimmter ökonomischer Makrodaten zweier Länder ergibt. Des Weiteren liegen der Bildung dieses Wechselkurses Erwartungen der Marktteilnehmer über die weitere Entwicklung der ökonomischen

Rahmendaten dieser Länder zugrunde. Markteffizienz liegt dann vor, wenn neue Informationen bezüglich der zukünftigen Entwicklung relevanter Daten unverzüglich im Wechselkurs berücksichtigt werden.

Über den Grad der Informationseffizienz lassen sich nach *Fama* verschiedene Abstufungen vornehmen, die schwache, die halb-strenge und die strenge Informationseffizienz. Diese Abstufungen differieren je nach dem Umfang der vom Kurs reflektierten Informationen.

Inhaltlich besagt die Annahme der schwachen Informationseffizienz, dass in den Kursen alle Informationen über *vergangene* Kursentwicklungen vollständig berücksichtigt sind. Bei der Hypothese der halb-strengen Informationseffizienz wird die vollständige Berücksichtigung aller *öffentlich verfügbaren* Informationen in den Kursen unterstellt. Als streng informationseffizient gilt ein Markt, falls *sämtliche* Informationen, also auch nicht öffentliche, in den Kursen vollständig Berücksichtigung finden. Die jeweils höhere Form von Informationseffizienz schließt die jeweils niedrigere Form mit ein.

Effizienz-Untersuchungen der Devisenmärkte widmen sich daher der Frage, ob die Informationen, die den Marktteilnehmern zur Verfügung stehen, bzw. stehen könnten, effizient ausgenutzt werden. In diesem Fall bieten sich keine außergewöhnlichen Gewinnchancen mehr, die etwa aus der Nutzung von Informationsvorsprüngen resultieren könnten. Aus den einzelnen Abstufungen der Informationseffizienz ergeben sich unterschiedliche Konsequenzen.

Sind Finanzmärkte *schwach informationseffizient*, so lassen sich durch die Anwendung der technischen Wechselkursanalyse keine Gewinne erzielen. Nur die Kenntnis darüber hinausgehender Informationen (fundamentale Informationen), vermag bei schwacher Informationseffizienz einen Spekulationsgewinn zu ermöglichen. Das Kursbild der Vergangenheit (*Chart*) ist bei einem schwach informationseffizienten Markt bereits im Kurs berücksichtigt. Jede von Marktteilnehmern vermeintlich erkannte Chartkonstellation wird im Kurs bereits reflektiert, da sich ein veränderter Chart unverzüglich auf den Wechselkurs ausgewirkt hat. Folglich erbringt die technische Analyse keinen gewinnbringenden Nutzen mehr.

Die *halb-strenge Informationseffizienz*, die die schwache Informationseffizienz einschließt, geht von der unverzüglichen Berücksichtigung aller öffentlich verfügbaren Informationen in den Kursen aus. Trifft dies zu, so erübrigt sich die fundamentale Auswertung von Daten, über z. B. die konjunkturelle Entwicklung von Ländern oder die Inflationsraten oder Geldmengenzahlen. Denn sobald eine Information öffentlich wird, wird sie im Kurs berücksichtigt. Daraus folgt, dass die fundamentale Informationsauswertung zwecklos ist, da sie sich nicht zu spekulativen Gewinnen nutzen lässt. Lediglich die Kenntnis nicht öffentlicher Informationen kann bei halb-streng informationseffizienten Finanzmärkten zu einer erfolgreichen Spekulation führen.

Auf einem Markt mit *strenger Informationseffizienz* sind die Erwartungen der Marktteilnehmer *homogen*. Dies bedeutet, dass alle Marktteilnehmer das Ertrags- und Risikopotential des jeweiligen Finanztitels gleich einschätzen. Im Ergebnis verhindert dies die Realisierung systematischer Spekulationsgewinne. Für die Marktteilnehmer entstehen zwar möglicherweise unerwartete Gewinne oder Verluste; es treten indes keine fortdauernden Gewinne oder Verluste auf. Wenn es keine Insiderinformationen oder sonstige spezielle Kenntnisse einzelner Marktteilnehmer gibt, reicht auch die halb-strenge Informationseffizienz aus, um systematische Spekulationsgewinne unmöglich zu machen.

Die *Homogenität der Erwartungen* der Marktteilnehmer impliziert, dass Anbieter und Nachfrager eine Vorstellung vom „gleichgewichtigen" Wechselkurs haben. Die Preise an den Devisenmärkten spiegeln also dann die verfügbaren Informationen vollständig wider, wenn die Marktteilnehmer ihre Erwartungen *rational* bilden. Die Annahme rationaler Erwartungen[66] beinhaltet im Wesentlichen zwei Bedingungen:

- Die Devisenmarktteilnehmer nutzen alle verfügbaren Informationen.
- Die Marktteilnehmer kennen den jeweiligen Gleichgewichtswert für das Austauschverhältnis der Währung. Sie legen also zur Erklärung der realen Abläufe das Modell zugrunde, das die Realität am besten beschreibt.

Fehlprognosen, die auf einen unzureichenden Informationsstand der Marktteilnehmer zurückzuführen sind oder darauf, dass die Akteure falsche Vorstellungen von ökonomischen Zusammenhängen haben, sind mit diesen Annahmen ausgeschlossen. Es treten keine systematischen Prognosefehler auf. Wenn beide Bedingungen erfüllt sind, beschreiben die tatsächlichen Wechselkurse Zufallsschwankungen um den Gleichgewichtspfad.

Die empirischen Untersuchungen zur Effizienzeigenschaft von Devisenmärkten testen in der Regel beide genannten Bedingungen gleichzeitig. Man kann daher, wenn die Effizienzhypothese durch empirische Untersuchungen zurückgewiesen wurde, nicht folgern, welche der beiden Bedingungen nicht erfüllt war. Wenn ein Devisenmarkt sich in Tests als nicht effizient dargestellt hat, kann dies daran liegen, dass nicht alle Marktteilnehmer über alle Informationen verfügen (*asymmetrische Informationen*). Der Grund kann aber auch sein, dass die Marktteilnehmer modelltheoretische Zusammenhänge zugrunde legen, die die Realität nicht korrekt abbilden.

---

[66] Die Hypothese rationaler Erwartungen geht auf *Muth* zurück, der argumentiert, dass bei ökonomischen Prognosen die Theorie und die notwendigen Daten verfügbar sind. Daher sei anzunehmen, dass die Akteure sich dieses Wissen zunutze machen.

Die im Folgenden dargestellten *neueren Ansätze* zur Erklärung der Wechsel-kursbildung stellen die Bildung von Erwartungen bei den Marktteilnehmern in den Mittelpunkt. Eine Gruppe von Ansätzen geht davon aus, dass die Hypothese der rationalen Erwartungen gültig ist, und untersucht, wie es trotz dieser Annahme zu heftigen Wechselkursschwankungen und zur *Verzerrung von Terminkursen*[67] kommen kann. Die andere Gruppe von Ansätzen stellt die Annahme der rationalen Erwartungen in Frage und zeigt, wie sich die daraus folgende Zurückweisung der Devisenmarkteffizienz erklären lässt.

Bei strenger Informationseffizienz folgt die Wechselkursentwicklung ei-nem *random walk*.[68] Dies ist dann der Fall, wenn alle verfügbaren Informatio-nen im heutigen Kurs verarbeitet sind, so dass jede neue Information aus heutiger Sicht ein Zufallsereignis ist. Falls dies zutrifft, ist der heutige Wech-selkurs die beste Prognosegröße für den morgigen Wechselkurs. Die Progno-sequalität eines random-walk-Modells hat sich in Tests nicht selten besser bewährt als die anderer Modelle, in denen der Wechselkurs durch gesamtwirt-schaftliche Variablen erklärt wurde.

Als Bestimmungsgründe für Außenwirtschaftstransaktionen und damit verbundene Devisenbewegungen haben wir Einkommens-, Preis- und Zins-effekte erörtert. Diese Effekte beziehen sich auf die Entwicklung der Leis-tungsbilanzen und der Kapitalbilanzen verschiedener Länder. Eine grundle-gende Aussage war dabei, dass die internationale Arbitrage auf eine Annäherung unterschiedlicher ökonomischer Entwicklungen im In- und Aus-land hinwirkt. Die bisherigen Erfahrungen mit flexiblen Wechselkursen zei-gen jedoch, dass sich tatsächliche Wechselkursschwankungen auf diese Weise im Allgemeinen nicht zufrieden stellend erklären lassen.Wenn wir beurteilen wollen, welche Faktoren die Wechselkurse maßgeblich bewegen, ist es zu-nächst wichtig zu wissen, ob Warenströme oder internationale Umschichtun-gen von Portfolios größere Bedeutung haben. Wir haben bereits darauf hin-gewiesen, dass - zumindest kurzfristig - die Bedingungen auf den internationalen Finanzmärkten die Wechselkurse dominieren. Dies folgt im Wesentlichen aus der Tatsache, dass sich das Volumen der internationalen

---

[67]  Auf effizienten Devisenmärkten ist der Terminkurs einer Währung eine unverzerrte Schätzgröße für den zukünftigen Kassakurs. Hier spiegeln sowohl der Terminkurs als auch der Kassakurs alle relevanten Informationen wider. Beide Kurse müssen in diesem Fall Gleichgewichtskurse sein. Denn läge ein Terminkurs über den Kassakurserwartungen für den betreffenden Fälligkeitszeitpunkt, würden Spekulanten diese Devise solange auf Ter-min verkaufen, bis der Terminkurs wieder den Kassakurserwartungen entspricht.

[68]  Damit ist gemeint, dass der Unterschied zwischen dem heutigen und dem morgigen Wech-selkurs durch eine Zufallsvariable beschrieben werden kann, die einen Erwartungswert von Null hat und standard-normalverteilt ist.

Kapitalbewegungen in den letzten Jahrzehnten immer mehr ausgeweitet hat. Wir müssen bei der Erklärung von Wechselkursentwicklungen daher auch festlegen, ob wir kurzfristige Schwankungen oder langfristige Trends analysieren wollen.

Es lassen sich zum einen Erklärungsansätze unterscheiden, die die Wechselkursentwicklung kurzfristig oder langfristig auf der Basis von Gegenwarts- oder Vergangenheitswerten gesamtwirtschaftlicher Größen erklären. Solche Modelle, die *fundamentale Größen* als erklärende Variable nutzen, bezeichnen wir als *traditionelle Wechselkursmodelle*. Zum anderen gibt es *neuere Wechselkurstheorien*, die die *Erwartungen* der Marktteilnehmer in den Mittelpunkt stellen.

Die traditionellen Modelle lassen sich in drei Gruppen gliedern. Es gibt rein güterwirtschaftliche Erklärungen der Wechselkursbildung ebenso wie rein finanzwirtschaftliche sowie die Verbindung realer und monetärer Größen als Determinanten der Wechselkursentwicklung. Die neueren Ansätze lassen sich danach unterscheiden, ob sie bei den Akteuren rationale oder nicht rationale Erwartungen unterstellen.

*Fazit 13.1:*       *Zur Erklärung bzw. Prognose von Wechselkursentwicklungen ist es notwenig zu klären, ob der betrachtete Markt informationseffizient ist.*

## 13.2   Güterwirtschaftliche Erklärungen

Bei den reinen Gütermarktansätzen ergibt sich das gleichgewichtige Wechselkursniveau ausschließlich durch Größen, die auf den Gütermärkten bestimmt werden. Hierzu zählen die Kaufkraftparitätentheorie sowie die Einkommenstheorie des Wechselkurses.

Die *Kaufkraftparitätentheorie* ist einer der ältesten und demzufolge auch am häufigsten diskutierten Ansätze zur Wechselkursbildung. Die Theorie besagt zunächst, dass der Wechselkurs einer Währung durch das Verhältnis des Inlandspreisniveaus in Inlandswährung und des Auslandspreisniveaus in Auslandswährung bestimmt wird.

(13.1)   $w = P_i / P_a$ bzw. $P_a \cdot w = P_i$.

Gleichung (13.1) besagt, dass die Kaufkraft des Geldes im Inland und im Ausland gleich ist, weil der Wechselkurs für Übereinstimmung sorgt. Die Kaufkraftparitätentheorie basiert somit auf der Idee der *Güterarbitrage*. Sie setzt voraus, dass für die gehandelten Güter ein vollkommener Weltmarkt existiert. Dazu müssen die Güter handelbar sein und die Kosten der Raumüberwindung (wie z. B. Transportkosten, Zölle usw.) müssen an allen Angebotsorten gleich sein. In diesem Fall gilt das *Gesetz der Unterschiedslosigkeit der Preise*. Einheitliche Preise werden durch die Ausnutzung räumlicher Preisdifferenzen erzwungen. Steigt z. B. das Preisniveau im Inland, werden inländische Güter durch ausländische ersetzt. Diese Substitution erhöht den Importwert und reduziert (normalerweise) den Exportwert. Dies bewirkt eine Aufwertung der Auslandswährung, bis die Preisdifferenz wieder ausgeglichen ist.

Die Kritik gegen diesen Erklärungsansatz, den man als *absolute Kaufkraftparitätentheorie* bezeichnet, liegt auf der Hand. Die Existenz heterogener, nicht handelbarer oder nationaler Güter verhindert den Ausgleich von Preisniveauunterschieden durch den Wechselkurs zwischen verschiedenen Ländern ebenso wie unterschiedliche Transaktionskosten. Die zunehmende Bedeutung räumlich gebundener Dienstleistungen veranschaulicht allein, dass nationale Preisniveauerhöhungen in diesen Bereichen (z. B. Immobilien- oder Mietpreise) nicht durch Wechselkursänderungen international ausgeglichen werden können.

Man akzeptiert daher die Kaufkraftparitätentheorie heute nur noch in modifizierter Form. Die *relative Kaufkraftparitätentheorie* schwächt die Aussage der Gleichung (13.1) ab und besagt demgegenüber nur noch, dass eine relative Veränderung des Preisniveaus zweier Länder mit einer gleich großen Veränderung des Wechselkurses zwischen den Währungen dieser Länder einhergeht.

(13.2)   $w = k \cdot P_i / P_a$

Der Unterschied zwischen den beiden Varianten der Kaufkraftparitätentheorie lässt sich anhand der Gleichungen (13.1) und (13.2) ablesen. In der absoluten Variante lässt sich aus Gleichung (13.1) die absolut richtige Höhe des Wechselkurses bestimmen. Demgegenüber enthält Gleichung (13.2) die Größe k ($k > 0$), die als Proportionalitätskonstante zu sehen ist. Damit besagt die relative Version der Kaufkraftparitätentheorie nur noch, dass *Änderungen* des Preisniveauverhältnisses $P_i$ / $P_a$ zu Änderungen des Wechselkurses führen werden. Ferner wird die Relation von Preisniveauverhältnisänderungen und Wechselkursänderungen im Zeitablauf als gleich bleibend unterstellt. Die Annahme, dass k weitgehend konstant bleibe, wird dadurch begründet, dass Veränderungen der Preise international handelbarer Güter langfristig auch die nationalen Gesamt-Preisniveaus berühren.

Die Kaufkraftparitätentheorie ist ein Gleichgewichtsansatz, der nur unter recht restriktiven Annahmen gilt. Sie setzt neben den erwähnten - in der Realität nicht zu erwartenden Marktstrukturfaktoren - voraus, dass die Nachfrageelastizitäten für Import- und Exportgüter groß genug sind, damit die Leistungsbilanz elastisch auf kleinste Kursänderungen reagiert. Auch die relative Variante gibt lediglich eine eher grobe Erklärung für Wechselkursänderungen. Zur Erklärung bzw. Prognose kurz- oder mittelfristiger Wechselkursschwankungen ist die Kaufkraftparitätentheorie sicher nicht geeignet. Wenngleich die

tendenzielle Aussage der relativen Fassung - zumindest bei deutlichen Preis-
niveaudivergenzen - langfristig plausibel erscheint, da in diesem Fall der Einfluss der Preisunterschiede andere wechselkursbestimmende Faktoren dominieren wird, gibt es durchaus auch Zweifel an der Gültigkeit dieser Theorie
zur Erklärung langfristiger Entwicklungen.

Während die Kaufkraftparitätentheorie in den Preisniveauveränderungen
die wesentliche Bestimmungsgröße für Wechselkursänderungen sieht, stellt
die *Einkommenstheorie* die Entwicklung der Realeinkommen in den Mittelpunkt. Demzufolge bewirkt eine Einkommenserhöhung im Inland eine Reduzierung des Außenbeitrags durch eine Zunahme der Importe. Bei vorher
ausgeglichener Leistungsbilanz kommt es zu einem Leistungsbilanzdefizit.
Die Importzunahme führt damit zu einer Abwertung der Inlandswährung, die
das Leistungsbilanzdefizit kompensiert, denn bei stabilen Devisenmärkten
sorgt der Wechselkurs - wenn wir von internationalen Kapitalbewegungen
absehen - für eine ausgeglichene Leistungsbilanz.

Die Einkommenstheorie der Wechselkursentwicklung besagt damit, dass
eine Zunahme des inländischen Realeinkommens durch Erhöhung der Inlandsnachfrage zu einer Abwertung der inländischen Währung führen wird.
Demgegenüber bewirkt eine zusätzliche Auslandsnachfrage nach inländischen
Gütern eine Aufwertung der Inlandswährung. Einschränkend müssen wir an
dieser Stelle festhalten, dass zum einen Kapitalbewegungen, die die güterwirt-
schaftlich verursachten Wechselkursänderungen ausgleichen könnten, auch
bei diesem Erklärungsansatz unberücksichtigt bleiben. Zum anderen wird unterstellt, dass das Land, in dem die Nachfrageerhöhung auftritt, über hinreichend freie Kapazitäten verfügt, so dass es nicht zu Preiserhöhungen, die eine
reale Aufwertung bewirkten, kommt.

*Fazit 13.2:*   *Unter den güterwirtschaftlichen Ansätzen kann man vor allem die rela-*
*tive Kaufkraftparitätentheorie zur Erklärung realer Entwicklungen*
*heranziehen. Allerdings erklärt dieser Ansatz die Wechselkursentwick-*
*lung nur mittel- bis langfristig Zur Prognose von kurzfristigen Wech-*
*selkursentwicklungen ist auch diese Theorie nicht geeignet.*

## 13.3 Finanzwirtschaftliche Erklärungen

Bei den reinen Finanzmarktansätzen spielen die Güterströme für die Wech-
selkursbestimmung keine Rolle. Diese Erklärungen analysieren kurzfristige
Kapitalbewegungen und sind daher im Gegensatz zu den güterwirtschaftlichen Ansätzen zur Betrachtung kurzfristiger Wechselkursänderungen geeignet. Arbitrage und Spekulation gleichen Angebot und Nachfrage auf den Devisenmärkten aus. Bei einem solchen Devisenmarktgleichgewicht handelt es
sich um ein Stromgleichgewicht. Die finanzwirtschaftlichen Wechselkurser-

klärungen beziehen Bestandsgrößen mit in die Betrachtung ein (*asset market approach*).

In diese Gruppe fällt zunächst die *Zinsparitätentheorie*. Die Zinsparität ist die Arbitrage-Gleichgewichtsbedingung für verzinsliche Aktiva. Sie beschreibt, analog zur Kaufkraftparität, ein durch Arbitrage herbeigeführtes Gleichgewicht. Investoren in Finanzaktiva entscheiden über die Anlage in inländischer oder in ausländischer Währung und wählen jeweils die Alternative, die Ertragsvorteile bietet. Dadurch gleichen sich Zinsdifferenzen und Wechselkurse an. Da die Transaktionen gleichzeitig kursgesichert werden, finden die Anpassungen sowohl am Devisenkassa- als auch am Devisenterminmarkt statt.

Dies impliziert, dass internationale Renditedifferenzen durch gegenläufige Wechselkursanpassungen kompensiert werden. Hierin liegt die zentrale Aussage der Zinsparitätentheorie. Bringt z. B. die inländische Anlage einen Zins von 6 %, und verzinst sich eine Anlage im Ausland mit 10 %, so muss sich zwischen dem Terminkurs und dem Kassakurs der ausländischen Währung eine Differenz von 4 % ergeben, damit die Anleger indifferent zwischen den Anlage-Alternativen sind.[69] Eine Verletzung dieser Gleichgewichtsbedingung würde bedeuten, dass potentielle Gewinnmöglichkeiten ungenutzt bleiben. Diese Gewinnmöglichkeiten würden keinem Währungsrisiko unterliegen, da eine Kurssicherung über den Terminmarkt erfolgen kann.

Man kann also davon ausgehen, dass Anleger an den internationalen Finanzmärkten solche Preisdifferenzen, die die Mitnahme risikoloser Gewinne ermöglichen, ausnutzen. In unserem Beispiel würden sie also kursgesichert Kapital exportieren. Dadurch stiegen die Nachfrage und der Kurs am Kassamarkt solange, bis die Ertragsraten inländischer und ausländischer Vermögenstitel einander entsprechen. Dies besagt Gleichung (13.3).

(13.3)    $z_i = z_a + (w_e - w) / w$

$w_e$ gibt den *erwarteten* Wechselkurs der Auslandswährung wieder, so dass wir, falls $w_e > w$, den Term $(w_e - w) / w$ als die heute erwartete Aufwertungsrate bezeichnen können (bzw., falls $w_e < w$, als erwartete Abwertungsrate). Aus Gleichung (13.3) ergibt sich damit, dass die Inlandsrendite gleich der Auslandsrendite ist, falls der Inlandszins $z_i$ über dem Auslandszins $z_a$ liegt, und gleichzeitig eine entsprechende Aufwertung für die Auslandswährung erwartet wird.

Häufig wird - wie auch in unserem obigen Beispiel - der Terminkurs mit dem erwarteten Wechselkurs gleichgesetzt. Wir haben bereits erklärt, dass

---

[69]    Der relative Unterschied zwischen Termin- und Kassakurs wird als Swap-Satz bezeichnet. Er bildet den Preis für die Kurssicherung der Kapitalanlage.

dies einen effizienten Devisenmarkt unterstellt. Man bezeichnet diese Version auch als *erweiterte Zinsparität*.

Wenn wir in der kurzfristigen Betrachtung das Auslandszinsniveau und den erwarteten Wechselkurs als konstant ansehen, ergibt sich ein (entgegengesetzter) Zusammenhang zwischen Inlandszinsniveau und Wechselkurs. Wenn das Zinsniveau im Inland steigt, kommt es zu einem Renditevorteil inländischer Finanztitel. Die Nachfrage nach inländischen Anlagen steigt und führt zu einer Aufwertung der Inlandswährung (dies entspricht einer Abwertung der Auslandswährung). Somit sinkt w, bis die Zinsparität wieder hergestellt ist.

Entsprechend lässt sich eine Änderung der Wechselkurserwartung darstellen. Bei konstanten Zinsniveaus führt eine Aufwertungserwartung für die Auslandswährung zu einem Anstieg des tatsächlichen Wechselkurses. Man bezeichnet dies auch als *self-fulfilling prophecy*.

Die Zinsparitäten-Relation, die erstmals von *Keynes* erwähnt wurde, dient als Grundbaustein der Finanzmarktansätze unter den traditionellen Wechselkurstheorien. Während bei der Zinsparitätentheorie die vollständige Substituierbarkeit in- und ausländischer Aktiva angenommen wird, gehen die *Portfoliomodelle* von unvollkommener Substituierbarkeit zwischen verschiedenen Finanzaktiva aus. Diese Modelle sind deshalb allgemeiner als die Zinsparitätentheorie. Sie unterstellen nicht, dass Anleger völlig indifferent zwischen Alternativen internationaler Finanzaktiva sind, sofern die Erträge übereinstimmen, sondern sie beziehen die Möglichkeit mit ein, dass alternative Anlagen mit unterschiedlichen *Risiken* behaftet sind, die zusammen mit Ertragsüberlegungen die Anlageentscheidung beeinflussen.

Portfoliomodelle beziehen sich auf die Zusammensetzung des Vermögens aus *Beständen* verschiedener (Finanz-) Aktiva.[70] Die Änderung relativer Ertragsraten oder veränderte Risikoeinschätzungen beeinflussen somit das als optimal angesehene Portfolio und lösen als Reaktion *Portfolioumschichtungen* aus.

Für den Verlauf kurzfristiger Wechselkurse sind Anpassungsprozesse maßgeblich, die unmittelbar nach Datenänderungen auftreten. Es ist damit für das Zustandekommen von Wechselkursänderungen auch nicht erforderlich, dass geld- oder fiskalpolitische Maßnahmen sich bereits in irgendeiner Weise auf die gesamtwirtschaftlichen Daten ausgewirkt haben, sondern es reicht aus, dass sich die Erwartungen oder die Risikoeinschätzungen bei den

---

[70] Die Portfolio Selection-Theorie analysiert Investitionsentscheidungen unter Unsicherheit. Im Bereich der Geldtheorie lässt sich dieser Ansatz letztlich auf Keynes' Liquiditätspräferenztheorie zurückführen. Weitere maßgebliche Beiträge zur Entwicklung dieses Ansatzes stammen von *Hicks, Markowitz* und *Tobin*.

international agierenden Investoren bezüglich der Finanztitel geändert haben. Wechselkursbewegungen treten hiernach also schon ein, *bevor* etwa eine Geldmengenausweitung sich in einer Preisniveauänderung niedergeschlagen hat. Unter der - realistischen - Annahme, dass die internationalen Märkte für Finanzaktiva schneller reagieren als die Gütermärkte, ist die zentrale Aussage der finanzwirtschaftlichen Ansätze also, dass Wechselkursbewegungen auf kurze Sicht durch die Vorgänge auf den Märkten für Vermögenstitel verursacht werden.

*Fazit 13.3:*        *Unter den finanzwirtschaftlichen Ansätzen sind die Zinsparitätentheorie und die Portfoliotheorie zur Erklärung realer Entwicklungen geeignet. Allerdings setzen sie informationseffiziente Märkte voraus.*

## 13.4    Verbindungen realer und finanzwirtschaftlicher Erklärungen

Neben den beschriebenen „monokausalen" Erklärungsansätzen existieren mehrschichtige Theorien zur Wechselkursentwicklung. Diese ziehen sowohl reale als auch monetäre Größen zur Erklärung heran.

Die *monetaristische Wechselkurstheorie* erklärt die Höhe des Wechselkurses durch die Geldbestände im In- und Ausland. Bausteine dieses Ansatzes sind die Quantitätstheorie und die Kaufkraftparitätentheorie. Wenn im Inland die Geldmenge zunimmt (oder die Geldnachfrage sinkt), muss sich nach der Quantitätstheorie, die ein allgemeines Gleichgewicht im realwirtschaftlichen Bereich, also auch Vollbeschäftigung, unterstellt, das inländische Preisniveau erhöhen. Gemäß der Kaufkraftparitätentheorie führt ein Anstieg des inländischen Preisniveaus bei Konstanz des ausländischen Preisniveaus zu einer Abwertung der heimischen Währung.

Aus dem monetaristischen Ansatz folgt, dass eine (im Vergleich zum Ausland) expansive Geldpolitik zur Abwertung führt. Bei langsamen Preisreaktionen kann dieser Schluss indes unzutreffend sein.

Im *Dornbusch-Modell* wird das monetaristische Modell erweitert. Diese Weiterentwicklung der Theorie war in den siebziger Jahren der erste Schritt zur Erklärung realer Wechselkursbewegungen. Zum einen wird hier die unrealistische Annahme völliger Preisflexibilität durch die Annahme „träger" Preisanpassungen ersetzt, und zum anderen wird die Zinsparität berücksichtigt.

Nehmen wir an, dass ein ursprüngliches Gleichgewicht durch eine Geldmengenerhöhung im Inland gestört wird. Langfristig wird sich nach der Kaufkraftparitäten-Theorie die inländische Währung abwerten, weil sich langfristig das „träge" inländische Preisniveau erhöht. Kurzfristig reagieren nur die Finanzmärkte. Die expansive Geldpolitik senkt den heimischen Zinssatz. Nach der Zinsparitäten-Relation führt das niedrigere Zinsniveau im Inland

nun dazu, dass der Terminkurs der ausländischen Währung unter dem Kassakurs liegt. Bei rationalen Erwartungen werden die Devisenhändler nun für die
Zukunft eine Aufwertung der heimischen Währung prognostizieren. Diese
Erwartung steht scheinbar im Widerspruch zur langfristigen Abwertung, die
sich aus der Kaufkraftparitäten-Relation ergibt. Die Erklärung liegt darin,
dass der Wechselkurs sofort nach der Geldmengenausweitung über seinen
langfristigen Gleichgewichtskurs hinausschießt und sich dann allmählich
durch Aufwertung an den höheren Gleichgewichtskurs annähert, während
sich das Preisniveau „gemächlich" erhöht.

Die *dynamischen Portfoliomodelle* erweitern schließlich die im vorangegangenen
Abschnitt besprochenen kurzfristigen Portfolioansätze um Gütermarkt- und
Leistungsbilanzeffekte, die Folge des Wechselkurses sind und auf diesen über
Veränderungen der Auslandsvermögensbestände zurückwirken. Portfolio-
Modelle erlauben es, Zahlungsbilanzmechanismen in die Wechselkurstheorie
zu integrieren. Jeder Leistungsbilanzüberschuss ist mit einer Zunahme der
Forderungen gegenüber dem Ausland verbunden, ein bestehendes Portfolio-
gleichgewicht wird dadurch gestört.

Eine Aufwertung der heimischen Währung wird nun in doppelter Weise
auf eine Wiederherstellung des Gleichgewichts hinwirken. Die Aufwertung
reduziert den Wert der bestehenden Auslandsforderungen und führt gleichzeitig zur Verringerung bzw. Beseitigung des Leistungsbilanzüberschusses. Es
ist allerdings zu bedenken, dass die Vermögenseffekte von Leistungsbilanz-
ungleichgewichten als recht gering veranschlagt werden müssen. Portfolioef-
fekte der Leistungsbilanz werden erst dann empirisch nachweisbar, wenn es
zur Kumulation beträchtlicher Überschüsse oder Defizite gekommen ist.

Allen traditionellen Wechselkursmodellen ist gemeinsam, dass der empirische Befund relativ unbefriedigend ist. Wenn ihre Hypothesen mit empirischen Daten konfrontiert werden, versagen sie durchweg.

Dieses Versagen der traditionellen Wechselkursmodelle ist nicht etwa darin
begründet, dass diese Modelle noch nicht ausgereift wären oder dass die entscheidenden Determinanten und ihre Wirkungsmechanismen noch nicht entdeckt worden wären. Das Problem besteht vielmehr darin, dass es nahezu
unmöglich erscheint, die Daten zu gewinnen, mit denen sich die Theorien
adäquat testen lassen. Wie auf anderen Finanzmärkten auch, bestimmen sich
Preissetzungen auf den Devisenmärkten vor allem durch kaum messbare Erwartungen, die hinsichtlich der künftigen Entwicklung von Wechselkursde-
terminanten getroffen werden. Die Prognosen über die zukünftigen Zinssätze, Preisniveaus, Zahlungsbilanzsalden usw. werden gleichsam diskontiert im
gegenwärtigen Kurs berücksichtigt.

Eine ökonomische oder politische Größe kann den Wechselkurs dann nur
noch beeinflussen, wenn der tatsächlich eintretende Wert vom erwarteten
Wert abweicht. Dadurch hängt die Wechselkursentwicklung wesentlich von
Erwartungen und Neuigkeiten ab.

Diese Überlegung führt zu der Frage, ob es sich beim Devisenmarkt um einen *effizienten Markt* handelt. Vieles spricht dafür, denn wenn die Arbitrage funktioniert, ist die Zinsparität erfüllt, und Spekulation lässt den Terminkurs zu einem - wenn auch relativ ungenauen - Indikator des künftigen Kassakurses werden.

## 13.5    Neuere Ansätze mit rationalen Erwartungen

Neuere Erklärungsansätze versuchen nicht mehr, die Wechselkursentwicklung durch die Entwicklung von ökonomischen Einflussfaktoren (*Fundamentalvariablen*) in der Vergangenheit oder durch deren aktuelle Werte zu erklären, sondern sie weisen auf die Bedeutung von *Unsicherheit* und von *Erwartungen* über die Entwicklung fundamentaler Variablen hin.

Die traditionellen Wechselkursmodelle messen Erwartungen nur eine untergeordnete Rolle für die Bestimmung von Wechselkursen zu. Neuere Ansätze sehen demgegenüber Wechselkursänderungserwartungen als zentrale Größe an. Man kann die neueren Wechselkurstheorien nach ihren Annahmen zur Erwartungsbildung unterteilen. Eine Gruppe von Ansätzen geht von der Gültigkeit der Hypothese der *rationalen Erwartungen* aus und zeigt, wie es trotzdem zu Wechselkursschwankungen und zur Verzerrung von Terminkursen kommen kann. Die andere Gruppe von Ansätzen stellt die Annahme rationaler Erwartungen in Frage. Die meisten Ansätze gehen indes von der Hypothese rationaler Erwartungen aus.

Das *Risikoprämienmodell* begründet, warum Terminkurs- und Wechselkurserwartung auseinander fallen können. Risikounterschiede zwischen alternativen Vermögensanlagen führen dazu, dass die verschiedenen Finanztitel nicht vollständig substituierbar sind. Diese Überlegungen liegen zwar auch den Portfoliomodellen zugrunde, doch wird die Risikokomponente in den traditionellen Formulierungen nicht näher betrachtet und somit in der Regel als konstant angenommen.

Anlagen in unterschiedlichen Währungen können mit unterschiedlichen Risiken behaftet sein. Entscheidend ist, ob die Marktteilnehmer die Risiken der Realisierung erwarteter Erträge unterschiedlich einschätzen. Eine Auslandsanlage kann sich hierbei von einer inländischen etwa dadurch unterscheiden, dass Erwartungen hinsichtlich institutioneller Regelungen, wie Besteuerung oder Transfermöglichkeiten, in das Kalkül der Anleger eingehen müssen.

Berücksichtigt man solche Risikoüberlegungen, so ist eine Risikoprämie zu berücksichtigen. Die Anleger sind dann zwischen in- und ausländischer Anlage indifferent, wenn der Inlandszins der Summe aus Auslandszins, Aufwertungserwartung für die Auslandswährung und Risikoprämie für das Halten ausländischer Zinstitel entspricht.

Eine Risikoprämie, die quantitativ ins Gewicht fällt, kann somit die Ursache sein, warum der Terminkurs von der Wechselkurserwartung abweicht. In diesem Fall ist der Terminkurs selbst bei rationalen Erwartungen nicht zur Vorhersage der Kassakursentwicklung geeignet. Es können dann von Terminkursänderungen nicht einmal Hinweise auf die Änderung von Kassakurserwartungen abgeleitet werden, da die Terminkursänderung auch Folge einer Änderung der Risikoprämie sein kann.

Neben der Erklärung von Terminkursverzerrungen gibt es einen weiteren Grund für die Betrachtung von Risikoprämien in der Wechselkurstheorie. Führen Schwankungen in der Risikoprämie zu Änderungen der optimalen Portfoliostruktur, können hiervon starke Wirkungen auf den Kassakurs ausgehen. Die Variabilität der Risikoprämie kann daher eine mögliche Ursache einer höheren Wechselkursvolatilität[71] sein.

Der *News-Ansatz* stellt Erwartungsirrtümer in den Mittelpunkt. Solche Erwartungsirrtümer entstehen immer dann, wenn die Entwicklung der Fundamentalvariablen falsch prognostiziert wurde. Zwar schließt die Annahme rationaler Erwartungen systematische Prognosefehler aus, dass die Prognosen der Marktteilnehmer im Einzelfall falsch sind, ist aber durchaus möglich. Die unvorhergesehene Entwicklung einer fundamentalen Größe, also die Abweichung zwischen einer realen Größe und deren Erwartungswert, kann dann die gleichen Wechselkursschwankungen bewirken wie die Änderung realer Größen in den traditionellen Wechselkursmodellen.

Es wird bei diesem Ansatz unterstellt, dass die Marktteilnehmer den Zusammenhang zwischen den fundamentalen Variablen und dem Wechselkurs kennen. Daraus wird abgeleitet, dass eine Wechselkursänderung, die für die Marktteilnehmer unerwartet eintrat, nicht prognostizierbar war, sondern zufälligen Charakter hatte. Wenn häufig Neuigkeiten (News) veröffentlicht werden, die für die Wechselkursentwicklung relevant sind (wie z. B. Daten zum Leistungsbilanzsaldo, zum Budgetdefizit oder zur Geldmengenentwicklung), kann dies unerwartete Wechselkursschwankungen verursachen, da es den Marktteilnehmern auch bei sachverständiger Berücksichtigung makroökonomischer Zusammenhänge kaum gelingen wird, all diese Daten richtig zu prognostizieren. Je nach Inhalt der Neuigkeiten kann es sein, dass diese für die Volatilität von Wechselkursen verantwortlich sind.

Will man solche theoretischen Ansätze überprüfen, ergeben sich verschiedene Probleme. Insbesondere stellt sich die Frage, welches die relevanten neuen Informationen sind und wie diese, sofern sie nicht aus Daten, sondern

---

[71] Die *Volatilität* ist ein Maß für die Preisschwankungsintensität eines Vermögenswertes. Man drückt dies bei Aktien- oder Wechselkursen als Prozentsatz aus. Die Volatilität wird als annualisierte Standardabweichung der Tagesrenditen ermittelt.

etwa aus Ankündigungen oder Ereignissen bestehen, quantifiziert werden können. Empirische Überprüfungen des News-Ansatzes erfordern daher in der Regel starke Vereinfachungen, etwa durch Beschränkung auf neue Handelsbilanz- oder Geldmengendaten. Verschiedene Untersuchungen liefern Hinweise dafür, dass neue Informationen durchaus einen maßgeblichen Einfluss auf die Wechselkursentwicklung haben, jedoch bei weitem nicht alle Änderungen der wichtigsten Wechselkurse erklären können.

Als *rationale spekulative Blasen (Bubbles)* bezeichnet man Wechselkursentwicklungen, die über einen bestimmten Zeitraum hinweg zunehmende Abweichungen des Kassakurses von dem durch fundamentale Variablen erklärten Niveau aufweisen. Ausgelöst wird eine solche Entwicklung durch bestimmte Fakten oder Ereignisse. Da die Akteure rationale Erwartungen haben, verstärken sie die einmal eingesetzte Entwicklung.

Betrachten wir die Entscheidungssituation eines Anlegers, so lässt sich verdeutlichen, warum sich spekulative Blasen während ihres Bestehens exponentiell entwickeln. Wenn wir unterstellen, dass sich die ausländische Währung während einer Spekulationsphase aufwertet, besteht für einen Anleger bei einem Engagement in ausländischer Währung jederzeit das Risiko, dass die Spekulation „platzt" wie eine Seifenblase. Der Anleger wird nur dann an der Auslandsanlage festhalten, wenn die Risikoprämie, die ihm die Spekulation seiner Ansicht nach verspricht, ausreichend erscheint, sein Risiko also durch erwartete zusätzliche Kursgewinne kompensiert wird.

Aus dieser Überlegung folgt der typische Verlauf von Bubbles. Je weiter der Wechselkurs vom Fundamentalwert entfernt ist, desto stärker muss er steigen, um das Risiko des höheren Kursverfalls zu kompensieren.

Zu jedem Zeitpunkt der Spekulationsphase gibt es zwei grundsätzliche Möglichkeiten für den Fortgang der Wechselkursentwicklung: Die Spekulation kann sich fortsetzen, oder sie kann in sich zusammenbrechen. Je länger sie sich fortsetzt, desto riskanter wird sie. Da beide möglichen Kursentwicklungen in die Erwartungsbildung eingehen, aber jeweils nur eine der beiden alternativen Möglichkeiten realisiert werden kann, ergeben sich während der gesamten Spekulationsphase Erwartungsirrtümer.

Diese Fehlprognosen sind dennoch konsistent mit rationalen Erwartungen. Solange die rationale spekulative Blase anhält, werden Erwartungsirrtümer in die gleiche Richtung entstehen, das heißt, der Kassakurs wird höher sein als der Erwartungswert. Während dieser Zeit wird daher auch der durch die Erwartungen gebildete Terminkurs verzerrt erscheinen, da er immer in der gleichen Richtung von dem späteren Kassakurs abweicht.

Die empirische Relevanz der Theorie rationaler spekulativer Blasen ist umstritten. Das beschriebene Phänomen ist nicht messbar, zudem lässt es sich auch nicht zweifelsfrei von anderen Bestimmungsgründen für Kursbewegungen, wie etwa nicht rationale Verhaltensweisen, unterscheiden. Es sind zwar von Zeit zu Zeit Wechselkursentwicklungen zu beobachten, die der theoretischen Erklärung des Entstehungsprozesses rationaler spekulativer Blasen entsprechen, das Platzen solcher Blasen wird hingegen kaum einmal identifiziert.

Fazit 13.4:       *Neuere Ansätze wie der News-Ansatz können kurzfristige Wechsel-*
                  *kursänderungen (im Nachhinein) erklären. Zur Prognose sind sie nicht*
                  *geeignet, weil sich die benötigten Einflussgrößen ex ante kaum ermitteln*
                  *lassen.*

## 13.6   Neuere Ansätze mit nicht rationalen Erwartungen

Die Gültigkeit der Hypothese rationaler Erwartungen für den Devisenmarkt wird in den letzten zwanzig Jahren häufig angezweifelt. Als Ursache hierfür werden im wesentlichen genannt, dass Überprüfungen der These der Devisenmarkteffizienz nicht bestätigt werden konnten. Des Weiteren sind die Erklärungsansätze, die wir im vorangegangenen Abschnitt vorgestellt haben, nicht empirisch testbar. Schließlich nahm aufgrund der stärkeren Betonung mikroökonomischer Aspekte zur Erklärung gesamtwirtschaftlicher Abläufe auch in der Wechselkurstheorie das Interesse an einzelwirtschaftlichen Verhaltensweisen zu.

Wenn wir das letztgenannte Argument betrachten und fragen, wie die Akteure am Devisenmarkt ihre Kauf- bzw. Verkaufsentscheidungen treffen, werden wir feststellen, dass die Marktteilnehmer für kürzerfristige Prognosen vor allem Techniken der *technischen Analyse* verwenden, während sie sich für die Betrachtung längerer Fristen stärker von der Entwicklung fundamentaler Variablen leiten lassen. Auch wenn sehr unterschiedliche Techniken der technischen Analyse existieren, so läuft sie doch immer auf eine Form von Extrapolation der zurückliegenden Wechselkursbewegungen hinaus. Es gibt verschiedene Erhebungen, die bestätigen, dass die Marktteilnehmer in der kürzeren Frist ihre Erwartungen durch Fortschreiben der zurückliegenden Wechselkursentwicklung bilden, so dass *systematische* Prognosefehler durchaus möglich sind.

Hieraus lässt sich folgern, dass zumindest kurzfristig für die Erwartungsbildung am Devisenmarkt keine rationalen Erwartungen unterstellt werden können. Zwar spricht einiges dafür, dass die Spekulanten am Devisenmarkt, die sich an fundamentalen Variablen ausrichten, längerfristig ein Korrektiv für die Einflüsse der Marktteilnehmer bilden, die ihren Entscheidungen Kursverläufe (Charts) zugrunde legen. In kürzeren Fristen dominiert aber die technische Analyse. Unter Umständen kann dies dazu führen, dass ein Abweichen des Wechselkurses von seinem fundamentalen Wert längere Zeit anhält. Auch gibt es Hinweise dafür, dass hierdurch zyklische Wechselkursbewegungen mit längerfristigen Abweichungen vom fundamentalen Niveau verursacht werden. Alles in allem entstehen also Wechselkursschwankungen, die nicht mehr durch fundamental ökonomische Variablen erklärt werden können.

Die Bedeutung der technischen Analyse bei der kurzfristig orientierten Kursanalyse ist beträchtlich. Dies kann somit als eine Ursache für die Zurückweisung der Hypothese der Devisenmarkteffizienz in empirischen Tests gelten. Bei der Erklärung kurzfristiger Schwankungen ist es also durchaus plausibel, wenn für die Gesamtheit der Marktteilnehmer nicht rationale Erwartungen unterstellt werden.

Die jeweiligen Wechselkurse kommen folglich auf der Grundlage bestimmter Erwartungen zustande. Weichen die tatsächlich eintretenden Daten nun von den erwarteten ab, wirkt sich dies auf Angebot und Nachfrage am Devisenmarkt aus. Je kürzer die Zeiträume sind, die man bei der Betrachtung (bzw. bei der Prognose) der Wechselkursentwicklung zugrunde legt, desto größer ist die Bedeutung von Erwartungen und desto mehr treten fundamentale Daten in den Hintergrund.

*Fazit 13.5:*    *Der Versuch, eine Prognose von Wechselkursentwicklungen auf eine Frist von bis zu einem Jahr zu erstellen, sollte auf mehrere Ansätze parallel zurückgreifen. Daneben wirken politische Einflüsse, die in den Theorieansätzen nicht explizit berücksichtigt werden.*

## Aufgaben zu Kapitel 13

13.1    Inwieweit kann man den Terminkurs einer Währung als Prognose für den Kassakurs nutzen?

13.2    Wie kann man die Ansicht begründen, die Entwicklung von Wechselkursen folge einem random walk?

13.3    Wie entstehen spekulative Blasen und wann platzen sie?

# 14 Erwartungen, Spekulationen, Krisen

Das 14. Kapitel ergänzt die vorangegangenen Ausführungen und erläutert einige theoretische Grundlagen. Die Preisbildung in der Marktwirtschaft erfolgt dezentral und hängt daher entscheidend davon ab, auf welche Weise die Marktteilnehmer die Signale verarbeiten, die sie vom Markt erhalten. Dies zeigt sich am ehesten an Finanzmärkten, die dem Ideal des vollkommenen Marktes in der Realität am nächsten kommen, gilt jedoch grundsätzlich für alle Bereiche. Die unterschiedlichen Annahmen über die Reaktion der Marktteilnehmer auf geänderte Rahmendaten sind entscheidend dafür, ob das Ergebnis von Anpassungsprozessen prognostizierbar ist bzw. ein stabiles Marktgleichgewicht zu erwarten ist. Die folgenden Kapitel zeigen einige reale Beispiele für unterschiedliche Verhaltensweisen von Marktteilnehmern (Kapitel 14.2) und für krisenhafte Anpassungsprozesse (Kapitel 14.3).

## 14.1 Erwartungen und Preisanpassung

Der Erfolg der Marktwirtschaft wird ganz wesentlich damit begründet, dass sich die Ökonomie dezentral sehr rasch an geänderte Umgebungsbedingungen anpassen kann und damit auch den technischen Fortschritt schneller umsetzt als eine Planwirtschaft. Damit ergibt sich die Frage, welche Signale die Veränderungen von Verhaltensweisen auslösen und wie stark die Betroffenen reagieren. Von der Art der Reaktion ist es nicht zuletzt abhängig, ob die Anpassungsprozesse zu einem Gleichgewicht führen, also stabil verlaufen und so - im Prinzip - prognostizierbar sind, oder ob chaotische Fluktuationen folgen, deren Ergebnis ungewiss ist.

Adam Smith, der Begründer der modernen Nationalökonomie, hat das Anpassungsphänomen philosophisch-religiös beschrieben. Es ist die „unsichtbare Hand" (invisible hand) der Vorsehung, welche die Märkte ins Gleichgewicht bringt und Chaos verhindert. Dies kann man im Sinne einer system-immanenten Naturkraft oder eines göttlichen Wirkens interpretieren. Ähnlich wie die Naturwissenschaften im Laufe der Geschichte versucht haben Grenzphänomene durch wissenschaftliche Logik verständlich zu machen, hat auch die Nationalökonomie versucht, die unsichtbare Hand methodisch zu beschreiben.

Der erste mathematisch gestützte Beschreibungsversuch geht auf Léon Walras, den Begründer der mathematischen Wirtschaftstheorie, zurück.

### 14.1.1   Der Walras-Auktionator

Walras hatte das wirtschaftliche Gleichgewicht als Lösung eines Gleichungssystems dargestellt. Für jeden der n Märkte in einer Volkswirtschaft lässt sich
die Gleichgewichtsbedingung durch Gleichsetzen von Angebots- und Nachfragefunktionen darstellen. Falls alle Anbieter und Nachfrager bei der Planung ihrer Angebots-/Nachfragemengen ihre Budgetrestriktionen beachten,
so reichen n-1 Marktgleichungen und die aggregierte Budgetrestriktion aus,
um das allgemeine Gleichgewicht zu bestimmen („Gesetz von Walras"), welches auch robust gegenüber exogenen Störungen (Veränderung der Umgebungsbedingungen) ist.

| Theorie | Gesetz von Walras |
|---|---|

Für jeden Gütermarkt i werden

eine Angebotsfunktion:     $A^i(p_1,..,p_i,..,p_n)$  und

eine Nachfragefunktion:   $N^i(p_1,..,p_i,..,p_n)$

eingeführt. Wird dezentral geplant und beachtet jedes Individuum, dass sein Budget für Güterausgaben mit

$$(14.1) \quad y^h = \sum_{i=1}^{h} p_i \cdot x_i \quad \forall\, h$$

|  |  |  |  |
|---|---|---|---|
| y: | Konsumsumme (Einkommen) | i: | Güterindex |
| p: | Preis | h: | Haushaltsindex |
| x: | Gütermenge |  |  |

begrenzt ist, so gilt auch eine aggregierte gesamtwirtschaftliche Budgetbedingung.
Das Gleichungssystem

$$(14.2) \quad A^i(p_1,..,p_i,..,p_n) = N^i(p_1,..,p_i,..,p_n) \quad \forall\, i = 1,...,n$$

ist somit überbestimmt. Denn wenn die Budgetgleichung (1.1) für jedes Individuum erfüllt ist, so ist der Wert der gesamten Überschussnachfrage gleich Null.
Daraus folgt unmittelbar das *Gesetz von Walras:*
Besteht auf n-1 Märkten Gleichgewicht, so muss auch der n-te Markt im Gleichgewicht sein.
Es ist also möglich, aus n-1 Gleichungen des Gleichungssystems (11.2) zuzüglich
der aggregierten Budgetbedingung (11.1) das Gleichgewicht zu bestimmen. Ökonomisch sinnvoll ist die mathematische Lösung natürlich nur, falls die gleichgewichtigen Preise und Mengen positiv sind.

Quelle: Walras, 1874/1877

Die Lösung des Systems von Marktgleichungen ergibt den Vektor der Gleichgewichtspreise, womit gezeigt ist, dass ein Gleichgewicht in einer Marktwirtschaft existieren kann. Darüber hinaus galt es aber die Frage zu klären, ob ein solches Gleichgewicht von einem beliebigen Ausgangspunkt ausgehend erreicht werden kann. Hierzu hat Walras ein einfaches Erklärungsmodell - das Walras Tâtonnement - entwickelt, das keinen Anspruch auf Realitätsnähe haben sollte, sondern nur als Demonstrator gedacht war.

*Walras Tâtonnement*

- Alle Anbieter und Nachfrager kommen zusammen. Ein „Auktionator" ruft einen Preis $p > 0$ aus. Alle Anbieter und alle Nachfrager nennen dem Auktionator (geheim, damit kein Vorabtausch stattfindet) die bei diesem Preis geplanten Transaktionen.
- Der Auktionator summiert Angebots- und Nachfragequantitäten und bildet die Differenz der Summen.
- Übersteigt die Nachfrage das Angebot, so ruft er in der nächsten Runde einen höheren Preis aus.
- Übersteigt das Angebot die Nachfrage, so ruft er in der nächsten Runde einen niedrigeren Preis aus.
- Dabei verhält er sich nach der Regel: je größer die Differenz zwischen Angebot und Nachfrage, umso größer der Preissprung zwischen zwei Runden. Ist die Übereinstimmung zwischen Angebot und Nachfrage erreicht, wird die Preisveränderung Null und der Auktionator beendet den Prozess.

Diese Vorstellung lässt sich mathematisch mit einfachen Hilfsmitteln beschreiben. Die Zuordnung

(14.3)  $h : z \in \mathrm{IR} \to h(z) = \dfrac{\partial p}{\partial t} \in \mathrm{IR}$  mit

(a)  $z = x - y = N^{x}(p) - A^{x}(p)$

(b)  $h(0) = 0$

(c)  $h'(z) > 0$

ist stetig differenzierbar. Graphisch zeigt Abbildung 14.1 das Vorgehen des Auktionators.

In der Abbildung ruft der Auktionator einen Anfangspreis $p_1$ aus. Er stellt fest, dass das Angebot ($y_1$) größer ist als die Nachfrage ($x_1$), so dass er in der zweiten Runde einen niedrigeren Preis $p_2$ ausruft. Auch in der zweiten Runde ist das Angebot größer. Allerdings ist das Überschussangebot kleiner geworden, so dass auch der Preissprung von $p_2$ nach $p_3$ kleiner ausfällt. Nach n Versuchen sind Angebot und Nachfrage im Gleichgewicht und der Prozess kommt zum Stillstand. Erst jetzt findet der Tausch der Güter statt.

**Abbildung 14.1: Preisanpassung des Walras Aktionators**

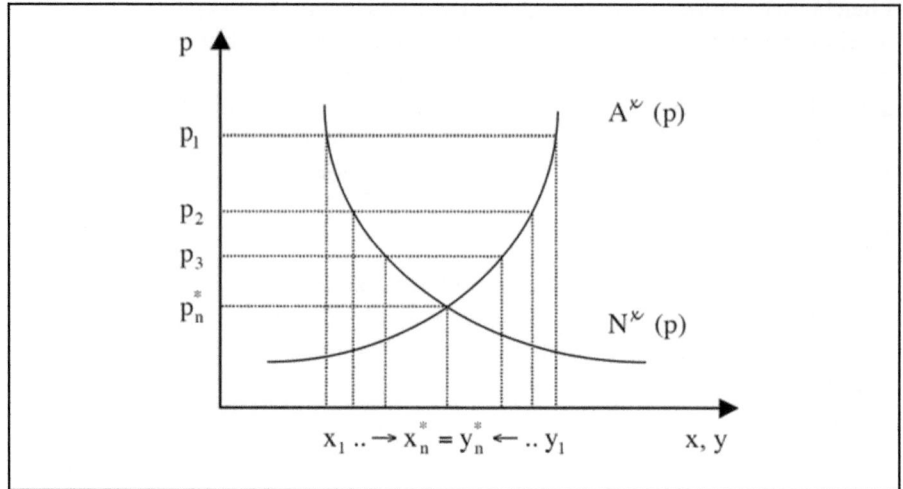

Haben die Angebots- und Nachfragekurven einen normalen Verlauf (das Angebot steigt und die Nachfrage sinkt mit steigenden Preisen), so resultiert der Prozess immer im Gleichgewicht. Bei anomalen Verläufen der Kurven, wenn sich  z. B. die Nachfrage bei steigenden Preisen erhöht, kann es jedoch zu instabilen Prozessen kommen.

Das Auktionator-Modell von Walras bildet somit prototypisch die Wirkungsweise der „unsichtbaren Hand" von Adam Smith ab und stützt die These der ökonomischen Klassik, dass „im Normalfall" stabile Gleichgewichte vorliegen und die Wirtschaft grundsätzlich robust gegenüber Störungen von außen reagiert. Die Normalität der Verläufe von Angebots- und Nachfragekurven besagt ja nichts anderes, als dass sich die Agenten wirtschaftlich bewusst (als homines oeconomici) verhalten und sich auf jede Veränderung mit optimalen wirtschaftlichen Entscheidungen anpassen.

### 14.1.2   Statische Erwartungen

Das Walras-Modell unterstellt, dass die Akteure die für optimale Anpassungen wichtigen Informationen über ihre Pläne sehr schnell (mit Hilfe des gedachten Auktionators) austauschen, so dass Transaktionen nur im Gleichgewicht stattfinden. Damit stellt sich die Frage, wie sich die Anpassungsprozesse ändern, wenn die Pläne der jeweils anderen Marktseite nicht bekannt sind und sich die Agenten an den tatsächlich durchgeführten Transaktionen (Käufen, Verkäufen) orientieren. Wenn die Umstellung des Verhaltens Zeit erfordert, z. B. die Anpassung der Produktion bei den Anbietern, dann verläuft der Anpassungsprozess nicht kontinuierlich und schnell, sondern verläuft in Sprüngen über einen längeren Zeitraum.

Zur Erläuterung von zeitverzögerten Anpassungen benutzen wir das Beispiel des „Schweinezyklus". Der Schweinemarkt war lange Zeit für das Phänomen periodisch schwankender Preise bekannt. Dies rührt daher, dass die Anbieter nicht beliebig schnell auf die Nachfrage reagieren können. Stellen die Schweinemäster fest, dass die Schweinepreise hoch sind und eine Mehrproduktion daher lohnend ist, so können sie ihr Angebot nur dadurch ausweiten, dass sie Jungsauen, die eigentlich zum Schlachten bestimmt sind, zur Geschlechtsreife weiterwachsen und befruchten lassen. Erst wenn diese (zusätzlichen) Sauen Ferkel geworfen haben und diese zur Schlachtreife gemästet worden sind, kann das Angebot merklich steigen. Dieser Zeitraum beträgt etwa 1 1/2 Jahre. Haben sich aber sehr viele Mäster zu diesem Schritt entschlossen, so sind nach der Produktionsanpassung zu viele Schlachtschweine am Markt und die Schweinepreise fallen. Dieser Preisrutsch wird noch verstärkt, wenn sich die Mäster in der Gegenrichtung anzupassen versuchen und Sauen schlachten lassen, um die Zahl der nachwachsenden Mastschweine zu verringern. Entschließen sich viele Mäster zu diesem Schritt, so geht das Angebot nach einer Anpassungszeit wieder kräftig zurück. Daraufhin steigen die Preise und der Zyklus beginnt wieder von vorn.

*Formale Beschreibung von statischen Erwartungen*

Die Nachfrage auf dem Schweinemarkt sei beschrieben durch:

(14.4)  $N_t = a_x - b_x p_t$

$N_t$: Nachfrage zur Zeitperiode t

$p_t$: Preis zur Zeitperiode t

$a_x$, $b_x$: Koeffizienten

Das Angebot sei gegeben mit:

(14.5)  $A_t = a_y + b_y p_t^e(t-1)$

$A_t$: Angebot zur Zeitperiode t

$p_t^e(t-1)$: von den Anbietern auf Basis der Informationen aus der Vorperiode (t - 1) erwarteter Preis in der Periode t

$a_y$, $b_y$: Koeffizienten

Die Hypothese statischer Erwartungen besagt nun, dass

(14.6)  $p_t^e(t-1) = p_{t-1}$

d. h. die Anbieter rechnen damit, dass der in t-1 beobachtete Preis auch in t gelten wird. Wenn sie unverrückbar an dieser Einstellung festhalten, so können je nach Verlauf der Angebots- und der Nachfragekurve drei Ergebnisse folgen:

(1)     stabile Anpassung (linke Graphik der Abbildung 14.2)

(2)     zyklische Schwingung (mittlere Graphik der Abbildung 14.2)

(3)     instabile Anpassung (rechte Graphik der Abbildung 14.2)

**Abbildung 14.2: Preisanpassungen bei statischen Erwartungen**

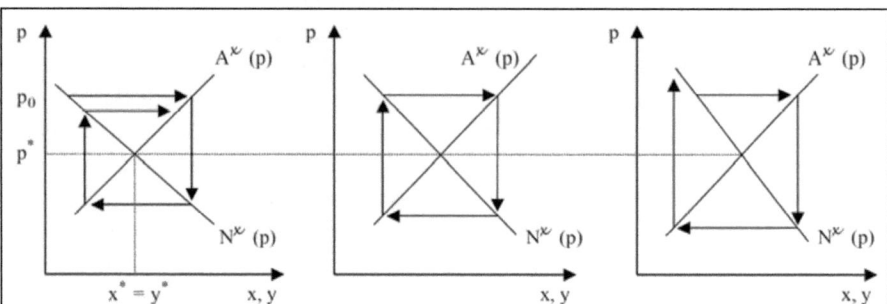

Nur im ersten Fall konvergiert der Prozess zum Gleichgewichtspreis $p^*$ und der Gleichgewichtsmenge $x^*$ ($=y^*$). Man erkennt an diesem Ergebnis, dass im Falle von zeitverzögerten Anpassungen selbst die Annahme „normaler" wirtschaftlicher Verhaltensweisen nicht ausreicht, um eine stabile Anpassung zu garantieren. Vielmehr muss die Steigung der Angebotskurve betragsmäßig größer sein als die Steigung der Nachfrage. Eine kleine Änderung der Ausgangsbedingungen für den Anpassungsprozess in Richtung Realität reicht also bereits aus, um die Hypothese einer grundsätzlichen Konvergenz des Nachfrage-Angebots-Mechanismus auf den Märkten in Frage zu stellen.

### 14.1.3   Adaptive Erwartungen

*„Offensichtlich ist das den Bauern unterstellte Verhalten nicht eben ,bauernschlau', denn entweder überschätzen diese den Preis und produzieren zu viel oder umgekehrt. Enttäuscht werden ihre Erwartungen immer, und es ist durchaus nicht sicher, dass der Prozess überhaupt konvergiert ..."* (Felderer und Homburg, 2005, S. 260).

Daher liegt es nahe, dass Agenten aus Fehleinschätzungen der Vergangenheit lernen und ihre Erwartungen nicht nur aus den beobachteten Transaktionen, sondern auch aus früheren Schätzfehlern ableiten. Dies bezeichnet man als die Hypothese adaptiver Erwartungen.

Im Modellbeispiel mit linearen Angebots- und Nachfragefunktionen lässt sich diese Hypothese quantitativ so umsetzen, dass die Agenten ihre früheren Erwartungen um das h-fache des festgestellten Schätzfehlers korrigieren:

$$(14.7) \quad p_t^e (t-1) = p_{t-1}^e (t-2) + h \cdot (p_{t-1} - p_{t-1}^e (t-2))$$

Erwarteten die Bauern in unserem Beispiel in Periode t-1 einen Preis $p_{t-1}^e(t-2) = 5$, stellte sich auf dem Markt aber ein Preis $p_{t-1}(t-2) = 7$ ein, so liegt der Schätzfehler bei 2 und mit h = 0,5 würde für t ein Preis von $2 \cdot 0,5 + 5 = 6$ erwartet. Die Wahrscheinlichkeit für eine Entwicklung zum Gleichgewicht ist im Falle adaptiver Erwartungen wesentlich höher als bei statischen Erwartungen (vgl. Abbildung 14.2 und Abbildung 14.3). Abbildung 14.3 illustriert eine adaptive Anpassung an das Gleichgewicht. Dabei ist zu beachten, dass die Anbieter die Mengen (adaptiv) anpassen und die Nachfrager bei gegebener Menge den Preis vorgeben, den sie zu zahlen bereit sind.

**Abbildung 14.3: Preisanpassung bei adaptiven Erwartungen**

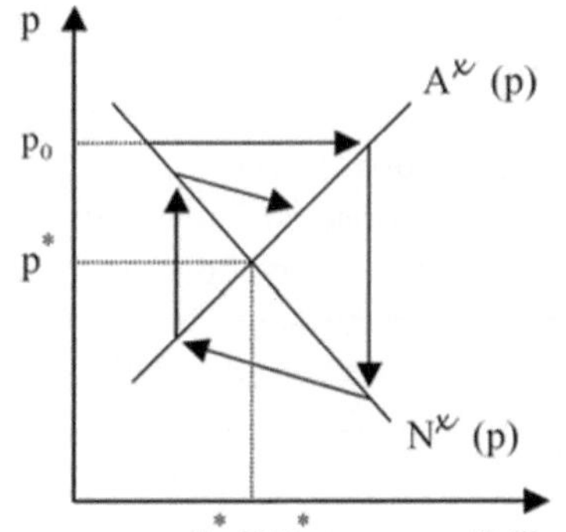

Man erkennt am graphischen Ergebnis, dass der Bereich konvergenter Lösungen gegenüber dem Fall statischer Erwartungen ausgedehnt wird, wobei dieser Effekt von der Lerngeschwindigkeit h abhängig ist. Dennoch bleibt die Grundaussage bestehen, dass bei zeitverzögerter Anpassung auch im Falle von normalen Angebots- und Nachfrageverhaltensweisen instabile Anpassungsprozesse möglich sind.

## 14.1.4 Rationale Erwartungen

Die von den Klassikern der Nationalökonomie, beginnend mit Adam Smith, stark philosophisch geprägte Lehre wurde mit zunehmender Entwicklung

von mathematischen Instrumenten formal-logisch abgestützt und hat sich als
„Neoklassik" zur Hauptlinie der volkswirtschaftlichen Forschung entwickelt.
Ein erster Grund liegt darin, dass sich ein in sich geschlossenes (konsistentes)
Gedankengebäude von der einzelwirtschaftlichen Entscheidungswelt (Mikro-
Ebene) über die Märkte (Meso-Ebene) bis hin zur Gesamtwirtschaft (Makro-
Ebene) aufbauen lässt. Der zweite Grund besteht darin, dass die Botschaft
von einer stabilen, sich selbst über dezentrale Anpassungsprozesse regelnden
Wirtschaft einen stärkeren Anklang fand als die Lehre von Krisen und Kri-
senmanagement. In einer solchen Umgebung wirkte es störend, dass die neoklassische Lehre zwar Gleichgewichte gut beschreiben konnte, aber lange Zeit
keine befriedigende Antwort auf die Frage nach den dynamischen Prozessen
geben konnte, die Gleichgewichtspfaden zu Grunde liegen. Diese Erklä-
rungslücke sollte mit der Hypothese der „rationalen Erwartungen" geschlossen werden.

Die Hypothese rationaler Erwartungen wurde 1961 von J. F. Muth eingeführt. Er führte gegen das adaptive Lernmodell an, dass die Akteure über Informationen verfügen, die sie bei dieser Form des Lernens gar nicht nutzen.
Ein rational handelnder Ökonom benutze aber alle ihm verfügbaren Informa-
tionsquellen. Befinden sich rational und nicht rational handelnde Akteure auf
dem Markt, so können die „Rationalen" durch bessere Vorausschau Arbitragegeschäfte auf Kosten der „Nichtrationalen" machen und letztere auf Dauer
vom Markt verdrängen (vgl. Muth, 1961).

Die rationale Form der Prognose ist laut Muth der mathematische Erwartungswert, der sich aus allen in t-1 verfügbaren Informationen ergibt. Wählt
ein Akteur den Erwartungswert für seine Zukunftsplanung, so maximiert er
die Wahrscheinlichkeit für das Eintreffen der Prognose, wenn sich die in der
Vergangenheit gültige Gesetzmäßigkeit, die zur Erzeugung der Informationen
bis t-1 geführt hat, nicht ändert. Der Erwartungswert einer Zufallsvariablen X
(einer gegenwärtig nicht bekannten Größe, z. B. der Produktpreis in der
kommenden Wirtschaftsperiode) ist definiert mit:

$$(14.8) \quad E(X) = \sum_{i=1}^{n} w_i \cdot x_i, \quad \text{mit} \sum_{i=1}^{n} w_i = 1$$

$w_i$: Wahrscheinlichkeit dafür, dass die Realisierung xi für die Zufallsvariable X eintritt

$x_i$: numerische Realisierung der Zufallsvariablen X im Umweltzu-
stand i.

Die Konsequenz der Hypothese rationaler Erwartungen ergibt sich aus der
Zusammenstellung aller Elemente des Schweinezyklus-Systems. Der Zusammenhang ist durch das Gleichungssystem (14.9) mit den Beziehungen (a) bis
(h) beschrieben:

(14.9)  (a)    $N_t = a_x - b_x p_t + u_t$

(b)    $A_t = a_y + b_y\, p_t^e(t\text{-}1) + v_t$

(c)    $p_t^e(t\text{-}1) = E_{t\text{-}1}(p_t)$

(d)    $E_{t\text{-}1}(N_t) = E_{t\text{-}1}(A_t)$

$u_t, v_t$:  Störgrößen mit $E(u_t) = E(v_t) = 0$

Die Gleichgewichtsbedingung (d) bezieht sich auf die Erwartungswerte, weil ein Anbieter und Nachfrager über die gleichen Marktinformationen verfügen.

Wir berechnen nun die Erwartungswerte für Nachfrage und Angebot gemäß (a) und (b) unter der Voraussetzung, dass die Störungen $u_t$ und $v_t$ rein zufällig sind und sich im Durchschnitt aufheben:

(e)    $E_{t\text{-}1}(N_t) = a_x - b_x\, E_{t\text{-}1}(p_t) + 0$

(f)    $E_{t\text{-}1}(A_t) = a_y + b_y\, E_{t\text{-}1}(p_t) + 0$

Somit gilt im Gleichgewicht:

(g)    $a_x - b_x \cdot E_{t-1}(p_t) = a_y + b_y \cdot E_{t-1}(p_t) \Leftrightarrow E_{t-1}(p_t) = \dfrac{a_x - a_y}{b_x + b_y}$

Im Mittel wird sich diese Preiserwartung bewähren, aber auf Grund der Störfaktoren $u_t$ und $v_t$ nicht im Einzelfall. Betrachten wir den zuvor ermittelten Gleichgewichtspreis $p^*$, so gilt:

(h)    $E_{t\text{-}1}(p_t) = p^*$

Die Akteure erwarten das Gleichgewicht rational. Durch diese Erwartung sorgen sie dafür, dass dieses Gleichgewicht auch wirklich eintritt. Im Idealfall tritt dieses Gleichgewicht ad hoc ein, d. h. es bedarf keines längeren Anpassungsprozesses. Somit kann es im Falle rationaler Erwartungen keine Störungen geben, die von den Agenten des Wirtschaftssystems selbst ausgehen, denn jeder nutzt bei der Erwartungsbildung nur die objektiv verfügbare Information und verlässt sich nicht auf spekulative Aussichten oder das Verhalten von Personen in seinem Umfeld. Der Grund für ökonomische Störungen muss daher in exogenen Veränderungen liegen oder in der Unvollkommenheit von Märkt (Arbeitsmarkt, natürliche Monopole). Robert Lucas hat für die Vervollständigung des neoklassischen Wirtschaftsmodells um die Anpassungsdynamik auf Basis rationaler Erwartungen den Nobelpreis für Wirtschaftswissenschaften des Jahres 1995 erhalten (vgl. Lucas, 1988).

Die Hypothese der rationalen Erwartungen ist deswegen in der angewandten Wirtschaftstheorie so populär geworden, weil sich mit ihrer Hilfe sofort zeigen lässt, dass eine Keynes`sche Konjunkturpolitik mit staatlichen Ausgabenprogrammen wirkungslos ist. Denn da die Agenten keine Geldillusion haben, antizipieren sie die Auswirkungen eines monetären Anschubes durch den Staat und ändern ihr Investitions- oder Konsumverhalten nicht. Die bis Mitte der siebziger Jahre populäre keynesianische Wirtschaftspolitik verschwand relativ schnell von der wirtschaftspolitischen Bühne.

Dennoch gibt es eine Reihe von kritischen Stimmen gegenüber der Hypothese rationaler Erwartungen. Dies betrifft insbesondere die Problematik der

(1)    Suboptimalität,

(2)    Subjektivität und

(3)    unvollständigen Information.

(1)    Suboptimalität

Im Falle einer längeren Depression wird das Prognosemodell der Agenten die Depression als Zustand mit dem höchsten Erwartungswert vorhersagen. Der selbsterfüllende Prognosemechanismus führt dann nicht zu dem optimalen Gleichgewichtspfad, sondern zu einem dauerhaften Suboptimum. In diesem Sinne würden die rationalen Erwartungen Keynes bestätigen, der davon ausgegangen war, dass unternehmerischer Zukunftspessimismus sich verfestigt und so Arbeitslosigkeit zur Folge hat.

(2)    Subjektivität

Aus der subjektiven Sicht der Agenten lassen sich viele Prognosen durch Selbsterfüllung realisieren. Fritz Machlup hat in diesem Zusammenhang das Beispiel der Regentänze von Indianern angeführt, die jedes Regenereignis als Ergebnis ihres Tanzes interpretieren.

(3)    Unvollständige Information

Informationen sind heterogen und nicht alle Agenten haben die gleichen Informationen über einen Sachverhalt. Insofern können sie nicht zum gleichen Ergebnis kommen. Fehlprognosen können mehrere Ursachen haben, die für die Agenten nicht transparent sind. Deshalb können sie dazu neigen, anstelle von rationalen Prognosen Routine-Verhalten oder Herden-Verhalten zu bevorzugen, insbesondere, wenn die Prognose nicht kostenlos zu erstellen ist.

## 14.2    Spekulationen

Wirtschaften hat mit unsicheren Zukunftsereignissen zu tun. Bei ihren Dispositionen können sich Agenten im Sinne der Theorie rationaler Erwartungen so verhalten, dass sie aus Informationen der Vergangenheit eine Prognose für die Zukunft ableiten und sich bei ihren Planungen am Erwartungswert orientieren. So kann man z. B. für eine Aktie erwarten, dass sich ihr Kurs nach den künftigen Dividenden richtet. Eine Anlage, die sich nicht am Erwartungswert orientiert, bezeichnen wir als Spekulation. Gerade auf Märkten, auf denen es besonders schwierig ist aus Vergangenheitswerten einen Erwartungswert abzuleiten, ist die spekulative Anlage häufig anzutreffen.

Dies betrifft vor allem die Märkte für Wertpapiere und Devisen. Es ist keine Seltenheit, dass Aktivenkurse in einem Jahr um 20 % und mehr nach oben oder nach unten gehen, wobei dies mit der Einschätzung künftiger Dividenden oftmals nichts zu tun hat. Typisch ist die Aufwärtsbewegung der Aktienkurse in den neunziger Jahren in den USA. Zu Beginn hatte diese eine rationale Grundlage, denn nach dem Ende einer Rezession und dem Aufkommen neuer Märkte (Information, Medien) bestand die Aussicht auf höhere Dividenden. In der zweiten Hälfte der neunziger Jahre löste sich der Aufschwung an den Börsen vollkommen von den realen Grundlagen; so sank das Dividenden-Kurs-Verhältnis von 3,6 % im Jahre 1990 auf 1,2 % im Jahre 2000. Unternehmen des „neuen Marktes" wurden an der Börse mit Kursen bewertet, die selbst unter sehr optimistischen Wachstumsbedingungen nicht zu einer angemessenen Verzinsung der Anlage geführt hätten. Dies bedeutet: In der zweiten Phase der neunziger Jahre war die Spekulation das treibende Motiv der Aktienanlage. Nach dem Jahr 2000 kehrt sich dieses Bild um. Die Papiere des „neuen Marktes" verlieren in den USA und Europa stark an Wert und werden nach dem Platzen der Spekulationsblase eher unterbewertet.

Beispielhaft zeigt Abbildung 14.4 die Entwicklung des NASDAQ-Index. Der NASDAQ (National Association of Securities Dealers Automated Quotations) ist eine Börse, die von der NASD (National Association of Securities Dealers) betrieben wird und in der Unternehmen wie Apple Computer, Amazon.com, Amgen, Dell, eBay oder auch Yahoo! gelistet sind.

**Abbildung 14.4: Entwicklung des NASDAQ-Index**

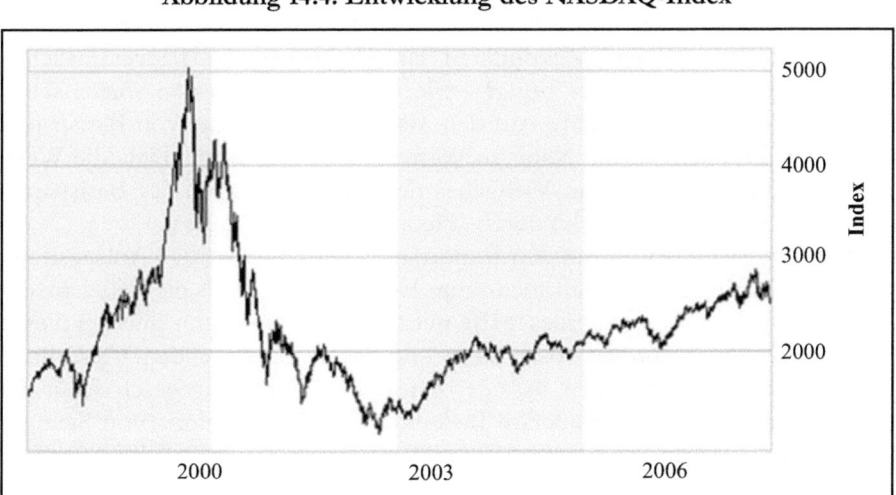

Da es keine rationalen Entscheidungsregeln für die spekulative Anlage gibt, haben sich verschiedene Routinen herausgebildet. Die mit diesen Routinen erfolgreichen Anleger bleiben im Markt, während die erfolglosen ausscheiden. Besonders häufig anzutreffen sind:

(1)    Spürnasen-Routine

(2)    Herden-Routine

(3)    Vertrauens-Routine

(1)    Spürnasen-Routine

Man versucht, wenig beachtete Werte zu entdecken, die bei positiver Entwicklung der entsprechenden Märkte besonders hohe Zuwächse versprechen (z. B. Pharma-Industrie, Medizinische Geräte, Verbundstoff-Herstellung bzw. Verarbeitung). Anleger mit großem Portfolio investieren oft einen Teil ihres Vermögens in solche Werte mit hohem Risiko/hoher Ertragsmöglichkeit.

(2)    Herden-Routine

Man beobachtet „Leitwölfe", aus deren Verhalten man die Erfolgsaussichten ableitet. Dieses Verhalten ist bei kleineren Anlegern ausgeprägt, die nicht über einen hohen Informationsstand verfügen. Diese steigen häufig in der Spätphase einer Hausse-Entwicklung ein und werden durch die folgende Baisse überrascht.

(3)    Vertrauens-Routine

Man folgt den Empfehlungen seiner Bank und ihrer Analysten. In der Regel führt dies zum Kauf von Standard-Papieren.

Da sich der Gewinn aus einer Aktienanlage aus Dividenden und der Kursveränderung zusammensetzt, ist die Spekulation auf Kursveränderungen außerhalb der Erwartungswerte nicht irrational und kann bei Ein- und Aussteigen zu den „richtigen" Zeitpunkten ein Vielfaches der festverzinslichen Geldanlage erbringen. Dies bringt - wie beim Wetten - einen spielerischen Anreiz in das Anlagegeschäft. Auf den Märkten für Derivate von Basispapieren (z. B. Devisen) ist die Nähe zu Wetten besonders ausgeprägt (die Wertveränderungen betragen ein Vielfaches der Wertänderungen der Basispapiere), wobei sich das Wettrisiko durch „Hedging" verringern lässt.

Für Unternehmen mit hohem Exportanteil kann die richtige Anlagestrategie im Außenhandelsgeschäft mehr zum Erfolg beitragen als die Effizienz der Produktion. Kurssicherungsgeschäfte mit Hilfe von Derivaten sind bei diesen Industrien sehr verbreitet (Bsp: Sicherung gegen den fallenden US-Dollar). Prominente Beispiele zeigen, dass der Erfolg im Finanzanlagegeschäft für das langfristige Überleben elementare Bedeutung hat (Entwicklung von Siemens vs. General Electric).

## 14.3 Krisen

Das reale Bild der Wirtschaft ist nicht durch kontinuierliche Bewegungen entlang eines Gleichgewichtspfades, sondern durch mehr oder weniger heftige Ausschläge der Konjunktur gekennzeichnet. Die klassische und später neoklassische Theorie hat nur sehr pauschale Erklärungen über die Ursachen von Krisen geben können. Immer sind es entweder exogene Veränderungen (Missernten auf Grund schlechten Wetters, Kriege, Brüche in Außenbeziehungen), Staatsversagen oder unvollkommene Märkte. Charakteristisch für diese Erklärungsversuche ist die Arbeit von William Jevons über den Zusammenhang zwischen Wirtschaftskrisen und Sonnenflecken-Zyklen in der ersten Hälfte des 19. Jahrhunderts.

Karl Marx hat als erster die kapitalistische Dynamik für dieses Phänomen verantwortlich gemacht. In seiner Krisentheorie folgert er aus fundamentalen Gesetzmäßigkeiten der kapitalistischen Wirtschaft (Gesetz von der fallenden Profitrate, Konzentration des Kapitals, Armut der Massen) sich verschärfende Krisen, die mit dem Zusammenbruch des Kapitalismus enden. Schumpeter sieht die Krisen auch als inhärentes Element der kapitalistischen Dynamik, ordnet ihnen aber eine systemerhaltende Funktion zu, indem in Krisenzeiten alte Strukturen zerstört werden und neue entstehen (vgl. Prozess der schöpferischen Zerstörung, Kapitel 7.2).

Grundsätzlich sind drei Arten von Krisen zu unterscheiden:

(1)    Strukturkrisen

(2)    Psychologische Krisen

(3)    Spekulationskrisen (Bubbles)

(1)    Strukturkrisen

Strukturkrisen entstehen, wenn größere Industriezweige im Zuge des technischen Fortschritts abgebaut werden müssen. Dies kann einmal durch Umstellungen in der Produktion von Basisprodukten bedingt sein. Kohle und Stahl, die Treiber der industriellen Revolution, spielen in der heutigen Güterwelt nicht mehr die dominierende Rolle. Es gibt aber immer noch die „altindustrialisierten Bereiche", deren Wirtschaftsstrukturen an diesen Leitsektoren ausgerichtet waren und die Jahrzehnte benötigen, um neue Strukturen aufzubauen. Im Gefolge dieses Strukturwandels kommt es in der Regel zu Wanderungsbewegungen der Bevölkerung.

Eine zweite Ursache des Strukturwandels besteht darin, dass Standorte auf Grund von Lohnbedingungen nicht mehr konkurrenzfähig sind. Hier gibt es vielfältige Beispiele, angefangen bei der Textil- über die Schuhindustrie bis zur Automobilproduktion. Die Globalisierung der Produktion macht es heute möglich, die Produktionsstandorte weltweit so zu verteilen, dass die günstigsten Kostenbedingungen für die einzelnen Leistungen kombiniert werden.

Neue Kommunikationstechnologien, die in Steuerungs-Hard- und -Software integriert werden, sichern die Nachschublinien und die Koordination zum Endprodukt. Leistungsfähige Verkehrswege machen den Leistungsaustausch zu geringen Kosten möglich - in der Regel betragen die Transportkosten nur einen kleinen Bruchteil der Wertschöpfung. Die neuen industriellen Fertigungsanlagen zeichnen sich dabei dadurch aus, dass sie flexibel umgestellt und evtl. auch verlagert werden können. Damit reagiert die Produktion wesentlich schneller als früher auf Veränderungen der weltweiten Bedingungen.

Ein dritter Grund besteht in der Umstellung der Güterwelt, z. B. der schwächeren Nachfrage nach Bauleistungen im Anschluss an die Wiederaufbauanstrengungen nach dem Zweiten Weltkrieg. Hier zeigen Ökonomien wie Japan und Deutschland ähnliche Entwicklungsbilder. In beiden Fällen hat sich die Binnennachfrage, vor allem im Bausektor, abgeschwächt und die Ökonomie auf einen niedrigen Wachstumspfad gebracht.

(2)     Psychologische Krisen

Die Krisen vom keynesianischen Typ resultieren aus der Investitionszurückhaltung der Unternehmen. Dies wurde in der keynesianischen Wirtschaftspolitik über lange Zeit als Nachfragelücke interpretiert, die man mit Hilfe von staatlichen Ausgabenprogrammen schließen müsse. Die Ursache liegt jedoch tiefer. Sie betrifft ein Unternehmertum, das durch Manager repräsentiert wird, die sich primär auf Rationalisierung, Kostensenkung und Niedriglöhne orientieren, weil sie risikoavers eingestellt sind und mit dieser Strategie am leichtesten kurzfristige Erfolge nachweisen können. Dagegen ist die Expansionsstrategie mit neuen Produkten mit höheren Risiken behaftet, weil Entwicklungs- und Anlaufkosten anfallen, die im Falle des Misserfolges verloren sind („sunk costs").

Oftmals verstärken psychologische Krisen exogene Störungen, die bei rationaler Betrachtung keine große Gefahr für die wirtschaftliche Entwicklung bedeuten. Als Beispiel können die Ölkrisen genannt werden. Steigende Energiepreise können sich durchaus negativ auf die Konjunktur auswirken, wenn sie starke Nachfrageschocks auslösen. Andererseits kann eine erwartete Verteuerung von Rohstoffen auch technologische Anpassungen hervorrufen, die sich langfristig positiv auf Wettbewerbsfähigkeit und Wachstum auswirken.

| Food for thought | **Presseschau zur Entwicklung des Ölpreises** |

Quelle 1: Die ZEIT, 14.10.2004, Klaus-Peter Schmid
*Die kleine Ölkrise*

Auch wenn sich das in Deutschland kaum jemand vorstellen kann: Die Weltwirtschaft boomt wie seit vielen Jahren nicht mehr. Nordamerika, China und neuerdings Japan sind treibende Kräfte. Ein Plus beim Wachstum von fünf Prozent weltweit erwartet der Internationale Währungsfonds (IWF) für dieses Jahr, und davon wird die Dritte Welt genauso profitieren wie die Schwellenländer und die Mehrzahl der Industrienationen. Die Sache hat nur einen Haken: Der IWF geht von einem Ölpreis von 37 Dollar aus, aber der hat mittlerweile die 50 Dollar-Grenze überschritten. Aus der Traum vom Superjahr?

Vorerst hält sich das Wehgeschrei in Grenzen. Ungewissheit, ja. Aber Angst vor einem Crash? Mitnichten. „Bisher sind die konjunkturellen Bremsspuren des Ölpreisanstiegs kaum eindeutig auszumachen", analysierte vergangene Woche die Deutsche Bank. Selbst skeptische Einschätzungen klingen nicht gerade alarmierend. Wie etwa vergangene Woche aus dem Mund von Jean-Claude Trichet, dem Präsidenten der Europäischen Zentralbank (EZB):

„Würden die Ölpreise hoch bleiben oder sogar weiter steigen, könnte dies die Stärke der wirtschaftlichen Erholung sowohl innerhalb als auch außerhalb des Euro-Währungsgebiets dämpfen." Dämpfen, nicht stoppen.

Dabei müsste die Erinnerung an frühere Ölkrisen den Prognostikern eigentlich schlaflose Nächte bereiten. Als nach dem Jom-Kippur-Krieg im Oktober 1973 die Staaten der Organisation Erdöl exportierender Länder (Opec) über die USA und Teile Europas einen Lieferboykott verhängten und die Ölpreise in die Höhe schnellten, geriet das fast zum Kulturschock. Den Europäern wurde  erstmals bewusst, wie stark ihre Industriegesellschaft von Ressourcen abhängig war, auf die sie keinen Zugriff hatten.

Der Preis für das Fass Rohöl (159 Liter) vervierfachte sich von etwa drei auf mehr als zwölf Dollar. Die unmittelbare Folge: 1973 und 1974 stiegen die Verbraucherpreise in der Bundesrepublik jeweils um 6,9 Prozent. Im Februar 1974 drückten dann die Staatsdiener bei den Tarifverhandlungen Lohnsteigerungen von zwölf Prozent durch. Die Bundesbank kämpfte mit hohen Zinsen gegen die Inflation an - prompt brachen im Herbst Exporte und Konjunktur ein. Nach Nullwachstum 1974 schrumpfte die deutsche Wirtschaft im Jahr daanach um 1,3 Prozent.

Die große Ölkrise der Siebziger geriet in Europa zum Kulturschock.

Eine zweite drastische Preissteigerung entstand in den Jahren 1979 und 1980, als sich nach dem Krieg zwischen Iran und dem Irak in wichtigen Ölförderländern der Golfregion eine große Unsicherheit breit machte. Erneut kletterte die Teuerungsrate in der Bundesrepublik bis auf 6,3 Prozent (1981), und sofort geriet die deutsche Konjunktur wieder ins Trudeln. 1982 schrumpfte das Bruttosozialprodukt dann um 1,1 Prozent. Immerhin ging es von da an bergab mit dem Ölpreis, 1990 lag er zeitweise wieder deutlich unter der damals relevanten Grenze von 20 Dollar.

Heute bewegen sich die Ölpreise in ganz anderen Sphären - und dennoch besteht kein Grund zur Panik. Eine zentrale Erklärung: In realen Größen gemessen, liegt der Ölpreis heute immer noch unter den bisher erlebten Spitzenwerten. Berücksichtigt man die Teuerung in den vergangenen Jahren, dann ist der heute effektiv zu zahlende Preis für das Fass Öl von etwa 50 Dollar real niedriger als der Spitzenpreis Anfang der achtziger Jahre von annähernd 40 Dollar. Heute würde erst ein Preis von mehr als 70 Dollar den Rekord von damals brechen. Hinzu kommt, dass seit einigen Jahren der starke Euro den in Dollar berechneten Ölpreis dämpft. Die Europäer werden also weniger hart getroffen als die Amerikaner.

Die entscheidende Frage ist: Wie lange bleibt der Ölpreis so hoch?

Aus gutem Grund weist EZB-Chef Trichet auch darauf hin, dass „die Ölintensität der Produktion seit den siebziger und achtziger Jahren deutlich abgenommen hat". Nach dem ersten Ölschock von 1973 unternahm die Industrie gewaltige Anstrengungen, um ihre Produktion vom Ölpreis zu entkoppeln. Dank beträchtlicher Investitionen wurde der Einsatz von Öl effizienter, die Abhängigkeit vom Öl geringer. So verbrauchte die deutsche Industrie 1970 fast sieben Millionen Tonnen leichtes Heizöl; 1980 waren es (bei einer inzwischen um 15 Prozent gestiegenen Industrieproduktion) nur noch annähernd fünf Millionen Tonnen. Seitdem ging diese Größe fast kontinuierlich bis auf 3,4 Millionen Tonnen im Jahr 2002 zurück.

Dagegen droht von der Ölkrise, wie die Erfahrung der siebziger und achtziger Jahre zeigt, Gefahr für die Verbraucherpreise. Die EZB würde inflationären Tendenzen nicht untätig zusehen. Schon eine dauerhafte Inflationsrate von deutlich mehr als zwei Prozent in Euroland würde sie auf den Plan rufen. Die EZB würde vermutlich nicht zögern, die Zinsen heraufzusetzen und (wie einst die Bundesbank) eine Abschwächung des ohnehin schwachen Wachstums in Kauf zu nehmen. Vorerst aber ist die Preisentwicklung in Euroland alles andere als bedrohlich, auch wenn die jährliche Teuerungsrate zugenommen hat: Im ersten Quartal 2004 lag sie bei 1,7 Prozent, im zweiten Quartal sowie in den Monaten Juli und August waren es dann 2,3 Prozent. Unter zwei Prozent, so die Erwartung der EZB, wird die Inflationsrate bis Ende des Jahres nicht wieder zurückgehen. Aber das wird die Hüter des Euro nicht veranlassen, mit deutlich höheren Zinsen die Konjunktur abzuwürgen.

Das Gespenst des Konjunktureinbruchs ist damit allerdings noch nicht definitiv gebannt. Schon die Debatte um höhere Ölpreise verunsichert die Verbraucher, und das bleibt in der Regel nicht ohne Auswirkungen auf ihr Kaufverhalten. Heizöl, Benzin und Diesel kosten mehr - da fehlt das Geld an anderer Stelle. Dieser Kaufkraftentzug trifft die deutsche Wirtschaft an einer höchst empfindlichen Stelle. Gerade in der Bundesrepublik ist die Konsumnachfrage ausgesprochen schwach. Arbeitslosigkeit und Zukunftsangst verleiten die Bürger nach wie vor dazu, so viel wie möglich zu sparen, statt mit Kauflust die Konjunktur zu stützen. Ganz anders etwa als beim Nachbarn Frankreich, wo ausgerechnet die Autokäufe derzeit deutlich zunehmen und die Konjunktur von der Binnennachfrage getragen wird. Oder in den USA, wo die „Haushalte den Ölpreisanstieg weitgehend durch eine Ausweitung der Verschuldung" kompensieren, wie die Dresdner Bank feststellt.

Und die Aussichten? Die Prognosen sind widersprüchlich, doch es dominiert verhaltener Optimismus. Der gründet auf einer Annahme, die Holger Sandte von der Westdeutschen Landesbank (WestLB) so ausdrückt: „Unseren Einschätzungen für den Rest dieses Jahres liegt ein durchschnittlicher Preis von rund 35 US-Dollar zu Grunde." Das sieht Claudia Kemfert, im Deutschen Institut für Wirtschaftsforschung Berlin (DIW) für die Abteilung Energie, Verkehr und Umwelt zuständig, ganz ähnlich: „Nach der Nachfragesituation müsste der Marktpreis heute bei 30 bis 35 Dollar liegen."

Doch die Länder der Opec und die Spekulanten in aller Welt nehmen darauf keine Rücksicht. So heißt die entscheidende Frage heute: Wie lange steht der Ölpreis bei 50 Dollar? Claudia Kemfert: „Verharrt der Ölpreis länger als sechs Monate auf dem heutigen Niveau um 50 Dollar, dann könnte das die Konjunktur gefährden." In einer Modellrechnung kommt sie bei einem Ölpreis, der bei 50 Dollar bleibt, auf eine Einbuße beim Wachstum in Europa von bis zu 0,2 Prozentpunkten. Der IWF rechnet vor, dass das globale Wachstum um 0,3 Prozentpunkte geringer ausfällt, wenn der Ölpreis um fünf Dollar für das Fass steigt. Doch schon warnen die ersten Experten, im teuren Öl aus kurzfristigem Interesse nur die Bremse des Aufschwungs zu sehen. Steigende Ölpreise sind - so DIW-Frau Kemfert - für die langfristige Entwicklung unvermeidlich. „Wir müssen neu darüber nachdenken", sagt sie, „wie wir Öl ersetzen. Da ist der hohe Preis das richtige Signal, um Veränderungen anzuschieben." (Ende Quelle 1)

Nur ein knappes Jahr später, im September 2005, war klar, dass die Konjunktur entgegen aller Voraussagen trotz eines weiteren Anstiegs des Ölpreises auf über 70 Dollar pro Barrel nicht an Dynamik verlor.

Quelle 2: Die ZEIT, 1.9.2005, Klaus-Peter Schmid
### Haltet den Ölpreis!

Nach den Verwüstungen durch den Hurrikan "Katrina" in den Ölförderregionen am Golf von Mexiko ist das Wachstum der Weltwirtschaft bedroht. Aber noch ist es zu früh für eine Hiobsbotschaft.

Der Preis für Rohöl steigt auf immer neue Höhen. Die Marke von 70 Dollar pro Barrel (159 Liter) wurde nach der Katastrophe von New Orleans überschritten. Hierzulande werden Benzin und Heizöl immer teurer. Am Mittwoch kostete ein Liter Superbenzin 1,39 Euro und der Preis könnte weiter steigen.

Gewiss, man kann öffentliche Verkehrsmittel statt des eigenen Autos benutzen, und bis zur kalten Jahreszeit ist es noch eine Weile. Dann könnten die Preise wieder fallen. Aber die Frage nach Bequemlichkeit und Wohlergehen der Bundesbürger ist nicht entscheidend. Teures Öl bedroht das Wachstum der Wirtschaft, und zwar in aller Welt. Denn Öl ist und bleibt ein entscheidender Rohstoff für die Industrie. Öl ist also auch ein zentraler Kostenfaktor, der in die Absatzpreise eingeht und damit zum Auslöser von Inflation werden kann.

Kann, aber nicht muss. In den vergangenen vier Jahren hat sich der Ölpreis verdreifacht - und dennoch hält sich die Weltkonjunktur erstaunlich gut. Das ist eine neue Erfahrung. Denn am Ende der großen Ölkrisen der siebziger und achtziger Jahre standen immer Inflation und Rezession, auch in Deutschland.

Heute dagegen verströmen die Konjunkturexperten ungebrochenen Optimismus. Das ist erstaunlich, wenn man bedenkt, dass große Teile der amerikanischen Ölförderung und -verarbeitung lahm gelegt sind; dass die weltweite Nachfrage gerade wegen der ungebrochenen Wachstumsphase sehr hoch ist; dass vor allem China und Indien immer größere Ölmengen importieren; dass in den Ölregionen des Nahen Ostens die politische Stabilität fehlt; dass Spekulanten den Ölpreis überall auf der Welt gezielt nach oben drücken.

Die Antwort auf dieses Rätsel: Die Industrie hat sich auf steigende Ölpreise eingestellt und produziert heute unter Einsatz von weniger Energie als früher. Die „Energieintensität" ist deutlich zurück gegangen. So hat die deutsche Wirtschaft ihren Energieverbrauch seit 1970 halbiert. Um eine gleiche Menge des Sozialprodukts wie damals zu produzieren, ist also nur noch halb soviel Öl nötig.

An die Stelle des Öls traten andere Energiequellen. Außerdem entstanden durch die Erfindung von Mikrochips völlig neue Produktionsmethoden. Das ist nicht überall so. In Indien zum Beispiel ist die Energieintensität gewachsen, in den USA gibt es noch beträchtliche Einsparmöglichkeiten. Aber insgesamt ist die Abhängigkeit vom Öl zurückgegangen.

Natürlich kann auch die modernste Produktion nicht auf Energie und damit Öl verzichten. Irgendwann wird eine Grenze erreicht sein, wo die Einsparmöglichkeiten ausgeschöpft sind und wo der Preis so hoch ist, dass die Wirtschaft ihn nicht mehr verkraftet. Wo diese Schwelle liegt, wird man erst wissen, wenn die Zuversicht dieser Tage von der Schlagzeile verdrängt wird: Die Ölkrise ist da! (Ende Quelle 2)

Im Januar 2008 überschritt der Preis für Rohöl die Rekordmarke von 100 Dollar pro Barrel. Die Experten sind sich nicht einig, in welche Richtung sich der Ölpreis mittelfristig bewegen wird.

Jochen Hitzfeld, Rohstoffexperte der Bayrischen Hypotheken- und Vereinsbanken: „ Ich schätze, dass bei 100 Dollar Schluss sein wird." Claudia Kemfert, DIW: „Ölpreise in Höhe von 150 oder 200 Dollar je Barrel sind künftig vorstellbar."

Quellen: Die ZEIT, 14.10.2004 und 1.9.2005, Klaus-Peter Schmid

Als Folge der Investitionszurückhaltung der Unternehmen bildet sich eine Kettenreaktion (Multiplikatoreffekt) nach unten. Es werden weniger Arbeitskräfte eingestellt, daraufhin geht die Konsumgüternachfrage zurück und die Investoren fahren auf Grund der rückläufigen Nachfrage nochmals ihre Kapazitäten herunter. Die Gegenaktion der staatlichen Politik müsste darauf gerichtet sein, die Risiken der Investoren zu vermindern („Pferde zum Saufen bringen" Karl Schiller, Wirtschaftsminister nach 1967). Dazu gibt es eine Palette von Maßnahmen, wie

- Senkung der Unternehmensbesteuerung, vor allem für reinvestierte Gewinne;
- Förderung von Forschung und Entwicklung in Unternehmen zur Senkung von sunk costs für neue Produkte;
- Übernahme von Erschließungskosten für neue Standorte.

Die pauschale Erhöhung der Staatsausgaben, dagegen, also das traditionelle Mittel der keynesianischen Wirtschaftspolitik, kann leicht verpuffen, weil die Unternehmen negative Langfristwirkungen in Form steigender Preise, Zinsen und Steuern erwarten könnten (siehe Hypothese der rationalen Erwartungen).

Auch die neoklassisch orientierte Wirtschaftspolitik hat die Rolle der Psychologie stets betont, weil sie zur Herstellung stabiler (rationaler) Erwartungen notwendig ist. Allerdings setzt sie auf stabile Rahmenbedingungen und lehnt permanente staatliche Interventionen ab.

(3)    Spekulationskrisen (Bubbles)

Spekulationskrisen sind ein eigenes Forschungsgebiet der Wirtschaftswissenschaften, auf dem z. B. Arbeiten wie „The Economics of Disaster" von Hyman Minsky oder „Manias, Panics and Crashes" von Charles Kindleberger die Richtung der Aussagen beschreiben. Es geht hier um Krisen, die plötzlich und unerwartet eintreten und innerhalb von kurzer Zeit zu einem Abfall des Sozialprodukts und der Beschäftigung führen. Sieht man von Naturkatastrophen und Kriegen ab, so haben solche plötzlichen Krisen ihren Ursprung im Finanzsektor der Volkswirtschaft. Minsky (1972) und Kindleberger (1996) haben herausgearbeitet, dass diese Krisen gemeinsame Merkmale haben, die durch vier Phasen gekennzeichnet sind:

*Phase 1: Aufbruchstimmung*

Entdeckung neuer Anlagemöglichkeiten mit übernormalen Profiten durch Professionals.

*Phase 2: Euphorie*

Vermögende Anleger (Spürnasen) steigen ein und nehmen Risiken in ihr Portfolio.

*Phase 3: Bubble*

Breite Schichten von Anlegern steigen ein. Kreditnachfrage steigt. Herdentriebe setzen ein, die nicht durch die Prospekte der Anlage, sondern durch Beobachtung des Verhaltens anderer Anleger gesteuert werden.

*Phase 4: Crash*

Aussteigen von Insidern löst die Gegenspekulation aus. Professionelle Anleger steigen aus. Die breite Schicht der Non-Professionals gerät in Panik und verkauft zu jedem Kurs. Platzen der Blase mit dann folgender extremer Unterbewertung der Anlage.

Im Folgenden sind vier historische Beispiele für solche spekulationsbedingten Krisen angeführt. Der Mississippi-Bubble ist einer der ersten Fälle einer Spekulationskrise mit immensen Folgen für die gesamte Wirtschaft, also nicht nur für die Anleger. Zuvor hatte es bereits einen Bubble auf dem Markt für Tulpenzwiebeln in Holland gegeben (vgl. Blanchard und Illing, 2004), der aber die Wirtschaft der Länder nicht erschütterte. Die Weltwirtschaftskrise mit dem Schwarzen Freitag (25. Oktober 1929) an der Wall Street in New York ist die Spekulationskrise mit den bislang größten Folgen in Form wirtschaftlicher Zusammenbrüche und Beschäftigungskrisen und andererseits politischer Veränderungen in Deutschland, die zum Zweiten Weltkrieg führten.

Die Südostasien-Krise als drittes Beispiel zeigt, dass nach wie vor Krisen dieser Art möglich sind, dass aber durch koordiniertes Vorgehen der internationalen Banken unter Federführung des Internationalen Währungsfonds (IWF) begrenzte Krisen gemeistert werden können (Box 11.5). Allerdings ist hinzuzufügen, dass die Industrieländer die Profiteure der Krise waren, vor allem die US-Industrie, die sich nach der Abwertung der nationalen Währungen in den südostasiatischen Ländern billig in Großunternehmen einkaufen konnte.

Größere Anstrengungen mussten unternommen werden, um die US-Hypothekenkrise zu überstehen. Nur durch das intensive Eingreifen der Zentralbanken, konnte eine noch schwerere Bankenkrise vermieden werden. Dennoch ist zu befürchten, dass die Krise noch nicht endgültig überwunden ist. Viele amerikanische Haushalte haben sich nicht nur bei dem Kauf von Immobilien übernommen, sondern auch beim Kauf von Autos und anderen Gebrauchsgütern. Einige Experten befürchten daher, dass den Finanzmärkten noch weitere, durch private Verschuldung ausgelöste, Schockwellen bevorstehen.

| History | **Der Mississippi-Bubble** |

Der schottische Banker und Wirtschaftstheoretiker John Law of Lauriston gründete 1716 in Paris eine Notenbank, nachdem ihm dies in Schottland verwehrt worden war. Er emittierte über seine Bank Papiergeld, das keine Metalldeckung hatte, sondern durch Grund und Boden und später durch die Bodenschätze in Kolonien, in der Südsee und in Nordamerika (Mississippi-Compagnie), gedeckt war. Die Nachrichten über die reichen Bodenschätze in den Kolonien beflügelte die Fantasie der Anleger. Aus allen europäischen Ländern kamen die Käufer gereist, um Laws Papiergeld - in der Regel für Gold - zu kaufen. Vermittlerbanken entstanden in einigen Ländern, u. a. in Großbritannien, wo man Law herausgeworfen hatte. Laws Notenbank wurde 1718 Banque Royale de France unter Laws Leitung, seine Währung wurde das erste nationale Papiergeld. Dies beflügelte die Spekulationen und es kam zu einer Papiergeldschwemme, die sich völlig von den Werten der Kolonialschätze löste. Im April 1720 kam es zu einer spekulativen Gegenbewegung, holländische Banken und Schweizer Kantone begannen zu realisieren. Die Nachricht verbreitete sich schnell und es begann ein internationales Windhundrennen nach Paris. Es gab tagelange Verzögerungen bei den Fähren von England nach Frankreich und die Rue de Quincampoix, der Sitz von Laws Notenbank, erweckte den Eindruck, dass man alle Menschen aus den Irrenanstalten entlassen und in diese Straße geschickt hätte - so ein Bericht des holländischen Bankiers Crellius.

Im Juni 1720 war der Spuk vorbei, viele Anleger am Boden, ein Staat in schwerer Wirtschaftskrise und das Ende für die großen Entwicklungspläne für die französischen Kolonien. Nebenbei bedeutete dies einen Rückschlag für die Papierwährung für fast 200 Jahre.

**Die Weltwirtschaftskrise von 1929**

Nach dem Ersten Weltkrieg war es zu einem starken Aufschwung der Wirtschaft in Europa, besonders aber in den USA gekommen, die unter dem Krieg nicht gelitten hatten, aber viele wirtschaftliche Vorteile ziehen konnten. Die Einführung neuer Produktionsmethoden, wie etwa der Fließbandarbeit, hatten die Produktivität stark erhöht (Ford-Produktionsstätten). Zudem sorgten neue Technologien für zusätzliche Euphorie. Besonders das Aufkommen des Radios begeisterte die Massen. Die Radioaktien erfreuten sich ähnlich der Internetaktien heute größter Beliebtheit. Das Aufblühen der Wirtschaft und das lange Zurückliegen der letzten Krisenjahre, nicht zuletzt aber auch der Glaube an die Unfehlbarkeit des eigenen Systems, förderten in der Bevölkerung den Mythos eines goldenen Zeitalters. Man sprach von der ewigen Konjunktur.

Im Schlepptau des amerikanischen Wirtschaftswunders erholte sich auch in Europa die vom Krieg geschwächte Wirtschaft wieder. Besonders mit amerikanischen Krediten wurden neue Produktionsstätten auf höchstem technischen Niveau gebaut. Viele europäische Firmen hingen somit vom Wohlwollen der amerikanischen Geldgeber ab, waren verschuldet und mussten ihre Gewinne zum Abzahlen der Kredite aufwenden.

In Amerika hingegen wollte jeder am Wirtschaftswunder mitverdienen. Nicht nur, dass der Konsum der privaten Haushalte stark anzog, auch die Börse, an der sich in hohen Kursgewinnen der Aufschwung widerspiegelte, war von höchstem Interesse für den Privatmann geworden. Die Börse versprach von heute auf morgen Reichtum zu generieren. In der letzten Phase des Aufschwungs, der nochmals von einem starken Kursschub geprägt war, kauften viele Privatleute Aktien auf Kredit. Die Zuwächse waren so hoch, dass es einfach schien, bereits nach kurzer Zeit das Geld samt Zinsen zurückzuzahlen und dennoch Kursgewinne zu verbuchen.

Mit einem Einbruch des Marktes oder einer lang anhaltenden Krise rechnete zu dieser Zeit niemand. Noch sechs Tage vor der Weltwirtschaftskrise meinte Prof. Irving Fisher, dass die Aktienkurse „.....ein auf Dauer hohes Niveau erreicht" hätten. Bereits am 23. Oktober 1929 kam es jedoch zu starken Verkäufen, die sich am Folgetag fortsetzten. Es begann Panik um sich zu greifen. Das Ziel vieler bestand lediglich darin, zu verkaufen, um zu retten, was zu  retten war. Allerdings gelang es amerikanischen Banken, den Markt gegen Ende der Woche durch drastische Stützungskäufe zu stabilisieren.

Am Nachmittag des 28. Oktober jedoch brach eine neue Verkaufswelle aus, der auch die Banken diesmal nur wenig entgegensetzen konnten. Da sich kaum Käufer fanden, griff die Panik schnell weiter um sich, so dass sich am folgenden Dienstag die Verkäufe in dramatischer Höhe fortsetzten.

Dies war jedoch erst der Beginn einer lang anhaltenden Börsenkrise, so waren die Kurse 1932 um 83 % gegenüber den ehemaligen Höchstständen gesunken. Der Zusammenbruch der Börse war jedoch nur ein Aspekt einer gesamtwirtschaftlichen Krise. Nicht nur die Börsen hatten den Marktwert der Unternehmen überschätzt, sondern auch die Unternehmen die Aufnahmefähigkeit des Marktes. So war Geld in Produktionsstätten und die Produktion von Gütern geflossen, die schließlich überschüssig waren. Die Folge hiervon war eine deutliche Überproduktion. Solange die Spekulation an den Aktienmärkten noch nicht ausgereizt war, konnte jedoch ein Teil dieser Überproduktion tatsächlich abgesetzt werden und zwar über Kreditkäufe, die viele in der Überschätzung ihrer finanziellen Leistungsfähigkeit tätigten. Als mit dem einsetzenden Abschwung diese Kreditfalle zuschnappte und viele die Kredite nicht zurückzahlen konnten, wurden die ohnehin vorhandenen Überkapazitäten mit Waren aus diesen Kreditkäufen weiter angehäuft. Immer weniger Produkte konnten daher in der Folgezeit verkauft werden. Folglich wurde die Wirtschaft zweifach belastet, zum einen durch die abnehmende Konsumfähigkeit der Bevölkerung und zum anderen durch ein Überangebot an Waren.

Hierdurch waren die Unternehmen gezwungen Produktionskapazitäten stillzulegen. Dadurch wurden jedoch Arbeitskräfte freigesetzt, die selbst wieder weniger konsumieren konnten. So wurde eine Abwärtsspirale in Gang gesetzt, welche die schwerste Depression in der amerikanischen Geschichte zur Folge hatte. In der Folge der Krise brach letztlich auch das amerikanische Bankensystem zusammen. Die Industrieproduktion ging dramatisch zurück. Aus 1,5 Mill. Arbeitslosen 1929 wurden 1933 fast 13 Mill. ein Viertel der Beschäftigten. Die danach einsetzende Erholung vollzog sich nur langsam und ist teilweise auch auf das Aufkommen der Kriegswirtschaft nach dem Ausbruch des Zweiten Weltkrieges zurückzuführen.

Auf Grund der Abhängigkeit, die sich für die europäischen Nationalwirtschaften von amerikanischen Krediten nach dem Ende des Ersten Weltkrieges ergeben hatte, geriet auch Europa in den Sog der amerikanischen Krise. Besonders stark waren Frankreich und Deutschland betroffen, die vom Krieg stark geschädigt und daher auf besonders hohe Kredite angewiesen waren. Mit dem Einsetzen der Finanzkrise in den Vereinigten Staaten wurden plötzlich die gewährten Kredite zurückgefordert. Viele Unternehmen konnten jedoch auf Grund eines nur geringen Finanzpolsters die Kredite nicht oder nur schwer zurückzahlen. Auf diese Weise gerieten auch die Banken in Schwierigkeiten, die als Mittler zwischen den amerikanischen Geldgebern und den europäischen Kreditnehmern fungiert hatten. Verstärkt wurde diese Entwicklung von einer Panik besonders unter der deutschen Bevölkerung. Viele fühlten sich beim Beginn der Krise an die Zeiten der Inflation nach dem Ende des Ersten Weltkrieges erinnert und begannen Geld von ihren Bankkonten abzuziehen und in sichere Sachwerte zu investieren. Durch die einsetzende Krise brach auch in Deutschland die Industrieproduktion ein - bis auf 58 % des Standes von 1929.

Im Schlepptau dieser Entwicklung wurden auch große Mengen an Arbeitskräften freigesetzt. Die deutsche Regierung versuchte mit einer deflationären Politik die Verschuldung des Staates gering zu halten und den Wert der Mark zu stützen, um eine neuerliche Inflation zu verhindern. Die Folge war, dass die Arbeitslosigkeit auf über 6 Mill. stieg und das politische Klima für die Übernahme der Macht durch Hitler bereitet wurde.

History | **Die Südostasienkrise von 1997**

Ein wesentlicher Grund für die Krise in Südostasien war, dass die Länder eine Politik der Ankoppelung der Währungen an den US-Dollar betrieben hatten. Diese hatte, solange die Wechselkurspolitik glaubwürdig war, den Zufluss von zumeist kurzfristigem Auslandskapital infolge der Zinsdifferenz zum Ausland begünstigt. Die ausländischen Mittel trugen wesentlich zur Finanzierung eines Investitionsbooms bei. Zudem verstärkte die Höherbewertung des US-Dollar gegenüber anderen wichtigen Währungen der Welt seit Mitte 1995 die reale Aufwertung der Währungen vieler asiatischer Länder. In der Folge gingen die Zuwachsraten bei den Ausfuhren merklich zurück, und die wegen der kräftigen Inlandsnachfrage bereits ausgeprägten Leistungsbilanzdefizite erhöhten sich weiter. Es wurde zunehmend deutlich, dass Überkapazitäten entstanden und Renditeerwartungen überzogen waren. Schließlich stieg das Volumen Not leidender Kredite im Bankensektor rasch. All dies ließ das Vertrauen der Anleger schwinden, der Kapitalzustrom verebbte, es wurde sogar Kapital in großem Umfang abgezogen, und es kam zur Abwertung der heimischen Währungen. Mit der Abwertung erhöhte sich der Schuldendienst für die Auslandsverbindlichkeiten drastisch; immer mehr Unternehmen gerieten in Zahlungsschwierigkeiten, und in der Folge setzte sich der Vertrauensverlust bei den Anlegern trotz der zwischenzeitlich kräftigen Anhebung der Zinsen fort. Das Ausmaß der Turbulenzen an den Finanzmärkten war in den einzelnen Ländern sehr unterschiedlich, ebenso die Auswirkungen auf die Realwirtschaft. Zu einem drastischen Produktionseinbruch ist es in Thailand, Südkorea und Indonesien gekommen. Deutlich verlangsamt hat sich das Expansions-tempo in Hongkong, Singapur, Malaysia und in den Philippinen. Nur wenig geringer ist hingegen die Produktionszunahme in Taiwan und in China ausgefallen. Insgesamt hat sich der Anstieg des Bruttoinlandsprodukts in der Region von etwa 7 % im Durchschnitt der Jahre zuvor auf eine Rate von schätzungsweise 2 % in diesem Jahr abgeschwächt.

Insbesondere in den Hauptkrisenländern stellte sich heraus, dass viele Investitionen, die während des Booms der vergangenen Jahre getätigt worden waren, die erwartete Rendite vorerst nicht erbringen werden. Die Investitionen gingen als Folge der Devisenknappheit, hoher Zinsen und gesunkener Renditeerwartungen drastisch zurück. Angesichts erheblicher Vermögensverluste und deutlich verringerter Realeinkommen wurden auch die Ausgaben der privaten Haushalte insbesondere für höherwertige Konsumgüter massiv eingeschränkt. In der Folge brachen die Importe ein, und es haben sich erhebliche Überschüsse in der Leistungsbilanz gebildet. Die Krise ist mit einer Vielzahl von Konkursen und mit einem sprunghaften Anstieg der Arbeitslosigkeit verbunden. Auf Grund der starken Verteuerung der Importe hat sich der Preisauftrieb deutlich beschleunigt.

Quelle: Gemeinschaftsgutachten wirtschaftswissenschaftlicher Institute,
DIW Wochenbericht 38/1998

| History | **Die US Hypothekenkrise von 2007** |

*Chronik der Hypothekenkrise - Banken im Strudel*

Die Krise an den US-Kreditmärkten schlägt sich auf immer mehr Finanzinstitute weltweit durch. Im Folgenden wichtige Stationen der Krise, die am US-Markt für schlechter besicherte Hypotheken (subprime) begonnen hatte:

*8. Februar - HSBC*: Die größte Bank Europas gibt wegen überraschend hoher Risikovorsorge im US-Hypothekengeschäft die erste Gewinnwarnung ihrer Geschichte heraus. Sieben Monate später schließt die Bank ihre US-Hypothekentochter. Der Finanzkonzern muss 880 Mio. Dollar abschreiben.

*2. April - New Century Financial*: Der US-Hypothekenfinanzierer New Century Financial beantragt Insolvenz - der bislang größte Kollaps in der Branche im Zuge der US-Immobilienkrise.

*Juli - IKB und SachsenLB*: Die Düsseldorfer Mittelstandsbank IKB und die Landesbank SachsenLB geraten wegen ihres Engagements am US-Hypothekenmarkt in Schieflage. Während die IKB von der Staatsbank KfW und der gesamten Bankenbranche vor der Insolvenz gerettet wird, geht die SachsenLB an die Landesbank Baden-Württemberg (LBBW).

*9. August - BNP Paribas*: Die französische Großbank BNP Paribas muss vorübergehend drei Fonds im Wert von 1,5 Mrd. Euro einfrieren. Wegen der Turbulenzen auf dem Hypothekenmarkt und der daraus resultierenden Mittelabflüsse kann der Wert der Fonds nicht mehr berechnet werden.

*Ende August - Barclays*: Die britische Großbank leiht sich bei der Bank of England wegen kurzfristiger Liquiditätsengpässe insgesamt knapp zwei Mrd. Pfund.

*13. September -Northern Rock*: Wegen eines akuten Liquiditätsengpasses gerät der britische Baufinanzierer Northern Rock unter Druck. Zahlreiche Sparer stehen Schlange an den Filialen der Hypothekenbank, um ihre Gelder abzuheben. Die Bank of England springt mit einem Notfallkredit ein.

*18.-20. September - US-Investmentbanken*: Die Bilanzen der Investmentbanken fallen gemischt aus. Während Goldman Sachs trotz Abschreibungen in Höhe von 1,7 Mrd. Dollar eines der besten Quartale der Geschichte hinlegt und Lehman Brothers ebenfalls positiv überrascht, muss Bear Sterns wegen drastischer Einbußen im Anleihegeschäft einen 61-prozentigen Gewinnrückgang hinnehmen. Morgan Stanley schreibt fast eine Mrd. Dollar ab und enttäuscht mit einem Gewinnrückgang um sieben Prozent. Für das vierte Quartal kündigt das Institut in der Nacht zu Donnerstag weitere Wertberichtigungen von mindestens 3,7 Mrd. Dollar an, die den Gewinn kräftig schmälern.

*1. Oktober - UBS*: Die Schweizer Großbank kündigt wegen der Subprime-Krise den ersten Quartalsverlust seit neun Jahren an. Vier Wochen später sagt sie nach Milliardenabschreibungen im dritten Vierteljahr weitere Belastungen für das vierte Quartal voraus.

*1. Oktober - Credit Suisse*: Die Schweizer Bank kündigt ebenfalls Belastungen wegen der Subprime-Krise an, stellt aber weiter einen Gewinn in Aussicht. Diesen beziffert sie einen Monat später auf rund 780 Mio. Euro - ein Rückgang um mehr als 30 Prozent.

*1. Oktober - Citigroup*: Die größte US-Bank kündigt einen Gewinneinbruch um etwa 60 Prozent im dritten Quartal an. Zwei Wochen später beziffert sie den Abschreibungsbedarf auf 6,5 Mrd. Dollar. Wiederum drei Wochen später muss das Institut im Zusammenhang mit dem Subprime-Engagement weitere elf Mrd. Dollar wertberichtigen. Zudem nimmt Citigroup-Chef Charles Prince seinen Hut.

*3. Oktober - Deutsche Bank*: Die Finanzkrise kostet die Deutsche Bank im dritten Quartal im Investmentbanking insgesamt 2,2 Mrd. Euro. Unter anderem wegen Beteiligungsverkäufen und positiver Steuereffekte steigert das größte deutsche Geldhaus den Nettogewinn im Quartal aber dennoch um 31 Prozent auf 1,6 Mrd. Euro. Weitere Abschreibungen erwartet die Bank nicht, wie Institutschef Josef Ackermann am Donnerstag im Reuters-Interview erläutert.

*5. Oktober - Merrill Lynch*: Die Investmentbank stellt wegen Abschreibungen über 4,5 Mrd. Dollar den ersten Quartalsverlust seit sechs Jahren in Aussicht. Knapp drei Wochen später beziffert das Geldhaus die gesamten Wertberichtigungen auf mehr als acht Mrd. Dollar. Kurz danach muss Konzernchef Stan O'Neal gehen. Am Donnerstag meldete das Unternehmen weitere Belastungen an.

*17. Oktober - JP Morgen Chase*: Trotz Abschreibungen über 1,6 Mrd. Dollar steigert die US-Bank den Nettogewinn leicht auf 3,4 Mrd. Dollar. Dazu tragen vor allem das private Beteiligungsgeschäft und die Vermögensverwaltung bei.

*18. Oktober - Bank of America*: Die zweitgrößte US-Bank verdient im Investmentbanking im Quartal fast kein Geld mehr. Der Konzerngewinn bricht um ein Drittel auf 3,7 Mrd. Dollar ein. Eine Woche später kündigt die Bank den Abbau Tausender Stellen an.

*6. November - Commerzbank*: Die zweitgrößte deutsche Bank beziffert die Abschreibungen auf das Subprime-Engagement mit 291 Mio. Euro - mehr als sechs Mal soviel wie im Sommer angekündigt. Der operative Gewinn stieg dennoch um sieben Prozent auf 361 Mio. Euro.

*8. November - Postbank*: Deutschlands größte Filialbank schreibt im Quartal 61 Mio. Euro auf indirekte Engagements am US-Hypothekenmarkt ab. Weitere Wertberichtigungen erwartet das Institut nicht.

*9. November -Dresdner Bank*: Die Allianz-Tochter schreibt wegen der Krise unter dem Strich einen Quartalsverlust von 52 Mio. Euro. Die Gesamtbelastungen belaufen sich auf 575 Mio. Euro.

Quelle: NTV, http://www.n-tv.de/890905.html, 10. Dezember 2007

## Aufgaben zu Kapitel 14

14.1 Ein Gütermarkt ist zum Zeitpunkt t wie folgt definiert:

Güterangebot: $y_t = 2p_t$     Güternachfrage: $x_t = 30 - 2p_t$

Ermitteln Sie den Gleichgewichtspreis $p_t^*$ rechnerisch.

Überprüfen Sie graphisch, ob es im Falle statischer Erwartungen zu einem Gleichgewicht kommt. Starten Sie dazu bei einem Preis $p_t = 10$.

14.2    Gehen Sie nun davon aus, dass das Angebot in Periode t vom in der Vorperiode t-1 erwarteten Preis $p_t^e$(t-1) abhängt. Die Angebotsfunktion ist dann wie folgt definiert:

$$y_t = 2p_t^e(t-1)$$

Sie verfügen außerdem über die Information, dass in Periode 0 der für Periode 1 erwartete Preis 10 GE beträgt:

$$p_1^e(0) = 10$$

Berechnen Sie die erwarteten und tatsächlichen Preise für die Perioden t=1 und t=2 für den Fall adaptiver Erwartungen. Verwenden Sie dazu einen Schätzfehler-Korrekturfaktor von h= 0,8.
Stellen Sie den adaptiven Anpassungsprozess graphisch dar.

14.3    Erläutern Sie die Ihnen bekannten Entscheidungsregeln für spekulative Anlagen.

14.4    Diskutieren Sie Vor- und Nachteile von staatlichen Subventionen im Falle von strukturellen Krisen

# 15 Schlussbemerkungen

Unvollkommenheiten, Störungen und Krisen sind keine Ausnahmen, sondern regelmäßige Erscheinungsformen in den Volkswirtschaften der Welt. Der Zeitpunkt des Eintretens und die Intensität einer Krise lassen sich nicht exakt voraussagen. Aber es ist durchaus möglich, die sich mittel- und langfristig abzeichnenden Problembereiche zu erkennen und strukturelle Maßnahmen zu ihrer Lösung zu ergreifen. Darüber hinaus ist es möglich, die Folgen akut auftretender Krisen, die häufig durch Preisschocks oder plötzliche Korrekturen überzogener Erwartungen ausgelöst werden, mit Hilfe eines überlegten Krisenmanagements zu mildern. Hier kommt es vor allem darauf an, die Herdentriebe, die zum Aufblasen von Bubbles geführt haben, durch überlegtes staatliches Gegensteuern zum Abklingen zu bringen.

Die Ausführungen in diesem Buch haben die wirtschaftlichen Prozesse mit ihren vielfältigen Rückkoppelungsmechanismen aufgezeigt. Die Volkswirtschaft stellt sich als ein komplexer und gelegentlich anfälliger Meta-Organismus dar, der durch geeignete Politik robuster und zukunftsfester wird, so dass er kurzfristige Rückschläge besser verkraften kann. Eine langfristig angelegte Struktur- und Wachstumspolitik ebenso wie eine zielgerichtete Geldpolitik kann diese Robustheit fördern.

In der Bundesrepublik Deutschland liegen die Herausforderungen der Strukturpolitik vor allem in der Neugestaltung der sozialen Sicherung, der Gesundheitspolitik, der Lohnnebenkosten, aber auch der Vorsorge gegenüber der langfristigen Energieverknappung und den Folgen der Klimaveränderung. In der langfristig angelegten Wachstumspolitik müssen die ständige Verbesserung des Bildungsstands und die Schaffung leistungsfähiger Infrastrukturen im Vordergrund stehen.

Zu einem Teil können wachstumsfördernde Maßnahmen mit der Konjunkturpolitik koordiniert werden, so dass sie sich auf die Spätphase eines abklingenden Konjunkturbooms konzentrieren, um die jeweils folgende Rezessionsphase abzumildern. Wenn sich längerfristige Engpässe bei Ressourcen (etwa: durch Ölpreissteigerungenwellen) abzeichnen, so ist eine Technologiepolitik in Richtung auf ressourcensparende Techniken angezeigt. Kurzfristige Beruhigung von Aufgeregtheiten bei Konsumenten und Produzenten durch Subventionen gehen in die falsche Richtung.

In einigen Ländern der Welt, wie z. B. in Japan und Deutschland, hat sich das Wachstum nach der Wiederaufbauphase im Anschluss an die Folgen des Zweiten Weltkrieges stark abgeschwächt. Es fehlt vor allem an der Binnennachfrage, die von privaten Konsumausgaben und Investitionen ausgehen müsste, während der Export weiter boomt. Vor allem in Deutschland ging diese temporäre Wachstumsschwäche mit einem starken Rückgang der Beschäftigung einher, die sich nach einem kurzen Zwischenhoch, in Folge der Deutschen Einheit, nunmehr seit etwa einem Jahrzehnt manifestiert hat. Erst im Januar 2006 zeichnete sich eine Erholung ab.

Mit dieser Erholung ist gleichzeitig ein Inflationsrisiko verbunden, das sich im Jahr 2007 mit der höchsten Inflationsrate seit 1994 in der Bundesrepublik dokumentierte. Maßgebliche Verursacher sind die Mehrwertsteuererhöhung vom 1. Januar 2007 um drei Prozentpunkte, die rasant gestiegenen Rohölpreise, die Verteuerung wichtiger Rohstoffe und die Turbulenz auf den Finanzmärkten im Gefolge der US-Hypothekenkrise. Aber auch hausgemachte Treiber können die Inflation weiter anheizen, wie eine starke Erhöhung der Löhne, die nach zehnjähriger Lohnzurückhaltung in Aussicht steht. Gelingt die Kontrolle der Geldmenge, hält sich der Staat mit seiner Nachfrage zurück und bleiben die Lohnerhöhungen wie auch die möglichen Festsetzungen von Mindestlöhnen im vertretbaren Rahmen, so wird das Inflationsrisiko begrenzt bleiben. Ganz unwahrscheinlich ist das Eintreten von Hyperinflationen, da die internationale Koordinierung der Geldpolitik durch die Zentralbanken solche Phänomene verhindern kann.

Die im Kapitel 6 diskutierten Unterbeschäftigungstheorien versuchen wissenschaftlich gestützte Antworten auf das Phänomen längerer Unterbeschäftigungsphasen zu geben. Wir haben dabei festgestellt, dass die traditionell bemühten Theorien des Keynesianismus oder der Neoklassik für sich gesehen keine gute Erklärung geben und auch keine überzeugenden Therapien vorschlagen können. Die Lösung der Beschäftigungsprobleme kann nicht allein in der Senkung der Löhne liegen (Neoklassik) oder in der Verstärkung der Staatsausgaben zum Ausgleich deflatorischer Lücken (traditioneller Keynesianismus). In diesem Zusammenhang zeigen die Regimes von Malinvaud, dass es gesamtwirtschaftliche Situationen geben kann, bei denen sich keynesianische und klassische Phasen der Unterbeschäftigung abwechseln, ohne dass ein Abbau der Unterbeschäftigung eintritt, wie dies bei „normalen" Konjunkturverläufen eigentlich zu erwarten wäre. Dies deutet darauf hin, dass sich in der längeren Aufschwungphase nach dem Zweiten Weltkrieg in den zunächst wirtschaftlich sehr erfolgreichen Volkswirtschaften Strukturen manifestiert haben, die eine dauerhafte Vollbeschäftigung nicht mehr ermöglichen. Langfristig angelegte Struktur- und Wachstumspolitik sind daher aktuell wichtiger als niedrige Löhne oder staatliche Konjunkturprogramme.

Außenhandel und Geldwesen sind wichtige Eckpfeiler moderner Volkswirtschaften, wie die Kapitel 3 sowie 8 bis 13 unterstrichen haben. Die Effekte der Globalisierung sind nicht aufzuhalten. Daher gilt es, eine Volkswirtschaft mit leistungsfähigen Strukturen für die Globalisierung fit zu machen, statt deren unerwünschte Konsequenzen für den Arbeitsmarkt zu beklagen.

Die Weltwirtschaft und die daraus generierten Exporte sind ein starker Motor für das Wachstum, der per Saldo Arbeitsplätze sichert, wenn die Arbeitskräfte im internationalen Vergleich gut qualifiziert sind. Ein leistungsfähiges Geld- und Kreditwesen mit funktionsfähigen Kapitalmärkten ist ein unverzichtbarer Bestandteil einer modernen Volkswirtschaft. Daher müssen sich auch die Einrichtungen des Geld- und Kreditwesens permanent flexibel in den Strukturwandel einfügen. Das gemeinsame europäische Währungssystem mit dem Euro als Währungseinheit hat zu einer Verstetigung der europäischen Währungspolitik geführt und den Außenhandel in Europa, aber auch darüber hinaus, ganz erheblich erleichtert. Die europäische Zentralbank achtet in erster Linie auf die Stabilität des Geldwertes und ist dabei weitgehend unabhängig von den aktuellen Interessenlagen der Mitgliedstaaten. Dies fördert das Vertrauen in die Stabilität des Euro, wobei die durch die Beschlüsse von Maastricht vereinbarten Verschuldungsgrenzen flankierend wirken.

Die Volkswirtschaftliche Gesamtrechnung (VGR) in Kapitel 2 hat die Grundlage für das Verständnis der wichtigsten makroökonomischen Indikatoren, wie Bruttoinlandsprodukt oder Volkseinkommen gelegt. Die VGR in der Bundesrepublik folgt den Regeln, die in der OECD vereinbart worden sind, so dass ein internationaler Vergleich der wirtschaftlichen Kennzahlen möglich wird. Wichtig ist es, die in den jeweiligen Preisen eines Jahres gemessenen Leistungszahlen in reale Größen umzurechnen, um damit den Einfluss der Inflation zu korrigieren. Input-Output-Rechnungen spielen dann eine große Rolle, wenn der Beitrag der verschiedenen Wirtschaftssektoren zum Gesamtprodukt beleuchtet werden soll. So zeichnet sich der Strukturwandel dadurch aus, dass fortlaufend die Produktionsanteile der Landwirtschaft und der Industrie zurückgehen, während der Dienstleistungsbereich stetig wächst. An diesen Kennzahlen lässt sich auch der jeweilige Entwicklungsstand verschiedener Länder näherungsweise ablesen. Kapitel 1 diente dazu, zu den „harten Fakten" und Erklärungsmodellen der folgenden Kapitel hinzuführen und das Interesse für die makroökonomischen Problemstellungen zu wecken.

Dieses kompakt gehaltene Lehrbuch wollte bewusst nicht alle Fragestellungen ansprechen und viel Raum für ergänzende Lektüre in umfassender geschriebenen Lehrbüchern oder Fachtexten lassen. Es hat hoffentlich das Interesse an makroökonomischen Problemstellungen geweckt, die durch das Studium weiterführender Literatur vertieft werden können.

# Abbildungsverzeichnis

# Tabellenverzeichnis

# Literaturverzeichnis

**Lehrbücher**

*Auer, Ludwig von* (2005): Ökonometrie. Eine Einführung. Springer, Heidelberg.

*Blanchard, Olivier; Illing Gerhard* (2004): Makroökonomie. Pearson Studium, München.

*Felderer Bernhard; Homburg, Stefan* (2005): Makroökonomik und neue Makroökonomik, Springer, Heidelberg.

*Karmann, Alexander* (2003): Mathematik für Wirtschaftswissenschaftler, Oldenbourg, München.

*Krugman, Paul; Obstfeld, Maurice* (2004): Internationale Wirtschaft, Pearson Studium, München.

*Mankiw, Gregory* (2004): Grundzüge der Volkswirtschaftslehre, Schäffer-Pöschel, Stuttgart.

*Richter, Rudolf; Schlieper, Ulrich; Friedmann, Willy* (1998): Makroökonomik, Springer, Berlin.

*Rothschild, Kurt* (1998): Einführung in die Ungleichgewichtstheorie. Springer, Berlin.

*Samuelson, Paul, A., Nordhaus, William, D.* (2005): Volkswirtschaftslehre. Redline, Heidelberg (Erste Auflage von Samuelson erschien 1948 unter dem Titel *Economics*).

*Siebert, Horst* (2003): Einführung in die Volkswirtschaftslehre, Kohlhammer, Stuttgart.


**Sonstiges Literaturverzeichnis**

*Branchinger, Hans W.* (2005): „Der Euro als Teure? Die wahrgenommene Inflation in Deutschland", Wirtschaft und Statistik S. 999 ff.

*Böhringer, Christoph; Löschel, Andreas* (2003): Empirical Modeling of the Economy and the Environment, Physica, Heidelberg.

*Bundesregierung* (2005): Lebenslagen in Deutschland. Der 2. Armuts- und Reichtumsbericht der Bundesregierung, Berlin.

*Eucken, Walter* (2004): Grundsätze der Wirtschaftspolitik, UTB, Stuttgart, Erstveröffentlichung: 1952.

*Friedman, Milton* (1969): Optimum Quantity of Money and Other Essays, Aldine, Chicago.

*Hayek, Friedrich von* (1948): Individualism and Economic Order, Chicago Press, Chicago.

*Hayek, Friedrich von* (1977): Entnationalisierung des Geldes. Mohr, Tübingen.

*Heer, Burkhard; Maußner, Alfred* (2005): Dynamic General Equilibrium Modelling, Springer, Heidelberg.

*Jöhr, Walter A.* (1952): Die Konjunkturschwankungen. Mohr, Tübingen.

*Keynes, John, Maynard* (1936): Allgemeine Theorie der Beschäftigung, des Zinses und des Geldes. Erhältlich bei Duncker & Humblot, 9. Auflage, 2002. Deutsche Ausgabe übersetzt von Fritz Wäger.

*Kindleberger, Charles* (1996): Manias, panics and crashes: a history of financial crises. Wiley, New York.

*Kondratieff, Nikolai* (1946 [1926]): „Die langen Wellen der Konjunktur", Archiv für Sozialwissenschaften und Sozialpolitik, Band 56, S. 573-609.

*Laum, Bernhard* (2006): Heiliges Geld, Semele Verlag, Berlin, Erstveröffentlichung: 1924.

*Lucas, Robert* (1988): „On the Mechanics of Economic Development", Journal of Monetary Economics, Vol. 22, S. 3-42.

*Malinvaud, Edmond* (1977): The Theory of Unemployment Reconsidered, Basil Blackwell, Oxford.

*Marshall, Alfred* (1920): Principles of Economics, 8. Ausgabe (Erstausgabe 1890), Macmillan, London.

*Marx, Karl* (1867): Das Kapital. Band 1. Kritik der politischen Ökonomie. Gebundene Ausgabe erhältlich bei Voltmedia, Paderborn, letzte Auflage 2004.

*Mayer, Helmut* (2001): „Preis- und Volumenmessung in den Volkswirtschaftlichen Gesamtrechnungen", Wirtschaft und Statistik 12/2001, S. 1032 - 1043, Statistisches Bundesamt, Wiesbaden.

*Minsky, Hyman* (1972): „Financial Instability Revisited: the Economics of Disaster", Zeitveröffentlichung in: Minsky, Hyman, 1982: Inflation, Recession and Economic Policy. Harvester Wheatsheaf, Brighton.

*Muth, John* (1961): „Rational Expectations and the Theory of Price Movements", Econometrica, Vol. 29, S. 315-335.

*Nefiodow, Leo* (2001): Der sechste Kondratieff. Rhein-Sieg-Verlag, Sankt Augustin.

*Nelson, Richard; Winter, Sidney* (1982): An evolutionary theory of economic change. Harvard University Press, Cambridge, Massachusetts.

*Phillips, A.W.* (1985): "The relationship between unemployment and the rate of change of money wages in the United Kingdom 1861-1957", Economica 25 (100), pp. 283-299

*Sachverständigenrat* (2004): Jahresgutachten 2004/05, Herausgeber: Statistisches Bundesamt, Wiesbaden.

*Samuelson, Paul, A* (1939): "Interaction between the Multiplier Analysis and the Principle of Acceleration", Review of Economics and Statistics, Vol. 21: S. 75-98.

*Say, Jean-Baptiste* (1803): Traité d'Economie Politique, Paris.

*Schumpeter, Joseph* (1952): Theorie der wirtschaftlichen Entwicklung, Duncker & Humblot, Berlin.

*Solow, Robert, M.* (1956): "A contribution to the Theory of Economic Growth", Quarterly Journal of Economics. Band 70. S. 65-94.

*Statistisches Bundesamt* (2007): Jahrbuch und Jahrbuch für das Ausland 2007 , Wiesbaden.

*Vereinte Nationen* (2000): Millenniums-Erklärung von der Gerneralversammlung zum Abschluss des vom 6. bis 8.9.2000 abgehaltenen Millenniumsgipfel, New York.

*Walras, Léon* (1874/1877): Elements d'économie politique pure ou Théorie de la richesse social. L. Corbaz & cie Verlag, Lausanne.

*World Bank* (2007): China Quarterly Update, World Bank Office Beijing

# Stichwortverzeichnis